Die Krawall Initiatoren

Andreas Moring

Die Krawall Initiatoren

Wie KI-Systeme die Polarisierung
in Gesellschaft, Wirtschaft und Politik
befeuern

Verantwortlich im Verlag: Carina Reibold

Andreas Moring
International School of Management (ISM)
Hamburg, Deutschland

ISBN 978-3-658-35486-2   ISBN 978-3-658-35487-9 (eBook)
https://doi.org/10.1007/978-3-658-35487-9

Die Deutsche Nationalbibliothek verzeichnet diese Publikation in der Deutschen Nationalbibliografie;
detaillierte bibliografische Daten sind im Internet über http://dnb.d-nb.de abrufbar.

Springer

Titelbild: Football fans lit up the lights, flares and smoke bombs © Adobe Stock

Planung: Carina Reibold
Springer ist ein Imprint der eingetragenen Gesellschaft Springer Fachmedien Wiesbaden GmbH und ist
ein Teil von Springer Nature.
Die Anschrift der Gesellschaft ist: Abraham-Lincoln-Str. 46, 65189 Wiesbaden, Germany

Inhaltsverzeichnis

Einleitung – Wie KI-Systeme als „Krawall-Initiatoren" unsere Epochenwende bestimmen

„Wer auf frischen Wind wartet,
darf nicht verschnupft sein, wenn er kommt."
Helmut Qualtinger, österr. Schriftsteller, Kabarettist und Schauspieler

Es sind wieder Zeiten von Sturm und Drang: Von Innen und von außen. Die Digitalisierung und immer mehr und mächtigere Varianten der Künstlichen Intelligenz verstärken diesen stürmischen Wandel noch. Denn KI Systeme befeuern die Polarisierung in unserer Gesellschaft und verstärken eine neue digitale Feudalisierung in der Wirtschaft, die uns in Gewinner und Verlierer der Digitalen Transformation einteilt. In unseren Gesellschaften bestürmen und bedrängen sich die unterschiedlichen Gruppen immer kompromissloser. Alle reden von Gerechtigkeit. Damit gemeint ist meistens allerdings ein angeblich gerechter Anteil für sich selbst. Für sich fordern, den anderen absprechen. Was ist für mich drin? Das ist wichtiger als: Was können wir zusammen erreichen? Gerechtigkeit ist nicht das gleiche wie Solidarität. Letztere entsteht durch eine gemeinsame Idee, die Zusammenhalt und Stärke, lateinisch Solidus, fördert. Unsere Gesellschaft aber zerfällt. Einzelne Gruppen mobilisieren für die ganz eigenen Ansprüche. Auf Kosten der anderen. Jeder macht das so. Das ist ein historisches Muster, dass sich immer wieder wiederholt. Deswegen können wir auch in der Geschichte zu vielen Zeiten in der unterschiedlichsten Epochen immer wieder sehen, wo das hinführt.

Gleiches gilt für den Blick um uns herum. Deutschland, Europa und „der Westen" stehen im Sturm, werden bedrängt. Andere Mächte machen sich daran, die alte Ordnung zu Grabe zu tragen. Indem sie einfach nicht mehr mitspielen, nach unseren Regeln. Sie stellen neue auf. Nicht zuletzt durch Führerschaft bei neuen Technologien. Wir staunen und schauen – meistens hinterher. Dieses Buch erklärt, warum das so ist, welchen Einfluss digitale Technologien, insbesondere die sogenannte Künstliche Intelligenz, dabei haben und wie wir als westliche Gesellschaft am besten mit diesem vielfältigen Wandel umgehen sollten.

Über die Schwelle einer Epochenwende

Denn gerade überschreiten wir die Schwelle einer Epochenwende. Ereignisse sind es jeweils, die große Veränderungen und Transformationen in der Geschichte in Gang setzen. Die Corona Pandemie und der Umgang mit ihr waren, beziehungsweise sind ein solch epochales Ereignis. Auch wenn sich Regierungen in vielen Ländern und auch in Deutschland als vermeintlich starke und geradlinige Macher und Entscheider inszenierten, zeigt ein Blick auf die Realität ein anderes Resümee: Die staatliche Planungs-, Umsetzungs- und Verteilungsmaschinerie hat in allen wichtigen Bereichen versagt. Das war der Fall bei der Impfstoffentwicklung, die nach den Erfolgen groß gelobt, vorher aber ziemlich stiefmütterlich behandelt wurde, wenn wir den Entwicklern, Forschern und Unternehmern glauben, die es wissen müssen. Es war der Fall bei der Versorgung mit Masken, während staatliche Akteure falsch, zu spät und zu teuer bestellten und sich in die eigene Tasche wirtschafteten. Es war der Fall bei der Umstellung auf Corona- Modus in Büros und Fabriken, bei Lieferketten, bei der Digitalisierung, bei der kreativen Entwicklung neuer Formate und Geschäftsfelder. Unternehmen haben dem Staat sogar angeboten, Impfungen zu übernehmen, weil es die öffentliche Verwaltung nicht hinbekommt. Wozu gibt es denn Risikoanalysen, Szenarien, Notfallpläne und eine Menge Kommissionen, wenn sie im Ernstfall nicht funktionieren? Wie lange wollen wir denn „auf Sicht fahren" – bis wir endlich an der Mauer angekommen sind? Langfristiges Denken, zumindest so etwas wie eine Strategie, eine Zielvision sind notwendig. Ziele motivieren. Unsicherheit zermürbt. Der Vertrauensverlust ist da, er hat zuvor schon vorhandenes Misstrauen in ohnehin enttäuschten Gruppen der Bevölkerung verstärkt und in neue Gruppen getragen und er wird bleiben.

Der Umgang mit Katastrophen und Seuchen ist immer auch ein Wettbewerb der Systeme und Staatsphilosophien. Es ist ein Mittel der globalen Macht- und Einflusspolitik, der Image- und Reputationsbildung, die heute medial und vor allem digital funktioniert. Besonders China und auch Russland haben diese Chance in der Krise genutzt. Sie selbst stellen sich als stark und verlässlich dar, während „der Westen" und „die Demokratien" an ihre Grenzen geraten und scheitern, so die Botschaft.

Solche Wettbewerbe der Systeme und der politisch-gesellschaftlichen Kulturen werden nicht innerhalb von Wochen ausgetragen, sondern über Jahre und Jahrzehnte. Wir kennen das beispielsweise aus dem Kalten Krieg als Systemwettbewerb, der rund ein halbes Jahrhundert dauerte. Der neue Großkonflikt zwischen den USA und China hat sich ebenfalls über die vergangenen dreißig Jahre bereits entwickelt und wird sicherlich noch einige Jahrzehnte global bestimmend sein. Das liegt daran, dass Wertesysteme und Kulturen relativ schwerfällig sind, einmal in Bewegung gesetzt allerdings auch mehr oder weniger unaufhaltsam. Historisch und funktionalistisch betrachtet besteht die Aufgabe einer Kultur und eines poltisch-gesellschaftlichen Systems darin, unter den gegebenen Umständen die besten Antworten auf die existenziellen und universellen Lebensprobleme einer Bevölkerung geben zu können. Solange das einer Kultur und einem System gelingt und sich die Antworten der Kultur und der politischen Ordnung bewähren, wird diese Kultur als wichtig erachtet und unterstützt. Das bedeutet aber auch, dass die „besten Antworten" auf die aktuellen Probleme jeweils austarierte Gleichgewichtszustände in der Gesellschaft sind, die sich ändern und auf die von unterschiedlichen Interessengruppen von außen und innen eingewirkt wird. Je sensibler eine Kultur auf sich ändernde Bedingungen reagiert und je flexibler sie neue materielle und geistige Herausforderungen annehmen und integrieren kann, desto stabiler und resilienter ist die Kultur und umso länger wird sie bestehen und überleben. Je besser die Lösungen der Kultur und des politisch-gesellschaftlichen Systems funktionieren, desto mehr werden sie als Kriterien und Charakter des kulturellen Kerns akzeptiert und verschwinden aus dem Bereich der Aufmerksamkeit, weil sie als selbstverständlich vorausgesetzt werden. Aktuell und über die kommenden Jahre ist unsere Kultur und ist unser ,westliches' politisch-gesellschaftliches System mit einer ganzen Reihe von existenziellen Fragen konfrontiert, auf die Antworten gefunden werden müssen und die deswegen auch in diesem Buch behandelt und analysiert werden sollen. Das beginnt beim Umgang mit der Corona Pandemie und vor allem den Folgen der Pandemie und der Politik zu ihrer Bekämpfung. Es geht um die zunehmende gesellschaftliche Polarisierung und das Aufziehen von Konflikten in europäischen und westlichen Gesellschaften, die durchaus auch gewalttätig ausgetragen werden können. Hier mischen sich gesellschaftlich-zeitgeistliche Entwicklungen mit den Logiken der digitalen Kommunikation und der von Künstlicher Intelligenz. Das ergibt eine gefährliche Mischung, die den Krawall geradezu provoziert, ihn sogar initiiert.

Es geht in diesem Buch um demografische Veränderungen und Migration, die diese Polarisierung weiter verstärken. Es geht um die Frage der Leistungsfähigkeit in Bildung, Ausbildung und Forschung, denn hier liegt der Schlüssel zu den großen Zukunftsfragen. Es geht um die massiven Veränderungen in der Art und Weise wie eine digitalisierte und von autonomen Systemen und Künstlicher Intelligenz bestimmte Wirtschaft funktioniert und was das für Folgen für den und die Einzelne als auch die Gesellschaft hat. Es geht natürlich um die Herausforderungen und Gefährdungen durch den globalen Klimawandel und die Notwendigkeit zu nachhaltigem Wirtschaften. Es geht um die Verschiebung und Neuordnung globaler Machtverhältnisse und die freiheitliche Kultur Europas und des Westens. Von der besten oder zumindest bestmöglichen Beantwortung dieser Fragen wird, wie beschrieben, die Existenz, die Stabilität und die Vertrauenskraft eben unserer freiheitlichen europäischen Kultur abhängen. Und damit die Zukunft von uns und den nachfolgenden Generationen. Es geht um die Nachhaltigkeit unserer Freiheit.

Es verbinden sich gerade große und größte Veränderungen und Umbrüche in Digitalen Technologien mit gesellschaftlichen Umbrüchen durch Demografie, Migration, durch Segregation von Gruppen und Schichten, durch ein immer weiteres Auseinanderklaffen von Anforderungen in der Arbeitswelt des 21. Jahrhunderts und den Qualifikationen von weiten Teilen der Gesellschaft. Diese Koinzidenz von technischen und gesellschaftlichen Revolutionen ist ein wiederkehrendes Muster in der Geschichte. Das birgt große Vorteile und Chancen. Es birgt auch große Risiken und Gefahren. Auch das war historisch immer so und es wird wohl auch immer so bleiben. Die entscheidende Frage in dem Zusammenhang heute lautet: Tech for Good oder Tech for Rich? Nutzen wir die Möglichkeiten neuer und mächtiger digitaler Technologien wie Künstliche Intelligenz dazu, unser Leben besser zu machen, weil mehr Menschen Chancen eröffnet bekommen, weil sie sich aus Armut und Krankheit befreien können, weil wir die Umwelt schützen und ihre Ressourcen klüger einsetzen, weil wir Energie erzeugen und verbrauchen können, ohne dabei das Klima so zu belasten, wie in den vergangenen rund 200 Jahren? Oder nutzen wir die Möglichkeiten derselben Technologien dazu, dass sich Monopole und Herrschaftsstrukturen bilden, die unsere freie Entscheidung einschränken oder sie sogar lenken, sodass ein neuer Digitaler Feudalismus entsteht, der seinen Reichtum aus unserem Verhalten und unseren Daten zieht, dass sich diktatorische Regime mit Hilfe neuer Waffen in der analogen wie digitalen Welt eine Vormacht aufbauen, die unsere Freiheit untergräbt und schließlich zu Fall bringt? Die Entscheidung trifft keine Technologie, selbst wenn sie Künstliche Intelligenz genannt wird. Diese Entscheidung treffen wir. Deswegen müssen wir uns bei politischen Entscheidungen immer fragen: Setzen wir die richtigen Prioritäten? Das Buch soll helfen, eine Antwort auf diese Frage zu finden.

Gerade im Zusammenhang mit Data Science und Künstlicher Intelligenz ist eine neue Epoche in der globalisierten und digitalisierten Wirtschaft eröffnet. Wenn wir länger warten und den Transformations- und Disruptionsprozess einfach laufen lassen, dann verstärken sich Unterschiede in unseren Gesellschaften und ebenso im internationalen Maßstab. Die Frage, wie wir Technologien verstehen, wie wir mit ihnen umgehen und wie wir sie nutzen, ist also die Schlüsselfrage bei praktisch allen Themen, die über unsere Zukunft entscheiden. Meistens werden diese Themen jedoch singulär betrachtet und oft wird sogar ein Widerspruch zwischen neuen Technologien und Fortschritt, Wohlstand und Wirtschaft konstruiert. Technischer Fortschritt und wirtschaftliches Wachstum seien das Grundübel für das Klima, die Gesellschaft und den inneren wie äußeren Frieden. Das ist einfach. Aber es ist nicht wahr.

Deutschland, Europa und der Westen haben die besten Chancen, Technologien der Digitalen Welt für Nachhaltigkeit, für neuen Wohlstand ohne ausferndem Ressourcenverbrauch, für neue gesellschaftliche und wirtschaftliche Mobilität, für internationale Entwicklung und Sicherheit zu entwickeln und einzusetzen. Wir können entscheiden, wie und wofür wir Tech einsetzen wollen. Im Unterschied zu anderen Gegenden schreibt das kein Plan oder ein Zirkel der Macht vor. Gesellschaftliche Entwicklungen, wie sie in diesem Buch beschrieben und gedeutet werden, sind immer langfristig. Wir können sie nicht kurzfristig ändern oder die Gesellschaft oder Märkte mal eben „fixen". Wir brauchen also nachhaltige Entscheidungen. Denn: Wir können entscheiden, wie wir Technologien für eine gute Zukunft der Gesellschaft einsetzen, wo und wie wir Technologien auch kurzfristig ändern und entwickeln wollen oder wo wir die für die Gesellschaft gefährlichen der Technologie für uns langfristig in bessere Bahnen leiten. Auch dazu müssen wir uns immer fragen: Setzen wir die richtigen Prioritäten?

Offene Diskussionen ohne „Cancel Culture"

Das ist eine Aufgabe des gesellschaftlichen und offenen Diskurses, ohne Sprech- und Denkverbote, ohne „Cancel Culture". Bewährt ist das Prinzip des „Active Citizenship", der Bürgergesellschaft, als bestes und erfolgreichstes Konzept für den Erhalt und die Stärke der Demokratie. Es ist nicht zuletzt das Erbe der europäischen Aufklärung nach Immanuel Kant. Sapere aude. Habe den Mut, Dich deines eigenen Verstandes zu bedienen.

Wir haben den Verstand und wir haben auch die Wissenschaft. Während in vielen Bereichen die Wissenschaft unsicher ist – der gebräuchliche Begriff in der Wissenschaft hierfür lautet „science is not settled" – so zum Beispiel beim Klima und auch bei Corona, gibt es eine erstaunlich klare Übereinstimmung in der Wissenschaft über alle Ausrichtungen und über die Disziplinen hinweg, was Gesellschaften und Demokratien gefährdet und zerstören kann. Überraschenderweise wird gerade da die Wissenschaft mit dem Ruf „Listen to the scientists" beschworen und wird gerade da rabiat gehandelt und mobilisiert, wo die Wissenschaft nicht klar und eindeutig ist. Vielleicht auch gerade deswegen so kompromisslos, weil die wissenschaftliche Basis ziemlich dünn ist. Schnell durchpauken, bevor zu viel gefragt wird. Gleichzeitig wird dort nicht gehandelt oder sogar noch die gefährliche Entwicklung verstärkt, wo es eindeutige Ergebnisse in der Wissenschaft gibt, was das Problem ist und was zu tun wäre. Wir kümmern uns – zu Recht – um eine deutliche bis enorme Änderung des Klimas und ergreifen drastische Maßnahmen. Gleichzeitig übersehen wir den drohenden Kollaps des sozialen Friedens und den Kollaps unserer wirtschaftlichen wie persönlichen Freiheit in Zeiten der monopolistischen Digitalisierung. Wir brauchen im Sinne des Active Citizenship mehr Offenheit und Toleranz für alle Perspektiven auf eine nachhaltige Zukunft.

Diversität, Vielfalt, Offenheit, Toleranz und Dialog sind essenziell für eine demokratische Gesellschaft. Diese gesellschaftlichen Grundlagen, werden in Fragen der Kultur, der sozialen Gerechtigkeit, der Bildung von vielen progressiven Kräften vorangetrieben. Dieses Buch unterstützt sie, weil es eigene Beiträge und Blickwinkel liefert, die zu Vielfalt beitragen und den Dialog bereichern und befördern sollen. Neu denken geht nur, wenn wir uns auch auf Neues einlassen wollen. Wenn stattdessen der Dialog endet, beginnt die Eskalation.

Dieses Einnehmen von anderen Perspektiven kommt allerdings immer mehr aus der Mode. Die Fixierung auf den eigenen Standpunkt, die eigene Sichtweise, die eigene Gefühlswelt und Wahrnehmung, die eigene Singularität ist Trumpf. Im Digitalen Leben und auch in der analogen Gesellschaft. Alle wollen wahrgenommen werden, am besten als angeblich ganz besondere Individuen. Achtsamkeit und Identität sind die beliebtesten Accessoires, die es gilt zur Schau zu tragen. Das ist typisch für die mittleren und vor allem die jüngeren Generationen in Deutschland, Europa und anderswo im Westen. Mit dem Aufkommen der digitalen und sozialen (Massen-)Medien ist Menschen erst wirklich bewusst geworden, wie viele und vielfältige andere Menschen es gibt. Der Drang einerseits dazu zu gehören und gleichzeitig herauszustechen ist dadurch umso größer geworden. Die eigene „Identität" spielt eine immer größere Rolle. Orientierung wird gesucht in einer schnellen und unübersichtlichen Welt und wird in irgendeiner Identität als Projektion gefunden. Gleichzeitig herrscht ein Gefühl des ausgeliefert Seins, gegenüber der Welt an sich, gegenüber wirtschaftlichen Zwängen, gegenüber der Politik, gegenüber einem Virus. Das verstärkt identitäre Opferrollen weiter. Diese Opfer-Mode finden wir in der Gesellschaft in verschiedenen Ausprägungen, aber mittlerweile auch vermehrt in der Wirtschaft, wo sich alte Branchen im Strukturwandel als Opfer sehen und „gerettet" werden müssen.

Wenn es aber nur noch Opfer gibt, wer ist dann Täter? Wenn alle darauf warten, gerettet oder geschützt zu werden, wer macht dann noch etwas? Wenn es nur noch identitäre Gruppen mit gegenseitigen Beschuldigungen und Ansprüchen gibt, wo ist dann die Gesellschaft der gleichberechtigten Bürger mit einer gemeinsamen Wertebasis? Wie wollen wir, wie können wir dann die richtigen Prioritäten setzen?

Das Risiko, das wir gerade eingehen und das sich weiter zu verstärken scheint ist, dass wir die langfristigen Gefahren und Entwicklungen nicht richtig einschätzen, weil wir uns mit partikulären und kurzfristig angelegten Problemen befassen. Das gilt für die Abschätzung der Folgen von neuen Technologien, die kurzfristig überbewertet und langfristig unterbewertet werden. Das gilt für die demografische und wirtschaftsstrukturelle Veränderung. Das gilt für die Machtkonzentration auf Märkten. Das gilt für die Spannungen und Polarisierungen in der Gesellschaft, das gilt für das stückweise Aushebeln von errungenen Freiheiten und Rechten, das gilt für die Bildung, Forschung und Wissenschaft, das gilt für den Klimawandel, das gilt für die Leistungsfähigkeit des Staates, das gilt für globale Machttektonik und die Rolle Europas. Überall hier wird seit mehr als einem Jahrzehnt in Deutschland und Europa hauptsächlich kurzfristig reagiert, auf Sicht gefahren. Die ersten negativen Folgen sehen wir bereits. Deutschland und Europa sind kaum leistungsfähig, selbst in den Kernaufgaben. Eine langfristige Orientierung, das, was im Sinne der oben genannten Tugenden einmal als „Staatsmännigkeit" bezeichnet wurde, fehlt.

Wissenschaftliche Perspektiven für verlässliche Antworten

Niemand weiß wirklich, wie die Welt ist. Wir können nur unser Wissen und unsere Erfahrung nutzen, sowie unseren Verstand und unsere Intuition und damit auf Basis von gesicherten Erkenntnissen und Daten, ein plausibles und möglichst objektiv sinnvolles Bild der Welt beschreiben. Diese Perspektiven soll dieses Buch einnehmen: Ökonomische Sachkenntnis, technologisches Wissen in Theorie und Praxis und historisches Verständnis von Parallelen und Ähnlichkeiten in der Geschichte mit einer langfristigen Perspektive über Entwicklungen. Das ist auch und gerade für eine verantwortungsvolle, nachhaltige und ethische Politik heute notwendig. Denn wir müssen bedenken: Die Vergangenheit hat das Recht, an ihren eigenen Maßstäben gemessen und aus ihrer eigenen kulturellen Semantik verstanden zu werden. Sonst begehen wir einen wissenschaftlichen und einen moralischen Fehler.

Zu einem umfassenden, einem nachhaltigen Verständnis gehört darum auch die historische Perspektive. Nachhaltige Entscheidungen erfordern ein historisches Bewusstsein, das uns schützt vor tendenziellen und Interessen geleiteten Erzählungen. Zu den leider schon bekannten Fake News und Alternativen Fakten kämen dann viele alternative Geschichten. Fehlendes historisches Bewusstsein bedeutet eine „Tabula rasa", auf der die Katastrophen und Tragödien der Vergangenheit in einem neuen Setting noch einmal geschrieben werden können. Genau das kann nicht in unserem Interesse sein. Wenn wir alles Vergangene verdammen und nur aus unserer aktuellen Sicht sehen und bewerten, dann negieren wir, dass wir kulturgeprägte Menschen sind, und erklären uns stattdessen zu mehr oder weniger göttlichen Wesen, die ex nihilo auf die Welt gekommen sind, um sie neu zu denken, neu zu schaffen.

Technologien und die Digitalisierung treiben die Entwicklungen unserer Welt. Die ökonomische und historische Perspektive soll neue Blickwinkel und Erkenntnisse ermöglichen, unterschiedliche Sichtweisen verbinden, Perspektiven und Denkmodelle für ein besseres Verständnis einer hochkomplexen Welt darstellen und daraus Analysen und Schlüsse ziehen. Gerade die historische Perspektive lässt lange Linien erkennen und genauso Muster und Typologien, die sich in ähnlicher Form heute wieder abspielen und manifestieren. Dabei spielt der wirtschaftliche Blick eine besondere Rolle, denn hier offenbaren sich die hintergründigen Triebkräfte von Entwicklungen. Politik sagte und sagt, was sie tun will oder zumindest vorgibt zu wollen – aber das Warum liegt in den wirtschaftlichen und gesellschaftlichen Umständen und Entwicklungen begründet. Geschichte wiederholt sich nicht, aber sie reimt sich, lautet ein Zitat, das Mark Twain zugeschrieben wird. Das bedeutet, dass vieles von dem, was wir heute als überraschend, neu oder einmalig interpretieren, es gar nicht ist. Geschichte ist dazu da, aus ihr zu lernen und die richtigen Schlüsse für heute zu ziehen und nicht die alten Fehler wieder zu machen. Dafür werden wir neue Fehler machen. Dieses Buch ist ein bisschen wie Künstliche Intelligenz: KI soll ebenfalls Muster und Korrelationen erkennen und uns Menschen dann ermöglichen, daraus die hoffentlich richtigen Kausalitäten und Empfehlungen zu interpretieren.

Bisher bestimmen meistens Dystopien zu neuen Technologien wie eben der Künstlichen Intelligenz die öffentliche Diskussion und Meinung. Philosophen, Naturwissenschaftler und Soziologen sprechen gerne von einer Digitalen Diktatur, davon, dass die Menschheit sich abschafft oder KI den Sinn des Lebens raubt. Das kann man natürlich alles mal so behaupten. Besonders wenn man sich nicht die Mühe machen muss auf technologische und wirtschaftliche Zusammenhänge einzugehen. Diese Dystopien passen wunderbar in alte Muster von Fortschrittsskepsis, Anti-Westlicher Einstellung und Übermoralisierung, wie sie gerade in Deutschland eine lange Tradition haben. So gesehen also alles gut, weil normal. Aus einer ethischen Perspektive ist das aber bedenklich. In solchen dunklen Erzählungen wird der Mensch stets als Opfer des Systems oder der Technologie gesehen, der selber nicht entscheiden und handeln kann. Ein gleiches Opfernarrativ gilt interessanterweise auch in der Klimadiskussion oder bei strukturellen Diskriminierungen, die es angeblich in mittlerweile allen Bereichen unserer Gesellschaft gibt. Doch Menschen können sich in freien Gesellschaften immer entscheiden und sich anpassen und gestalten. Die Erzählung vom Opfer der Technik, Opfer des Klimawandels oder Opfer einer diskriminierenden Gesellschaft nimmt den Menschen letztlich Selbstvertrauen und Würde und ist eben darum moralisch und ethisch fragwürdig.

Vielleicht liegt das daran, dass die Philosophie wie auch die Soziologie per se manchmal „abgehoben" sind und sehr theoretisch arbeiten, manchmal sogar etwas entrückt sein müssen und die Philosophie gerne auch „Spinnerei" fabrizieren soll. Gesellschaftswissenschaften wie Soziologie oder Politik sind in ihren Erkenntnissen begrenzt durch Modell- und Theoriedenken, so wie beispielsweise die Klimawissenschaft auch. Sie blenden so notgedrungen andere Zusammenhänge aus. Sie sind in der Hauptsache auf das Jetzt bezogen, wagen, wenn überhaupt, nur einen sehr kurzen Blick nach hinten oder nach vorne. Man könnte sagen, sie sind in ihren Modellen nicht nachhaltig orientiert. Meistens geht es in den Gesellschaftswissenschaften um eine Systemtheorie – die auch völlig berechtigt ist – die stets die großen Zusammenhänge erklären will, Details aber damit notwendigerweise ausblendet. Das passt perfekt zum deutschen Zeitgeist und ebenso der deutschen Wissenschaftradition, die sich gerne „den großen Fragen" widmet und sich als „Dichter und Denker" versteht, die aber leider in den allermeisten Fällen wegen dieses Fokus nicht in der Lage ist realistische und anwendbare konkrete Vorschläge zu machen oder Lösungen zu beschreiben. Deswegen ist es nicht verwunderlich, dass auch heute viele Vertreter dieser Disziplinen zu dem Ergebnis kommen, das System sei Schuld und das System als Ganzes müsse geändert werden. Es geht also um alles oder nichts. Totale Katastrophe oder eine „neue Welt". Wir wollen hier einen anderen Weg gehen: Konkrete Ideen und realistische Möglichkeiten, das System zu entwickeln, es besser zu machen, das Gute zu stärken. Wer auf eine bessere Welt wartet, tut nichts Konkretes. Dabei wissen wir doch: Es gibt nichts Gutes, außer man tut es.

Diese „Täterkultur" ist den deutschen Vordenkern eher fremd.

Gerade deswegen wird dieses Buch auch die Digitale Wirtschaft und Künstliche Intelligenz kritisieren und die „dunklen Seiten der Macht" in diesem Zusammenhang benennen. Das ist aber etwas Anderes, als sie gleich ganz zu verteufeln. Digitale Märkte, digitalisierte Gesellschaften und Künstliche Intelligenz können die Freiheit einer jeden und eines jeden von uns bedrohen. Sie tun es bereits. Doch Innovationen lassen sich nicht aufhalten, die menschliche Entwicklung lässt sich nicht aufhalten. Was erfunden worden ist, das kann nicht mehr ungeschehen oder vergessen gemacht werden und auch nicht wie der berühmt berüchtigte

Geist in die Flasche zurückkehren. Vielmehr werden gute Erfindungen und Innovation erst dadurch auch im ethischen Sinne gut und im eigentlichen Sinne nachhaltig, wenn wir die möglichen oder auch schon manifesten Nachteile und Gefahren sehen, verstehen und einordnen. Nur so können wir die richtigen Entscheidungen treffen und die richtigen Prioritäten setzen, in der gegenwärtigen Welt selbstbestimmt zu handeln.

Die Digitale Gesellschaft – Wie Künstliche Intelligenz Empörung provoziert und Emotionen mobilisiert

Eigentlich wollte sie doch nur ein neues Design anteasern. Wie man das so macht als selbstständige Unternehmerin über Instagram, Facebook und Co. Susanne entwirft Stoffdesigns und verkauft sie Online. Sie ist Unternehmerin, nutzt die neuen Möglichkeiten der Onlinewirtschaft, ist nicht angestellt, gehört zum neuen Mittelstand. Es läuft gut – aber natürlich auch immer unsicher. Unternehmerin immer an der Schwelle, ins Prekariat abrutschen zu können. Darum muss sie stets neues liefern. Der Wettbewerb ist hart. Wer dabei bleiben will muss schnell sein. So ist das in der digitalen Gesellschaft. Deswegen lädt sie ihre neuen Designs hoch, um Fans und Follower direkt anzusprechen. So ist das in der digitalen Gesellschaft. Ihr neues Motiv: Eine japanische „Winkekatze", Maneki-Neko, mittlerweile in fast ganz Asien an jeder Ecke zu finden.

Das hätte sie jedoch nicht tun dürfen. Ein Shitstorm veritablen Ausmaßes bricht los. Erst wenige, dann immer mehr fühlen sich berufen, sich empören zu müssen. Eine Welle aus Belehrungen, Beschimpfungen und persönlichen Angriffen bricht los. „Kulturelle Aneignung" sei das, „Kolonialismus und Rassismus" in moderner Form, sie solle sofort aufhören „heilige Symbole anderer Kulturen in den Dreck" zu ziehen und sich daran bereichern zu wollen, sie trete „Identitäten, die sie gar nicht versteht so mit Füßen". Zuerst versucht

A. Moring, *Die Krawall Initiatoren*, https://doi.org/10.1007/978-3-658-35487-9_2

sich Susanne zu erklären. Schließlich sperrt sie ihre Accounts für Kommentare und löscht die Bilder, nimmt das Motiv aus ihrem Angebot. So ist das in der digitalen Gesellschaft.

Überblick

Technologie bestimmt die digitalisierte Gesellschaft. Vor allem die mittleren und jungen Generationen leben und erleben einen Alltag und eine Welt, die von Plattformen, Social Media und vielfältigen „Analytics" bestimmt ist. Digitale Kommunikation bestimmt Wirtschaft, Politik und eher noch mehr als weniger das private Umfeld. Ansichten, Stimmungen, Ängste, Erwartungen und Weltbilder werden von Technologien, mathematischen, statistischen und zunehmend künstlichen „Intelligenzen" beeinflusst, bestimmt und unter Umständen sogar gelenkt. Wer Gesellschaften und gesellschaftliche Entwicklungen verstehen will, muss die Rolle von digitalen Technologien explizit mit einbeziehen. Heute. Und vor allem morgen.

Es gibt aber natürlich auch noch andere, klassische oder analoge, Trends und Treiber. Der Blick auf die demografische Lage und Entwicklung in Deutschland und Europa sieht zunächst einmal nicht besonders dynamisch und jugendlich aus. Immer mehr Alte, immer weniger Junge. Auch wenn das zunächst als eine eher schlechte Nachricht eingeordnet werden mag, muss das nicht unbedingt so sein. Solange die Produktivität der zahlenmäßig weniger werdenden arbeitenden Menschen ansteigt, bleiben Wirtschaft und Sozialstaat stabil. Aber: Ist das auch so? Können hier digitale Systeme und Anwendungen und Künstliche Intelligenz für die nötige Produktivität sorgen? Was hat das dann für Auswirkungen auf Arbeitsmärkte und die Gesellschaft?

Und: Wer ist denn eigentlich diese Gesellschaft? Einfach gesprochen sind es die unterschiedlichen Generationen, die in einem Land oder einer Region leben. Die haben unterschiedliche Prägungen, Lebenswelten, Wertvorstellungen; aber auch Gemeinsamkeiten, die den sogenannten „Zeitgeist" ausmachen. Dazu gehören Dinge wie die Suche nach Orientierung und Sicherheit und gleichzeitig die Betonung des Individuellen, Speziellen und eine besondere Attraktivität einer ganz vielfältig definierten Identität. Digitale Technologien und Plattformen bestärken und fördern diese Trends und Sehnsüchte. Dann passieren Reaktionen wie in unserem Beispiel oben, wo ein Stoffdesign in einen Streit um rassistische und politische Dimensionen ausarten kann. Meistens wird diese Identität irgendwie auf die Herkunft bezogen. Diese Verengung macht es politisch und gesellschaftlich schwierig bis gefährlich. Denn die eigene Identität hat nicht nur mit irgendeiner ethnischen, religiösen oder kulturellen Herkunft zu tun, sondern mindestens ebenso mit dem Umfeld, in dem sich Menschen bewegen und ihrem Erfahrungsschatz und Bildungsstand. Hierbei spielt in Deutschland und Europa Migration gestern, heute und morgen eine besonders wichtige Rolle. Identitäre Politik bedeutet in diesem Zusammenhang, durch die Betonung von angeblichen Besonderheiten, Schutzrechten und Unterschieden, Trennlinien in der Gesellschaft zu verstärken und zu verstetigen, die es letztlich verhindern, zu einem friedlichen und auf einem allgemeinen Konsens beruhenden Zusammenleben zu kommen. Vielmehr werden Stimmungen und Ängste befördert, die sich mit wirtschaftlichen und sozialen Unsicherheiten in Umbruchzeiten der Digitalisierung verbinden und so zum Sprengstoff für gesellschaftliche Konflikte werden, die eskalieren und die Demokratie grundsätzlich gefährden. Auch hierbei spielen die sogenannten digitalen Echokammern eine große Rolle. Als Echokammern werden die Freunde, Fans und Follower auf sozialen Plattformen bezeichnet, die in ihrer großen Mehrheit die gleichen Werte, politischen Einstellungen und Vorstellungen teilen – sonst wären sie ja keine „Freunde" – und die sich letztlich in ihren Meinungen nur gegenseitig bestärken und bestätigen und andere Sichtweisen so scheinbar gar nicht existieren. Die technischen und wirtschaftlichen Logiken hinter diesen Echokammern oder Blasen machen ökonomisch betrachtet durchaus Sinn – sie befeuern jedoch das Gruppen- und Identitätsdenken und tragen zur Eskalation von gesellschaftlichen Spannungen bei, die sich langsam vor unseren Augen aufbauen und sich zu einem letztlich unvorhersehbaren Zeitpunkt entladen und explodieren können. Historisch betrachtet wäre es gerade wieder sowieso Zeit dafür. Die Aufgabe des Staates und der Politik ist es hierbei, Vertrauen zu schaffen. Stattdessen lässt sich die Politik aber immer mehr auf Identitätsparadigmen ein, akzeptiert oder befördert Diskussionstabus und trägt so selbst zur Polarisierung bei.

Demografischer Wandel und Wandel der Generationen

Unsere Gesellschaften in Deutschland und Europa befinden sich in grundlegenden Wandlungsprozessen. Das ist auch nicht irgendwie bedrohlich oder beunruhigend, es ist eine historische Normalität. Gesellschaften verändern sich ständig, haben das immer getan und werden das auch weiterhin tun. Solche Wandlungsprozesse haben dabei stets mehrere Dimensionen. Die demografische Entwicklung ist hier eine der bestimmenden, denn die Zusammensetzung einer Gesellschaft nach Alterskohorten gibt die langfristige Richtung einer Entwicklung vor, die auch kurzfristig nicht mehr beeinflusst oder merklich verändert werden kann. Hier spielen auch Unterschiede der Einstellungen und Sichtweisen der unterschiedlichen Altersgruppen eine bedeutende politische und auch wirtschaftliche Rolle. Die unterschiedlichen Generationen ticken auch unterschiedlich. Das kann zu Konflikten führen, es kann aber auch als ein Erneuerungs- und Innovationstreiber verstanden werden. Bezeichnend für modernen gesellschaftlichen Wandel und gleichzeitig im Unterschied zu vielen anderen Veränderungsprozessen in der Vergangenheit, ist die Rolle von Technologien. Gesellschaftliche Entwicklungen und Veränderungen sind heute und in Zukunft nicht mehr von technologischen Entwicklungen getrennt zu verstehen. Technologie beeinflusst soziale Wandlungsprozesse, indem sie ganz bestimmte Strömungen und Entwicklungen verstärkt und beschleunigt und oftmals gewohnte und tradierte Muster und Funktionsweisen einer Gesellschaftsordnung in Frage stellt oder mehr oder weniger schnell zerstört. Deswegen soll in diesem Kapitel auf diese Dimension eingegangen werden, um zu analysieren und zu verstehen, was den gesellschaftlichen Wandel ausmacht und ihn bestimmt. Dabei werden die Wirkungen und Effekte speziell von digitalen Technologien und Kommunikationsmöglichkeiten eine besondere Rolle spielen. Durch die Optionen und Logiken digitaler und Plattform basierter Kommunikation bekommen Stimmungen in der Gesellschaft und sich daraus ableitende politische Überzeugungen und Forderungen eine neue Qualität, weil sie unmittelbarer und massiver wahrgenommen werden. Wir kennen das unter verschiedenen Stichworten wie Shitstorms, Social Media Kampagnen, digitale Hysteriesierung oder ähnliches. Eine weitere Dimension des gesellschaftlichen Wandels ist Migration und Zusammenleben. Diese Dimension war schon immer vorhanden, hat aber in ihrem Ausmaß und ihrer Bedeutung besonders in den letzten 20 bis 30 Jahren massiv zugenommen. Hier spielt nicht nur die reine Anzahl Zugewanderter eine Rolle oder der prozentuale Anteil von Zugewanderten oder Menschen mit zugewanderten Vorfahren, sondern auch die Frage des Selbstverständnisses von unterschiedlichen Teilen oder Gruppen der Gesellschaft. Hier hat das so genannte identitäre Verständnis bis heute immer größere Unterstützung gewonnen, so das sich hier durchaus von einem effektiven Agenda Setting sprechen lässt. Diese

Identitätspolitik hat beachtliche Folgen, die vor allem auf die Stabilität der Gesellschaft eine negative Wirkung entfalten. Obwohl identitätsbasierte Politik vorgibt, für Gleichberechtigung und gesellschaftlichen Zusammenhalt sorgen zu wollen, sind ihre Resultate aufgrund der Mittel, die für die Zielverwirklichung angewendet werden mittel- und langfristig genau gegenteilig. Eine Politik, die nach dem Motto vorgeht „Der Zweck heiligt die Mittel" ist nicht nachhaltig und nicht gerecht. Das war auch noch nie so. Insofern tut auch hier wieder der Blick in die Geschichte gute Dienste, um für die Gegenwart und die Zukunft die richtigen Schlüsse zu ziehen. Viele der in diesem Kapitel besprochenen Dimensionen werden auch im übernächsten Kapitel zu den wirtschaftlichen Zusammenhängen und Analysen wieder auftauchen, dort dann aber mit einem dezidierten ökonomischen Blickwinkel, der hier erst einmal zurückstehen soll. Grund ist eine Reduktion der Komplexität, um die Zusammenhänge und gegenseitigen Beeinflussungen auf der politisch gesellschaftlichen Ebene und der Ebene von Wertvorstellungen und Einstellungen zunächst einmal klarer zu benennen und herauszuarbeiten. Zudem stellt dieses Buch nicht den Anspruch auf, alles in einem großen System erklären zu wollen oder zu müssen, wie es viele Vertreter/innen von sogenannten „systemischen" Ansätzen tun. Bei diesen Ansätzen und Erklärungen sollen, wie der Name schon sagt ganze Systeme in einem Abwasch umfassend erklärt werden, es geht darum, historisch gewachsene Ordnungen zu „dekonstruieren" um sie zu überwinden (in erster Linie natürlich den Kapitalismus als Grund allen Übels) oder auch gleich die ganze Welt neu zu denken. Praktisch immer müssen dann diese Modelle und Systeme so weit vereinfacht werden, dass sie noch irgendwie zusammenpassen ohne sich selbst zu widersprechen und ein Narrativ zu ergeben. Doch selbst das klappt meistens nicht und es gibt mehr Widersprüche und blinde Flecken oder bewusste Ausklammerungen, als echte Erklärungen. Der Ansatz in diesem Buch ist es, dass Zusammenhänge und Hintergründe am besten dann erkennbar und verständlich werden, wenn es einen klaren Fokus der Analyse und der Interpretation gibt. Das ist übrigens auch eine bewährte wissenschaftliche Grundregel, wenn man zu klaren und aussagekräftigen Ergebnissen und Erkenntnissen kommen will. Für uns bleibt die Mühe, die einzelnen Erkenntnisse und deren Verständnis dann immer bezogen auf Herausforderungen und Probleme zusammenzubringen, abzuwägen und zu entscheiden. Hier sind Bildung, Mündigkeit und Denkfähigkeit gefragt, um die es deshalb auch im dritten Kapitel dieses Buches gehen soll. Dasselbe gilt auch für die Politik, wenn sie sich nachhaltig aufstellen will.

Beginnen wir also mit dem Blick auf die demografische Entwicklung in Deutschland und in Europa. In Deutschland zeichnet sich die demografische Entwicklung vor allem durch eine deutliche Alterung der Gesellschaft aus. Der sogenannte Altenquotient wird im Jahr 2060 etwa das Anderthalbfache bis Doppelte des heutigen Werts betragen (vgl. Bundeszentrale für Politische Bildung 2020). Daran wird auch eine steigende Geburtenrate nur wenig verändern, denn der Alterungsprozess der Gesellschaft als Ganzes wird vor allem von den geburtenstarken Jahrgängen 1955 bis 1969, also bei den sogenannten Babyboomern, getrieben. Die Babyboomer heißen so, weil es eben sehr viele von ihnen gibt und das macht sich natürlich auch statistisch bemerkbar; es fällt aber auch jedem auf, der mit offenen Augen durch Stadt und Land geht. Zusammen mit einer weiter steigenden Lebenserwartung in Deutschland wie auch weltweit führt dies zu einer Erhöhung des Anteils älterer Menschen an der Gesamtbevölkerung und in absehbarer Zeit zu einem Bevölkerungsrückgang. Im letzten kompletten Jahrzehnt zwischen 2011 und 2020 stieg die Bevölkerungszahl in der Bundesrepublik stetig an. Besonders im Jahr 2015 gab es aufgrund der erhöhten Zuwanderung einen starken Anstieg von etwa 717.000 Einwohnern, das sind rund circa 0,9 Prozent der Gesamtbevölkerung. In den darauffolgenden Jahren verlangsamte sich das Bevölkerungswachstum zwar, stieg aber dennoch aufgrund von Zuwanderung weiterhin an (vgl. Statista Dossier Demografischer Wandel (o.J.)). Die Coronapandemie erschwerte die Zuwanderung im Jahr 2020, weshalb die Einwohnerzahl Deutschlands erstmalig seit 2011 nicht anstieg. Es ist davon auszugehen, dass die Sterberate in Deutschland auch weiterhin über der Geburtenrate liegen wird. Das ist darauf zurückzuführen, dass die geburtenstarken Jahrgänge der Babyboom-Generation älter werden, während die im Vergleich dazu deutlich geburtenschwächeren Jahrgänge der Neunziger in die Phase der Familiengründung eintreten (vgl Statistisches Bundesamt (DeStatis): Bevölkerungsvorausberechnung 2021).

Laut der letzten Vorausberechnungen des Statistischen Bundesamts aus dem Jahr 2015 dürfte die Bevölkerung in Deutschland bei einem gleichbleibenden Geburtenniveau von heute 82 Millionen auf 67 bis 73 Millionen Menschen im Jahr 2060 zurückgehen. Aufgrund der großen Zahl an Zuwanderinnen und Zuwanderern im gleichen Jahr wurde diese 13. koordinierte Bevölkerungsvorausberechnung im Frühjahr 2017 aktualisiert: Demnach wird die Bevölkerung in den kommenden fünf Jahren nun sogar steigen und anschließend bis 2035 auf das derzeitige Niveau sinken. Im Jahr 2060 soll sie bei 76,5 Millionen liegen (Statistisches Bundesamt (DeStatis): Europa Bevölkerung 2021). Ob diese Prognose tatsächlich zutrifft, wird jedoch erst nach einer neuen Bevölkerungsvorausberechnung absehbar sein.

Die seit Mitte der 1970er-Jahre anhaltend niedrigen Geburtenziffern und die beständig steigende Lebenserwartung haben zu einer deutlichen Veränderung der Kräfteverhältnisse zwischen den Generationen geführt. Der Anteil der jüngeren Altersgruppen hat in der Vergangenheit beständig abgenommen. 1970 machten die unter 20-Jährigen in Westdeutschland noch 29,7 Prozent der Bevölkerung aus. Bis 2018 fiel ihr Anteil in Deutschland auf 18,4 Prozent. Gleichzeitig stieg der Anteil der 67-Jährigen und Älteren an der Bevölkerung zwischen 1970 und 2018 von 11,1 auf 19,2 Prozent. Bis 2060 wird der Anteil auf 27,4 Prozent zunehmen und die Zahl der 67-Jährigen und Älteren wird dann bei 21,4 Millionen liegen. Die Zahl der 80-Jährigen und Älteren erhöhte sich zwischen 1970 und 2018 von 1,2 auf 5,4 Millionen und ihr Anteil an der Gesamtbevölkerung stieg von 1,9 auf 6,5 Prozent. Im Jahr 2050 werden die dann voraussichtlich knapp zehn Millionen 80-Jährigen und Älteren einen Anteil von 12,1 Prozent an der Bevölkerung haben, im Jahr 2060 wird ihr Anteil bei 11,3 Prozent liegen (Wilke 2020). Diese Verschiebung des demografischen Rahmens in der Gesellschaft ist ebenfalls auf die starken „Babyboomer"-Jahrgänge der 1950er- und 1960er-Jahre und die darauffolgenden schwächeren Geburtenjahrgänge zurückzuführen. Die „Babyboomer" bilden bis heute die größte Bevölkerungsgruppe in Deutschland, weshalb sie mit steigendem Alter auch künftig noch maßgeblich zum demografischen Wandel beitragen.

Hingegen wird der Anteil der Menschen im Erwerbsalter (20 bis 66 Jahre) in allen wesentlichen Hauptvarianten der Bevölkerungsvorausberechnung des Statistischen Bundesamtes in den nächsten zwei Jahrzehnten deutlich sinken und im Jahr 2037 zwischen 55 und bis 56 Prozent liegen; im Jahr 2018 lag dieser Anteil noch bei 62,4 Prozent. Bis 2060 wird sich der Anteil bei allen Varianten weiter, jedoch langsamer reduzieren und dann zwischen 53 und knapp 56 Prozent liegen. Neben der Entwicklung der Geburtenziffer, Lebenserwartung und Zuwanderung haben noch zahlreiche andere Faktoren Einfluss darauf, ob die mittlere Generation die Versorgungsaufgaben in der Solidargemeinschaft und im Wohlfahrtsstaat heutigen Charakters eher leichter oder schwerer erfüllen kann. Hier spielen zum Beispiel das Lohnniveau, die Entwicklung der Produktivität, die Lebenshaltungskosten, die Beschäftigungslage beziehungsweise die Erwerbstätigenquoten eine große Rolle. Und auch diese Faktoren werden ihrerseits vielfach beeinflusst. Zum Beispiel durch das Qualifizierungsniveau, den internationalen Handel oder wiederum durch die Zahl der Kinder je Mutter. Auf diese Zusammenhänge wird später in diesem Kapitel und im Kapitel zur digitalisierten Wirtschaft noch genauer eingegangen. Zusammengenommen lassen sich demnach keine verbindlichen Aussagen über die zukünftige „Belastung" der mittleren Generation treffen. Allerdings zeigen die Berechnungen des Statistischen Bundesamtes, dass der demografische Wandel auch in Zukunft ganz eindeutig nicht zu einer Entlastung beitragen wird. Die Belastung dieser Gruppe der Bevölkerung wird weiter steigen – oder der Sozialstaat muss zurückgebaut und die Anzahl der Leistungsempfänger reduziert werden.

In Deutschland werden geografisch und sozioökonomisch betrachtet vor allem die Metropolregionen und Ballungszentren wachsen. Das gleiche gilt für ganz Europa. Deutlich anders sieht die Lage dagegen in vielen ländlichen Regionen aus. Vor allem im Osten Deutschlands und in strukturschwachen Regionen Westdeutschlands droht vielen Gebieten nicht nur eine Schrumpfung, sondern auch eine zunehmende Vergreisung. Denn die jungen Menschen ziehen dorthin, wo es Qualifizierungsmöglichkeiten und Arbeitsplätze und gute Verdienstmöglichkeiten gibt. Damit verstärken sie mit diesen Binnenwanderungen das regionale Gefälle zusätzlich, weil hauptsächlich Ältere in den wirtschaftlich schwächeren Regionen zurückbleiben – mit der Folge, dass dort immer weniger Kinder geboren werden. Die Fertilitätsrate ist in Deutschland in den letzten rund fünfzehn Jahren leicht angestiegen, liegt aber im Schnitt immer noch bei lediglich rund 1,5 Geburten pro Frau. Das heißt, die Bevölkerung schrumpft auch in Zukunft weiter, nur in den ländlichen und strukturschwachen Gebieten schneller als im rechnerischen Durchschnitt des Landes (Bundeszentrale für Politische Bildung 2020).

In der europäischen Perspektive gleichen sich die Trends und Entwicklungen im Großen und Ganzen. Auch hier gibt es geografisch deutliche Unterschiede, die mit den Entwicklungen auf nationaler Ebene in Deutschland weitgehend deckungsgleich sind. Der Anteil Europas an der Weltbevölkerung ist in der zweiten Hälfte des 20. Jahrhunderts von 13,3 Prozent auf 7,5 Prozent gefallen. Dieser Trend wird sich auch in der ersten Hälfte des 21. Jahrhunderts fortsetzen. Im Jahr 2050 wird voraussichtlich nur noch jeder 20. Mensch auf der Erde aus Europa kommen, was einem Anteil von fünf Prozent entspricht. Der Gewinn an Lebenszeit für alle Menschen in Europa verändert die Zusammensetzung der Bevölkerung auf dem Kontinent. Knapp 100 Millionen Menschen in Europa sind heute 65 Jahre oder älter, das entspricht rund 19 Prozent der insgesamt 508 Millionen EU-Bürgerinnen und EU-Bürger. In Deutschland ist der Anteil dieser Altersgruppe etwas höher, und liegt bei rund 21 Prozent (vgl. Europäische Kommission 2020). In Zukunft wird die Gruppe der Alten deutlich größer werden. Selbst in Irland, wo nur 13 Prozent aller Menschen über 65 Jahre alt sind, steigt der Anteil seit einigen Jahren kontinuierlich. Das Statistische Amt der EU Eurostat hat errechnet, wie sich unterschiedliche Regionen in Europa bis 2030 entwickeln werden. Tatsächlich wird kurzfristig in mehr als 65 Prozent der Regionen die Anzahl der Bewohnerinnen und Bewohner steigen. Die Gewinner sind in fast allen Fällen Gegenden, die heute schon eine für das weitere Wachstum günstige Bevölkerungszusammensetzung haben, eine gute Infrastruktur aufweisen und über vielversprechende wirtschaftliche und klimatische Bedingungen verfügen. Das ist für die kleinen Staaten Zypern, Luxemburg und Malta der Fall, genauso für Belgien oder Irland. Ebenso trifft es zu für Großbritannien und andere Nicht-EU-Mitgliedstaaten Norwegen und die Schweiz. Profitieren werden auch die am dichtesten besiedelten Gebiete in Österreich, Tschechien, Spanien, Finnland, Frankreich, Griechenland, Italien, den Niederlanden, Portugal, Schweden und Slowenien. Die Bevölkerung in Frankreich wird von

64,4 Millionen im Jahr 2010 auf 71,1 Millionen im Jahr 2050 steigen. Großbritannien wächst von 64,7 Millionen Einwohnern auf 75,3 Millionen bis Mitte des Jahrhunderts. Beide Staaten profitieren von den recht hohen Fertilitätsraten, die jeweils nah am Reproduktionsniveau liegen und in den vergangenen Jahren kontinuierlich gestiegen sind. Außerdem sind beide Länder beliebte Einwanderungsziele. In ihrer Bevölkerungszahl wachsen werden auch kleine Staaten wie Luxemburg, von etwas über einer halben Million Menschen auf 0,8 Millionen. Luxemburg ist aber aufgrund seiner Größe eine Art Sonderfall und zieht mit seiner wirtschaftlichen Stärke überproportional viele Arbeitskräfte an.

Einwohnerinnen und Einwohner verlieren werden laut Eurostat hingegen die Staaten des Baltikums Estland, Lettland und Litauen und der Großteil der Regionen in Bulgarien, Rumänien, Deutschland, Ungarn, Polen und der Slowakei (Europäische Kommission 2020). Bei einem groben Blick wird auch hier klar, dass ebenso in den schrumpfenden Staaten die Bevölkerung in urbanen Gebieten mitunter wächst oder zumindest wesentlich langsamer schrumpft und altert als in ländlichen Gebieten. So auch in Deutschland, wo Berlin, Leipzig, Hamburg oder München Beispiele für eine gegenläufige Entwicklung sind.

Beim Blick auf die Prognosen und Berechnungen wird ein starkes Ost-West-Gefälle in Europa deutlich. Die östlichen Staaten, die bis 1990 hinter dem Eisernen Vorhang lagen und mit Anfang der 2000er-Jahre den Weg in die EU gehen konnten, dürften in der Zukunft zu den Verlierern des demografischen Wandels zählen. Die wirtschaftlich relativ unsichere Situation nach 1990 und bis heute hat hier dazu geführt, dass die Geburtenzahlen dramatisch eingebrochen sind. Gleiches gilt für Ostdeutschland. In Zahlen laut der Bevölkerungsvorausberechnung der Vereinten Nationen bedeutet das, dass strukturschwache Länder im Osten Europas am härtesten betroffen sein werden. In Bulgarien wird die Bevölkerung von 7,15 Millionen im Jahr 2015 auf 5,15 Millionen im Jahr 2050 sinken, in Rumänien von 19,5 Millionen im Jahr 2015 auf 15,2 im Jahr 2050. Diese Länder verlieren also zahlenmäßig rund ein Viertel ihrer Bevölkerung. Das wären auf Deutschland bezogen, rund zwanzig Millionen Menschen weniger. Auch ökonomisch stärkere osteuropäische Staaten wie Polen müssen sich auf eine sinkende Bevölkerungszahl einstellen. In Polen von 38,6 Millionen im Jahr 2015 auf 33,1 Millionen im Jahr

2050 (Statista Europäische Union 2020). Die Gründe sind überall ähnlich. Die geburtenstarken Jahrgänge der 1960er-Jahre sterben, der Geburtenknick nach 1990 macht sich als fehlende Elterngeneration bemerkbar, die Fertilität ist insgesamt niedrig, junge Menschen ziehen in wirtschaftlich, infrastrukturell und sozialstaatlich günstigere Länder.

Der Bevölkerungsschwund setzt sich auch in Südeuropa fort. So wird die Bevölkerung Griechenlands laut den UN und Eurostat Prognosen von 11 Millionen Menschen im Jahr 2015 auf 9,7 Millionen im Jahr 2050 zurückgehen. Italien wird voraussichtlich ebenfalls schrumpfen, von 59,8 Millionen Menschen im Jahr 2015 auf 56,5 Millionen im Jahr 2050, und zwar vor allem aufgrund seiner Altersstruktur und der niedrigen Fertilität.

Bis zum Jahr 2080 könnten bis zu 72 Millionen Menschen in die Europäische Union einwandern, hat Eurostat in einem eher vorsichtigen Basisszenario errechnet. Da die meisten Migrantinnen und Migranten jung sind, bedeutet ihr Zuzug eine Verjüngung und einen Gewinn an Arbeitskräften. Die größte Altersgruppe der Einwanderer und Flüchtlinge ist zwischen 24 und 25 Jahre alt. Die Vorausberechnungen von Eurostat zeigen außerdem, dass Migranten eine teils deutlich höhere Fertilität haben, die sich allerdings rasch dem Niveau des neuen Heimatlandes anpasst.

Die Länder, denen die Vereinten Nationen in ihren Statistiken und Prognosen eine weiterhin hohe Fertilität voraussagen, sind die, die schon heute relativ hohe Kinderzahlen aufweisen, wie zum Beispiel Island mit aktuell rund 1,83 Kindern pro Frau, Norwegen mit ebenfalls 1,83 Kindern pro Frau Schweden mit 1,93 oder Dänemark mit 1,80. Die skandinavischen Länder verfügen zum einen über ein gut ausgebautes Unterstützungssystem für Eltern, zum anderen ist die Vereinbarkeit von Familie und Beruf dort mit einer höheren Priorität und Wertschätzung in Politik und Gesellschaft besetzt. Auch Frankreich, das eine aktive Familienpolitik betreibt, hat eine hohe Fertilitätsrate mit 1,98 Kindern pro Frau. Ganz offensichtlich spielen Kinderbetreuung und Vereinbarkeit von Familie und Beruf eine Schlüsselrolle für die Fertilitätsraten in einem Land oder einer Region. Dieser Punkt wird auch in einem anderen Zusammenhang bei den wirtschaftlichen Betrachtungen im übernächsten Kapitel wieder auftauchen, wenn es um Teilhabe, Gleichberechtigung und den

Sinn von Quotenregelungen in Politik, Gesellschaft und Wirtschaft gehen wird. Im Osten Europas ist die Fertilität laut den Vereinten Nationen aktuell am niedrigsten. Bis 2030 wird Südeuropa den letzten Platz im europäischen Ranking der Regionen einnehmen. Bosnien und Herzegowina mit 1,29 Kindern pro Frau und Portugal mit 1,31 Kindern pro Frau werden dann die Länder mit der niedrigsten Fertilität sein. Dicht gefolgt von Deutschland mit wie bereits erwähnt auch nur 1,51 Kindern pro Frau im Durchschnitt. Ein Grund für diese Zahlen ist die Jugendarbeitslosigkeit von teilweise über 50 Prozent in diesen Ländern, so dass Millionen jungen Südeuropäern eine Zukunftsperspektive fehlt. Bis Mitte des Jahrhunderts werde diese Entwicklung dazu führen, dass die Gesellschaften Südeuropas die mit Abstand ältesten des Kontinents sind, so die Berechnungen der UNO und der EU (Siems 2017). Dabei sind die demografischen Risiken auf dem Kontinent ungleich verteilt. Am härtesten trifft die Überalterung in den nächsten Jahren wirtschaftlich schwache Regionen wie etwa Nordwestbulgarien oder Süditalien. Das Wohlstandsgefälle zwischen dem meist wohlhabenden Norden und dem Süden und Osten Europas wird sich somit noch erheblich vertiefen. Wirtschaftlich prosperierende Regionen wie der Großraum London, große Teile der Schweiz und auch Süddeutschland profitieren dagegen davon, dass sie junge Fachkräfte aus dem In- und Ausland anziehen und die Folgen der Alterung damit erheblich abgefedert werden (Habekuß 2017). Die Frage hierbei ist, ob eine verstärkte Zuwanderung und eine Art „Übernahme" dieser überalterten Gebiete in Süd- und Osteuropa durch Migration aus weiter östlich gelegenen Regionen oder aus beispielsweise dem Nahen Osten eine realistische Option darstellen kann. Wie beschrieben hat es ja diese Prozesse des Ersatzes an Arbeitskraft und Einwohnern aus dem Osten durchaus mehrfach und über lange Zeit gegeben. Jedoch ist das heute eher nicht wahrscheinlich. Einwanderer werden so wie heute auch weiterhin besonders in die prosperierenden Gegenden Europas ziehen wollen und den sogenannten „Speckgürteleffekt" (Blickle et al. 2019) dort weiter verstärken. War es in Zeiten der agrarischen Wirtschaft noch relativ egal, wo Einwanderer sich eine neue Existenz als Bauern und Handwerker aufbauen wollten und konnten, hat sich das mit der Industrialisierung deutlich verändert. Am schnellsten lässt sich ein besserer Lebensstatus in der (Schwer-)Industrie und in Dienstleistungsberufen erreichen, die nicht auf dem Land, sondern in Städten und Ballungszentren angesiedelt sind. Während es in er Landwirtschaft mehrere Jahre oder Jahrzehnte dauern kann, ein mehr oder weniger sicheres Einkommen für sich und seine Familie zu erreichen, geht das in modernen Industrien im Vergleich dazu recht schnell. Ob die Bedingungen dann auf mittlere und lange Sicht auch wirklich besser sind, steht dabei auf einem anderen Blatt. Die digitalisierte Wirtschaft und digitalisierte Arbeitsmärkte mit einer hohen Produktions- und Reproduktionsgeschwindigkeit haben diesen Effekt noch einmal verstärkt, gleichzeitig aber auch den Wettbewerb massiv erhöht. In Summe spricht das dafür, dass der Zuzug in Metropolregionen zunehmen wird und sich nicht auch auf ländliche Gebiete ausweiten wird. Wenn, dann müsste es hier klare politische Vorgaben und letztlich Zwangsmaßnahmen geben, die beispielsweise darin bestehen, dass Aufenthaltsgenehmigungen nur dann erteilt werden, wenn sich Asylsuchende oder sogenannte „Wirtschaftsflüchtlinge" verpflichten, in ländlichen und von Bevölkerungsschwund geprägten Gebieten, die eigene neue Existenz aufzubauen. Das ist aber, wie beschrieben nicht sonderlich attraktiv und widerspricht grundlegenden Rechten und Freiheiten in Europa, wie der Freiheit der Berufswahl und der Niederlassungsfreiheit.

Beim Blick auf die demografische Entwicklung ist der Aspekt der Produktivitätsentwicklung von besonderer Bedeutung (vgl. Kuntze und Mai 2020). Der Grund: Eine schrumpfende Bevölkerung ist für eine Wirtschaft, die Gesellschaft und den Sozialstaat erst einmal kein Problem, wenn gleichzeitig die Produktivität in Summe und am besten auch pro Kopf wächst. Es ist also sogar möglich, bei sinkender Bevölkerungszahl und damit numerisch sinkender Arbeitskraft die Wohlfahrt zu erhöhen. Insofern ist die oft aufgestellte Behauptung, Deutschland und Europa brauchten unbedingt (massive) Zuwanderung, um den Bevölkerungsschwund zu begegnen und so den eigenen Wohlstand zu sichern erst einmal schlicht und einfach falsch. Vielmehr ist sogar das Gegenteil der Fall, wenn die Bevölkerungszahl, ob mit oder ohne Zuwanderung, steigt und die Produktivität sinkt. Dann kommt es zum Abstieg oder sogar zur Verelendung unter Umständen großer Teile der Bevölkerung und die berühmt-berüchtigte Schere zwischen Arm und Reich öffnet sich immer weiter mit allen negativen Folgen für die soziale, öko-

nomische und politische Stabilität. Die Entwicklung der Arbeitsproduktivität verliert in Deutschland an Dynamik, ähnlich wie in vielen
anderen entwickelten Volkswirtschaften. Das gilt ebenso für andere große
europäische Länder wie das Vereinigte Königreich, Frankreich und Italien. Lediglich in Spanien zeigt sich seit Mitte der neunziger Jahre eine
andere trendmäßige Entwicklung, die durch die Finanzkrise, die Euro-
krise und auch die Coronakrise zumindest bislang nicht gebrochen werden konnte. Zu dieser gesamtwirtschaftlich nachlassenden Dynamik tragen in erster Linie die Industrie, aber auch die Bereiche Handel, Verkehr,
Gastgewerbe und auch die Informations- und Kommunikationsdienst-
leister bei. Auch wenn die letzt genannten gemeinhin als Wachstums-
oder gar Boombranche gelten und durchaus wachsen, verschiebt sich die
Produktivität und damit die Wertschöpfung vor allem nach Asien und
hier vor allem nach China. Diese Verschiebungen von Produktion,
Arbeitsplätzen und Wertschöpfung aufgrund unterschiedlicher Pro-
duktivitäten, die sich dadurch in der Folge immer mehr angleichen,
kennen wir bereits aus den klassischen Industrien als Outsourcing, Off-
shoring oder die komplette Verlagerung von Arbeitsplätzen und Kapazitäten. Gleiches passiert auch in der digitalen Wirtschaft und bei Technologie basierten Dienstleistungen. Das hat Folgen nicht nur für die
Wirtschaft, sondern auch für die europäische und internationale Politik
und ebenso für jede Konsumentin und jeden Konsumenten und Bürger,
die an späterer Stelle noch genauer beschrieben und analysiert werden
sollen. Die Ursachen des rückläufigen Produktivitätswachstums werden
bereits breit diskutiert. Die meisten Erklärungsansätze machen den allgemeinen Strukturwandel zur Tertiärisierung der Gesamtwirtschaft und
die Entkopplung zwischen Arbeitsmarkt und Produktion als wichtigste
Gründe aus. Bezogen auf Strukturwandel und Erwerbstätigkeit hat die
Bedeutung der Dienstleistungsbereiche in europäischen Gesellschaften
deutlich zugenommen. Eine Verlagerung in Richtung der konjunkturun-
abhängigen und weniger produktiven Wirtschaftsbereiche hat damit
auch Folgen auf die gesamtwirtschaftliche Wachstumsrate.
   Eine andere Ursache liegt in der zunehmenden Entkopplung von
Arbeitsmarkt und Produktion. Insbesondere die zunehmende Knappheit
an Fachkräften, bedingt durch die demografische Entwicklung, trägt
hierzu bei. Auch durch Einwanderung und Migration wird dieser Man-

gel nicht ausgeglichen, da viele qualifizierte Arbeitskräfte in dynamischere Region wie Nordamerika oder Asien ziehen und die deutlich überwiegende Zahl der Einwanderer und Flüchtlinge nach Europa nicht ausreichend oder überhaupt nicht qualifiziert sind. Die schwache Produktivitätsentwicklung ist besonders in der jetzigen Zeit zunehmender Digitalisierung eigentlich sehr überraschend, da genau dieser Teil der Wirtschaft durch hohe oder sogar exponentielle Wachstumsraten, Skaleneffekte und extreme Effizienzsteigerungen geprägt ist. Dieses Produktivitätsparadoxon lässt sich derzeit noch nicht auflösen. Eine These geht davon aus, dass die mit der Digitalisierung verbundenen Potenziale in der Wirtschaft erst noch realisiert werden müssen. Das ist durchaus nachvollziehbar und stichhaltig, da viele Branchen und Unternehmen trotz aller Modernisierungen und Fortschritte immer noch am Anfang der Digitalen Transformation stehen und es auch noch Branchen gibt, in denen fast nichts Digital läuft. Gleiches gilt übrigens nicht nur für die Wirtschaft, sondern vor allem für den Staat und die öffentliche Verwaltung. Ein weiterer Grund für das Produktivitätsparadoxon liegt in der massiven Automatisierung und Autonomisierung von Prozessen aller Art im Zuge der Digitalisierung. Immer mehr wertschöpfende und produktive Arbeit wird von Maschinen und technischen Systemen übernommen. Das führt zu einem massiven Wachstum der Leistungsfähigkeit und Macht von Unternehmen und in der Folge von Unternehmensgewinnen, die sich noch dazu extrem konzentrieren. In der allgemeinen, durchschnittlichen Produktivität wird das aber durch die Leistungs-, Produktivitäts- und Wohlstandsverluste weitgehend ausgeglichen, weil schlicht und einfach immer mehr Menschen an produktiven Stellen ersetzt werden oder man könnte auch sagen, zunehmend „überflüssig" sind und viele neue Jobs, wie oben beschrieben, vor allem in wenig produktiven Bereichen des Dienstleistungssektors entstehen. Wenn diese Entwicklung gestoppt oder verändert werden soll, dann gibt es hier zwei Ansatzpunkte. Der eine ist die konsequente Digitale Transformation der eigenen Wirtschaft in allen Bereichen, wie der öffentlichen Verwaltung ebenso. Der zweite Ansatzpunkt ist die Bildung und Ausbildung von, vor allem aber nicht nur, jungen Menschen, um sie in die Lage zu versetzen, die hohen und höchsten Anforderungen globaler und digitalisierter Arbeitsmärkte und des damit verbundenen Wettbewerbs erfüllen zu können. Das bedeutet neue

Priorisierungen, entschiedene Investitionen, konsequentes Setzen und Nachhalten von höchsten Leistungsstandards in Bildung und Ausbildung und es bedeutet auch ein Hinterfragen von Einstellungen, Überzeugungen und vorhandenen oder auch eben nicht vorhandenen Leistungsbereitschaften. Das ist in vielen Bereichen unangenehm bis äußerst schmerzhaft, denn es passt nicht unbedingt zu den Wertvorstellungen, Zielen und Weltbildern der Generationen, die heute und morgen Verantwortung tragen müssen.

Die angesprochenen Ziele, Weltbilder und Wertvorstellungen zwischen den Generationen unterscheiden sich. Das ist auch klar und verständlich, denn wenn sich Umstände, Lebenswirklichkeiten und Erkenntnisse verändern, dann hat das Auswirkungen auf die Menschen, die vor allem, aber nicht nur, in den ersten rund 20 Lebensjahren ihre Erfahrungen sammeln und Prägungen erhalten. Trotzdem gibt es Generationen übergreifend auch Gemeinsamkeiten, die wir unter dem Stichwort des Zeitgeistes zusammenfassen. Typisch für den heutigen Zeitgeist, da sind sich praktisch alle Untersuchungen und Studien wie Sinus oder Sigma einig, ist ein hohes Interesse an Inspiration und Vorbildern, eine grundsätzlich pragmatische und offene Haltung dem Leben und der Gesellschaft gegenüber, gepaart mit einem kritischen Blick auf die eigene Umwelt, hohe Standards im Konsum an Qualität und Nachhaltigkeit, ein Bedürfnis nach menschlichen Bindungen und ein ausgeprägtes Streben nach Selbstentfaltung und Unabhängigkeit (vgl. Schnetzer 2019). Diese Einstellungen und Wertvorstellungen werden dabei zunehmend durch die Möglichkeiten der digitalen Kommunikation und des digitalen Konsums geprägt und zunehmend auch bestimmt.

Persönlichkeit und Individualität sind die begehrtesten, nicht materiellen Statussymbole der Postmoderne. Zum einen, weil sich jede Person über die digitalen Kommunikationskanäle als einzigartig darstellen will und kann. Stichwort: „Selfiewahn". Zum anderen, weil paradoxerweise genau durch diese Digitalisierung des Lebens, Individuen letztlich zu Zahlen, Mustern und Wahrscheinlichkeiten degradiert, in technischen Kategorien gedacht und verstanden werden und sich in dieser Perspektive nur in kleinsten, vernachlässigbaren Details von „der Masse" unterscheiden. Die in den letzten Jahrzehnten bestimmende Generation der sogenannten Babyboomer war ebenfalls geprägt von Sinnsuche, Fixierung auf Individualität und Rebellion gegen den (damals) vorherrschenden gesellschaftlichen Zwang und Konventionen: Die 68'er und Hippie-Bewegung, die sich in den 70er- und 80er-Jahren entfaltete und bis in die 2000er bestimmend wirkte. Ende der 2010er-Jahre entsteht mit dem langsamen Verfall der alten Paradigmen der Freiraum und die Notwendigkeit für eine neue „rebellische" und die Paradigmen in Frage stellende Bewegung. Typisch für die aktuell und kommend prägenden Generationen Millenials, Y und Z ist die Frage nach dem Warum?, das Bedürfnis nach Sinngebung und Orientierung und das Bedürfnis nach Selbstbestätigung als Mensch und Person. Der Wunsch nach Orientierung und Vorbildern wächst in allen mittleren wie jüngeren Generationen in einer politisch und gesellschaftlich unübersichtlichen Welt, sowohl auf lokaler, nationaler, regionaler und globaler Ebene. Über Generationen prägende Milieus, Klassen und Schichten lösen sich auf und bieten keinen Identifikations- und Orientierungsrahmen mehr, wie bspw. „die Arbeiter" oder „die Unternehmer". Ein Bewusstsein für „oben" und „unten" gibt es dagegen durchaus – und es wird eher klarer und bestimmender, als dass es erodieren würde. Sicherheiten gehen bei diesen Entwicklungen auch verloren für die Lebensplanung und das eigene Rollenverständnis. Die weitere Entwicklung im Großen und Allgemeinen ist ebenso wenig verlässlich, wie die persönliche. Die klassischen politischen und gesellschaftlichen Institutionen (Parteien, Ämter, Gewerkschaften, Vereine, etc.) verlieren an Vertrauen und Bindungskraft. Ebenfalls verlieren lange Zeit prägende und nicht in Frage gestellte religiöse Institutionen wie die Kirchen an Vertrauen und Unterstützung, vor allem in der urbanen und jungen Bevölkerung. Es gibt einen immer stärker werdenden Wunsch und eine Suche nach Identität und Tradition in einer Gesellschaft, die neben den oben genannten Fragmentierungen zusätzlich noch durch Migration, international in Form von Fluchtbewegungen und intranational in Form von „Landflucht" und von dauernden, sich beschleunigenden Struktur-Änderung geprägt ist. Menschen suchen etwas konstant Gültiges, das sich am besten bereits in Generationen und Jahrhunderten zuvor bewiesen hat und auch prinzipiell heute gilt. Dazu gehören die Familie und familiäre Bindungen, eine Konzentration auf das nahe Umfeld und genauso Identitäten, die historisch begründet oder konstruiert sein können. Letzteres führt, wie wir später sehen werden, langfristig zu massiven Problemen und Polarisierungen in der Gesellschaft.

Viele der beschriebenen Effekte sind bei der Babyboomer-Generation noch am wenigsten erkennbar. Diese Generation ist die erste Generation, die im Zuge des Wirtschaftswunders die Vorzüge der massenhaften Produktion von industriellen Gütern wie Autos und Kühlschränken kennenlernte und auch ihre Arbeitserfahrungen vornehmlich in den klassischen industriellen Branchen und Unternehmen sammelte. Ihre Prägung ist vor allem durch die positive Erfahrung von Wirtschaftswachstum und sich schnell und mehr oder weniger kontinuierlich verbessernden Lebensumstände gekennzeichnet. Aus dem Arbeitsmarkt werden bereits in den kommenden Jahren die letzten Vertreter der Babyboomer-Generation austreten, viele sind bereits im Ruhestand.

Die Generation X steht für die Jahrgänge 1965 bis 1980 und ist in der Arbeitswelt die Generation, die bestimmend ist. Mehr als 80 Prozent der Positionen im Management werden durch diese Generation besetzt. Ihre Vorstellungen von Arbeit prägen die derzeitige Arbeitswelt am meisten. Sie unterscheidet sich jedoch auch stark von den jüngeren Generationen, wie wir gleich sehen werden, und das wird vermehrt zu Konflikten führen. Die Mitglieder der Generation X sind eher individualistisch geprägt und legen verstärkten Wert auf einen hohen Lebensstandard, aber auch genügend Freizeit neben dem Beruf, die berühmte Work-Life-Balance.

Zwischen 1980 und 1994 Geborene werden als Generation Y bezeichnet. Das Y soll hier für englisch „why" stehen. Die Generation Y zeichnet sich wie noch keine Generation zuvor durch eine verstärkte Suche nach einem tieferen Sinn in ihrem Leben und ihren (beruflichen) Tätigkeiten aus. Sie wollen eine Antwort auf die Frage nach dem „Warum und wofür". Ihre Wertausrichtung ist leistungs- und karriereorientiert. Sie fordern von Arbeitgebern in erster Linie „Flexibility" und „Work-Life-Blending", also nicht nur ein ausgewogenes Verhältnis von Arbeit und Freizeit, sondern auch einen persönlichen Mehrwert des Jobs für die Freizeit und das eigene Leben.

Zur Generation Z zählen die Jahrgänge 1995–2010. Viele Jugendliche der Generation Z sind schon in der Berufs- oder Hochschulausbildung und auf dem Arbeitsmarkt und treten hier mit neuen Forderungen auf. Der Großteil wird die nächsten Jahre nachkommen, sobald die Ausbildungs- und Studentenjahre beendet sind. Am wichtigsten sind ihnen enge Bindungen zu Familie und Freunden sowie Erlebnismaximierung (was gerade in Zeiten von Corona Lockdown ein echtes und wirklich ernst zu nehmendes Problem darstellt; neben sonstigen Verlusten im Sozialleben aber auch in der Bildung). Bei der Generation Z ist die Karriereorientierung im Vergleich zu den vorhergehenden Generationen gering ausgeprägt, was vor allem mit den Vorstellungen der Manager/innen-Generation X mit ihren hohen Karriere- und Leistungsanforderungen mehr und mehr in Unternehmen, aber auch schon in der Ausbildung oder im Studium kollidiert und eskaliert. Die Generation Z ist zahlenmäßig die kleinste Generation seit dem Zweiten Weltkrieg. Zusammenfassend lassen sich für die „die jungen Generationen" gemeinsame Ideale und Wertvorstellungen ausmachen, die den „Zeitgeist" heute und vor allem morgen bestimmen.

Die Bedeutung von Zusammenhalt in der Familie hat den prägendsten Einfluss für die Lebenssituation der jungen Deutschen und Europäer. Das liegt sehr wahrscheinlich daran, dass so viele Beziehungen nur noch digital gepflegt werden und daher nicht so belastbar sind, wie die zu den Eltern und Geschwistern. Der mit Abstand wichtigste Wert für die Generation Z und die Generation Y ist die Gesundheit. Gesundheit steht für ein Leben ohne Einschränkungen, bei dem sich Körper und Geist gut anfühlen. Die Konfrontation mit einer Pandemie und den damit verbundenen Einschränkungen bedeutet damit für die Generationen große Verwirrung und Verunsicherung. Gesundheit genießt hohe Priorität, gleichzeitig werden persönliche Beziehungen, persönliche und nicht digitale Nähe hochgeschätzt, ebenso wie Erlebnismaximierung. Das eine ist mit dem anderen in Corona Zeiten nicht vereinbar und wurde streng reglementiert oder verboten. Welche psychischen Folgen sich daraus mittel- und langfristig ergeben, wird sich erst noch zeigen.

Die wichtigsten Vorbilder der Generation Z sind „Mama und Papa". Das finden Mutter und Väter natürlich erst einmal gut – wie sicherlich jeder Mensch mit Kindern bestätigen wird. Umsorgende Eltern, gerne auch nicht unbedingt positiv gemeint als „Helikoptereltern" bezeichnet, verstärken diese Einstellung noch, weil sie mehr oder weniger alle Wünsche erfüllen (wollen) und damit einen sehr positiven oder gar „Heldenstatus" besitzen. Gleichzeitig bedeutet das aber auch eine grundsätzlich weniger ausgeprägte Selbstständigkeit und Selbstsicherheit der Kinder und jungen Erwachsenen, die eben nicht schon früh lernen müssen, auch mit Misserfolgen, Scheitern oder Zurückweisung von Wünschen zu leben und umzugehen. Für die Generation Y sind Vorbilder grundsätzlich dagegen nicht so wichtig und Eltern stehen an dritter Stelle nach „Ich" oder „kein Vorbild". Die Generationen Y und Z sind es ihr Leben lang gewohnt mit ihren Eltern und anderen Erwachsenen praktisch auf Augenhöhe zu reden; die Generationen vorher waren und sind das nicht. Entsprechend „unverfrohren" treten sie auch in der Öffentlichkeit, in Unternehmen und Institutionen auf.

Am wichtigsten für einen guten Job ist der Generation Z und der Generation Y die Arbeitsatmosphäre sowie die gute Balance von Arbeit und Freizeit. Mit diesen Erwartungen an Arbeitgeber tritt die junge Generation sehr selbstbewusst auf. Für die Zukunft wünscht sich die junge Generation Familie, Kinder, ein Haus und Gesundheit. Doch jeder Dritte der Generation Z und jeder Zweite der Generation Y ist unzufrieden mit der finanziellen Absicherung für die Zukunft. Gefragt nach ihren Ambitionen, stehen bei der jungen Generation in Deutschland Reisen und Familie an erster Stelle. Bei dem Wunsch nach Familie liegt die Generation Z in Deutschland mit 51 Prozent im internationalen Vergleich vorn. Geht es jedoch um Vermögensaufbau oder den Immobilienerwerb, liegen die jungen Deutschen deutlich hinter dem globalen Durchschnitt. Ansonsten sind die jungen Generationen hierzulande weniger ambitioniert, selbst die Gesellschaft zu verbessern – ob im Kleinen in der eigenen Gemeinde oder im großen Maßstab. Auch wenn der Klimaschutz bei ihnen als Thema ganz oben auf der Agenda steht, macht zum Beispiel nur jeder Dritte in diesen Genrationen das eigene Konsumverhalten oder ihre Geschäftsbeziehungen von den Auswirkungen von Produkten auf Umwelt und Gesellschaft abhängig. Es kann also keineswegs davon ausgegangen werden, dass die durchaus sehr vielen vornehmlich jungen Menschen bei Fridays For Future Demos repräsentativ für die Mehrheit ihrer Generationen sind, auch wenn das von den Protagonisten und Aktivisten in ihren Reihen gerne behauptet wird. Ohnehin gibt es hier noch mehr Bespiele für teils krasse Unterschiede zwischen den lautstark und eindrücklich vorgebrachten Forderungen auf der eine Seite und dem tatsächlichen Verhalten und alltäglichen Lifestyle auf der anderen Seite, auf die wir später noch stoßen werden. Vielleicht haben Sie sich ja auch schon mal gefragt, wie eigentlich der ökologische Fußabdruck der Millionen von Tweets, Posts und Stories der Klimabewegten ist, die sie alleine auf ihren Demos produzieren? Oder vom unentwegt laufenden Streaming? Dann freuen Sie sich schon mal auf die im übernächsten Kapitel kommende Auflösung …

Jugendliche besonders der Generation Z sind durchaus geprägt von Ernsthaftigkeit und Besorgnis, vor allem wenn es um den späteren Job, das Klima und die Zuwanderung geht. Wirtschaft und Jobs der Zukunft in einer digitalisierten und von Künstlicher Intelligenz bestimmten Welt, der Umgang mit dem Klimawandel und Zuwanderung, Identitätsdiskussionen und Zusammenleben sind nicht nur, aber auch deshalb nicht umsonst die großen und bestimmenden thematischen Schwerpunkte in diesem Buch. Aus Sicht der Generation X und Y erscheinen die Generation Z'ler schon ziemlich „spaßbefreit" mit ihrem ausgeprägten Bedürfnis nach Sicherheit, Geborgenheit und „Regrounding" in der Familie, in der Natur und mit ihrer scheinbaren Wiederaufnahme von einigen sogenannten klassischen bürgerlichen Tugenden, wie Heimatverbundenheit, Treue und Maß halten. Andere klassische Tugenden wie persönliche Emanzipierung, Eigenverantwortung und Individualisierung und der Wettbewerb an sich, werden dagegen kritisch gesehen und mit einer generellen Systemkritik an Wachstum und Kapitalismus verbunden, eben weil dieses System der Geschwindigkeit, der Unvorhersehbarkeit und des Wettbewerbs die so hoch geschätzte Geborgenheit und Sicherheit in Frage zu stellen und zu gefährden scheint. So ein bißchen Biedermeier reloaded – aber bitte mit Smartphone, Social Media und Bio-Food-Delivery natürlich. Etwas zugespitzt.

Gerade wenn es um Wandel und Anpassung geht, sind die Ansichten und Einsichten dazu bei den Generationen unterschiedlich, ja teils sogar gegensätzlich. Für die älteren Generationen ist Veränderung aus der eigenen Historie und der direkten Überlieferung ihrer Eltern und Großeltern heraus immer mit Verzicht assoziiert. Änderungen, Überraschungen, Umstürze, Zusammenbrüche, Wirtschaftskrisen und Kriege standen hier exemplarisch für den Wandel und die Veränderung. All das ist mit Verzicht und Verlust verbunden, manchmal sogar total und existenziell. Stabile Verhältnisse, eine bewährte Ordnung und keine Experimente sind über Jahrzehnte das gelernte Rezept für Zugewinn, bessere Umstände und gesellschaftlichen wie persönlichen Aufstieg gewesen. Die jungen Generationen sind dagegen saturiert, sie haben Verzicht nie wirklich erlebt. Sie agieren dagegen aus einer Erfahrung des Überflusses heraus, wo es nicht wirklich schlimm ist, auf ein paar Sachen des Überflusses zu verzichten. Vielmehr wird so ein Verzicht gar als Befreiung und Vereinfachung empfunden. Das bedeutet, Gen Y und vor allem Gen Z sind aus einer Situation der Sättigung heraus „politisch". Der Aktivismus beschränkt sich auf punktuelle Events, zu denen man gerne von Mami und Papi gefahren wird. Ansonsten wird über Social Media „Druck" gemacht, was aber ebenfalls nur einen kurzen Effekt hat, aber bequemer ist als ein mühsames Dauerengagement in irgendwelchen Ehrenämtern. Dieses Verhalten und diese Einstellung ist auch völlig legitim, sie entspricht den eigenen Wertvorstellungen. Es ist moralisch, ethisch oder gesellschaftspolitisch zunächst einmal weder schlechter noch besser, als das Verhalten anderer Generationen, nur anders. Fraglich ist vor diesem Hintergrund lediglich, wie realistisch die Erwartungshaltung ist, dass möglichst schnell, ja sofort Resultate und Erfüllungen der eigenen Forderungen folgen müssen, wenn eine freiheitliche Demokratie ihrem Wesen nach eher langsam arbeitet und immer Kompromisse finden muss. Aber Resultate werden erwartet. So ist sind es die digital nativen Generationen schließlich gewohnt. Warten ist eine absolute Ausnahme. Egal ob bei Streaming, Online Shopping oder Social Media oder in der Kommunikation über Messenger oder der Verwendung von Apps und dem Smartphone: Auf eine Aktion oder Anforderung folgt sofort die Erfüllung des Bedürfnisses. Und selbst wenn etwas noch physisch geliefert werden muss, dauert es in der Regel 24 Stunden. Höchstens. Diese von Anfang an erlebte und verinnerlichte Selbstverständlichkeit verbindet sich mit einer verbreiteten „Restzeit"-Stimmung, die es angeblich notwendig macht, alle Mittel zu ergreifen, um das schlimmste zu verhindern. Jetzt. Sofort. Garantiert sicher.

Allerdings: Pünktlichkeit und Verbindlichkeit sind für die Generation Z selber dagegen nicht so wichtig. Und sie wollen sich nicht kaputt arbeiten, weder im Job noch im privaten Engagement. Freizeit und Familie haben für sie einen höheren Stellenwert. Der Generation Y hingehen geht es um berufliche Selbstverwirklichung. Ähnlich wie ihre für Vorgängergeneration gilt ihnen immer noch: Wer viel arbeitet, der ist fleißig und kommt voran. Während die Generation Y also vor allem durch die Sinnsuche geleitet wird, interessiert sich die Generation Z verstärkt für das Gemeinwohl. Sie streben öfter Berufe im Bereich Nachhaltigkeit, Medizin, Pflege und Gesundheit an. In der Generation Y ist es Standard, dass sie viele Praktika gemacht haben und dadurch in der Regel später ins Berufsleben starten. Häufig wechseln sie auch den Job, wenn sie den Nutzen ihrer Arbeit nicht mehr sehen. Obwohl auch die Generation Z oft den Arbeitgeber wechselt, ist ihnen Innovation und Kreativität im Job weniger wichtig. Die Generation Z hat schon beim Jobeinstieg extrem hohe Erwartungen und fordert viel von einem potenziellen Arbeitgeber. Es geht darum, das Maximale für sich selbst herausholen und nicht etwa für das Unternehmen. Die Bereitschaft, sich „ausbeuten" lassen, wie die Generation Y es in zahlreichen Praktika und mit unbezahlten Überstunden getan hat, ist drastisch gesunken. Unternehmen müssen heute darum buhlen, das Arbeitsumfeld für den Nachwuchs attraktiv zu gestalten. Die Gen Z'ler sind sehr behütet aufgewachsen und völlig gesättigt. Gehalt, Karriere oder Statussymbole interessieren sie daher nicht, sondern gehören zum Inventar, sind manchmal sogar lästig oder im Extrem gleich Anlass zu irgendeiner Art von „Scham", wie beispielsweise die Studien zur deutschen Jugend oder der TUI Stiftung (TUI Stiftung 2020) oder des Allensbach Instituts, der Marktforscher von Kantar oder Deloitte (Deloitte 2019) herausgefunden haben. Ihre Einstellung beim Jobeinstieg lautet: Was könnt ihr mir sonst noch bieten? Im Vergleich zu Generation Y sind sie aber auch weniger belastbar und könnten mit Krisen oder Stresssituationen schlechter umgehen. Das heißt auch, dass sie Rückschläge weniger gut verkraften (vgl. Maas 2019). Für Unternehmen wird es nicht nur aber auch deswegen immer attraktiver, Arbeitsplätze in Länder zu verlegen, wo die Arbeitseinstellung eher denen der Generation der Babyboomer oder Generation X entspricht, sofern das Qualifikationsniveau stimmt. Das ist durchaus in immer mehr Ländern der Fall. Denn das deutsche Bildungssystem gehört zwar immer noch zu den besseren weltweit, es hat aber an vielen Stellen seine herausragende Stellung verloren und andere Staaten holen auf, wie wir im folgenden Kapitel zur Bildung noch genauer sehen werden. Eine andere Möglichkeit besteht darin, vermehrt Arbeitskräfte aus dem Ausland anzuwerben, die eine passende Qualifikation mitbringen, allerdings bei einem deutlich geringeren Anspruchsniveau. Auch das passiert und es soll in Zukunft immer einfacher werden, wenn es vor allem nach den großen und auch mittleren und kleinen Unternehmen der sich transformierenden Industrie und Digitalwirtschaft in Deutschland und Europa geht. Auch darauf werden wir bei der Betrachtung der wirtschaftlichen Veränderungen durch Digitalisierung und Machtverschiebungen auf Märkten und in Gesellschaften im übernächsten Kapitel noch zurückkommen.

Mit ihren eigenen Lebensumständen ist nur rund jeder dritte der Generation Y in Deutschland zufrieden. Bei den Vertretern der Generation Z ist es sogar nur jeder vierte. In Bezug auf die künftig geforderten digitalen Kompetenzen und den Arbeitsmarkt zeigt sich die Generation Y allerdings recht selbstbewusst und zuversichtlich: Drei Viertel der „Millennials" in fester Anstellung sind überzeugt, dass sie die notwendigen Skills für die Arbeitswelt 4.0 mitbringen. Sie sind auch im internationalen Vergleich weniger besorgt, dass es im Zuge der digitalen Transformation schwieriger wird, einen Job zu finden. In diesem Punkt ist die jüngere Generation Z skeptischer. Die Generation Y und auch die Generation Z, wenn auch weniger, könnten hier durchaus einer Fehleinschätzung aufsitzen. Sie überschätzen die eigenen Fähigkeiten und unterschätzen die Fähigkeiten der relevanten Wettbewerber im Rest der Welt. Ein Grund dafür mag in der grundsätzlich hoch ausgeprägten Selbstzentrierung dieser Generationen und der zunehmend negativen Haltung gegenüber Wettbewerb und Konkurrenz liegen. Das führt dazu, dass die Leistungen und die Leistungsfähigkeit der anderen schon mal aus dem bewussten Blickfeld geraten. Eine schlichte Reflexion, welche der von einem selbst privat und beruflich genutzten Technologien, Anwendungen und Systeme eigentlich aus dem eigenen Land kommen oder hier erfunden und entwickelt wurden, kann hier schon mal zu Überraschungen und einer Veränderung der Perspektive führen.

Ein anderer Fehlschluss betrifft die technischen Kompetenzen. Das gängige Verständnis geht so: Während die Babyboomer und Generation X in der analogen Welt überlegen sind, sind die Generationen Y und Z in der digitalen Welt überlegen. Daraus wird abgeleitet, die jungen Generationen seien technisch deutlich versierter und affiner als die älteren. Aber stimmt das? Sicherlich können die jungen Generationen, als „Digital Natives" mit Plattformen im Netz, Smartphones und Apps besser umgehen und sie schneller und intuitiver sehr gut bedienen und anwenden. Aber ist das das gleiche, wie ein technisches Verständnis darüber, wie diese Anwendungen und Programme eigentlich funktionieren, was im Netz zwischen Device, Servern und Datenbanken passiert und wie und warum? Technisches Verständnis ist nicht allein damit belegt, dass jemand eine Anwendungsoberfläche bedienen kann. Und selbst das hängt von der Gewohnheit der Nutzung und dem vorausgegangenen Lernen ab. Könnte ein Digital Native so ohne weiteres ein Fax bedienen und nutzen? Oder auch einen Plattenspieler? Was ist eigentlich komplexer in der Anwendung und damit technisch anspruchsvoller: Eine App per Touchscreen mit einfachem Daumen-Tippen steuern oder eine der gerade angeführten alten Maschinen mit unterschiedlichen Knöpfen, Schaltern, Rädchen und physischen Bewegungen der Maschine selbst?

Technisches Verständnis und technische Kompetenzen werden hier schon relativ und gar nicht mehr so eindeutig und klar verteilt, wie oben noch allgemein akzeptiert postuliert. Und sie gehen wie gesagt noch weiter, beziehungsweise beginnen erst auf der Ebene des Verständnisses von Funktionsweisen und Prozessen und der Möglichkeit ihrer Beeinflussung. Fragen wir einen Babyboomer oder einen Generation X'ler, ob er oder sie ein typisches Gerät oder eine typische Maschine ihrer Jugend-Zeit beschreiben oder vielleicht sogar reparieren könnte, dann hätten wir eine gute bis sehr gute Chance, dass das klappt und die Person wirklich dazu in der Lage ist, bei einem kaputten Gerät den Fehler zu finden und es irgendwie wieder flott zu machen. Wie hoch ist die Chance, wenn wir dieselbe Aufgabe einer Person aus der Generation Y oder Z für „ihre" Technologien und Geräte stellen? Die App ist kaputt, eine Datenübertragung funktioniert nicht, ein Algorithmus liefert falsche Ergebnisse, die Performance einer Business Anwendung ist schlecht. Ist das technische Verständnis für die Systeme und Maschinen ihrer Zeit bei „den Jungen" wirklich höher als bei „den Alten"?

In Deutschland und Europa mangelt bei den mittleren und vor allem jüngeren Generationen an einem realistischen Bewusstsein des doppelten Konkurrenzkampfes, in dem wir uns befinden. Zum einen stehen Deutschland und Europa in einer harten Konkurrenz mit anderen Ländern auf der Welt, die das gleiche oder bereits ein höheres Leistungsniveau auf den digitalen Zukunftsfeldern in Wissenschaft und Wirtschaft erreicht haben. Das sind in erster Linie die boomenden Staaten in Asien von China über Korea und Japan bis Vietnam oder Malaysia und in Zukunft immer stärker rasant wachsende Staaten in Afrika. Zum anderen werden Menschen vor allem in den modernen und postmodernen digitalisierten Gesellschaften und (Arbeits-)Märkten immer öfter mit auf Künstlicher Intelligenz basierenden Systemen und Anwendungen konkurrieren müssen. KI übernimmt eine Vielzahl von anspruchsvollen Aufgaben von Menschen in praktisch allen Bereichen und Branchen. Menschen können hier aufgrund ihrer biologischen Determinierungen und ihrer Art zu arbeiten und zu denken nicht mehr mit Künstlichen Intelligenzen mithalten, sie haben den Konkurrenzkampf auf diesen Feldern bereits verloren. Das ist nicht schlimm, sondern kann im Gegenteil großartige Vorteile mit sich bringen – wenn man sich dessen bewusst ist, was passiert und wie. Doch dieses Bewusstsein der doppelten Konkurrenz ist alles andere als ein Gemeingut. Deswegen ist es durchaus wahrscheinlich, dass sich Unternehmen verstärkt Mitarbeiter im Ausland suchen und hochwertige Arbeitsplätze dorthin verlagern. Und Unternehmen werden weiter automatisieren. Denn, drastisch ausgedrückt, Maschinen haben keine überhöhten Ansprüche, sind keine Mimosen und dafür auch noch höchst produktiv.

„Identität" als Fixpunkt in der digitalen Welt

Der sogenannten Identitären Diskussion wird hier relativ ausführlicher Platz gegeben. Passt das? Eigentlich soll es doch aber vornehmlich um die technologisch und wirtschaftlich bedingten Veränderungen, Umwälzungen und auch Konflikte in der Gesellschaft gehen? Genau so ist es. Der Grund für die Beschreibung und kritische Analyse der Identitätspolitik und des Identitätsaktivismus liegt zum einen darin, dass diese schlicht und einfach die gesellschaftliche Diskussion und weitere Entwicklung zunehmend bestimmt und es genauso schlicht und einfach ignorant wäre, darauf nicht einzugehen. Zum anderen liegt der Grund darin, dass genau diese Diskussion und dieser Aktivismus in seinem Absolutismus die wirklich bestimmenden Trends und Treiber der gesellschaftlichen Veränderungen und Entwicklungen überdeckt, verdrängt und als Randerscheinung abtut, die eben technologisch und sozioökonomisch bestimmt sind. Hinzu kommt, dass identitäre Narrative und identitärer Aktivismus durch digitale und KI gestützte Technologien noch verstärkt werden. Wie in der Einleitung beschrieben geht es hier ja darum, ob und wo wir die richtigen Prioritäten setzen. Um den Unterschied zu erkennen und zu verstehen, wo und warum die identitäre Agenda falsche und gefährliche Prioritäten setzt, müssen wir sie erst einmal kennen und verstehen.

Vertreter von identitären Ideen und Politikentwürfen, in der Folge der Kürze halber und nicht abwertend als „Identitätsaktivisten" bezeichnet, sehen ihr politisches Ziel nicht mehr in der klassischen sozialen Gerechtigkeit, sondern in Identitätsgerechtigkeit. Während sich das Modell der sozialen Gerechtigkeit an den Lebensumständen von Menschen orientiert und darauf angelegt ist, die soziale Durchlässigkeit der Gesellschaft zu erhöhen, also Aufstieg für alle zu versprechen, liegt der Identitätsgerechtigkeit ein im Vergleich dazu ausgesprochen starres Konzept von identitären Gruppen zu Grunde. Damit geht fast immer eine Kultivierung von Schuld- und Opferidentitäten einher. Diese Starrheit und identitäre Segregation stellt die soziale Durchlässigkeit von Gesellschaften in Frage und greift ihren bürgerlich-demokratischen Kern an. Vielmehr wird dieses politisch-gesellschaftliche System als Grund für strukturelle Diskriminierungen, Benachteiligungen und Ungerechtigkeiten verstanden. Das Prinzip der gleichen Freiheit der Individuen wird der Vision einer absoluten Gleichheit von Gruppenidentitäten gegenübergestellt, wobei es darum geht, das erste Prinzip zu überwinden, um das zweite zu verwirklichen. Dieses Ziel der absoluten Gleichheit der Gruppenidentitäten soll möglichst bald erreicht werden, sich möglichst sofort schon merklich manifestieren, um politische und gesellschaftliche „Erfolge" vorweisen zu können.

Das ist aber objektiv betrachtet nicht in Einklang zu bringen mit der Idee der politischen und rechtlichen Freiheit und ebenso der Handlungs- und Entscheidungsfreiheit von Menschen in öffentlichen und privaten Institutionen und Umfeldern. Letztlich verlieren Menschen durch identitäre Gruppeneinordnungen ihre Individualität. Denn ihre unterschiedlichen Lebensumstände und individuellen Persönlichkeitsmerkmale sind für diese Vision der Gerechtigkeit irrelevant, sie stehen der „Gerechtigkeit" sogar im Weg, weil sie eine eindeutige und unveränderliche Zuordnung zu einer Gruppe oder einer „Community" erschweren oder unbegründbar machen können. Das soziale Umfeld, das berufliche Umfeld, der eigene Bildungsweg und Bildungsstand, Präferenzen im Konsum, in der Lebensgestaltung oder politische Einstellungen sind dabei lediglich Ergebnisse der Zugehörigkeit zu einer identitären Gruppe und können aus dieser identitären Zugehörigkeit und den systemischen und strukturellen Umständen in der Gesellschaft abgeleitet und (de)konstruiert werden. Identität definiert hier eine Einbahnstraße.

Zu dieser „Einbahnstraßen-Logik" passt auch, dass es im Grunde bei dieser aktivistischen Agenda der Identitätsgerechtigkeit gar nicht darum geht, Chancengleichheit zu fördern und gesellschaftliche Entwicklungen zu unterstützen. Das würde bedeuten, die Startbedingungen für Menschen so zu verbessern, dass allen die gleichen Möglichkeiten zur Verfügung und alle weiteren Wege prinzipiell offenstehen, wobei es von den Entscheidungen und den Leistungen der einzelnen Menschen und ihrer Vernetzung in der Gesellschaft abhängen würde, welche Wege sie tatsächlich einschlagen und welche Individuen und Gruppen sozial und ökonomisch in welchem Ausmaß und in welcher Richtung mobil sind. Individuelle und gesellschaftliche Entwicklungen werden aber von „Identitätsaktivisten" nicht als ein offener Prozess verstanden, in dem Mitwirkungschancen Ausschlag gebend sind und gefördert werden sollten, damit Menschen ermutigt und in die Lage versetzt werden, nach eigenem Ermessen und nach eigenen Zielen und Vorstellungen am gesellschaftlichen Leben zu partizipieren und dieses selbst mitzubestimmen. Natürlich ist klar, dass eine völlige Ermessens- und Entscheidungsfreiheit eher eine Wunschvorstellung ist, weil alleine Kriterien wie Qualifikation, Alter oder Begabungen hier einen Rahmen des realistisch erreichbaren vorgeben. Dennoch ist es eine andere Perspektive, die eben die Eigenständigkeit, die Mündigkeit und die Fähigkeiten von Menschen anerkennt und betont.

Es geht bei der postulierten Identitätsgerechtigkeit darum, ein bestimmtes Ergebnis anzustreben, das von vornherein feststeht. Auch hier gilt wieder die Einbahnstraße. Ziel ist nicht, mehr Menschen einzuschließen, sondern bestimmte Menschen auszuschließen, nämlich die-

jenigen, die angeblich ungerechtfertigterweise Privilegien und strukturelle Macht besitzen, sei es nun bewusst und gewollt oder ungewollt und
systembedingt. Eine solche politische Agenda mit dem Ziel der absoluten
Ergebnisgleichheit ist, wie bereits zuvor angedeutet, nicht vereinbar mit
dem Verständnis davon, was in einer freiheitlich-demokratischen Grundordnung Aufgabe des Staates und der Politik sein sollte. Denn um Ergebnisgleichheit herzustellen, muss der Staat zwangsläufig korrigierend
in die Interessenbildung und Entscheidungsfindung von Individuen
eingreifen.

Da eine solche per Identität definierte und begründete Ergebnisgleichheit und Gerechtigkeit nur erreicht werden kann, wenn alle anderen de-
klarierten Gruppenmitglieder auch mitmachen, wird Druck auf eben
diese ausgeübt. Die angeblich zugehörigen Menschen müssen sich bekennen und im Sinne des höheren Ziels einordnen, alle anderen Gegner,
Kritiker oder Privilegierte werden spätestens dann diskreditiert und be-
kämpft, wenn sie identitäre Forderungen nicht unterstützen. Das hat bereits heute freiheitsgefährdende und polarisierenden Folgen, die wir in
Europa und anderswo klar beobachten können. Diese negativen Folgen
für Freiheit und Selbstbestimmung sind inhärent, weil das Kriterium der
Identität mehr oder weniger absolut gesetzt und normativ verstanden
wird und deshalb andere Kriterien einer freiheitlich-demokratischen
Grundordnung wie Chancengleichheit, Bedürftigkeit oder auch Leistung zurückgestuft oder sogar als ganz und gar unbedeutend ausgeschlossen werden.

Warum ist das so und warum funktioniert es? Politisierte Opferidentitäten bieten taktische Vorteile im öffentlichen Diskurs, um die Deutungshoheit für sich zu reklamieren. Sie beruhen auf einer durchdefinierten
und vermeintlich stabilen Grundlage und lassen sich in fast jedem beliebigen Kontext und Zusammenhang aktivieren und mobilisieren, allein
durch die Anrufung des Opferstatus. Geben die Umstände es her oder
lassen sie sich zumindest passend beschreiben und erzählen, kann sich
praktisch jede Person und jede Gruppe als Opfer von jemandem oder
etwas definieren und daraus besondere Schutz- und Vorrechte ableiten.
Das passiert und funktioniert auf allen Seiten: People of Color Aktivisten, Gender Aktivisten, religiöse Aktivisten nutzen diese identitären

Opfernarrative genauso wie White Supremacy Aktivisten oder die sich selbst so bezeichnende „identitäre Bewegung".

Ein weiterer Vorteil dieses Narrativs liegt darin, dass mit der Schuldzuschreibung an andere und der eigenen Definition als „Opfer" auch die eigene Verantwortung an negativen Umständen und Defiziten negiert und auf andere abgewälzt werden kann. Das System ist schuld, Strukturen sind schuld, alte weiße Männer sind schuld. Durch diese Deutung der wirtschaftlichen und gesellschaftlichen Umstände, das Zuschreiben der Verantwortung weg vom Individuum und hin zu strukturellen Faktoren und die damit zwingend verbundene passive Rolle, die Opfergruppen und ihre Angehörigen spielen (müssen), fördert den Eindruck und die Überzeugung, Identität sei wichtiger als Leistung. Das führt dazu, dass soziale Mobilitätsprozesse ins Stocken geraten, obwohl doch eigentlich genau mehr Mobilität und Teilhabe erreicht werden soll, wie beispielsweise mehrere Untersuchungen von Thomas Powell, Jason Riley (Riley 2014) oder John Ogbu (Ogbu 2003) in den USA schon aus den 1990er-, 2000er- und 2010er-Jahren gezeigt haben.

Der Grund für diesen Widerspruch liegt auf einer nicht direkt sichtbaren hinteren Ebene: Der Abbau von Ungleichheit würde den Fortbestand der jeweiligen Identitätsgruppe und deren politische Wirkmächtigkeit gefährden. Wofür kann man noch Aktivismus betreiben, wenn die Welt tatsächlich gerechter und die Chancen gleicher würden? Je mehr Gesellschaften tatsächlich Diskriminierungen abbauen und die Chancengleichheit verbreitern, desto schwerer fällt es Identitätsaktivisten zu mobilisieren und sich selbst zu legitimieren. Das kann erklären, warum gerade die angeblichen Vorkämpfer von Identitätsgerechtigkeit besonders allergisch und aggressiv auf beispielsweise das sogenannte „Integrationsparadox" von Aladin El-Mafalaani (El Mafaalani 2018) reagieren. Eine Überzeugung halte sich nämlich in der Gesellschaft und im öffentlichen Diskurs hartnäckig: Je besser sich Zuwanderer integrierten, desto geräuschärmer gehe es in der Gesellschaft zu. Wer Integration jedoch als Teilhabe verstehe, müsse es, meint El-Mafaalani, nicht nur aushalten, dass eine wachsende Zahl Migrantinnen und Migranten Interessen vertritt, Rechte einfordert und Ansprüche geltend macht. Gleiches gilt auch für andere Gruppen, die sich unterrepräsentiert und unter Umständen diskriminiert fühlten. Es sei im Gegenteil der Beleg für das Angekommensein in einer Gesellschaft, die von der Mitwirkung der Vielen lebe – und damit ein Beleg für die Integrationskraft Deutschlands wie für die Akzeptanz des politischen Systems. Gerade weil Menschen also das Wort ergreifen, auf sich aufmerksam machen, Teilhabe einfordern und Debatten anstoßen, ist das System in Bewegung und eben nicht so starr und voller unüberwindbarer Trennlinien und Grenzen, wie es oftmals dargestellt wird. Eben weil Deutschland prosperiere und es große Fortschritte in Richtung einer offenen Gesellschaft gegeben habe, werde nun, so El-Mafaalani, mit feineren Antennen auf jede Form von Diskriminierung reagiert. Solche zunehmend formulierten Ansprüche lösen aber auch Abwehrreaktionen aus, weil bestimmte Ressourcen wie Arbeitsplätze, Wohnraum oder Verdienst begrenzt sind. Es geht also um Verteilungskämpfe in der Gesellschaft, die sich hier politisch manifestieren. Jedoch sei Migration ein globales Faktum und die populistische Forderung nach einer ethnisch homogenen Gesellschaft ein Irrweg. Daher müssen wir nach Wegen suchen, um sowohl Menschen mitzunehmen, die sich vor der Verliererrolle fürchten, als auch diejenigen, die ihre Opferrollen ablegen möchten.

Kurz gesagt gilt also: Mehr Menschen berichten über Diskriminierung, gerade weil es tatsächlich immer weniger gibt. Soll meinen: Immer mehr Menschen nicht biodeutscher Herkunft können über Erfahrungen von Ausgrenzung sprechen, eben weil sie durch ihre zwischenzeitlich erlangte Teilhabe dazu bemächtigt sind. Das heißt Integration fördert das Sprechen über Missstände, selbst wenn diese in Teilen behoben sind. Diese Diagnose trifft sich mit der Beschreibung an vorheriger Stelle, dass von Aktivisten vor allem auch deswegen immer neue und mehr Identitäten gesucht und gefunden werden müssen, um „strukturelle Diskriminierung" zu beweisen, weil viele Fälle von Diskriminierung und verweigerter Teilhabe in der gesellschaftlichen Realität mehr und mehr verschwinden.

Um diese „strukturellen" oder „systematischen" Diskriminierungen und Benachteiligungen zu beseitigen braucht es natürlich Vorkämpfer und Aktivisten, die sich der Sache im Namen der „Entrechteten" annehmen. Diese Vokabel passt hier durchaus, denn die selbst- oder fremddefinierten Opfer beklagen ja gerade, dass Ihnen Rechte genommen oder vorenthalten werden, die ihnen aus Gründen einer eigenen moralischpolitischen Gerechtigkeit zustehen müssen. Hier taucht also im Grunde ein uraltes Motiv und ein zutiefst historischer Konflikt wieder auf, der Gesellschaften immer in unterschiedlichen Ausprägungen durchzogen hat und der in verschiedenen Formen und Geschichten verarbeitet und reflektiert worden ist. Ein Held oder eine Gruppe von Helden kämpft gegen einen scheinbar übermächtigen Gegner für die vielen Wehrlosen, Schwachen und Armen, um Gerechtigkeit in Form einer meist gewaltsamen Umverteilung von Macht und Reichtum zu schaffen. Das rabiate und gewaltsame Vorgehen widerspricht zwar der gesellschaftlichen und politisch-rechtlichen Ordnung, ist aber dennoch legitim und notwendig, weil es einem höheren, moralisch positiv deklariertem Ziel dient und die herrschende Ordnung sowieso ungerecht und moralisch verkommen und korrupt ist. Kommt Ihnen bekannt vor? Sie werden sehr schnell mindestens ein Dutzend Beispiele für solche Geschichten finden. Von Märchen und Sagen über historisch belegte Fakten bis hin zu religiösen und politischen Heilslehren und Ideologien.

Die Aktivisten für Identitätsgerechtigkeit – ebenso wie die allermeisten ihrer historischen literarischen und tatsächlichen Vorgänger – handeln dabei jedoch nicht altruistisch und aus reiner Selbstlosigkeit, sondern weil sie sich eine moralische Dividende erhoffen, die sich in politische Macht konvertieren lässt. Daraus ergibt sich die Notwendigkeit, als Aktivist für Gerechtigkeit auch zu beweisen, dass Opfern geholfen wird und Lücken in der Gerechtigkeit identifiziert und dann beseitigt werden. Ein Herrscher legitimiert sich über gewonnene Schachten und erfolgreiche Feldzüge, auf denen Beute gemacht wird, die dann verteilt werden kann.

Das bedeutet aber auch, dass andere Teile der Gesellschaft bei dieser aktivistischen Politik zu Gunsten von Opfergruppen in ihren Möglichkeiten beschnitten oder bewusst benachteiligt werden. Die Integrationsforscherin Sandra Kostner (Kostner 2019) beschreibt das folgendermaßen: „Was passiert, wenn man auf Gleichheit abzielt, ist, dass A (Politik) und B (Institutionen) entscheiden, was C (als privilegiert klassifizierte Person) für D (als nicht privilegiert eingeordnete Person) tun muss. Die Provision, die A und B dabei einstreichen, besteht wahlweise aus einem Läuterungsbonus, sozialem Statusgewinn, Ressourcen oder Jobs. Unter den Akteuren ist C demnach der einzige, der nichts gewinnen kann. Da sich „weiße" Männer besonders oft in der C-Rolle wiederfinden, ist es wenig verwunderlich, dass bei ihnen das Gefühl, ungerecht behandelt zu werden, zunimmt."

Die Definition von Gruppen aufgrund angeblicher identitätsstiftender oder identitätsbestimmender Merkmale ist damit sowohl wissenschaftlich als auch politisch sehr fragwürdig. Wer von „den" Migranten, „den" Farbigen, „den" Muslimen oder „den" Homosexuellen, „den" Frauen oder anderen Gruppen spricht, muss erst einmal belegen können, dass die so in eine Gruppe eingeordneten Menschen mehr miteinander gemeinsam haben, als sie mit anderen Menschen haben, die anderen Gruppen zugeordnet werden. Es muss zudem belegt werden können, dass dieser Zustand – wenn er denn überhaupt zutreffen sollte – in irgendeiner Hinsicht gesellschaftlich oder für das Wohlbefinden der zusammengefassten Menschen von nennenswerter Bedeutung ist. In so gut wie allen Fällen von definierten identitären (Opfer-)Gruppen ist das eben nicht der Fall. Weil es objektiv nicht möglich ist oder weil nur anhand eines einzigen Kriteriums eine pseudowissenschaftliche Zuordnung vorgenommen wird. Solche Zuordnungen und statistischen Analysen anhand eines Merkmals oder einer Größe sind aber Tautologien, die Beschreibungen von Sachverhalten, die nichts erklären, weil zweimal das selbe beschrieben wurde. Beispielsweise der „Beweis", dass an Regentagen Regen auftritt, weil der Regen Regentage hervorbringt. Das ist nicht falsch – aber es erklärt nichts.

Zentrale Widersprüche der Identitätsideologie werden beispielsweise immer dann sichtbar, wenn es um irgendeine Art negativer Umfelder und Kontexte geht. Sogenannte interkulturelle Toleranz- und Öffnungsforderungen gegenüber der Mehrheitsgesellschaft werden in erster Linie damit begründet, dass kulturelle Prägungen der Herkunft wesentlich und definitiv sind und zwar in einem Maße, dass sie von Politik, Gesellschaft und Institutionen berücksichtigt und keinesfalls negiert werden dürfen. Wenn es allerdings um negative Vorkommnisse wie in der sogenannten „Kölner Silvesternacht" von 2015, um Clankriminialität oder den Umgang mit Mädchen und Frauen in bestimmten meist migrantischen Gruppen geht, dann spielen kulturelle Prägungen hier eben genau angeblich überhaupt keine Rolle. Die selben kulturellen Prägungen und Unterschiede sind in dem einen Zusammenhang besonders stark und unbedingt zu berücksichtigen, in einem anderen werden sie klein- oder wegdefiniert. Ebenso verhält es sich mit sogenannter struktureller Diskriminierung oder Rassismus als Vorwurf an die Politik, an Institutionen, Unternehmen oder auch die Polizei, Schulen, Hochschulen etc. Der Vorwurf lautet, es sei „rassistisch" Migration und sozialen Status, Bildungserfolg, Gewalt und Kriminalität zu vergleichen und mit einander in Beziehungen zu setzen oder auch nur nach Zusammenhängen zu suchen. Nach genau der gleichen Argumentationslogik wären dann aber auch konsequenterweise sämtliche Förderprogramme, Präventionshilfen und andere Unterstützungen für Stadtteile oder Schulen mit hohem Migrantenanteil „rassistisch", weil sie die Herkunft und den kulturellen Hintergrund zusammen mit anderen sozioökonomischen Kriterien als wichtiges Kriterium nutzen und sich darüber legitimieren.

In der identitätsbasierten Argumentation und Aktivismus ist also durchaus Doppelmoral und Scheinheiligkeit zu erkennen, wenn es um die Einhaltung und Verteidigung von Menschenrechten und Migration und Integration oder einfach das Zusammenleben geht. Über den Zwang Kopftücher, Schleier und Burkas tragen zu müssen, über strikte Geschlechtertrennung, Kindesentführungen, Zwangsehen, Unterdrückung und Ausbeutung von Kindern und Frauen, über moderne Sklavenhaltung, Gewalt gegen Frauen und Kinder bis hin zu Verstümmelung und brutalen Beschneidungen in Deutschland und Europa wird eher weniger gern geredet. Dabei muss für eine freiheitliche und demokratische Gesellschaft klar und eindeutig gelten: Das alles ist kein Ausdruck von Kultur und Tradition, es ist jeweils ein Anschlag gegen Menschen- und Freiheitsrechte und gegen die Würde des Menschen. Das Grundgesetz und die garantierten Rechte Europas gelten ab dem ersten Artikel für alle Menschen, die in diesem Land leben, nicht nur Staatsbürger. Die europäischen Freiheits- und Menschenrechte gelten überall und für jeden in Europa. Mit einem kulturellen Relativismus wie diesem, könnte man auch aktuelle Politik gegen Minderheiten, Frauenunterdrückung, Kinderarbeit und Klassengesellschaften als Kultur oder Tradition rechtfertigen. Schließlich waren diese Praktiken über Jahrhunderte Standard und „normal". Doch diese Art von „Traditionen und Kultur" haben wir in Europa bewusst überwunden und abgeschafft. Unter großen Anstrengungen und Kämpfen. Und wir sind immer noch nicht fertig.

Der argumentative Ausweg aus diesem Dilemma liegt für Identitäts-aktivisten darin, Selbstbestimmungsvorstellungen als „eurozentristisch" und damit strukturell kolonialistisch und rassistisch oder zumindest chauvinistisch zu „dekonstruieren", wie es wiederum Sandra Kostner sehr treffend beschreibt. Selbstbestimmung dürfe nach dieser Lesart nicht unabhängig von den kulturell-religiösen Prägungen und Bindungen von Menschen gedacht werden. So ließen sich divergierende persönliche Ent-faltungschancen von Mädchen und Frauen als Ausdruck eines kultur- und religionssensiblen Selbstbestimmungsmodells darstellen, welches ethisch-moralisch höherwertiger und gerechter anzusehen sei. Dabei werde jedoch bewusst ausgeblendet, dass die schwächeren Mitglieder von Familien oder Gruppen, in den meisten Fällen eben die Frauen, den Preis für diese Sensibilität gegenüber Kultur, Religion, Tradition und Prägung zu zahlen haben. Ein anderes Wort dafür ist eben der „Kulturrelativis-mus", der postuliert, dass Menschenrechte kulturell bedingt seien und eben nicht universell gelten könnten. Diese Sichtweise behauptet, wir würden nur denken, dass Menschen leiden, wenn ihre Rechte verletzt werden. In Wirklichkeit leiden sie aber, weil sie Rechte und Gerechtigkeit anders und in einem für uns nicht nachvollziehbarem eigenen Bewusst-sein verstehen als wir.

Warum lassen wir es dann zu, solche Zustände mitten in unserer Ge-sellschaft zu verniedlichen, zu relativieren oder zu verklausulieren? Bei Frauenmisshandlungen, Versklavungen, Kinderheiraten oder Feminizi-den wird meist von „Familiendrama" oder „Ehrenmord" gesprochen. Wer dieses Spiel mitmacht, ermutigt derlei Unterdrückungen und Ver-brechen. Denn den Opfern stehen wir so nicht bei. Schlimmer noch: Implizit unterstellen solche Verklausulierungen, die Opfer solcher Ein-schränkungen und Verbrechen seien irgendwie weniger wert, denn das Verbrechen sei wegen irgendeines kulturellen oder traditionellen Hinter-grunds weniger schwerwiegend. Das bestätigen auch und gerade Men-schen, die eben diese Hintergründe aus eigener Erfahrung kennen wie beispielsweise die Bloggerin und Publizistin Ninve Ermagan (Ermagan 2021) und die sich gegen solcherlei Relativierungen stark machen. Trau-rig: So gut wie überall geht es darum, dass „Opfern" geholfen werde – hier offenbar nicht.

Die oben beschriebenen Praktiken sind selbst eine klare Diskriminierung, Intoleranz und Ablehnung europäischer Werte der Aufklärung, sie sind jeweils eine gesellschaftspolitische Manifestation gegen Gleichberechtigung und das Recht auf freie Selbstbestimmung. In einer freien Gesellschaft muss gelten: Keine Toleranz der Intoleranz. Selbstbestimmung und Gleichberechtigung des Individuums haben in unserem Werte- und Rechtssystem unbedingten Vorrang.

Der Kritik, solche Ansichten und Politiken seien diskriminierend, muss eine andere Definition entgegengesetzt werden. Kritik an derartigen kulturell begründeten und Menschen verachtenden Praktiken und auch das aktive Vorgehen dagegen ist ein Zeichen des Respekts den betroffenen und auch den handelnden Menschen gegenüber! Gerade weil wir die Religion, die Kultur und die Menschen als klug und stark und selbstbewusst genug ansehen, können und müssen wir davon ausgehen, dass sie diese Kritik und einen ernsthaften und offenen Dialog durchaus ertragen können und dadurch auch selbst eine Entwicklung durchlaufen, wie sie für alle gesellschaftlichen Gruppen historisch typisch und notwendig und im Übrigen auch unaufhaltsam ist. Diese kritische Entwicklung kann und sollte sogar ein Beitrag zum eigenen „Empowerment" sein, weil es eine Emanzipation von überalterten Denkstrukturen und Rollenbildern bedeutet, die Menschen als Individuen befähigt, eigene und neue Wege zu gehen und die berühmten strukturellen Begrenzungen zu durchbrechen.

Wer solche angeblichen kulturellen und identitären Sonderrechte und Begrenzungen akzeptiert und darauf verzichtet rechtsstaatliche Standards durchzusetzen, auch gegen den Widerstand selbst definierter identitärer Opfergruppen und gegen den Widerstand von Aktivisten im Namen der Identitätsgerechtigkeit, lässt es letztlich zu, dass die stärkeren Gruppen und die Stärkeren in den unterschiedlichen Gruppen ihre Rechte und Privilegien durchsetzen und das auf Kosten der jeweils Schwächeren. Das ist gerade oben im Zusammenhang mit der Unterdrückung von Mädchen und Frauen beschrieben worden. Es kann aber auch größere Ausmaße annehmen, die über das persönliche Schicksal hinausgehen und die Gesellschaft als Ganze betreffen. Das passiert dann, wenn der Staat identitätsbasierte Positionen selbst aufgreift, Sonderrechte und Ausnahmeregelungen festschreibt und damit in und für bestimmte Gruppen und Communities kulturell-religiöse Praktiken zulässt und legitimiert, die den Grundsätzen der Freiheit, Gleichheit und der Unverletzlichkeit der Würde des Menschen widersprechen oder diese sogar aktiv bekämpfen. Beispiele hierfür sind das stillschweigende oder aktive Zulassen von eigenen Rechtsprechungen nach der islamischen Scharia in westlichen Demokratien oder das Entführen und Verschleppen von Kindern zu Zwangsheiraten, faktische Sklavendienste und Leibeigenschaft oder vorsätzliche Körperverletzung und Verstümmelung von Menschen oder auch das stillschweigende in Kauf nehmen von „verlorenen Gebieten" in Teilen von Großstädten, wo selbst Polizei und staatliche Institutionen das geltende Recht nicht mehr durchsetzen. Der Staat und seine Repräsentanten sind in einer freien und demokratischen Gesellschaft zur Neutralität verpflichtet, alle sind gleich vor dem Gesetz. Mit erteilten oder auch nur geduldeten Sonderrechten und dem kontinuierlichen Zulassen von Verstößen gegen diesen Grundsatz stellt der Staat sich selbst in Frage, schwächt sich und trägt zum Zerfall der Gesellschaft aktiv bei.

Gleiches gilt für andere Institutionen wie beispielsweise die christlichen Kirchen, die hier durchaus eine schizophrene Rolle spielen: Auf der einen Seite engagiert sich vor allem die evangelische Kirche für die Flüchtlingshilfe und Flüchtlingsrettung; übergibt die Menschen dann aber sofort an den Sozialstaat und damit an die Gesellschaft, die sich jetzt darum zu kümmern hat. Das wird als Barmherzigkeit und Läuterung für früheres und aktuelles Unrecht deklariert. Auf der anderen Seite betreiben die großen Kirchen vielfältige Formen von finanzieller, indirekter und direkter Ausbeutung von Menschen weltweit und missionieren aktiv, obwohl doch eigentlich die Kultur und die Identität der Menschen vor Ort als „Heiden" respektiert werden müsste.

Damit nicht genug der Widersprüche. Aktivisten der Identitätsgerechtigkeit und der Identitätsgleichheit müssen grundsätzlich alle Variante identitärer Politiken gutheißen, wenn sie sich nicht selbst widersprechen wollen. Es geht ihnen schließlich um den Schutz von bedrohten oder unterdrückten Identitäten, egal ob diese Bedrohung und Diskriminierung tatsächlich belegt oder durch individuelle oder gemeinsame Erfahrungen begründet ist. Es geht ihnen darum Identitäten zum Ausdruck zu bringen und ihnen Geltung zu verschaffen. Konsequenterweise und auch ganz nüchtern sachlogisch müsste es dann auch darum gehen, die identitären Gruppen zu unterstützen und als gleichberechtigt zu akzeptieren, die sich durch hohe Zuwanderung bedroht fühlen und den Verlust ihrer kulturellen Identität durch Zuwanderung von Menschen anderer kultureller Prägung und deren zunehmende Repräsentanz in der Gesellschaft und durch das Zugestehen von Sonder- und Ausnahmerechten für fremde kulturell-religiöse Praktiken wie oben beschrieben fürchten. Umso mehr müssten sich Aktivisten der Identitätsgerechtigkeit auch und gerade für diese identitären Gruppen einsetzen, weil der am häufigsten genannte Grund für gefühlte Diskriminierung oder Belästigung die eigene politische Meinung ist, noch vor Herkunft, Sprache, Religion oder Geschlecht, wie beispielsweise die „Eurobarometer" (Europäische Kommission Eurobarometer 2021) der Europäischen Kommission und andere Untersuchungen der führenden Meinungsforschungsinstitute in Deutschland regelmäßig zeigen. Das tun die Aktivisten der identitären Gleichheit und Gerechtigkeit aber nicht. Interessanterweise hört die identitäre Diskussion um Gleichberechtigung auch dann auf, sobald es um andere Gegenden beziehungsweise Herkunft geht, die nicht den sogenannten postkolonialen Unterdrückungsgebieten Europas entsprechen. Osteuropäische Identitäten die beispielsweise von der erst kurz zurückliegenden kommunistischen Unterdrückung und Kolonisierung geprägt sind, werden zumeist als nationalistisch oder rechtsradikal dargestellt. Dabei könnte man die Politik dieser Länder auch als Emanzipation und Selbstbehauptung, als Politik der Achtsamkeit und Resilienz interpretieren, die klare Schlüsse aus der eigenen Unterdrückungs-Vergangenheit gezogen hat, um ihre vor rund 30 Jahren zurückeroberte Identität zu schützen.

Vor diesem Hintergrund einer „Ost-geprägten-Identität" fällt auf, dass gerade (ehemalige) Bürgerrechtler aus der damaligen DDR heute zu den größten Warnern vor einer identitätsbasierten Politik und einem neuen Obrigkeitsstaat gehören. Vielleicht sind sie alle rechts geworden? Oder vielleicht waren sie es ja immer schon? Doch das Gegenteil ist der Fall: Das DDR Regime war im Vergleich zum Westen geradezu erzkonservativ und nationalistisch. Strukturen und Hierarchien wurden mehr oder weniger nach 1945 weitergeführt und mit neuen Namen und Bezeichnungen versehen. Manchmal nicht mal das. Zudem wurde die nationale Identität besonders betont „Unser Land! Unsere Republik! Unser Staat!" Dieser Staat war letztlich ein nationalistischer Obrigkeitsstaat. Genau den wollten die Demonstranten von 1989 nicht mehr haben, an deren Spitze genannte Bürgerrechtler standen. Das Abwatschen und Diffamieren von diesen Stimmen und großer Teile der Bevölkerung „des Ostens" in Deutschland und Europa vor allem durch die politische und identitäre Linke ist selbst arrogant, hochnäsig, geschichtsvergessen und selbstbezogen. Es verstärkt den Unmut und die Spaltung, die existiert. Denn das Wohlstandsversprechen und das Freiheitsversprechen mit dem Fall der Mauer wurde vielfach nicht erlebt und es wird jetzt in Corona Zeiten sogar wieder radikal eingeschränkt. Das fördert Frust und weckt Erinnerungen. Zur Angst vor einer erfahrenen und sich durch Strukturwandel und wirtschaftliche Veränderungen fortsetzenden Abstiegsdynamik und Angst vor einer gefühlten Überfremdung, gesellt sich die Erfahrung der Rückkehr des kontrollierenden Obrigkeitsstaates und der Rückkehr von Sprechverboten in der Öffentlichkeit. Dass das zu Argwohn und sogar Wut bei denen führt, die eine eigene Erinnerung oder eine unmittelbare Erinnerung über die eigenen Eltern daran haben, was es bedeutet, in einer autoritären und diktatorischen Gesellschaft zu leben, kann nicht wirklich verwundern. Verwunderlich ist eher, dass vor allem westdeutsche Linke und Identitätsaktivisten diese ostdeutsch beeinflusste oder geprägte Sicht der Dinge und deren Interpretation nicht verstehen und nicht anerkennen, obwohl sie für andere identitäre Gruppen stets Rücksicht und Nachsicht fordern und Sonderrechte und Schutzzonen für diese „Opfer" erkämpfen wollen.

Der erste Schritt zum „Schutz" vor Diskriminierung und der zunächst verbalen Errichtung von besonderen Zonen besteht meistens darin, bestimmte Themen aus der Debatte nehmen zu wollen, indem sie mit stereotypen Signaturen wie rassistisch, rechtsradikal, islamfeindlich, homophob oder in irgendeiner Weise leugnerisch versehen werden, um die gängigsten Beispiele zu nennen. Doch über das Thema Zuwanderung und Zusammenleben muss ebenso offen und klar gesprochen werden, wie über den Klimawandel und die gesellschaftlichen und wirtschaftlichen Folgen der Digitalen Revolution. Denn das sind die bestimmenden Trends und wichtigsten Fragen unseres Alltags und vor allem unserer Zukunft. Sprech- und Denkverbote sind hier zutiefst undemokratisch und wissenschaftsfeindlich. Es handelt sich hier um langfristige Trends und darum kommt es hier besonders auf Weitsichtigkeit in der Politik und den politischen Entscheidungen an und darauf, dass diese Entscheidungen möglichst rational, faktenbasiert und nachhaltig sind. Es geht um das Setzen von Prioritäten. Es geht um Orientierung. Dabei sind hier immer auch Aspekte der Ethik und Moral und der freiheitlich demokratischen Grundordnung in die Abwägung und Entscheidungsfindung mit einzubeziehen. Und spätestens hier kommt es zu Schwierigkeiten mit identitären Sonderrechten oder kulturell-gesellschaftlichem Relativismus. Moral und Ethik müssen auf einem klaren und eindeutigen Fundament ruhen und dürfen nicht verbogen, übergangen oder ausgehebelt werden, wenn sie glaubwürdig bleiben wollen und allgemein akzeptiert werden sollen.

Meistens wird als Legitimierung und Rechtfertigung von heute auf historische Migration verwiesen. Migration gäbe es immer und es wird sie immer geben. Das ist richtig. In der Argumentation heute wird jedoch ein Aspekt übersehen oder ausgeklammert: Die Migration in früheren Generationen und Jahrhunderten kannte keinen Sozialstaat! Migration ging direkt in die Arbeitsmärkte in Deutschland, in Europa und weltweit. Wer kam, musste sich sein eigenes Leben und seine eigenen Sicherheiten aufbauen, so etwas wie ein soziales Netz oder Absicherungen gab es nicht. Vielleicht gab es für den Start bestimmte wirtschaftliche und politische Anreize oder Versprechen, aber eben grundsätzlich kein Sozialsystem. Historische Beispiele sind die Anwerbung von deutschen Siedlern nach Russland durch Katharina die Große, die Migration der Hugenotten nach Brandenburg im 18. Jahrhundert oder die Einwanderung in die industriellen Zentren in ganz Europa ab dem 19. Jahrhundert. Wenn Migration nicht aufgrund von Arbeitskräftebedarfen wegen demografischer oder wirtschaftlicher Entwicklungen stattfand, war sie immer kriegerisch. Die Einwanderer kamen als Eroberer und verdrängten die einheimische Bevölkerung oder unterwarfen sie. Dieses Muster finden wir in der sogenannten Völkerwanderung am Übergang von der Antike zum Mittelalter, wir finden es in der Wanderung der Angelsachsen auf die britischen Inseln, wir finden es bei der Besiedlung und Eroberung der USA und Kanada, ebenso bei der Eroberung Lateinamerikas, wir finden es in der Politik der „Russifizierung" der baltischen Staaten im letzten Jahrhundert und in der chinesischen Migrations- und Siedlungspolitik in Tibet. Ganz unterschiedliche Zeiten und Epochen und unterschiedliche Umstände und Rahmenbedingungen, jedoch immer sich gleichende Prozesse, Entwicklungen und Strategien. Je nachdem wie stark oder schwach Gesellschaften in Einwanderungs- oder Eroberungsgebieten waren oder sind, wurden sie unterworfen oder konnten die Eroberer zurückschlagen oder über einen längeren Prozess mit friedlichen und gewalttätigen Phasen zu einem neuen Gleichgewicht kommen.

Um zu einem solchen Gleichgewicht zu kommen, das heißt einen von möglichst allen Menschen akzeptierten Konsens des Zusammenlebens zu kommen, gibt es viele Möglichkeiten. Alle diese sind jedoch nur möglich, wenn es eine offene Gesprächs- und Dialogkultur gibt. Letztlich ist das eine Frage einer sozial nachhaltigen Politik. Städte, Länder oder Europa per se und eindimensional zu Einwanderungsgebieten zu erklären, die prinzipiell jedem Menschen zu jeder Zeit offenstehen, ist nicht sozial verantwortlich und nicht sozial nachhaltig. Wir werden das an späterer Stelle noch ausführlicher sehen, wenn wir uns die Auswirkungen massiver Zuwanderung in Arbeitsmärkte ansehen. Eigentlich müssten gerade Linke aus sozialen Gerechtigkeits- und Fairnessüberlegungen gegen umfassende Einwanderung sein; schizophrenerweise sind sie aber für praktisch unbegrenzte Einwanderung und begründen das mit historischen Schuldigkeiten und dem vom „Westen" gemachten Klimawandel, der Menschen zur Flucht nach Europa zwinge. Doch dauernde Zuwanderung überfordert langfristig zwangsläufig die Möglichkeiten und Ressourcen eines Landes oder einer Region. Verantwortliche Politik bedeutet, darauf zu achten, dass Einwanderung mehr Wohlstand, Wissen und Fortschritt bringt, als sie an Ressourcen verbraucht. Europa braucht Zuwanderung von gut ausgebildeten und leistungsbereiten und leistungsfähigen Menschen, die beim Bau eines starken Europas ihren Beitrag leisten. Das ist keine Frage der Anzahl, sondern der Qualifikation und der Produktivität. Wir haben das bereits bei der Betrachtung der demografischen Entwicklung gesehen. Es ist Ausdruck verantwortlicher und nachhaltiger Politik, darauf jetzt zu achten und entsprechend zu entscheiden – und nicht erst, wenn die Ressourcen und die sozialen Sicherungssysteme in Deutschland und Europa verbraucht sind und am Boden liegen. Weitere bewährte Möglichkeiten zu einem Konsens des Zusammenlebens zu kommen sind beispielsweise die Pflicht, die Landessprache zu beherrschen, bevor eine Schulzulassung erteilt wird. Dazu gehören ebenso Rituale wie Einbürgerungsfeiern mit einem Eid auf die Verfassung und damit das Wertesystem eines Landes oder die Anpassung von Namen an die Landessprache, wie beispielsweise des Verenglischen in den USA, Kanada oder Australien oder das Verchinesischen in China. Das ist genauso gut für spanisch, italienisch, französisch, schwedisch oder eben auch deutsch möglich. Herr oder Frau Dogan ist dann Herr oder Frau Falke. Natürlich ist das ein großer Schritt und er kann nur auf Freiwilligkeit beruhen. Natürlich ist das wieder eine Steilvorlage für identitäre Aktivisten, es gehe hier darum Menschen ihre kulturelle und historische Identität rauben zu wollen und sie in ein Unterdrückungssystem zwingen zu wollen, das der kolonialistischen Tradition Europas entspreche. Nur jetzt als postmoderne Kolonialisierung nach Innen. Geschenkt. Denn, wie gesagt, es wäre eine freiwillige Entscheidung und kann auch nur eine solche sein. Sie ist von vielen Menschen in vielen Ländern und Regionen zu vielen unterschiedlichen Zeiten sehr oft genauso getroffen worden. Man kann es vielmehr als Bekenntnis zur Heimat sehen, egal ob lokal, regional oder national, also das Gegenteil von Kolonialisierung und Heimatraub. Ein Gegenentwurf zur identitären Opfererzählung von kolonialen Unterdrückern und kolonisierten Versklavten. Ein Gegenentwurf zur Geschichte von ewigen Trennlinien von gestern, heute und auch für morgen, von Schwarz und Weiß, von grundsätzlich Gut und grundsätzlich Böse, ohne Diskurs, ohne Bewegung und Veränderung, ohne Aufstieg, ohne Ausstieg.

Die Macht von Stimmungen in der digitalen Gesellschaft

Die beschriebenen Stimmungen bauen immer auf eine bereits vorhandene Denktradition auf, die sich über Generationen und historische Prozesse ausgebildet hat. Stimmungen bedeuten also, dass sich Aspekte dieser Traditionen und Muster verstärken, in den Vordergrund treten und dominant werden und andere an Bedeutung verlieren, vielleicht sogar marginalisiert werden können oder auch irgendwann wieder auferstehen (vgl. Bude 2014). Heute tragen besonders digitale Technologien, Algorithmen, digitale Systeme und Plattformen der Kommunikation dazu bei, dass sich Stimmungen entwickeln und verstärken. Die Deutsche Gesellschaft und Kultur sind dabei historisch geprägt auf Aspekte und Werte der Sicherheit, Tüchtigkeit und Geborgenheit; dazu gesellten sich noch Werte wie Innerlichkeit und Achtsamkeit, ein gewisser Hang zur Mystik und einem Volksverständnis, dass durch die zentrale europäische Lange geprägt ist, die viel Handel und Austausch mit sich bringt, die aber auch immer eine ständige Bedrohung bedeutet, weil das Land im Sinne des Wortes nach allen Seiten offen ist. Ein besonderes Gefährdungs- und Schutzbewusstsein ist historisch also völlig nachvollziehbar, da die deutschen Lande in der Mitte Europas ohne große natürliche Barrieren liegen, andauernd irgendwelche Heere durchzogen und eroberten und plünderten. Die Obrigkeit als Schutzmacht und Garant der Sicherheit wurde also hier wichtiger genommen, als in anderen Regionen Europas und erst der deutsche Staat als „Reich" nach 1871 brachte dauernde und verlässliche Stabilität und Sicherheit. Das Reich brachte auch Stärke und Macht, die sich dann auch nach außen wirtschaftlich und militärisch expansionistisch projizierte. Preußen hatte diese Entwicklung angestoßen, zuerst für sich selbst und in der Folge für das „ganze Deutschland". Mit dem Deutschen Reich und den Sozialgesetzen des späten 19. Jahrhunderts gesellte sich zur Sicherheit vor Angriffen fremder Mächte auch die soziale Absicherung als charakteristisches Wesensmerkmal des deutschen Staates und seines Versprechens an die Gesellschaft oder das Volk hinzu. Eine solche umfassende Absicherung vermittelt noch dazu eine gewisse „Geborgenheit", die ebenfalls sehr typisch und sehr wichtig für die „deutsche Seele" ist.

Diese Grundstimmungen manifestieren sich nie direkt und explizit, sondern tauchen in unterschiedlichen Formen und Gewändern im Kontext ihrer Zeit immer wieder auf. Die beschriebene „Opfermentalität" ist zwar kein rein deutsches Phänomen, sie trifft aber in Deutschland auf ein sehr passendes Grundrauschen in der Gesellschaft. Passend zu dem Bedürfnis und der Sehnsucht nach Schutz und Geborgenheit ist darum auch der oft beobachtete Trend zur Infantilisierung der Gesellschaft, der bereits seit Anfang der 2000er-Jahren unter anderem von Wissenschaftlern und Publizisten wie Richard Sennett (Sennett 2019), Paul Verhaeghe (Verhaeghe 2013), Benjamin Barber (Barber 2008), Johano Strasser (Strasser 2013), Neil Postman (Postman 1994), Alexander Kissler (Kissler 2020) und andere beschreiben wurde. Treiber der Infantilisierung seien zum einen die stetig weiter zunehmende Überwachung von Menschen in ihrer Arbeitsumgebung wie im privaten Leben. Durch diese Überwachung und Messung von Verhalten und Leistung verloren Menschen ihre Autonomie und Selbstbewusstsein, würden sich daran gewöhnen, wie Kinder behandelt, kontrolliert und kommandiert zu werden. Die Reaktion darauf sind kindliche Verhaltensmuster, Trotz, das Hochziehen an Nichtigkeiten, Notlügen und Zurechtbiegen der Realität, Eifersucht, Hysterie und Freude am Schaden des anderen. Relevant ist in diesem Zusammenhang, dass die Möglichkeiten der Überwachung und Messung von Menschen und ihrem Verhalten in der digitalen Welt extrem zunehmen und bereits vielfach angewandt werden und in Zukunft über die Nutzung von KI Technologien mehr oder weniger allumfassend sein werden, was die beschriebenen Entwicklungen noch verstärkt. Dieses Phänomen wird uns wieder begegnen, wenn es später in diesem Buch um einen neuen „digitalen Feudalismus" und den sogenannten „Surveillance Capitalism" gehen wird, die nur durch diese Messung und Überwachung existieren können und dadurch ihre Macht ausbauen. Der zweite Treiber für die Infantilisierung ist das Verschmelzen von öffentlicher und privater Sphäre. Diese Verschmelzung wird durch digitale Kommunikations- und Informationskanäle und Technologien immer weiter vorangetrieben. Ausdrücke wie Virtual Reality oder Augmented Reality beschreiben diese Verwischung der Grenzen zwischen analog und digital und Messenger, soziale Netzwerke, Kurznachrichtendienste und weitere Applikationen machen das Private öffentlich und ziehen das Öffentliche ins private Umfeld, teils gewollt als bewusste Kommunikations- und Selbstmarketingentscheidung. Teils ungewollt und technisch vorangetrieben, verschwimmen so die Grenzen oder sie fallen ganz. Das alles führt in der Konsequenz zu einem Primat der Persönlichkeit oder Identität, einer Sehnsucht und einem Verlangen nach dem „Authentischen" und dessen Verabsolutierung, was letztlich zu einem verbreiteten und allgegenwärtigen Narzissmus führt. Auch hier fördern digitale Systeme und KI basierte Systeme und Technologien diese Verabsolutierung und damit diesen Narzissmus und sie fördern mit ihm verbundene Selbstbezogenheiten, Unreflektiertheiten und Empfindlichkeiten – wie bei Kindern. Kinder, so heißt es im „Volksmund", muss man vor allem eines beibringen: Grenzen. Erst sie gewährleisten, abgesehen vom wichtigen Schutz nach außen, eine stabile und gefestigte Persönlichkeit. Diese Erziehung wird von einer immer indiskreter werdenden Öffentlichkeit im Privaten und einer immer öffentlicheren Privatheit konterkariert und wieder aufgehoben.

Die bereits im Zusammenhang mit Identitätsaktivismus beschriebene Abschiebung von Verantwortung auf „das System" oder deren Delegation an „den Staat", als auch das Verständnis oder der Glaube, irgendwie zu einer benachteiligten und schutzbedürftigen Gruppe zu gehören, passt zur Tendenz, sich narzisstisch eher als ein großes Kind zu verstehen. Kinder werden gehätschelt, aber auch kommandiert; sie werden erzogen, aber auch verwöhnt; sie werden von der Welt beschützt, dürfen sich aussuchen was sie machen wollen und werden von ihren Eltern und Großeltern ernster genommen, als es in anderen Generationen der Fall war. Das haben wir besonders für die Generationen Y und Z am Anfang des Kapitels bereits ausführlicher beschrieben. Der Übergang vom Kind zum Erwachsenen verschwimmt über die Zeit der letzten Generationen zunehmend, denn es fehlen klare Wegmarken oder auch Brüche. Die Schulzeit wird immer einheitlicher, Sitzenbleiben existiert nicht mehr, jeder kommt durch seine Schulzeit mit mehr oder weniger großen Anstrengungen hindurch und zu einem Abschluss. Faktisch gibt es dann für Absolventen ein Recht auf eine Ausbildung, sei es beruflich oder an Hochschulen und Universitäten. Berufseinsteiger und Erstsemester sind heute „blutjung", manchmal noch nicht einmal volljährig, wenn sie mit ihrem Studium beginnen. Die Universitäten sind sehr verschult, sie legen wenig Wert auf Eigenverantwortung, eigenen Antrieb und Selbstorganisation. Wehr- und Zivildienst sind sowieso abgeschafft, weil angeblich nicht mehr zumutbar. Es geht also sehr behütet, umsorgt und in geregelten Bahnen immer weiter. Aus Sicht der älteren Generationen und auch aus der historischen Perspektive früherer gesellschaftlicher Normen muss „die Jugend von heute" geradezu nur noch aus lauter „Weicheiern" bestehen.

„Infantil" ist dabei die Sehnsucht mündiger Erwachsener nach Unreife. Infantil ist die Weigerung, Grenzen anzuerkennen. Das wird gerade auf eine harte Probe in der Begegnung mit der Realität gestellt. Die Corona-Pandemie zwingt uns aufgrund der tief greifenden Veränderungen und Einschränkungen vielleicht zu einer neuen Reife. Die Grenzen der persönlichen Macht wie der staatlichen Macht sind uns klar vor Augen geführt worden, Grenzen werden spürbar, Verantwortung muss jedes Individuum übernehmen, ob gewollt oder nicht. Es wird jedoch davon abhängen, wie lange die Pandemie nachwirkt, ob sie den Trend zur Infantilisierung brechen kann. Infantile Erwachsene zelebrieren die Unvernunft als Tugend. Kindern wollen sie lieber kein Beispiel sein – obwohl sie als Eltern besonders für die Generation Z die größten Vorbilder sind, wie wir gesehen haben. Ehrgeiz und Entwicklung im Wettbewerb werden eher als enormer Druck empfunden. Wachstumskritik gehört zum guten Ton, die Grenzen des Wachstums werden gerne zitiert, weil es die Natur und das Klima zerstöre – und weil Wachstum ja irgendwie das gleiche ist, wie erwachsen werden. Grundsätzlich erst mal beides nicht so gut …

Dem Gegenüber steht die Sehnsucht nach Geborgenheit, in der Familie oder gerne in der Natur, beziehungsweise einem romantisch-verträumten Bild, das man sich von der Natur macht. Bücher, Blogs und Influencer mit dem Motto „Was wir von Tieren lernen können" oder „Was wir von der Natur lernen können" finden erfolgreich Publikum und Absatz. Dazu gehört die Sehnsucht nach einer Urtümlichkeit und Naturnähe, welche die Natur als einen Ort der Entspannung und der Friedlichkeit verklärt, den es allenfalls in einer – wiederum sehr deutschen – romantischen Vorstellung geben mag, nicht jedoch in der Realität. In solchen Traumbildern zeigt sich ein nennenswerter Mangel an historischem Verständnis und Bewusstsein: Menschen haben der Natur immer etwas abringen müssen und sich gegen die Naturkräfte schützen müssen beziehungsweise sich diesen Kräften anpassen müssen. Niemals haben Menschen mit der Natur irgendeinen liebevollen Tauschhandel betrieben. Das Bild des Lebens „im Einklang mit der Natur" nach dem Motto „Geben und zurück geben" hat jedoch durchaus eine lange Tradition. Von archaischen Religionen, in denen Opfer gegeben wurden, damit die Natur und die Götter etwas zurückgeben, bis hin zu immer noch aktuellen christlichen Traditionen wie Erntedank oder Beten und ideelles Opfern für gute Ernte, ist dieses Verständnis manifest.

Infantilisierung schlägt sich auch nieder im Kulturpessimismus und Kulturrelativismus, den wir bereits kennengelernt haben. Leben und Zusammenleben werden unter emotionalem Vorbehalt gestellt. Eine subjektive Wende hat durch die Infantilisierung stattgefunden, das subjektive Erleben ersetzt das Argument und bringt jedes Gespräch zum Verstummen. Es geht um Empfindungen und Erfahrungen, die nicht widerlegt werden können. Hier gibt es eine frappante Überschneidung zum Identitätsaktivismus. Das läuft letztlich hinaus auf eine Gesellschaft voller Ressentiments, weil Zorn und Wut nicht zu Argumenten sublimiert werden. Fakten und gesicherte Erkenntnisse sind nicht mehr allgemein akzeptierte Basis des Dialogs und der Auseinandersetzung. Vielmehr geht es darum, wer sich, wie ein kleines Kind eben, möglichst authentisch und emotional empört und andere mobilisiert. Authentizität und vermeintliche emotionale Echtheit sind die großen Sehnsüchte von heute, gerade weil eine schnelle, technisierte und maschinisierte Welt der digitalen Gegenwart und Zukunft das nicht zu geben und zu repräsentieren vermag. Diese Sehnsucht nach Emotionalität und eine infantilisierte Einstellung großer Teile der Gesellschaft begünstigen Hysteriesierungen von Stimmungen, was ganz besonders durch die Funktionsweisen und inneren Logiken digitaler Kommunikation kontinuierlich verstärkt und vorangetrieben wird.

Als erster hat Gustave Le Bon die Mechanismen der Hysterisierung in seinem Werk „Psychologie der Massen" beschrieben und damit an der Wende vom 19. zum 20. Jahrhundert den Grundstein für die Disziplin der Massenpsychologie gelegt (Le Bon 1982). In der Folge sind bis heute seine Thesen und Erkenntnisse weiter bestätigt und verfeinert worden, weitere Felder der Massenpsychologie sind entstanden. Mit den Mitteln und Möglichkeiten von digitalen Technologien, Datenerhebung und Datenverarbeitung und Analyse sind die Erkenntnisse noch einmal genauer und umfassender geworden, haben sich in ihrem Grundaussagen aber nicht wesentlich verändert. Das ist nicht überraschend, denn schließlich geht es immer um Menschen, die in Situationen der Einbindung und Zugehörigkeit zu Gruppen, agieren und reagieren, zum Teil grundsätzlich anders als es die Individuen für sich alleine tun würden. In der „Masse" oder in einer Gruppe kommen vornehmlich die radikalen, zerstörerischen und aggressiven Seiten von Menschen zum Vorschein. Im Zeitalter der Digitalisierung erleben wir genau das unter neuen oder auch gar nicht mehr so neuen Bezeichnungen wie Hate Speech, Shitstorm oder Negative Social Campaigning. Schon Le Bon sah in der Herrschaft und der Artikulation der Masse, also von Gruppen, die sich bewusst oder zufällig zusammenschließen, stets eine Stufe der Auflösung der Kultur. Die Klage über den Verlust von Kultur, Anstand, Verantwortungsgefühl und Umgangsformen kommt Ihnen irgendwie bekannt vor? Nun, es ist die Diskussion darüber, wie digitale Kommunikation und das Verschwimmen von digitalen und analogen Welten unseren Umgang miteinander verändern. Und genau hier finden wir viele Grundlagen und Zusammenhänge der Massenpsychologie wieder. Nur heute durch die neuen Möglichkeiten und Funktionsweisen digitaler Kommunikation noch potenziert und angefeuert.

Massen oder Gruppen sind immer im Zustand gespannter Erwartung und das zumeist unbewusst. Durch einfache und zugleich starke Bilder und Szenarien sind sie zu beeinflussen. Da alle Mitglieder der Gruppe das gleiche Bild oder Szenario kennen, verstärkt sich das Gefühl der Notwendigkeit „etwas zu tun", es steigt auch das Bedürfnis, sofort Dinge zu machen oder umzusetzen, die Masse neigt zur (unreflektierten) Tat. Widerspruch oder andere Meinungen und Ansichten werden nicht zugelassen und aktiv oder passiv unterdrückt. Dieses Phänomen kennen wir auch unter den Namen Groupthink, Schweigespirale oder Politische Korrektheit in unterschiedlichen Zusammenhängen. Erklärungen und Einordnungen oder Relativierungen sind bei erregten und mobilisierten Massen oder Gruppen absolut unerwünscht. „Die eingebildete Vorstellung kann dann zum Kern einer Art Kristallisation werden, welche den Bereich des Verstandes ergreift und allen kritischen Geist lähmt. Der Beobachter sieht dann nicht mehr die Sache selbst, sondern das Bild, das in seiner Seele aufgetaucht ist.", drückte bereits le Bon es aus.

Massen und mobilisierte Gruppen neigen zu einem Überschwang und einer Übertreibung der Gefühle. In einer Zeit und einer Gesellschaft, in der Emotionen wie gerade kurz zuvor beschrieben, eine ganz besondere Stellung in der Wahrnehmung genießen, passt das natürlich besonders gut ins Schema. Die Menschen der Masse erleben diese Gefühle in einer negativen oder positiven Mobilisierung oder Kommunikation besonders stark, weil sie sich in der Masse stark fühlen und Bestätigung für ihre Gefühle aus der Gruppe herausbekommen. Massen verlangen tendenziell immer Tugenden oder Leistungen die gemessen an der Realität völlig überzogen und praktisch unmöglich sind. Entweder besonders tugend-haft und apotheotisches Vorbild oder eben der Abschaum und das Böse schlechthin. Diesen Drang zu schnellen Resultaten und das Verlangen einer mehr oder weniger kompromisslosen Tugendhaftigkeit und ab-soluten Gerechtigkeit ohne Rücksicht auf Verluste haben wir bereits beim identitären Aktivismus erkennen dürfen, wir finden ihn aber genauso bei vor allem über Social Media und Massenmedien propagierten Forderun-gen von aktivistischen Gruppen nach beispielsweise „Klimaneutralität jetzt!" oder „Kohleausstieg sofort!". Auch andere Gruppen reklamieren für sich, reine Tugenden, Sicherheit, Geborgenheit und angeblich gute Zeiten realisieren zu wollen, indem sie sich ihr „Land zurück holen" oder in irgendeiner Art und Weise in eine verklärte bessere Vergangenheit zu-rück wollen. Dabei suggeriert die Allmachtsfantasie der Masse jedoch fälschlicherweise eine Macht, die in Wirklichkeit nicht existiert. So stel-len sich eben nicht die sofort geforderten und erwarteten Resultate ein und das verstärkt Frust und Wut.

Verknüpfung ähnlicher Dinge, wenn sie auch nur oberflächliche Be-ziehungen zueinander haben, und vorschnelle Verallgemeinerungen von Einzelfällen, das sind die Merkmale der Gruppenmobilisierung und Groupthink. Logische Argumentation oder gar längere Herleitungen oder Begründungen verfangen hier nicht. Auch wenn der Slogan lautet „Listen to the Scientists" – nichts ist für die Massenkommunikation schlechter geeignet als wissenschaftliche und methodisch sauber auf-gezogene Erklärungen und Argumentationen. Das funktioniert einfach nicht, weil die kurze Aufmerksamkeitsspanne und der latente Erregungs-zustand dafür nicht empfänglich sind und weil die technisch de-terminierten Gesetze der Aufmerksamkeitsökonomie die Emotionalisie-rung und schnelle Aktivierung belohnen und hoch „ranken" und gerade nicht differenzierte Aussagen und in einen größeren Kontext gestellte Botschaften.

Überzeugungen der Massen und mobilisierten Gruppen, politische Ziele, Ideologien und Bilder, bekommen stets auch einen religiösen Cha-rakter, es geht um Verbreitung der „Wahrheit", den Kampf gegen die-jenigen, die sich nicht „bekennen" beziehungsweise die „Leugner". Es geht um die Unterwerfung und Selbstkasteiung um dieser „Wahrheit" willen und um die Bestrafung anderer Schuldiger zu Gunsten des übergeordneten und mächtigen Ziels beziehungsweise zu Gunsten einer „guten" Macht. Aus diesem Grund wird bei Mobilisierungen und Empörungen auch schnell die „Systemfrage" gestellt. Das Wirtschaftssystem als Ganzes ist das Feindbild, die allgemeinen Strukturen in der Gesellschaft sind als schuldig identifiziert oder Machteliten, die das System erfunden haben und kontrollieren stecken dahinter. Es geht dann nicht mehr um Anpassungen, sondern um die gänzliche Ausrichtung des gesamten Lebens und der gesamten Gesellschaft und Ordnung auf die pseudoreligiöse Grundüberzeugung hin. Das Alte und Falsche muss komplett durch das Neue und Heilbringende ersetzt werden – auch und gerade mit brachialen Maßnahmen, Opfern und Brüchen. Mit diesen harten Maßnahmen, mit Schmerzen und Verlust und Verzicht, mit revolutionärem Eifer ist es sogar umso besser.

Je unbestimmter und allgemeiner (Signal)Wörter in der Massenkommunikation und Gruppenmobilisierung sind, desto besser entfalten sie ihre Wirkung. Das trifft bei allgemeinen Worten wie Gerechtigkeit, Gleichheit oder auch Klima zu. Die Mächtigkeit liegt darin begründet, dass hier viel Platz für Interpretationen und Auslegungen nach eigenem Gusto bleibt. Jede und jeder kann sich hier wiederfinden, alle sind der Meinung, das gleiche Gute zu wollen, obwohl eine gegenseitige Rückversicherung durch kritischen Dialog eben genau nicht stattgefunden hat. Täuschung und Halbwahrheiten werden offen aufgenommen, sich selbst zu eigen gemacht und heute extrem einfach per Klick oder per Smartphone weiterverbreitet. Wer faktenbasiert aufklären will oder unterschiedliche Sichtweisen in die Debatte einführen will, kann sich schon mal darauf einstellen vom Mob durch die digitalen Weiten gejagt und zur Strecke gebracht zu werden. Das geht sehr schnell. Denn alles in der digital basierten Kommunikation und Mobilisierung ist extrem schnell. Neben der Schnelligkeit dominieren sehr hohe Erwartungshaltungen und unmittelbare Effekte die Szenerie in der digital dominierten Öffentlichkeit. Dadurch entsteht eine sehr mächtige und letztlich nicht kontrollierbare Dynamik zu Shitstorms und Kampagnen. Diese komplexen Zusammenhänge sind für Menschen nicht mehr erfassbar und schon gar nicht steuerbar. Auf Künstlicher Intelligenz beruhende Systeme übernehmen das Management der Plattformen, auf denen digitale Kommunikation und Mobilisierung stattfindet. Und diese Systeme haben gelernt, weil sie es so beigebracht bekommen haben, dass Emotionalisierung und Mobilisierung etwas positives sind, was verstärkt und möglichst lange dynamisch und am Leben erhalten werden soll. Wirtschaftlich macht das auch Sinn: Aktivität und Aufmerksamkeit schafft Bindung, schafft Daten, schafft Erlöse. Gesellschaftlich verkehrt sich dieser Sinn jedoch ins Gegenteil. Der amerikanische Computerwissenschaftler, Publizist und Gründer des Center for Human Technology Tristan Harris beschreibt dieses Soziale Dilemma, also ökonomisch sinnvolle technische Entwicklungen und Funktionsweisen, die gesellschaftlich negative Effekte zeitigen, in der treffenden Aussage „Tech is downgrading humans." (Harris 2019) Menschen degradieren sich gegenseitig durch eine immer absolutistischere Sicht auf die eigene Identität, den eigenen Status, die eigenen Ziele und Zugehörigkeiten und ebenso in Bezug auf die damit verbundenen großen gesellschaftlichen und politischen Fragen wie Zusammenleben, Chancengleichheit, Bildung, Wohlstand, Freiheit oder Klimaschutz und sie werden durch die Logiken und Funktionsweisen von digitalen Technologien zusätzlich degradiert, zur Spiel-„Masse" von Techkonzernen und den autonom schaltenden und waltenden intelligenten Systemen in ihren Diensten. Die Masse von Gustave Le Bon aus dem Gestern, sind heute die durch Algorithmen und KI zusammengebrachten und zusammengehaltenen Fans und Follower, die in ihren kommunikativen „Blasen" sich gegenseitig in Bezug auf ihre Singularitäten, Besonderheiten und Absolutismen bestätigen und durch Technologien darin noch weiter bestärkt und aktiviert werden. Besonders gut funktioniert Aktivierung und Emotionalisierung mit Angst, gerade in Zeiten von zusammenkommenden wirtschaftlichen, gesellschaftlichen, technischen und natürlichen Umbrüchen und Veränderungen -Also heute. Und morgen.

Wie aus Shitstorms Bürgerkriege werden (können)

Dieser Kampf um Deutungshoheit und Agendasetting mittels emotionalisierter Angstszenarien treibt die Polarisierung und die Gewaltbereitschaft in der Gesellschaft an. Wenn einer Angst haben muss, gibt es immer den anderen, der „böse" ist. Aus einer gefühlten Bedrohung wird das Recht zur Verteidigung abgeleitet und moralisch als „Notwehr" legitimiert. Solche Stimmungen sind schwer wieder einzufangen, wenn sie einmal mit Momentum versehen sind. Gefühle haben immer eine Orientierung und sollen der Bewältigung einer konkreten Situation dienen. Man fühlt sich bedroht von einem Angriff, einem Verlust oder einer Zurückweisung; man fühlt sich gut nach einem erfolgreichen Abschluss, nach dem Sport, nach einem positiven Erlebnis mit Freunden. Es gibt immer etwas Konkretes, etwas Echtes, das Gefühle auslöst, sie erklärt und irgendwie auch rational nachvollziehbar macht. Stimmungen aber sind auf nichts bestimmtes oder Konkretes gerichtet. Angst bleibt bestehen, auch wenn keine konkreten Gefahrensituationen gegeben sind. Die grundsätzlich gute Stimmung lässt sich von kleinen Störungen nicht irritieren. Lethargie ist ebenfalls nur schwer beizukommen, weder mit Argumenten, Animationen oder Ausrastern. Stimmungsdominanzen in der Gesellschaft werden durch die sogenannten „Schweigespirale" von Elisabeth Noelle-Neumann und Paul Lazarsfeld erklärt (vgl. Roessing 2019). Der Grund dafür liegt in der Isolationsangst des Einzelnen. Jeder will zwar besonders und singulär sein, aber niemals allein. Moderne digitale Kommunikation erlaubt genau das: Wir können uns ohne Helfer, ohne Erlaubnis, ohne Gatekeeper, als einzigartig darstellen und bekommen mehr oder weniger sofort die Rückversicherung wahrgenommen zu werden, nicht isoliert zu sein. Bei der Schweigespirale geht es um den Wunsch, auf der Seite der Sieger zu stehen, um die Angst davor, abgelehnt und missachtet zu werden. Man schweigt besser zu dem, was scheinbar alle sagen, denn man könnte am Ende mit seiner Meinung in der Minderheit oder gar allein dastehen. So können sich Stimmungen breit machen, obwohl sie zunächst gar kein Allgemeingut sind. Beim nächsten Rant oder Shitstorm oder der nächsten Kampagne im Netz, können Sie diese Mechanismen gerne einmal nachprüfen. Ebenso in der analogen Welt, wenn Aktivisten verschiedener Couleur ihre absoluten Wahrheiten verkünden, ebenso absolute Taten fordern und ebenso absolut jede und jeden angehen, die oder der dagegen hält oder einfach mal Fragen stellt. Die Mehrheit schweigt und wartet.

Eine weitere Folge der stimmungsgeladenen Polarisierung ist eine neue Art der Beweislastumkehr in der Argumentation von Aktivisten, die allen rechtsstaatlichen und demokratischen Grundüberzeugungen widerspricht. Shelby Steele beschreibt das beispielhaft in seinem Buch „White Guilt" für die USA sehr anschaulich, seine Ausführungen können aber ebenso für Europa und andere Länder des „Westens" Gültigkeit beanspruchen (Steele 2009). Was für die „white guilt" beschrieben ist, kann auch auf andere deklarierte Schuldigkeiten übertragen werden: Die Schuld an schlechter Bildung, die Schuld an schlechten Jobs oder mangelnden Aufstiegsmöglichkeiten, die Schuld am Klimawandel et cetera. Menschen und Institutionen, also die Träger und Repräsentanten der Bürgergesellschaft und der Demokratie, werden nur dann als legitim akzeptiert, wenn sie beweisen können, nicht rassistisch zu sein. Weiße Amerikaner und amerikanische Institutionen werden, bis zum Beweis des Gegenteils, als rassistisch stigmatisiert. In Deutschland wird das unter dem Begriff des „strukturellen" in der Diskussion subsummiert, wo von strukturellem Rassismus, struktureller Diskriminierung, struktureller Ausgrenzung und vielen weiteren Variationen gesprochen wird. Diese Umkehr der Beweislast folgt einem theoretischen Konzept. Der Anerkennungstheoretiker Charles Taylor hat die Auffassung geprägt, dass die Identitäten verschiedener Gesellschaftsgruppen auf ein gemeinsames Level gebracht werden müssen, um zunächst einmal Gleichberechtigung in der Diskussion zu schaffen (Taylor 1996). Dazu müssen Opferidentitäten unbedingt gestärkt und aufgewertet werden. Diese Überzeugung hat unter der Bezeichnung des „Empowerment" Einzug in so ziemlich alle Bereiche von Wirtschaft, Politik, Gesellschaft und medialer Diskussion gehalten. Diese Gleichheit wird am ehesten und am schnellsten erreicht, wenn auf beiden Seiten zugleich angesetzt wird. Das bedeutet Opferidentitäten zu stärken und gleichzeitig die Identitäten von privilegierten Gruppen zu schwächen und anzugreifen. Opfer von Diskriminierung werden gestärkt, indem die angeblich Diskriminierenden angegriffen werden. Opfer des schlecht funktionierenden Bildungssystems werden gestärkt, indem die andere Seite der „Bildungselite" angegriffen wird. Die vermeintlichen Opfer des Klimawandels werden „empowered", indem SUV-Fahrer, Urlaubsflieger, Kreuzfahrttouristen oder Industriearbeiter angegriffen werden, dass sie sich gefälligst schämen sollen. Ausgetragen wird diese Mischung aus Empowerment und Anklage vor allem in den sozialen Medien mit starken Bildern und herabwürdigenden Botschaften, die emotionalisieren sollen. Dass genau hierin ein unvermeidliches Konflikt- und Polarisierungspotenzial liegt, welches zunimmt und sich selbst verstärkt je länger und umfassender dieser Prozess vorangetrieben wird, braucht nicht weiter erklärt zu werden. Diese Polarisierung wird jedoch in Kauf genommen, da es schließlich gilt ein hehres Ziel zu erreichen. Zudem wird die Gegenreaktion der Privilegierten auf ihre bewusst betriebene und klar empfundene Herabsetzung geradezu jubelnd als Beweis dafür gewertet, dass die Strategie erfolgreich ist: Die Machteliten bekommen es mit der Angst zu tun, weil sie ihre Machtbasis schwinden sehen, sich an ihre Privilegien klammern und diese mit Zähnen und Klauen verteidigen. Also dann erst recht weiter so.

Wenn jedoch nur noch von „Communities" und Gruppen gesprochen wird, wenn staatlichen und gesellschaftlichen Institutionen unterstellt wird, „schuldig" zu sein und ihre Unschuld erst einmal bewiesen zu müssen: Wo bleibt da die Gesellschaft? Was passiert dann mit den Grundlagen des Miteinanders? Wenn immer weniger die Regeln und die Schiedsrichter akzeptieren und sich gegenseitig für das eigene Empowerment kompromisslos angreifen, dann braucht sich keiner wundern wenn zuerst die Teams zerfallen und dann das Spiel außer Kontrolle gerät. Margaret Thatcher sagte 1987: „They are casting their problems at society. And, you know, there's no such thing as society." Vielleicht gab es damals wirklich keine Gesellschaft. Vielleicht gibt es sie heute auch nicht. Demokratische Politik kann aber nur funktionieren und stabil und resilient sein, wenn es eine Gesellschaft freier Bürger gibt. Das eine geht nicht ohne das andere. Eine Politik und ein Diskurs, die zunächst die Unterschiede von Menschen und mehr oder weniger willkürlich und eindimensional definierten Gruppen betonen, sind nicht in der Lage, Menschen in die Bürgergesellschaft zu integrieren. Es führt ganz im Gegenteil zur zwanghaften Integration und Festsetzung von Menschen in ihre mehr oder weniger willkürlich definierten „Stammesgruppen", was die Gesellschaft auseinandertreibt. In einem solchen Denk- und Politikparadigma werden Individuen auf ein Kriterium essentialisiert und in eine angeblich homogene Gruppe zwangsintegriert und von anderen segregiert.

Wenn von identitären Gruppen und Aktivisten zudem noch behauptet wird, andere Menschen, die nicht zur definierten Community gehören, könnten aufgrund ihrer Nicht-Zugehörigkeit und Andersartigkeit das

Erleben, die Gefühle, die Stimmungen und die Lebenswirklichkeit der identitären Gruppe gar nicht verstehen, ist das der bewusste Abbruch jeder Diskussionskultur und jeder Dialogfähigkeit, die demokratische Gesellschaften brauchen. So gibt es durchaus nicht wenige Protagonisten, die behaupten, dass Migranten, Muslime, oder Menschen mit Vorfahren aus Subsahara-Afrika oder andere definierte Gruppen aufgrund ihrer kulturellen Traditionen, ein für „Weiße" oder für „Biodeutsche" unzugängliches Bewusstsein verfügen, das durch das jeweilige kulturelle Erbe und die Erfahrung von Rassismus und strukturelle Diskriminierung gleichermaßen geprägt sei. Hier ist wiederum auffällig, dass diese angeblich so progressive und postmoderne Ideologie und Sichtweise, alte und wissenschaftlich lange überholte Vorstellungen wiederbelebt. Die Vorstellung einer für Außenstehende unzugänglichen gemeinsamen Erfahrung und eines gemeinsamen Bewusstseins, von dem einfach unterstellt wird, es sei bei allen Gruppenzugehörigen mindestens unbewusst vorhanden, ist eine Neuauflage der romantischen Volksgeistidee aus dem neunzehnten und frühen zwanzigsten Jahrhundert. Wir wissen, was daraus in der Folge entstanden ist …

Heute trägt diese Idee den Namen „Tribalismus", der durchaus sehr treffend ist. Es geht bei diesem Tribalismus aber nicht um niedliche, heimelige oder vielleicht auch etwas befremdliche Folklore, sondern um politische und gesellschaftliche Abgrenzungen, Polarisierungen und Konflikte. Wenn die Kommunikation beendet wird, weil die eine Seite der anderen Seite unterstellt grundsätzlich gar nicht in der Lage für Empathie, Verständnis und Reflexion zu sein, beginnt in der nächsten Stufe die Eskalation. Diese schaukelt sich immer weiter auf, weil eben nicht mehr gesprochen wird, sondern Taten sprechen müssen. Dieser Prozess kann direkt und offen gewalttätig ablaufen, er kann aber auch weniger offensichtlich ablaufen und das demokratische Gemeinwesen und eine Gesellschaft ebenso zerstören. Denn: Erst wenn auch die letzte identitäre Gruppe „ihre" Sonderrechte und Privilegien hat und wenn damit alle gleichsam sich auf speziellen Respekt, Ausnahmen und Förderungen berufen können, wenn sich alle von allen anderen abgrenzen und in ihrer kulturellen und identitären Besonderheit gegen andere zur Wehr setzen können – dann ist ist die gesellschaftliche „Gerechtigkeit" erreicht. Allerdings gibt es dann eben nichts mehr, was noch als eine Gesellschaft bezeichnet werden könnte.

Mittel gegen diese Entwicklung können ein individualistischer Heroismus und eine emotional aufgeladene Demokratie sein, wie Christoph Giesa und andere sie vorschlagen. (Giesa 2020) Diese Ideen knüpfen an den österreichisch-amerikanischen Psychoanalytiker Otto Kernberg mit seiner Feststellung, dass man „nachgewiesenermaßen weniger intelligent werde, wenn man sich vollkommen mit einer Gruppe identifiziere. Zu einer individualistisch heroischen Haltung gehöre, den eigenen Schweinehund zu überwinden oder sich dem Gegenwind aus dem sozialen Umfeld auszusetzen, statt sich prophylaktisch weg zu ducken, also sich der Schweigespirale zu unterwerfen. Absolute Prämissen wie Identität, Gerechtigkeit, Gleichheit, Schutz oder Klima, verlangen eine vollkommene Identifikation aufgrund meistens nur eines Merkmals oder die Unterwerfung unter ein Ziel, dem sich alles unterordnen muss. Nach dem Soziologen Harald Welzer, hat das Opfer den Helden als dominanten Archetyp heute abgelöst (Welzer 2017). Eine Demokratie und eine freie Gesellschaft kann und muss den Schwachen, den Opfern, helfen. Wenn sie aber nur noch aus Opfern besteht, wird sie selbst zum Opfer von entscheidungs- und handlungsstarken Tätern, von später in diesem Buch wieder auftauchenden „Strongmen" werden, die die Gesellschaft als Ganzes zerstören wollen.

Gibt es diesen individualistischen Heroismus und einen emotionalen Bezug zur Demokratie nicht oder wird er nur von einem kleinen Teil der Gesellschaft gelebt, dann gewinnen Zorn und Populismus die Oberhand. Populismus wird von vielen Wissenschaftlern verschiedener Fachrichtungen so verstanden, wie Cornelia Koppetsch es beispielsweise ausdrückt, als Protest gegen materielle und immaterielle Statusverluste, die von jenen Veränderungen in der Tiefenstruktur von Gesellschaften ausgelöst werden, die sich unter dem Oberbegriff Globalisierung oder Transnationalisierung fassen lassen (Koppetsch 2019).

Durch diese Veränderungen entstehen neue Gruppen oder neue Klassen in der Gesellschaft – wiederum etwas, das klar gegen feste und unveränderliche eindimensionale identitäre Gruppen spricht. Folge dieser Veränderungen sind die Herausbildungen von sogenannten Brennpunkten in der Gesellschaft, die geografisch und sozio-ökonomischen recht genau lokalisiert werden können auf der einen Seite und von einer kosmopolitisch akademischen Elite auf der anderen Seite, die sich aber selbst nicht so empfindet oder empfinden will. Wer will schon zu den Privilegierten gehören, die doch letztlich an allem Schuld sein sollen? Dazu kommt eine weitere Spaltung der Mittelklasse in eine mobile, profitierende, und in eine immobile, verlierende Fraktion. Die Akademische und wirtschaftliche Eliten finden sich vor allem in Großstädten und Metropolregionen wieder. Die Mittelschicht gerät zunehmend unter Druck. Durch immer schnellere wirtschaftliche Veränderungen, technologische Entwicklungen, das Aufkommen neuer Wettbewerber, das zunehmende Versagen des Staates, seine Kernaufgaben wie gute Bildung, innere Sicherheit und eine halbwegs schnelle Verwaltung sicherzustellen. Fleiß scheint sich nicht mehr zu lohnen, Anerkennung gibt es nicht, sondern im Gegenteil eher Geringschätzung. Obwohl man hart arbeitet, wird man von der akademischen Elite nicht akzeptiert, muss dauernd Angst um seinen Job haben, gilt mit seinem „kleinbürgerlichen" Lebensstil als hinterwäldlerisch und strukturell rassistisch und vergewaltigt mit seinem Verbrenner-Auto das Klima. Das ist auf Dauer nicht angenehm, es erzeugt Frust und Zorn. Die Unterschicht, die sehr heterogen ist und politisch nicht mehr von einer Partei repräsentiert wird, hat ähnliche Erlebniswelten. Hierhin gehört der Aufstieg eines neuen Dienstleistungsproletariats, dessen Lohnniveau auch wegen der dauernden Migration schlecht ausgebildeter und sich billig verdingen müssender Menschen stagniert. Hier schlägt Internationalisierung der Lohnkonkurrenz voll zu, weil der westliche – und mittlerweile zunehmend ebenso der chinesische – Kapitalismus sich nun darauf verlegt hat, Firmen zu exportieren und Arbeiter zu importieren. Die Reaktion darauf ist hier vor allem die Anrufung des Nationalen, des starken Staates oder einer starken Führung, weil man durch solche globalen Konkurrenz-Prozesse schnell vollends unter die Räder geraten kann und fürchten muss, dass das momentane Elend noch lange nicht das Ende sein muss.

Der bereits beschriebene identitäre Essenzialismus rechts wie links verstärkt die Polarisierung und die Abgeschlossenheit von Milieus mit seinem Absolutheitsanspruch nur noch weiter in Politik, Wissenschaft, Bildung und ebenso in der Arbeitswelt. Die Aufkündigung eines aufgeklärten Diskurses, weil man eh nichts mehr von der anderen Seite erwartet. Beschrieben wird das oft als „Aufbegehren der Laien" gegen das Establishment als Folge des Auseinanderdriftens oder Auseinanderbrechens von Lebenswelten mit der jeweiligen Betonung von persönlich erlebten Wahrheiten als politische Korrektheit, egal ob es um Migration, Ausbeutung, Klima oder Krisen und Katastrophen wie Corona geht. Aus Angst und Befürchtungen, entwickeln sich zuerst Neid und Selbstbezichtigung, dann entwickeln sich Ressentiments und Zorn. Das Gefühl des Betrogen seins schafft eine latent oder offen aggressive Stimmung. Und die lässt sich politisieren und für allerlei Mobilisierungen nutzen. Das Gefühl des Betrogen seins, des nicht mehr gebraucht Werdens, wird in Zukunft noch mehr zunehmen, vor allem bei relativ einfachen, monotonen oder sehr klar strukturierten Jobs. Dann nämlich wenn KI basierte Anwendungen diese Tätigkeiten übernehmen und Menschen verdrängen, sie überflüssig machen. Zur internationalen Lohnkonkurrenz gesellt sich die Konkurrenz zu Maschinen, die in ihren Domänen unschlagbar sind, die Menschen in ihrer Tüchtigkeit übertreffen und die die daraus entstehenden Verdienste und Gewinne an nur noch relativ wenige, dafür aber umso mächtigere Unternehmen fließen lassen, die sich irgendeiner Art staatlicher Kontrolle entziehen. Die nächste Stufe der technologischen Entwicklung. Die nächste Stufe der gefühlten Ohnmacht. Die nächste Stufe des Zorns.

Wenn zu diesen langfristigen Entwicklungen noch Systemversagen beim Staat dazu kommt, wie in der Eurokrise 2008 und in der Folge, während der sogenannten Flüchtlingskrise, dem Kontrollverlust 2015 oder im Zuge von Corona Pandemie, Lockdown und Wirtschaftskrise, dann stellen sich das Gefühl und die Stimmung ein, dass Regeln nicht mehr für alle gleich gelten. Dann sind Menschen zunehmend bereit, sich zu radikalisieren und das demokratische System in Frage zu stellen, sich gegen „die anderen" zu positionieren und sich in der eigenen Gruppe abzuschotten. Die Folge: Die Durchlässigkeit zwischen den Klassen in der Gesellschaft ist im Unterschied zu den 1960er- bis 1980er-Jahren heute nicht mehr gegeben. Es existiert eine Art Vorbestimmung der Bildungswege durch die soziale Herkunft, die Eltern der Eliten schotten sich und ihre Kinder ab, die Mobilität im Arbeitsmarkt mit Biografien des sich hoch Arbeitens geht zurück, weil man meistens entweder schon oben ist oder unten bleiben muss. Das alles ist der perfekte Nährboden für „Populisten", die eben auf diese Stimmungen „des Volkes" eingehen, sie ansprechen und für sich nutzen. Wenn diese „Populisten" nicht als politische Akteure in einem politischen Konflikt wahrgenommen werden, sondern sie stattdessen sofort moralisch ausgegrenzt werden, verfestigen sich gesellschaftliche Frontstellungen: Wir gegen die! Spannungen nehmen zu, weil das Gefühl des Abgehängt- und Betrogen seins durch die moralisierend besserwisserische Ausgrenzung und Diffamierung nur noch stärker wird. Die ehemaligen Volks-Parteien geben in diesem Zuge keine Idee der Gemeinsamkeit und des Zusammenlebens mehr, andere Institutionen verlieren an Bindekraft und Glaubwürdigkeit, weil sie entweder selber moralisierend und politisch überkorrekt auftreten, um allen möglichen Gruppen und Grüppchen genehm sein zu können oder weil sie durch die oben beschriebene politisch-moralische Beweislastumkehr ganz bewusst von einzelnen Interessengruppen und Grüppchen delegitimiert werden. Eine Idee für das Zusammeneben fehlt. Hinzu kommt die unausgesprochene Einsicht, dass globale Gesellschaften nicht mehr im nationalen Rahmen regiert werden können. Aber ein starkes Europa als positive Gegenwart und Zukunft fehlt auch.

Es drängt sich eine Prognose auf: Wahrscheinlich stehen uns konfliktreiche Zeiten bevor. Sozialpsychologen in der Tradition von Gabriel Garde und Historiker wissen, dass aus Zorn und aggressiven Stimmungen, schnell Aktionismus und Gewalt werden kann. Was sich in Diskussion, Kommunikation und Propaganda in der analogen wie der digitalen Welt vor den Augen des Publikums abspielt und anbahnt, muss sich irgendwann in der realen Welt manifestieren, meistens explodieren. Das passive Publikum wird zur aktiven Masse. Es knallt. Das ist das Gegenteil von Sicherheit und Geborgenheit, nach der wir uns doch so sehr sehnen. Das kann wirklich und rational begründet Angst machen. Aber das muss nicht schlecht sein, weil dann wieder über Ideen und Ziele und die Zukunft politisch ernsthaft diskutiert und gestritten werden muss.

Voraussetzung ist, dass die Demokratie stark genug ist. Ob das der Fall ist oder ob es sich um eine geschwächte, wund geschlagene Demokratie handelt, das lässt sich den Untersuchungen der Harvard Wissenschaftler Steven Levitsky und Daniel Ziblatt zufolge, an mehreren Indizien erkennen und beurteilen (Ziblatt und Levitsky 2018). Sie stellen fest, dass die Schwächung von demokratischen Normen ihre Wurzeln in einer extremen politischen Polarisierung hat. Diese Polarisierung wird in den oben bereits beschrieben Bahnen und über die beschriebenen Mechanismen in Gesellschaft und Diskurs sowie über die genutzten Technologien im Hintergrund bewusst und unbewusst angeheizt. Diese Polarisierung kann Demokratien töten und sie hat es in der Vergangenheit schon öfter getan. Das Sterben und der Zusammenbruch von Demokratien wurde stets dann verhindert, wenn Bürger sich engagiert haben, um den großen demokratischen Krisen der Vergangenheit zu begegnen und ihre eigenen tief sitzenden Spaltungen zu überwinden. Der Staat hat den Zusammenbruch des eigenen Systems nie verhindern können. Es erfordert also gemeinsamen Bürgersinn für die Bedeutung von demokratischen Normen und Werten, Mut zu Kritik, offenem Dialog und dazu, Schweigespiralen zu durchbrechen und es erfordert Taten vom Bekenntnis bis zum aktiven Engagement, um Demokratien stark zu halten und sie gegen Angriffe aus verschiedenen Richtungen resilient zu machen. Eine demokratische Kultur ist darum immer in diesem Sinne eine „Täterkultur".

Druck auf Demokratien und ihre Schwächung, die zum Sterben einer Demokratie führen kann, lassen sich an verschiedenen Indizien und Entwicklungen erkennen. Ein Zeichen ist darin zu erkennen, wenn Menschen die Regeln der Demokratie ablehnen. Sie behaupten, dass Wahlergebnisse ungültig sind und schlagen vor, dass die Verfassung repariert werden muss. Das zweite Zeichen besteh darin, das Demagogen und Populisten aller Richtungen ihre Gegner fälschlicherweise diskreditieren. Behauptet ein Politiker oder ein Aktivist, dass ein Gegner eingesperrt werden sollte oder werden Gegner als Staatsfeind oder Feind der Gesellschaft bezeichnet? Das dritte Zeichen ist, wenn Gewalt toleriert wird oder dazu explizit oder implizit aufgerufen wird. Machen Politiker, Aktivisten oder Organisationen Geschäfte mit Mitgliedern des organisierten Verbrechens? Unterstützen sie militante Gruppen? Das letzte Anzeichen für einen existenziellen Angriff auf die Demokratie, ist die Forderung, Bürgerrechte einzuschränken. Dann werden Journalisten zum Schweigen gebracht, Demonstranten gewaltsam zurückgeschlagen und eingesperrt, Organisationen, die nicht auf Linie sind drangsaliert oder verboten.

Die Macht der Demokratiefeinde speist sich aus der Angst in der Gesellschaft, die wiederum aus Spannungen und Zorn entsteht. Hinzu kommt finanzielle und wirtschaftliche Macht, mit der sich einiges in der öffentlichen Stimmung bewegen lässt. Konzentrierte wirtschaftliche Macht und Reichtum können Demokratien gefährden, wenn es eine populistische Galionsfigur gibt, die auch medial im klassischen Bereich und Social Media Bekanntheit und Reichweite aufbauen und für sich nutzen kann. KI Technologien können gerade in Sozialen Netzwerken und auf digitalen Plattformen für Reichweite und Schneeballeffekte der Empörung und Mobilisierung sorgen. Wer das Geld hat, sich diese mächtigen Instrumente zu leisten, kann Stimmungen in die gewünschten Bahnen lenken.

Zusätzlich zu den genannten Rahmenbedingungen für die Eskalation gesellschaftlicher Spannungen, existieren auch sozusagen konjunkturelle Schwankungen in der Geschichte. Phasen von Stabilität wechseln sich ab mit Phasen größerer Unruhe. Der amerikanische Daten-Historiker Steven Turchin (Turchin 2016) hat genau das untersucht und anhand vieler Beispiele aus unterschiedlichen Epochen der Menschheitsgeschichte belegt. Turchin kommt zu dem Schluss, dass gesellschaftliche Krisen, die ausgelöst werden wenn aufgestauter Druck ein Ventil sucht, typischerweise fünf bis 15 Jahre dauern können. Die Regelmässigkeiten in Turchins Ergebnissen stellen sich folgendermaßen dar. Ungefähr alle 50 Jahre kann es in Gesellschaften zu Phasen von hoher Gewalt kommen. In den USA war das um 1970 letztmals der Fall. Nun sieht es sehr danach aus, als steuere der nächste Zyklus seinem Höhepunkt entgegen. Es komme zu breiter Verelendung mit sinkenden Realeinkommen und hoher Arbeitslosigkeit gerade bei den 20- bis 29-Jährigen, die besonders für eine politische Radikalisierung empfänglich sind. Dazu kämen wachsende Staatsschulden und eine ebenso wachsende Konkurrenz unter den Eliten im Land. Das sei an der politischen Polarisierung in Parlamenten oder einem Überhang von Anwälten und Ärzten abzulesen. Auch in anderen Staaten Europas gewönnen diese Trends an Tempo. Streiks, Massendemonstrationen und politische Gewalt nähmen zu, während das Vertrauen in den Staat sinkt.

Besonders die „Überproduktion von Eliten" war in der Geschichte die treibende Kraft für Instabilität bis hin zum Zusammenbruch von Gesellschaften. Das Problem: Die Früchte der Arbeitsleistung fließen zunehmend an Eliten. Ein Phänomen, das wir bereits zuvor kennengelernt hatten, als es darum ging, wie Zorn und das Gefühl des abgehängt Seins in den mittleren und unteren Gruppen der Gesellschaft entsteht. Profiteure sind Kapitaleigner und Konzernmanager, gut ausgebildete Spezialisten und Freiberufler wie Anwälte oder Ärzte in guten Stellungen. Diesen Schichten geht es dann eine Zeit lang blendend. Aber solche Perioden bringen immer auch eine starke, soziale Mobilität mit sich. Bürger aus niederen Einkommensschichten schaffen es aufzusteigen. Unter den alten und neuen Eliten brechen immer heftigere Konkurrenzkämpfe aus. Es kommt zu einem Überhang von gut ausgebildeten Leuten, die um ein Überleben als Akademiker, Angestellte oder Selbstständige ringen. Das gleiche Gerangel von Eliten um Positionen tritt auch in der Politik ein. Dieses Wetteifern führt zu einem Zusammenbruch sozialer Normen und Institutionen. Es brechen Kämpfe um einen Anteil an sämtlichen Aspekten einer Gesellschaft aus – von Märkten über Jobs bis zu politischen Mandaten. Für die Beteiligten geht es um alles oder nichts. Hier kommen die Statuspanik und die Abstiegspanik wieder aufs Tableau, die wir bereits kennengelernt haben. Neben Turchin beschreibt beispielsweise auch der Historiker Walter Scheidel genau die selben Prozesse, die zum Zusammenbruch von Staaten und Gesellschaften führen, die mit einer massiven Vernichtung von Wohlstand und Sicherheit verbunden sind, so dass nach derartigen Eskalationen die Ungleichheiten in Gesellschaften wieder weitgehend nivelliert sind. (Scheidel 2018) Alle haben verloren – die Privilegierten und Reichen dabei am meisten. Alle haben praktisch nichts mehr. Danach beginnt das Spiel der Akkumulation und Konzentration von Macht, Einfluss und Reichtum aufs Neue. Nur mit anderen Darstellern auf der gesellschaftlichen Bühne. Bis es wieder zu Spannungen, Zorn, Statuspaniken, Elitenüberproduktion und gnadenlosen Überlebenskämpfen kommt.

Elitenüberproduktion ist dabei keine Frage der reinen Zahl. Ob es sie gibt ist immer abhängig vom Verhältnis der Struktur und Menge der zur Verfügung stehenden beziehungsweise notwendigen Jobs und deren Wertschöpfung und Verdienstmöglichkeiten. Solange es viele Jobs mit hoher Wertschöpfung gibt, können auch viele Menschen in der „Elite" versorgt werden, sie leben gut und für alle anderen fällt auch noch zumindest etwas nennenswertes an Wohlstand und Fortschritt ab. Verschwinden die anspruchsvollen oder zumindest wertschöpfenden Jobs, wird es brenzlig. Wir erleben gerade genau das. Der Wegfall wertschöpfungsstarker Jobs und damit von Lebensgrundlagen und Perspektiven liegt an der globalen Lohn- und Wissenskonkurrenz, die uns nun schon an mehreren Stellen begegnet ist. Mittlerweile sind die Menschen in ehemaligen „Schwellenländern" schon längst über viele Schwellen gesprungen und können locker einstmals einheimische Exklusivaufgaben selbst übernehmen und das auch noch günstiger und mit weniger Ansprüchen als hierzulande. In manchen Bereichen, zum Beispiel dem Zukunftsfeld Digitalwirtschaft, sind sie sogar besser! Der Wegfall wertschöpfungsstarker Jobs wird zudem noch beschleunigt durch den Einsatz von KI basierten Systemen in praktisch allen Bereichen der modernen Wirtschaft. Menschen werden durch Maschinen ersetzt, die Wertschöpfung entsteht nicht mehr durch Menschen, die dafür einen hohen Lohn erhalten, sondern sie entsteht durch autonome Systeme und deren Wertschöpfung fließt als Reingewinn ohne Lohnkostenabzug direkt in die Unternehmenskassen, steigert die Ungleichheiten, verstärkt das Gefühl, abgehängt und aussortiert zu sein und befeuert die Radikalisierung. Der Siegeszug von Künstlicher Intelligenz in den Abläufen und Prozessen von Unternehmen beschleunigt also eine Entwicklung zu Spannung und Eskalation, die, wenn wir Turchin folgen, sowieso im Zyklus von Ruhe und Randale jetzt wieder an die Reihe kommen muss.

Die durch globalen Kompetenzwettbewerb und KI Anwendungen „Aussortierten" werden zu einer Art Fusssoldaten der Revolution, wie wir sie aus anderen Umsturzphasen der Geschichte kennen. Historisch betrachtet ist das Bevölkerungswachstum die entscheidende, treibende Kraft für Umwälzungen gewesen. Heute führt ein Überangebot von Arbeitskräften aufgrund einer zunehmenden Maschinisierung und Autonomisierung von Prozessen und Abläufen gegenüber verfügbaren Stellen zu sozialen Krisen. Dazu trägt auch noch eine starke Immigration bei, wenn sie nicht reguliert und kontrolliert wird. Wir haben das bereits zuvor in diesem Kapitel detaillierter beschrieben. Auf kürzere Sicht nützt gerade ein starker Zustrom von billigen Arbeitskräften vor allem den wirtschaftlichen Eliten: Das drückt auf Löhne und erhöht so die Gewinne von Kapitaleignern. Über längere Zeit arbeiten sich Immigranten hoch. Es kommt dann auch zu Verteilungskämpfen „da oben" in der Gesellschaft. Aber wenn gleichzeitig der Zustrom neuer Arbeitskräfte anhält, treibt das Turbulenzen nicht nur oben sondern auch „unten" an, hält Löhne für einfache Arbeit dauerhaft niedrig und schwächt die Position der Arbeitnehmer gegenüber den Arbeitgebern. Die Verteilungskämpfe beginnen auch hier auszuarten und werden immer rücksichtsloser geführt. Neben der Demokratie geht auch der Sozialstaat in die Knie. Die Sozialsysteme, deren Auftrag es ist, ein gewisses Niveau an Gleichheit und Sicherheit zu garantieren können diesen demografischen und strukturellen Herausforderungen nicht mehr standhalten.

Nicht zuletzt auch deshalb, weil unter den beschrieben Bedingungen, im ungünstigen Fall noch verschärft durch Wirtschaftskrisen wie beispielsweise eine globale Pandemie, die Staatsdefizite explodieren. Bricht die gesellschaftliche Solidarität und das Vertrauen in die Sicherungs systeme zusammen, rebellieren als erstes Eliten gegen immer weiter steigende Steuerabgaben. Der gesellschaftlichen Konsens wird aufgekündigt, der Staat kann die Mindereinnahmen nur begrenzt durch immer neue Schulden kaschieren. Wichtige staatliche Kernaufgaben bleiben dabei dann immer mehr auf der Strecke, darunter Bildung, Gesundheit, innere Sicherheit, Militär, Infrastruktur oder Forschung und Entwicklung. Die Zahlungsunfähigkeit wird verzögert, aber früher oder später ist sie da. Zuerst ist der Staat in seinen Kernaufgaben schwach, dann bricht das System zusammen.

Eine ideelle, politische und institutionelle Schwächung des Staates beziehungsweise seiner Leistungsfähigkeit führt dazu, dass der Staat und das Gemeinwesen immer mehr angegriffen, übergangen und betrogen werden. Warum noch einem Staat Geld in den Rachen werfen, von dem eh nichts mehr zu erwarten ist? Es führt dazu, dass die beschriebenen Machtkämpfe aller Art zunehmen und ohne rechtsstaatliche Regeln ausgetragen werden. Clankriminalität, Bandenkriege, Mafia Herrschaft, Terrorismus, die Einmischung fremder Staaten in die Innenpolitik, Hackerangriffe, Cyberattacken breiten sich immer mehr aus, ohne dass der Staat sein Gewaltmonopol noch durchsetzt. Zonen mit eigenen Gerichtsbarkeiten und nicht verfassungsgemäßen Wertesystemen wie beispielsweise Scharia-Recht werden toleriert oder ignoriert; Demonstrationen, Blockaden und Straßenschlachten gehören zum Stadtbild, aber nicht die Polizei. Schon mal was von solchen Geschichten gehört?

Das ist aber keine Einbahnstraße oder eine Geschichte, deren Ausgang schon feststeht. Die Entwicklung von Gesellschaften ist nicht festgeschrieben! Sofern genügend Menschen erkennen, wohin die Reise zu gehen droht, ist ein derartiger Kollaps durchaus zu verhindern. Politik und tatkräftige Bürgerinnen und Bürger müssen dann Bedingungen herstellen, die den Menschen ein Leben in Würde und materieller Sicherheit ermöglichen. Die notwendigen Maßnahmen dazu reichen von Qualifizierungen für digitalisierte Arbeitswelten über die Besteuerung von Monopolgewinnen, die Stärkung der digitalen Infrastruktur, die Begrenzung der Immigration, Stärkung von Arbeitnehmern gegenüber der Macht transnationaler Konzerne bis hin zur Aufrüstung zum Schutz gegen Einflussnahmen und Angriffen von außen. Das stärkt Vertrauen. In die Kräfte der Gesellschaft und das demokratische Staatswesen als Garant für deren Zukunft.

Literatur

Barber, B (2008) Consumed!: Wie der Markt Kinder verführt, Erwachsene infantilisiert und die Demokratie untergräbt, München

Blickle, P; Schlieben, M; Tröger, J; Venohr, S (2019): Europas Speckgürteleffekt, in: Die Zeit 18.07.2019 https://www.zeit.de/politik/ausland/2019-07/demografie-europa-bevoelkerung-entwicklung-wandel-karte

Bude, H (2014) Gesellschaft der Angst, Hamburg

Bundeszentrale für Politische Bildung (2020) Demographischer Wandel, https://www.bpb.de/nachschlagen/zahlen-und-fakten/soziale-situation-in-deutschland/147368/themengrafikdemografischer-wandel

Deloitte (2019): Millennial Survey 2019, Millennials und Generation Z pessimistischer als je zuvor, Hamburg

El Mafaalani, A (2018) Das Integrationsparadox: Warum gelungene Integration zu mehr Konflikten führt, Köln

Ermagan, N (2021) „Einfach nur mal ficken", in: Cicero 07.02.2021

Europäische Kommission (2020) Bericht der Kommission an das Europäische Parlament, den Rat, den europäischen Wirtschafts- und Sozialausschuss und den Ausschuss der Regionen über die Auswirkungen des demografischen Wandels, Brüssel

Europäische Kommission: Eurobarometer (2021) https://europa.eu/eurobarometer/surveys/latest

Giesa, C (2020): Echte Helden, falsche Helden: Was Demokraten gegen Populisten stark macht, München

Habekuß, F (2017) Europas demografische Zukunft, Bundeszentrale für Politische Bildung, Bonn

Harris, T (2019) Tech is downgrading humans. It's time to fight back, in: wired 23.04.2019 https://www.wired.com/story/tristan-harris-tech-is-downgrading-humans-time-to-fight-back/

Kissler A (2020) Die infantile Gesellschaft – Wege aus der selbstverschuldeten Unreife, Hamburg

Koppetsch, C (2019) Die Gesellschaft des Zorns: Rechtspopulismus im globalen Zeitalter, Berlin

Kostner, S (2019): Identitätslinke Läuterungsagenda: Eine Debatte zu ihren Folgen für Migrationsgesellschaften (Impulse. Debatten zu Politik, Gesellschaft, Kultur), Stuttgart

Kuntze, P; Mai, C-M (2020) Arbeitsproduktivität – nachlassende Dynamik in Deutschland und Europa, in: WISTA – Wirtschaft und Statistik, 2020/2, S. 11–24

Le Bon, G: Psychologie der Massen, Stuttgart 1982

Maas, R (2019) Generation Z für Personaler und Führungskräfte, München

Ogbu, J (2003) Black American Students in An Affluent Suburb: A Study of Academic Disengagement (Sociocultural, Political, and Historical Studies in Education), New Jersey

Postman, N (1994) Das Technopol: die Macht der Technologien und die Entmündigung der Gesellschaft, Berlin

Riley, J (2014) Please Stop Helping Us: How Liberals Make It Harder for Blacks to Succeed, Washington

Roessing, T (2019) Schweigespirale (Konzepte. Ansatze Der Medien Und Kommunikationswissenschaft), Baden-Baden

Scheidel, W (2018) Great Leveler: Violence and the History of Inequality from the Stone Age to the Twenty-First Century, Princeton

Schnetzer, S (2019) June Deutsche, Kempten

Sennett, R (2019) Zusammenarbeit: Was unsere Gesellschaft zusammenhält, Berlin

Siems, D (2017) Nur in diesen Regionen bleibt Europa jung und erfolgreich, in: Die Welt, 25.07.2017 https://www.welt.de/wirtschaft/article167004224/Nur-in-diesen-Regionen-bleibt-Europa-jung-und-erfolgreich.html

Statista Dossier Demografischer Wandel (o.J.) https://de.statista.com/themen/653/demografischer-wandel/

Statista Europäische Union: Einwohnerzahl in den EU-Mitgliedstaaten im Jahr 2020 und Prognosen bis zum Jahr 2100 https://de.statista.com/statistik/daten/studie/164004/umfrage/prognostizierte-bevoelkerungsentwicklung-in-den-laendern-der-eu/

Statistisches Bundesamt (DeStatis): Bevölkerungsvorausberechnung (2021) https://www.destatis.de/DE/Themen/Gesellschaft-Umwelt/Bevoelkerung/Bevoelkerungsvorausberechnung/_inhalt.html

Statistisches Bundesamt (DeStatis): Europa Bevölkerung (2021) https://www.destatis.de/Europa/DE/Thema/Bevoelkerung-Arbeit-Soziales/Bevoelkerung/_inhalt.html

Steele, S (2009) White Guilt: How Blacks and Whites Together Destroyed the Promise of the Civil Rights Era, New York

Strasser, J (2013) Gesellschaft in Angst: Zwischen Sicherheitswahn und Freiheit, Gütersloh

Taylor, C (1996) Quellen des Selbst: Die Entstehung der neuzeitlichen Identität, München

TUI Stiftung (2020): Junges Europa 2020, So denken Menschen zwischen 16 und 26, Hannover

Turchin, P (2016) Ages of Discord: A Structural-Demographic Analysis of American History, Princeton

Verhaeghe, P (2013) Und ich? Identität in einer durchökonomisierten Gesellschaft, München

Welzer, H (2017) Die smarte Diktatur: Der Angriff auf unsere Freiheit, München

Wilke, C B Demografischer Wandel in Deutschland – Hintergründe, Zukunftsszenarien und Arbeitsmarktpotenziale, in: Rebeggiani, L; Wilke, C B; Wohlmann, M (2020) Megatrends der Volkswirtschaftslehre, Wiesbaden

Ziblatt, D; Levitsky, S (2018) How Democracies die, New York

Die Digitale Wissenschaft – Wie der klassische Bildungskanon und Künstliche Intelligenz den Unterschied machen

Deutschland im Frühjahr 2021. Eine Schülerin verzweifelt, weil die Lernplattform für das Distance Learning wieder einmal zusammenbricht. Ihr Bruder hat kein ausreichendes Netz, um am Onlineunterricht seiner Klasse teilzunehmen. Studentinnen und Studenten sitzen zu Hause und versuchen halb verzweifelt halb fatalistisch an Onlinevorlesungen teilzunehmen oder sich Studienliteratur digital zugänglich zu machen. An der Berufsschule für die Auszubildende für Groß- und Außenhandel läuft's auch nicht besser. Zur gleichen Zeit werden die Gründer und Forschungsleiter von Biontech mit dem Bundesverdienstkreuz ausgezeichnet. Sie haben den ersten Impfstoff gegen Corona entwickelt. Der Bundespräsident und die Bundeskanzlerin loben den Wissenschaftsstandort Deutschland in den höchsten Tönen. Alle lächeln aufgesetzt.

A. Moring, *Die Krawall Initiatoren*, https://doi.org/10.1007/978-3-658-35487-9_3

Überblick

In einer digitalisierten Gesellschaft sind digitale Kompetenzen und digitales Wissen der Schlüssel und die Basis für alle Problemlösungen der Zukunft. Wie digitalisiert unsere Gesellschaft ist und wie digitalisiert sie sein wird, haben wir im vorigen Kapitel gesehen. Welche Rolle dabei Künstliche Intelligenz spielt auch. Wie genau das in der Wirtschaft aussieht und wie sich Digitalisierung und Künstliche Intelligenz dort manifestieren und entwickeln, welche Einflüsse sie haben und welche Potenziale – positive wie negative – sich auftun, werden wir im nächsten Kapitel sehen. Das Bindeglied oder Scharnier, das Gesellschaft und Wirtschaft gleichermaßen verbindet, umfasst und durchdringt, das ist die Bildung. Wissen und Kompetenzen bestimmen, welche Wege und Entwicklungen Menschen und Märkte, Gesellschaften und Volkswirtschaften einschlagen, was sie können und was sie erreichen.

Die Digitalen Kompetenzen sind bei den Schülerinnen und Schülern, was ihre schulische Ausbildung anbetrifft, mit die schlechtesten in Europa und auch weltweit. Bei den Lehrerinnen und Lehrern sieht es nicht besser aus. Das hat die Corona Krise mit „Homeschooling" und „Distance Learning" mehr als deutlich gemacht. Auch wenn es viele rühmliche Ausnahmen gibt: Das Schulsystem und die Lehrerinnen und Lehrer, die es tragen, sind nicht auf dem Stand, der im 21. Jahrhundert in einer globalen und digitalen Welt schlicht und einfach sein muss. Wir stehen im internationalen Wettbewerb auf den digitalen Zukunftsfeldern mit praktisch allen anderen Ländern und Weltregionen. Im digitalen Zeitalter ist der Mensch zur wichtigsten Ressource geworden. Das gilt in Bezug auf Marktlogiken, wie wir im nächsten Kapitel sehen werden, und es gilt in Bezug auf den internationalen Wettbewerb um Zukunftschancen. Eine gut ausgebildete Schülerin mit digitalen Kenntnissen aus Asien, Afrika oder sonst woher, kann heute vergleichbar ausgebildete Schülerinnen und Schüler oder Studentinnen und Studenten aus Europa oder Nordamerika ausbooten und überflügeln. Das war in der alten industriellen und analogen Welt unmöglich. Umso wichtiger ist es, dass sich Deutschland und Europa hier konsequent und fokussiert aufstellen.

Alle Rankings zeigen, dass Deutschland immer noch ein solides System im Bildungsbereich vorweisen kann, das auch eine internationale Reputation auf der Habenseite verbuchen kann, gleichzeitig aber in den Inhalten und bei den digitalen Kompetenzen der Schüler und Studenten kontinuierlich an Boden verliert. Das liegt auch daran, dass nach der Ausbildung oder nach dem Studium schon der grundsätzliche Weg für die weitere Karriere festgelegt ist. Aber: Ist es gut, dass ein Abschluss mehr oder weniger entscheidend ist für das ganze Leben in einer sich ändernden und von Innovationen und Disruptionen geprägten Welt?

Lebenslanges Lernen gewinnt eine immer höhere Bedeutung. Das wird auch gerne in salbungsvollen Worten und Reden immer wieder betont. Praktisch passieren tut aber im Vergleich dazu wenig. Dabei gibt es mittlerweile eine Vielzahl an digitalen Tools und Möglichkeiten, um an jedem Ort, zu jeder Zeit und in jeder Lebensphase zu lernen. Vor allem auch dann, wenn es um technische Kompetenzen geht. Und das sollte im Interesse von Unternehmen und ebenso im Interesse der Gesellschaft sein. Denn Wissen schafft Wohlstand.

Dafür muss der Transfer von Wissenschaft und Wirtschaft funktionieren. Je mehr Wissen und Kreativität den Weg in die Wirtschaft finden, umso besser ist die Wettbewerbsfähigkeit der Unternehmen, umso stabiler sind die sozialen Systeme. Dieser Transfer kann institutionell gefördert werden und ebenso durch das aktive Engagement von Unternehmen. Wissen, das niemand abruft, ist eine verschwendete Ressource. Ressourcen verschwenden macht weder Sinn, noch ist es nachhaltig.

Der Aufbau und die nachhaltige Nutzung von Ressourcen ist dann am effektivsten, wen die Basis ebenso nachhaltig gelegt ist. Auch wenn viel von digitalen und technischen Kompetenzen die Rede ist – der sogenannte klassische Bildungskanon ist auch in Zeiten von Cloud Computing und Artificial Intelligence unerlässlich. Nur wer die Grundfertigkeiten richtig beherrscht und wer gelernt hat zu lernen, nur der ist auch in der Lage eigenständig Lösungen zu finden, sich neues anzueignen, kreativ zu sein, Dinge kritisch zu hinterfragen und Alternativen zu erschließen. Das ist, was Menschen von Maschinen unterscheidet und was den großen Unterschied in einer digitalisierten und maschinisierten Welt ausmachen wird.

Hier geht es also einerseits um Standards und hohe Anforderungen in der Bildung, denn eine immer weitere Absenkung des Anforderungsniveaus und eine faktische Beliebigkeit im Bildungsbereich bedeuten, dass Menschen genau die oben genannten Fähigkeiten nicht entwickeln können. Das ist aus wirtschaftlicher und gesellschaftlicher Sicht unverantwortlich und es ist auch mit Blick auf die Zukunftschancen jeder einzelnen Person weder ethisch noch moralisch vertretbar. Und es ist auch nicht nachhaltig. Denn Nachhaltigkeit bedeutet, die heutigen Ressourcen so zu nutzen, dass für die Zukunft ein größeres Entwicklungspotenzial möglich gemacht wird. Hier geht es auch genauso um eine möglichst große Freiheit der Wissenschaft und Forschung. Diese ist aktuell zunehmend bedroht. Durch den Einfluss wirtschaftlicher Interessen und Zwänge. Ebenso durch letztlich politisch gesetzte Grenzen des Zulässigen und des Erwünschten. Die Identitäre Ideologie und eine selektive Akzeptanz von wissenschaftlichen Ergebnissen, bis hin zur Diskreditierung von Personen und Forschungen, bekannt als Cancel Culture, greifen auch hier immer mehr Raum. So sehr, dass sich bereits Gegenbewegungen bilden. So sehr Diskurs und Reflexion zur europäischen Kultur und Wissenschaft gehören, so gehören politisierte Vorgaben oder Einschränkungen eben genau nicht dazu. Das ist die Errungenschaft und das Vermächtnis der europäischen Aufklärung, die es so nicht noch ein anderes Mal auf der Welt gegeben hat. Ein Vermächtnis das wir bewahren sollten, wenn uns unsere Freiheit lieb ist. Und das bedeutet – wie immer in der Wissenschaft – die richtigen Fragen zu stellen und vor allem, den richtigen Fokus auf die entscheidenden Probleme zu setzen.

Internationales Bildungsrennen

Auf den ersten Blick steht Deutschland in internationalen Rankings zur Bildung und zum Bildungssystem gar nicht so schlecht da. Deutschland steht im Global Competiteveness Index des World Economic Forums beispielsweise auf Platz 6 weltweit, liegt also unter den Top Ten (World Economic Forum 2019). Aufschlussreich ist aber – wie immer – der Blick in die Details und ein Vergleich mit anderen Staaten. So schneidet Norwegen bei allen Teilindizes zu verschiedenen Lerninhalten und Kompetenzen gut ab und belegt bei der Verfügbarkeit von Fachkräften den ersten Platz in der Welt. Die Investitionen in gute Bildung und Ausbildung zahlt sich also für die gesamte Gesellschaft aus. Auch in der Säule „Einsatz" des Human Capital Index, also die aktive Beteiligung der Bevölkerung an der Erwerbsbevölkerung, schneidet das Land dank seiner niedrigen Arbeitslosenquote aufgrund hoher Qualifikationen der Menschen gut ab. In der Säule Entwicklung, die Bildung, Qualifizierung und Weiterbildung der Schüler und der Bevölkerung im erwerbsfähigen Alter beschreibt, liegt dagegen Finnland aufgrund der Qualität der Grundschulen und des gesamten Bildungssystems an der Spitze. Finnland punktet auch bei der Säule „Kapazität", die beschreibt wie gut die Menschen über die Generationen hinweg ausgebildet sind. Den gleichen Spitzenplatz belegt Finnland in der Säule „Know-how", welche die Breite der am Arbeitsplatz genutzten Fähigkeiten beschreibt. Finnlands ältere Generationen verfügen über einige der weltweit höchsten Raten an Hochschulbildung, und fast die Hälfte der Arbeitskräfte des Landes ist in hoch qualifizierten Berufen beschäftigt.

Die Schweiz, auf Platz 3, hat ebenfalls ein sehr hochwertiges Bildungssystem, einschließlich der Ausbildung von Mitarbeitern, sowie eine hohe Quote an beruflicher Weiterbildung. Sie belegt neben Finnland den ersten Platz in der Säule „Know-how", mit einem sehr hohen Anteil an qualifikationsintensiver Beschäftigung und wirtschaftlicher Komplexität. Dänemark, auf Platz 5, und Schweden, auf Platz 8, teilen die starke Leistung Norwegens in allen Teilindizes, obwohl die Qualität ihrer Bildungssysteme geringer bewertet wird. Die großen Volkswirtschaften der Welt sind ebenfalls in den Top Ten vertreten. Die USA sind das am höchsten bewertete Land außerhalb Westeuropas auf Platz 4. Die USA haben den Vorteil einer hohen Einschreibungsrate im tertiären Bildungsbereich und einer großen Qualifikationsvielfalt. Infolgedessen schneiden die Vereinigten Staaten in der Säule „Entwicklung" sehr gut ab. In der Säule Einsatz sind die USA jedoch eher ambivalent aufgestellt, da den niedrigen Arbeitslosenquoten des Landes relativ hohe Nichterwerbsquoten der Kernbevölkerung im erwerbsfähigen Alter gegenüberstehen.

Deutschland, an sechster Stelle, ist am stärksten in der Säule „Know-how". Deutschland wird eine hoch gebildete ältere Generation bescheinigt. Für die jüngeren Generationen trifft das nicht mehr in dem Maße zu. Das liegt zum einen an dem bereits beschriebenen Baby Boomer Effekt: Zahlenmäßig viele Menschen mit guter Ausbildung und langer Berufserfahrung schlagen sich entsprechend in der Statistik nieder. Das liegt aber eben auch an der Qualität und Leistungsfähigkeit des aktuellen Bildungssystems bei Schulen und Hochschulen. Offensichtlich ist hier etwas über die letzten Jahrzehnte passiert, dass die jüngeren Generationen als weniger gut ausgebildet und befähigt im Vergleich zu den älteren Generationen in Deutschland gelten müssen. Es gibt auch andere Untersuchungen und Studien wie beispielsweise das World Top 20 Project, die das gleiche Bild zeichnen und auf die wir später noch eingehen werden.

Neuseeland auf Platz 7 und Slowenien auf Platz 9 sind die am besten bewerteten Länder aus den Regionen Ostasien und Pazifik beziehungsweise Osteuropa und Zentralasien. Neuseeland punktet mit der Qualität seines Bildungssystems, während Slowenien in der Säule „Kapazität" gut abschneidet und eine hoch gebildete ältere Generation aufweist. Österreich liegt auf dem zehnten Platz, mit einem gut etablierten Berufsbildungssystem und einer hohen Qualifikationsvielfalt seiner Absolventen.

Bezogen auf die schulische Ausbildung in den Kernfächern und Kernkompetenzen Rechnen, Schreiben, Lesen und Naturwissenschaften schneidet Deutschland schon etwas schlechter ab, liegt aber international immer noch im guten Mittelfeld. Im Ausbildungsranking der OECD schafft es Deutschland auf den neunten Platz (OECD 2020). Vorne liegen hier Südkorea, Finnland, Kanada, Neuseeland, Japan, Australien, die Niederlande, Belgien, Norwegen und Estland. Auffällig ist, dass alle Spitzenländer auch einen hohen Grad an Digitalisierung in Wirtschaft und Gesellschaft aufweisen. Die Länder, die im Bildungsranking am weitesten vorne liegen, nutzen auch digitale Formate und Möglichkeiten für die Ausbildung in Schule, Lehre und Studium und legen gleichzeitig großen Wert auf die Vermittlung und strenge Kontrolle und aus deutscher Sicht harte Bewertung und Benotung von Kernkompetenzen. Zudem werden Reformen im Bildungssystem sehr überlegt und graduell vorgenommen und langfristig angelegt. Strukturdebatten, wie wir sie aus Deutschland kennen, sind in den Ländern entweder überhaupt nicht zu finden oder sie spielen nur eine untergeordnete Rolle.

Bildungsforscher, Pädagogen und zunehmend auch Lehrerinnen und Lehrer und ihre Vertreter in Deutschland machen immer öfter ihrem Unmut über den Zustand der Bildungslandschaft in Deutschland Luft (vgl. u. a. Heinsohn 2019). Wenn selbst die eigenen Leute sich über ihr System beschweren, dann müssen alle Alarmglocken läuten. Schließlich kennen sie das System von Innen und sind täglich mit den Stärken und Schwächen konfrontiert und sehen die Folgen für Schülerinnen und Schüler direkt und ohne Filter. Gleiches gilt spätestens seit dem Corona Lockdown auch für Mütter und Väter. Die Schwächen des Systems und die Versäumnisse der letzten Jahre und Jahrzehnte wurden im Zusammenhang mit Homeschooling und Distance Learning so deutlich und schmerzhaft erfahrbar, wie es sich die meisten sicher nicht haben vorstellen können und vorstellen wollen. Wissenschaftler wie Lehrer und Elternvertreter beklagen in Deutschland eine Inflation guter Noten, eine Abkehr vom Leistungsprinzip, einen fatalen Trend zur Akademisierung auf Kosten der beruflichen Bildung, eine Schulpolitik, die von Ideologien bestimmt wird und eine Bildungspolitik die als Experimentierfeld für allerlei Reformen herhalten muss. Lehrermangel und der daraus resultierende Unterrichtsausfall begleiten das deutsche Bildungswesen mittlerweile so lange, dass es inzwischen schon fast als Normalität akzeptiert wird. Der Lehrermangel, vor allem an den Grundschulen, ist momentan die größte Bedrohung für die Bildungsqualität in Deutschland, meint beispielsweise der Präsident des deutschen Lehrerverbandes Heinz-Peter Meidinger (2020). Das Modell der Gesamtschulen oder Gemeinschaftsschulen, einst als Schlüssel zu mehr „Bildungsgerechtigkeit" propagiert, zeigt immer deutlicher, dass es die großen Versprechungen nicht einhalten kann. Eine andere Schulform als Zusammenfassung von ehemaliger Haupt- und Realschule mit angeschlossener Abiturmöglichkeit trägt zwar einen neuen Namen, hat aber mit den alten Problemen zu kämpfen und kann die wichtigen gesellschaftlichen Fragen neben den inhaltlichen bis heute nicht überzeugend beantworten. Wie gelingt es, der Vielfalt im Klassenzimmer gerecht zu werden? Wie spricht man Kinder an, die zu Hause kein Deutsch lernen? Wie kann die Schule Chancen schaffen, die ohne sie nicht da wären? Mit der Aufgabe, als Reparaturbetrieb der Gesellschaft zu fungieren, ist die Schule ganz offensichtlich überfordert. Vor allem das Elternhaus und das soziale Umfeld spielen eine große Rolle für den Lern- und Lebenserfolg von Menschen. Wir haben genau das im vorigen Kapitel gesehen. Warum sollte es hier also anders sein. Es sind ja die selben Menschen in der selben Gesellschaft.

Schulen können einen Beitrag zu mehr gesellschaftlicher Stabilität und Chancengleichheit beitragen, diese aber nicht allein schaffen. In erster Linie ist Bildung eine individuelle Sache. Wir Menschen haben alle unseren eigenen Kopf. Und Bildung dauert. Deswegen ist es wichtig hier zum einen dauerhaft gültige Grundlagen zu definieren und diese auch streng nachzuhalten. Hier geht es um die erwähnten Kernkompetenzen. Zum zweiten geht es darum, langfristig zu denken und zu organisieren. Erfolgreiche Schulpolitik braucht einen langen Atem und gute langfristige Konzepte, die länger angelegt sind als eine Legislaturperiode.

Ein Blick in den OECD Bildungsbericht Deutschland und die seit den 1990er-Jahren berühmte PISA Studie schärft das Bild noch weiter (OECD PISA). Der durchschnittliche Schüler in Deutschland erzielte 508 Punkte in Lesekompetenz, Mathematik und Naturwissenschaften und liegt damit über dem OECD-Durchschnitt von 486. Die leistungsstärksten Schulsysteme des OECD Berichts schaffen es, allen Schülern eine hochwertige Bildung zu bieten. Deutschlands erfolgreiches Berufsbildungsmodell, das auf einem dualen Ausbildungssystem basiert, hat eine lange Geschichte und wird weithin respektiert. Gymnasiasten können wählen, ob sie am Ende der Pflichtschulzeit eine akademische Oberstufe besuchen oder einen beruflichen Weg einschlagen wollen. Der berufliche Weg umfasst eine berufliche Vollzeitschule oder das duale Ausbildungssystem. Im dualen System teilen die Schüler ihre Zeit zwischen der Ausbildung am Arbeitsplatz und der Ausbildung in der Schule auf. Die Schule bietet sowohl eine allgemeine als auch eine berufsspezifische Ausbildung an, während die Arbeitgeber die Ausbildung am Arbeitsplatz überwachen und anbieten. Sowohl die Bildungsinstitutionen als auch die Arbeitgeber sind sehr eingebunden und haben eine zentrale Rolle bei der Gestaltung der Ausbildung. Die Einbeziehung der Arbeitgeber in das duale System bedeutet auch, dass die Programme an die lokalen Bedürfnisse angepasst werden können. Die Bildungsministerien der Länder und des Bundes regeln die Qualität der Arbeitsplätze durch standardisierte, verbindliche nationale Ausbildungspläne, so dass die kurzfristigen Bedürfnisse der Arbeitgeber die Bildungs- und Wirtschaftsziele des Systems nicht behindern. Ausbildungsverträge sind zudem durch Tariflöhne geschützt. Im Durchschnitt der letzten Jahre waren zwischen 45 und 50 Prozent der deutschen Schüler der Sekundarstufe II in berufsbildenden Programmen eingeschrieben, von denen dabei rund 80 bis 85 Prozent am dualen Lehrlingssystem teilnahmen. Hierbei fallen aber Leistungsdefizite aus der schulischen Bildung auf. Laut OECD Bericht müssen besonders die sogenannten MINT Fächer, Mathematik, Informatik, Naturwissenschaft und Technik, in Deutschland massiv gefördert werden (OECD Skills Outlook 2021). All diese Fächer sind besonders in einer digitalisierten Wirtschaft und durch das Zusammenwachsen von digitaler und realer Welt mit Internet of Things, 3D Druck, autonomen Maschinen und Künstlicher Intelligenz extrem wichtig und für den Erfolg und Bestand von Unternehmen und Volkswirtschaften entscheidend.

Die PISA Studien der vergangenen Jahre kommen übereinstimmend zu dem Ergebnis, dass Schülerinnen und Schüler in Deutschland beim Leseverständnis und der Mathematik leicht besser abgeschnitten haben als der OECD-Durchschnitt, bei den Naturwissenschaften sogar deutlich besser. Insbesondere in der Mathematik und den Naturwissenschaften verschlechterten sich jedoch die Ergebnisse gegenüber früheren PISA-Erhebungen für Deutschland. Während Deutschland im internationalen Vergleich aufgeholt hat, hat es im historischen Vergleich verloren. Anders ausgedrückt: Früher konnten die Schülerinnen und Schüler ganz klar mehr als heute. Insgesamt bleibt der Abstand Deutschlands trotz der punktuellen Verbesserungen zu den bereits vorhin aufgezählten Spitzenreitern in Asien und Europa groß. Gleichzeitig hängt der Schulerfolg in Deutschland weiterhin stärker von der sozialen Herkunft der Schülerinnen und Schüler ab als im Durchschnitt der OECD-Länder. Der beim Leseverständnis in der PISA Studie verzeichnete Rückgang der Leistungen ist statistisch nicht ganz klar; auf alle Fälle gibt es dabei keine Verbesserung. Die Leistungen in Mathematik und Naturwissenschaften waren in der letzten PISA Studie jedoch signifikant schlechter als in den Jahren 2012 und 2015. Hier setzt sich ein klarer Abwärtstrend fort. Im Gegensatz zu allen Bekundungen über die Wichtigkeit der MINT Fächer, werden in der Realität die Ergebnisse immer schlechter. Das liegt nicht unbedingt daran, dass die Schülerinnen und Schüler heute irgendwie dümmer wären, als vor fünf, zehn, fünfzehn oder zwanzig Jahren. Es liegt offensichtlich eher an den Faktoren Unterrichtsausfall, der Möglichkeit, diese Fächer abzuwählen und trotzdem einen Abschluss zu bekommen und den immer weiter abgesenkten Anforderungen an die Schülerinnen und Schüler. Bedeutet: Wenn Schülerinnen und Schüler, die in Deutschland gute Noten vorweisen können, in der PISA Studie mit internationalen Leistungs- und Anforderungsstandards konfrontiert werden, um ihre Leistungen und die von anderen Schülerinnen und Schülern vergleichbar zu machen, dann schmieren sie gnadenlos ab. Eine gute Note in Deutschland muss im internationalen Verglich also immer zwei oder drei Stufen nach unten korrigiert werden, wenn sie international aussagekräftig sein soll. Wir kennen das Phänomen auch aus Deutschland selbst, wo die Abschlüsse und Schulnoten aus Bayern, Sachsen, Berlin, Hamburg oder Bremen auch nicht vergleichbar sind. International also das gleiche: Downgrading ist angesagt. Und damit auch die Erkenntnis, dass das Aufweichen von Anforderungen und das mehr oder weniger leistungslose Verteilen guter Noten am Ende ein großer Nachteil

für die Schülerinnen und Schüler selbst ist, weil es ihnen Entwicklungs-
und Entfaltungschancen für die eigene Zukunft versagt.

Einer der Faktoren hinter dem Leistungsrückgang können, laut PISA
Studie, auch die seit der Flüchtlingskrise gestiegenen Ansprüche an das
Bildungssystem sein. So ist der Anteil von Schülerinnen und Schülern
mit eigener Migrationserfahrung in den letzten Jahren deutlich gestiegen
und deren Integration in das Bildungssystem ist eine große und dauerhafte Herausforderung. Auffällig ist außerdem, dass Schulleiterinnen und
Schulleiter in Deutschland deutlich häufiger über eine mangelnde Ausstattung mit Personal und Sachmitteln klagen als ihre Kolleginnen und
Kollegen im OECD-Schnitt. Gleichzeitig sind sozioökonomisch be-
nachteiligte Schulen stärker mit Personalmangel konfrontiert als sozio-
ökonomisch begünstigte Schulen. Kaum einer will gerne an sogenannten
Brennpunktschulen arbeiten.

Chancengerechtigkeit bleibt eine der Herausforderungen für das deutsche Bildungssystem. So hat sich in Deutschland seit der letzten PISA-
Studie mit Leseschwerpunkt aus dem Jahr 2009 beim Leseverständnis die
Abhängigkeit der Leistung von der Herkunft noch verstärkt. Wer nicht
aus einem muttersprachlich deutschen Haushalt kommt, kann schlechter
lesen und verstehen. Erfreulich ist laut PISA Studie, dass es in Deutschland rund zehn Prozent der benachteiligten Schülerinnen und Schüler
gelingt, beim Leseverständnis innerhalb Deutschlands zu den besten 25
Prozent zu gehören. In einigen PISA-Teilnehmerländern, wie Macao
(China) und Estland, gelingt dies sogar mehr als 15 Prozent der benachteiligten Schülerinnen und Schüler. Sie gehören zu der Gruppe von
Ländern, die in PISA 2018 bewiesen haben, dass gute beziehungsweise
sehr gute Ergebnisse und Chancengleichheit miteinander vereinbar sind.
Konsequentes Fordern mit klaren Standards und hohen Anforderungen
und gleichzeitiges Fördern durch Sprachschulung am besten bereits vor
der ersten Klasse, sind das beste Mittel für Bildungsgerechtigkeit, gesellschaftliche Teilhabe und soziale wie berufliche Mobilität.

Insgesamt schnitten Mädchen in Deutschland beim Leseverständnis
deutlich besser ab als Jungen, aber der Unterschied war kleiner als im
OECD-Durchschnitt. In Mathematik schnitten sie dagegen etwas
schlechter ab und hier zeigte sich eine etwas größere Geschlechterdifferenz

als im OECD-Schnitt. In den Naturwissenschaften zeigten sich keine Unterschiede zwischen den Geschlechtern.

Die PISA-Studien fragen stets kaum gelerntes Wissen ab, sondern untersuchen hauptsächlich, ob Schülerinnen und Schüler in der Lage sind, Wissen anzuwenden, Fakten von Meinungen zu unterscheiden, Informationen zu verknüpfen und eigene Lösungswege zu finden. Genau das sind die Schüsselqualifikationen in einer zunehmend digitalisierten Welt. Trotz ihres insgesamt überdurchschnittlichen Abschneidens liegen die Schülerinnen und Schüler in Deutschland weit hinter den Spitzenreitern – vier chinesischen Provinzen und Singapur – zurück und auch der Abstand zu einigen OECD-Partnern ist groß. So hatte hierzulande etwa jeder fünfte und im OECD-Durchschnitt etwa jeder vierte Teilnehmende Schwierigkeiten, selbst grundlegende Anforderungen an das Leseverständnis zu bewältigen. Bei den asiatischen oder europäischen Spitzenreitern, darunter Estland und Finnland, waren dies nur zehn bis fünfzehn Prozent der Teilnehmenden. Neben Kenntnissen beim Leseverständnis, der Mathematik und den Naturwissenschaften hat die letzte PISA Erhebung auch das Wohlbefinden der Schülerinnen und Schüler und den Zusammenhang mit ihren Leistungen untersucht. Hier trat neben Deutschland unter anderem der flämische Teil Belgiens als positives Beispiel hervor. In fast allen untersuchten Bildungssystemen zeigte sich, dass Versagensängste unter Schülerinnen und Schülern besonders häufig dort verbreitet waren, wo die Leistungen beim Leseverständnis besonders gut waren. In Deutschland und Belgien, aber auch bei den europäischen Spitzenreitern Estland und Finnland zeigte sich dieser Zusammenhang nicht. Hohes Leistungsniveau und hohes Wohlbefinden schließen einander also nicht aus.

Nach der schulischen Ausbildung führen in Deutschland kaufmännische Berufe die Rangliste der beruflichen Laufbahnen an. Seit 2015 stehen Kaufleute für Büromanagement auf dem Spitzenplatz der beliebtesten Ausbildungsberufe, gefolgt von Kaufleuten im Einzelhandel (vgl. Milde et al. 2019; DGB Bundesvorstand 2019). Auch die Ausbildung zum Industriekaufmann und zur Industriekauffrau erfreut sich hoher Popularität. Während der Groß- und Außenhandel an Attraktivität verlor, konnten die Fachinformatiker einige Plätze gutmachen. Der Beruf kletterte in den letzten Jahren von Platz 14 bis auf Rang 7 des Ausbildungsrankings in Deutschland. Die Ergebnisse und Präferenzen bei den Ausbildungen zeigen bei vielen Berufen eine sehr deutliche Geschlechterdominanz. Technische und kaufmännische Ausbildungen sind immer noch sehr männerdominiert, serviceorientierte Berufe oder auch der Kranken-, Pflege- oder Erziehungsbereich sind dagegen frauendominiert. Vorstellungen zur beruflichen Eignung sind also immer noch eng mit stereotypen Rollenmustern verknüpft. Umso wichtiger ist es, diese Rollenbilder bereits in der schulischen Bildung kritisch zu hinterfragen und vor allem auch Beispiele herauszustellen, die diesen Stereotypen widersprechen und zeigen, dass alle Wege für jede und jeden offen stehen. Wenn natürlich das Qualifikationsniveau stimmt. Auffällig ist in dem Zusammenhang, dass Jugendliche in Deutschland sich schon bei ihrer Berufsorientierung auf nur wenige Berufe konzentrieren und damit ihre beruflichen Möglichkeiten gewollt oder ungewollt stark einschränken. Gerade vor dem Hintergrund des im vorigen Kapitel beschriebenen demografischen Wandels ergeben sich jetzt und in Zukunft gerade für Berufseinsteiger – und auf Berufsumsteiger – so viele Möglichkeiten und Optionen wie wahrscheinlich noch nie zuvor in den letzten Jahrzehnten. Dabei hat die Einschränkung der Berufswahl und der präferierten Möglichkeiten auch viel mit dem allgemeinen gesellschaftlichen Ansehen von Berufen zu tun. Wer möchte schon gerne in einer Branche oder einem Beruf arbeiten, bei dem viele die Nase rümpfen könnten oder der einfach ein schlechtes Image bei Freunden, Bekannten und in der öffentlichen Wahrnehmung hat. Looser-Jobs will halt keiner. Auch wenn sie sich, wie in Zeiten von Pandemien und Lockdowns, dann einmal als systemrelevant herausstellen. Das gleiche gilt auch für die Entscheidung, ob es denn überhaupt eine Ausbildung sein soll oder doch lieber ein Studium. Schließlich haben heute so viele Schulabgänger wie noch nie zumindest eine formale „Hochschulzugangsberechtigung" und sind damit zumindest auf dem Papier ausgerüstet und befähigt ein Studium zu meistern. Und ein Bachelor oder Master klingt ja auch besser als der alte und profane Geselle oder Meister … Wenn wir uns aber die Anforderungen an fachlichen und persönlichen Fähigkeiten einmal anschauen, dann müssen wir feststellen: Der Meister ist genauso wertvoll wie ein Master. Das gilt inhaltlich, denn beide Abschlüsse zertifizieren die Befähigung zum eigenständigen und eigenverantwortlichen Arbeiten in einem Fachgebiet.

Trotzdem genießt der Hochschul- und Universitätsabschluss ein deutlich höheres Ansehen in Deutschland, in Europa und weltweit. Das lässt sich ja auch historisch erklären. In der Vergangenheit konnte nur ein kleiner Teil der Gesellschaft überhaupt studieren. Wer einen Universitätsabschluss vorzuweisen hatte gehörte bis weit ins 20. Jahrhundert hinein automatisch zur Elite der Gesellschaft. Dass das heute nicht mehr so automatisch gilt, haben wir bereits im vorigen Kapitel gesehen und diese Tatsache wird uns auch noch einige Male in anderen Zusammenhängen begegnen. Weil ein einfacher Abschluss an sich nicht mehr die Eintrittskarte in höhere berufliche wie gesellschaftliche Kreise ist, gewinnt die Frage, in welchem Land und an welcher Universität oder Hochschule genau der Abschluss erworben worden ist an Bedeutung als Distinktionsmerkmal.

Hierfür gibt es mittlerweile natürlich auch Rankings. Nach dem internationalen Times Higher Education Ranking steht die im internationalen Vergleich beste deutsche Universität, die Ludwig Maximilian Universität in München, auf Platz 32 im World University Ranking (World University Ranking 2020). Am besten lernt es sich nach internationalen Vergleichen an den Unis der Vereinigten Staaten, sie belegen allein acht der Top-10-Plätze. Sieben deutsche Universitäten schaffen es im weltweiten Vergleich in die Top 100. Mit 21 Universitäten in den Top 200 bildet Deutschland wiederum Platz drei nach den USA und dem Vereinigten Königreich. In den aktuellen Rankings holen asiatische Universitäten auf. Unter den Top 20 ist die chinesische Tsinghua Universität ein stetiger Aufsteiger. Auch andere chinesische und asiatische Hochschulen machen kontinuierlich Boden gegenüber den alten Platzhirschen aus dem Westen Boden gut. Für die verschiedenen Rankings werden die Hochschulen in vier Bereichen bewertet: die Lehre, die wissenschaftliche Arbeit, Übermittlung von Wissen und die internationale Vernetzung in allen Bereichen.

Wenn es speziell um Forschung und Entwicklung geht steht die Ludwig Maximilan Universität auf Platz 41 weltweit. Ansonsten sind die Rankings zu Forschung und Entwicklung in der internationalen Zusammensetzung der Universitäten und Hochschulen sehr gemischt, es gibt keine so klaren Gruppen von Hochschulen wie bei den Rankings für Studenten und Graduenten. Bei den Forschungsinstitutionen steht die deutsche Helmholtz Gesellschaft internationale auf einem durchaus beachtlichen siebten Platz. Ganz vorne liegen hier die USA, Frankreich und China, besonders was die Forschung und Entwicklung in den Naturwissenschaften und bei digitalen Technologien anbelangt. Die deutsche Max Planck Gesellschaft landet auf Platz 21, die Ludwig Maximilian Universität als beste deutsche Universität mit eigenen Forschungsinstituten folgt auf Platz 124. Die Rankings zu Universitäten und Forschung sind in ihren Kriterien, Details und Gewichtungen sehr unterschiedlich ausgerichtet und gewichtet. Dadurch ist ihre Aussagekraft und Vergleichbarkeit natürlich geschmälert. Das wird gerne vorgebracht, wenn die Ergebnisse nicht besonders schmeichelhaft sind. Deutschland ist sicher kein schlechtes Land in dieser Hinsicht und im internationalen Vergleich. Doch das Image der Nation der Tüftler und Erfinder, der großen wissenschaftlichen Denker und industriellen Innovatoren, der Dichter und der Denker ist eben dann doch zum großen Teil eher Image und historisches Erbe vergangener Zeiten. Heute reicht es nur noch zur Mittelklasse, mit sehr wenigen Ausnahmen. Die bestätigen ja bekanntlich die Regel. Jedoch wird bei einem Vergleich von mehreren Rankings letztlich schon ein generelles Ergebnis wie beschrieben sichtbar, das durchaus als verlässlich angesehen werden kann. Vor allem auch deshalb, weil bei der Ursachenanalyse große Übereinstimmung herrscht.

Diese Ursachenforschung liefert stets die selben Punkte. Neue Hochschulgesetze in Deutschland und Europa, die Bologna-Reform und die Exzellenzinitiative haben die akademische Bildung verändert. Die Leitbilder hier sind „Wettbewerb" und „Effizienz" im Sinne von Vereinheitlichung und Zeitersparnis. Das brachte aber auch eine Verschulung der Universitäten mit sich. Die Hochschulen werden faktisch erst durch die Reformen seit den 1990er-Jahren zu einem strategisch planenden Akteur, einer handlungsfähigen Organisation. Der Soziologe Richard Münch, ein scharfer Kritiker der Hochschulreformen der vergangenen Jahre, kommt zu dem Ergebnis, dass die neuen unternehmerischen Hochschulen letztlich nur dem Management größere Freiheiten verschafft haben, nicht aber der Lehre und der Forschung und auch nicht den einzelnen Forschern (Münch 2011). Beleg dafür sei das Wachstum der

Administration in Hochschulen, die im Zuge des internationalen Wettbewerbs um Renommee, Studenten und Forschungsgelder sich immer mehr Unternehmen angleichen. Die Verwaltung und die Vermarktung sind stärker gewachsen, als das wissenschaftliche Personal.

Diese Analyse passt zu den immer wieder und zunehmend vorgebrachten Beschwerden vieler Professorinnen und Professoren aus allen Bereichen, dass die Bürokratie in der Hochschule und im Bildungssystem immer mehr Zeit fresse. Zudem fänden sich Messwerte und Zielvereinbarungen heute im überall im Wissenschaftssystem. Gezählt werden beispielsweise Publikationen, eingeworbene Drittmittel oder angemeldete Patente. Anhand solcher Kennzahlen verteilen Ministerien Geld, Förderungen und Anerkennungen. Mit Kennzahlen zum Output und zur Performance werden Publikationen, Wissenschaftler und Fakultäten bewertet. Kennzahlen entscheiden über Karrieren. Wissenschaftliche Zeitschriften beispielsweise weisen einen Journal Impact-Faktor aus. Diese Zahl drückt ihre Reputation aus. Für eine Wissenschaftlerin heißt das: Viele Publikationen machen sich gut im Lebenslauf. Aber viele Publikationen in hochrangigen Journals sind um ein Vielfaches besser.

Dazu gibt es zwei Sichtweisen: Für Kritiker wie Münch zerstört der verschärfte Wettbewerb zwischen den Hochschulen die Freiheit der Forschung. Der ungebändigte Kapitalismus mit seinem numerischen Leistungsdruck und dem Controlling von Key Performance Indicators macht sich auch in der Akademik breit und bedrohe ihren Kern und Sinn. Der Wettbewerb zwischen Forscherinnen und Forschern, Forschungsteams sei natürlicher Teil aller wissenschaftlichen Arbeit. Dazu gehöre aber auch, dass man Ressourcen und Ergebnisse teilt, weil das Wissen als Kollektivgut betrachtet werde muss. Jetzt werde über diesen natürlichen wissenschaftlichen Wettbewerb in zunehmendem Maße der Wettbewerb zwischen den Universitäten gelegt. Das habe Folgen. Wissen werde nicht mehr geteilt, sondern eher für sich in Anspruch genommen und sogar mit Patenten und Copyrights exklusiv zu schützen versucht.

Befürworter halten dagegen, dass wissenschaftliche Freiheit und Wettbewerb nicht nur zusammenpassen, sondern auch zusammengehören. Der Staat oder Institutionen wie Stiftungen definieren bestimmte Messwerte, nach denen das Geld an die Hochschulen vergeben werde. Der

Staat oder andere Institutionen sagen nicht, wie oder wofür Hochschulen und Forschungseinrichtungen genau die Mittel verwenden sollten. Auch wenn die Zielrichtung sicher stets definiert sei, gebe es trotzdem durchaus weiter wissenschaftliche Freiheit. Letztlich sei finanzielle Unterstützung immer nur ein Anreiz oder eine notwendige Subvention, weil beispielsweise Grundlagenforschung zunächst ergebnisoffen sei und sich unternehmerisch nur begrenzt lohne. Zudem sei der Wettbewerb auf allen Ebenen, in Deutschland, in Europa und vor allem global sowieso gegeben. Keine Universität, kein Institut, keine Forscherin, kein Forscher kann sich dem entziehen. Wie in der Wirtschaft hat es auch in der Wissenschaft immer ein Wetteifern um neue Erkenntnisse, revolutionäre Erkenntnisse und Durchbrüche und Vorsprünge bei Erfindungen gegeben. Das abzustreiten wäre auch falsch und weltfremd. Dieses Wetteifern war auch tatsächlich zu einem großen Teil Interessen getrieben. Entweder wollte das Militär profitieren oder Herrscher und Könige oder Unternehmen. Das ist heute nicht anders als vor 100 oder 1000 Jahren. Das Wetteifern war aber auch immer durch intrinsische Motive getrieben, wie Wissensdrang, Experimentierfreude oder Risikobereitschaft. Während die ersten Triebfedern hauptsächlich finanziell zu beeinflussen sind, sind diejenigen der zweiten Kategorie nur durch Bildung und Ausbildung und wie diese stattfindet zu bewegen.

Alte Ideale für die neue Bildungs-Zeit

Am Geld mangelt es momentan eher weniger. Zumindest geben die nationalen Regierungen zusammen mit der Europäischen Zentralbank immer neue und größere Summen für Wirtschaft und auch für Forschung und Entwicklung bekannt. Das ist im Vergleich zu den USA und China jedoch immer noch recht wenig. Des Weiteren steht auch Kapital von privater Seite, seien es Unternehmen oder Investoren, in ordentlichem Ausmaß zur Verfügung. Wir haben aber gesehen, dass die Qualität des deutschen Bildungssystems doch deutlich zu Wünschen übrig lässt und grobe Mängel aufweist.

Neben den bereits beschriebenen Kritikpunkten kommt hinzu, dass die frühen Jahre bildungstechnisch in Deutschland verschlafen werden.

Obwohl sich gerade hier mit Investitionen am meisten erreichen ließe. Investitionen in frühkindliche Bildung zahlen sich in der Folge am meisten für die Gesellschaft aus. Es geht hier nicht darum, die Schule schon in die Kita zu verlagern oder kleine Kinder einem Lern- und Leistungsdrill zu unterwerfen. Doch gerade sprachliche Fähigkeiten oder spielerisches Verstehen von Zusammenhängen oder auch musikalische Bildung können hier ein großes Potenzial entfalten. Für die Gesellschaft – und nicht zuletzt auch und gerade für jede einzelne Person. Das Bildungssystem ist ungerecht und sozial determiniert, wie wir gesehen haben. Nur knapp 15 Prozent der Schulabgänger mit Eltern ohne Abitur erreichen in Deutschland ein abgeschlossenes Hochschulstudium, eine Quote weit unter dem OECD-Durchschnitt (Bundesministerium für Bildung und Forschung (o.J.)). Deutschland hat sich irgendwie im Mittelmaß eingerichtet, nach den Reformen der letzten Jahrtausendwende. In den letzten Jahren geht es sogar wieder bergab. Gemeinsame Standards in Deutschland gibt es kaum und wenn dann werden sie eher weniger ernst genommen. Die Lehrerinnen und Lehrer werden in ihrem Studium faktisch auf Schule des letzten Jahrhunderts hin trainiert und ausgebildet, nicht jedoch auf die eigentlichen Anforderungen und Möglichkeiten des 21. Jahrhunderts. Hardware und Software an den allermeisten Schulen sind ohnehin total veraltet. Die Abschaffung von Schulnoten ist da letztlich sogar konsequent. Wenn es keine klare Bewertungen mehr gibt, dann wird so das offensichtliche Versagen der Bildungspolitik scheinbar elegant verdeckt. Und es fühlt sich für die betroffenen Kinder und Jugendlichen auch noch gut und fair an, denn gerade diese Generation Z kann, wie wir gesehen haben, Wettbewerb und Leistungsanforderungen gar nicht gut haben, fühlt sich von Kritik schnell überfordert und geht Prüfungs- und Entscheidungssituationen am liebsten aus dem Weg. So segelt man mehr oder weniger entspannt durch die Schulzeit bis zum Abschluss. Die Begegnung mit der Realität wird dann aber umso härter, unter Umständen schmerzhafter und desillusionierender.

Politisch wird das alles als Erfolg verkauft. Das Abitur für alle, die es wollen, ist das avisierte Ziel. Ob es alle auch wirklich können, diese Frage wird dagegen nur sehr ungern gestellt. Zwar können sich Landes- und Bundesregierungen mit immer neuen Rekorden bei Abitur und Fachabitur schmücken, doch letztlich findet hier in großen Teilen nur eine

Pseudoakademisierung statt. Und dieser Trend ist nicht neu. Der Pädagoge Georg Picht prägte bereits 1964 mit einer Artikelserie in der Zeitschrift „Christ und Welt" den Ausdruck „Bildungskatastrophe". Die Angst vor dem wirtschaftlichen Abstieg und die Veränderung der Arbeitsmärkte ließ die Zahl der Abiturienten und Studierenden in den folgenden Jahren regelrecht explodieren. Anfang der 1970er-Jahre besuchten weniger als eine halbe Million Deutsche eine Hochschule, Ende der 1990er-Jahre fast zwei Millionen. Heute studieren rund drei Millionen junge Frauen und Männer im Land. Aber die finanziellen Ressourcen hielten nicht Schritt. Das System steckt trotz Reformen faktisch in einer Krise. Dazu kommen noch genaue Vorgaben, Regelungen und Stellenpläne, die Freiheiten in Lehre und Forschung immer weiter einschränkten und das Niveau immer weiter absenken.

Das führt zur Situation einer sogenannten „Elitenüberproduktion", die wir im vergangenen Kapitel bereits gesehen haben und die im kommenden Kapitel noch einmal auftauchen wird. Es bedeutet ein faktisch zu hohes Angebot von offiziell akademisch qualifizierten Menschen auf den Arbeitsmärkten. Dieses Gefahr wird einerseits durch die demografische Entwicklung entschärft, gleichzeitig aber durch den vermehrten Einsatz von KI und Automatisierung auch wieder verschärft. Es bedeutet aber auch, dass die Bezeichnung „Elite" zunehmend entleert wird und die ehemaligen Insignien einer Elite an Bedeutung und Qualität verlieren. Anders ausgedrückt: Ist es noch elitär einen Hochschulabschluss vorweisen zu können, wenn fast alle anderen auf dem relevanten Arbeitsmarkt das auch können? Wenn eher Masse statt Klasse die Bildung und Qualifizierung bestimmt, dann entsteht eine neue Spreizung des Bildungsmarktes in sogenannte Eliteunis und „den Rest".

Bemerkenswert ist hier, dass gerade diese Elitehochschulen extrem harte Auswahl- und Bewertungsstandards an ihre Studentinnen und Studenten anlegen. Sie verfolgen eine gegenteilige Strategie und Praxis, wie die Schulen und die großen, meist staatlichen „Anstalten" für Bildung und Wissenschaft. Klare Anforderungen und klare Leistungsspiegelung sind letztlich die akzeptierten und gewünschten Kriterien für gute Bildung, akademische Qualität und Leistung und stehen eben für „Elite". Wären sie nicht gewünscht und akzeptiert, würden diejenigen die es können sicherlich nicht mehrere zehntausend oder hunderttausende Dollar,

Pfund oder Euro dafür ausgeben und sich nicht selten sogar dafür verschulden. Natürlich können große Universitäten nicht einfach die globalen Spitzenreiter kopieren. Anforderungen, Leistungsstandards und die Gestaltung des Bildungskanons sind aber in erster Linie auch gar keine finanziellen Fragen.

Gleiches gilt für den klassischen Bildungskanon in den Schulen, sowie für das alte Humboldtsche oder Helmholtzsche Bildungsideal in den Hochschulen und Universitäten (vgl. Daston o.J.). Helmholtz skizzierte eine Vision, die schon ziemlich weit entfernt war von der libertas scholastica der mittelalterlichen Universitäten, die aber in wichtigen Punkten auch von den Auffassungen von akademischer Freiheit im späten 20. und frühen 21. Jahrhundert abweicht. Die libertas scholastica legte in erster Linie rechtliche Privilegien für die Angehörigen der Universität fest, sowohl für Studierende als auch für Lehrende. So das Recht, vor Sondergerichten zu prozessieren, akademische Auseinandersetzungen zu entscheiden, frei von einer Universität zur nächsten zu wechseln, an Sonn- und Feiertagen zu arbeiten und sogar laute Nachbarn zum Wegziehen zu zwingen, wenn sie Ruhe und Frieden eines Professors störten. Die heutige Auffassung von akademischer Freiheit konzentriert sich fast ausschließlich auf das Recht der Professoren, zu lehren und zu forschen, was immer sie für notwendig halten, um den Erkenntnisgewinn zu fördern, auch kontroverse Themen, und sie befasst sich selten mit den Rechten der Studierenden. Im Gegensatz dazu hat Helmholtz die Freiheit von Studenten und Dozenten in fast gleichem Maße bekräftigt. Es ging ihm um die Lern- ebenso wie die Lehrfreiheit. Abgesehen von dem Fall, dass Studenten eine Karriere in einem bestimmten Bereich wie Recht oder Medizin anstrebten und daher bestimmten Anforderungen genügen und offizielle Prüfungen ablegen mussten, war es ihnen prinzipiell freigestellt, die Vorlesungen zu besuchen, die ihnen zusagten – oder auch nicht. Helmholtz: „Ja es bleibt den Studierenden die Möglichkeit offen, daneben einen beliebig grossen Theil ihrer Belehrung in Büchern zu suchen; es ist sogar höchst wünschenswert, dass die Werke der grossen Männer vergangener Zeit einen wesentlichen Theil des Studium ausmachen." Es war diese dauernde Übung, dieses sich Bemühen (Studieren) in Selbstverantwortlichkeit, welches Helmholtz als einen der größten Erträge der Universität für die Gesellschaft hervorhob. Studenten, die eine solche

Charakterprüfung bestanden hatten, würden in der Lage sein, selbst zu denken.

Auch wenn Helmholtz mit dem Blick auf Deutschland formulierte, ist es nicht zuletzt ein typisch europäischer Ansatz für Bildung und Forschung, mit kulturellen Ausprägungen in Großbritannien oder Italien oder anderswo und selbst und den USA. Als reine Lehre kann diese historische Beschreibung nicht ins heute transferiert werden. Dennoch hat dieser Ansatz auch und gerade heute Potenzial. Deutschland und Europa können langfristig nicht mit den USA, China oder auch Indien konkurrieren, wenn es um Finanzkraft, Masse und reine Geschwindigkeit geht. Der europäische Weg in der Bildung ist langsamer, er ist ausufernder und universeller. Das kann gerade ihn einer globalen und digitalen Welt durchaus wie ein Nachteil aussehen. Der europäische Weg ist aber auch flexibler, unvorhersehbarer und vielfältiger. Genau das ist wiederum eine sehr gute Voraussetzung für Innovationen, für das Erfinden und für das passende Adaptieren von Neuem an Bedürfnisse von Nutzern und an sich ändernde Umfelder. Der schnellste mag als erstes da sein, Gewinner wird aber der sein, der die am besten passende Antwort auf Probleme hat und sie am elegantesten und unauffälligsten und bequemsten lösen kann. Das werden wir im kommenden Kapitel zur digitalen Wirtschaft und zu ihren Erfolgsregeln noch genauer sehen.

Es muss zudem nicht nur danach gefragt werden, was Bildung befördert, sondern auch danach, was Bildung verhindert. Zeitgemäße Bildung, so beschrieb es schon Friedrich Nietzsche, umfasst auch die Kenntnis der bürgerlichen Lebensform mit ihren Standards und Umgangselementen (Jegoudez 2021). In einer schnellen Zeit kann Bildung auch schnell zur reinen Ware werden, die für bestimmte Laufbahnen und Karrieren und für erhofftes persönliches Glück genutzt wird. Bildung hingegen müsse, so Nietzsche, in der eigenen Erfahrung wurzeln und dürfe nicht als bloßes Informationswissen tradiert werden. Nietzsches Kritik der Bildung richtet sich gegen den Anspruch zeitgemäßer Bildung, die sich bei genauem Hinsehen als dekadente Bildung entlarvt, weil es ihr nicht um die Bildung der Menschen, sondern um ihre Nutzbarmachung gehe, und zwar in den Bereichen der Politik, der Ökonomie und der Wissenschaft. Bildung bezogen auf soziale Verhältnisse, bedeutet die Überwindung von Fremdbestimmung durch vorgegebene Autoritäten oder durch illegitime Herrschaftsstrukturen. Bildung zielt auch in dieser Dimension auf möglichst weitreichende Selbstbestimmung des Individuums. Diese Überlegungen sind erstaunlich aktuell. Vor dem Hintergrund des verbreiteten Gefühls gerade in der durchaus gut gebildeten Mittelschicht, immer mehr zur Passivität und Fremdbestimmung verdammt zu sein und abgehängt zu werden. Ebenso auch vor dem Hintergrund eines stärker werdenden Überwachsungskapitalismus und einer neuen digitalen Feudalisierung, die wir im kommenden Kapitel kennenlernen werden und die ebenfalls, wie die Namen schon sagen, Menschen lenken, leiten und vorausberechnen und die Selbstbestimmung untergraben und zerstören können. Es hat auch zu tun mit einem zunehmenden Verlust an Kontrolle und Selbstbestimmung durch Künstliche Intelligenz und autonome Systeme, die den Menschen in vielen Bereichen überflüssig machen können und ihn im Extremfall ihrer neuen Autorität zu unterwerfen drohen, weil so erst optimale Zustände erreicht werden können. Klassische Bildung wie von Nietzsche gefordert und von Humboldt oder Helmholtz beschrieben ist darum, neben den notwendigen technischen und digitalen Kompetenzen, die entscheidende Grundlage für wirtschaftlichen und sozialen Erfolg und persönliche Freiheit gleichermaßen. Diese Überzeugung gewinnt auch unter Studenten selbst immer mehr Resonanz – wahrscheinlich sogar, ohne dass die jungen Frauen und Männer sich bewusst aufgrund von Humboldt, Helmholtz und Nietzsche auf die „alten Tugenden" besinnen. (Henkel 2020) Unter der Bezeichnung „dark academia" zelebrieren Studenten in den sozialen Netzwerken und in ihrem Alltag den Stil des Lernens und Studierens wie zu Humboldts Zeiten, propagieren und bekennen sich zu den genannten Idealen der Bildung von Nietzsche & Co., drücken das in Verhalten, Kleidung und Sprache aus und verbinden diese alles als „digital Natives" mit den Kommunikations- und Dialogmöglichkeiten der Internet-Postmoderne.

Der Allgegenwart des Redens über „Bildung" zum Trotz, befindet sich derzeit eine umfassend verstandene, das heißt hier, den aufklärerisch-humanistischen Leitkategorien individueller Selbsterkenntnis und Selbstentfaltung, Mündigkeit und Autonomie, Emanzipation und Selbstbestimmung verpflichtete Sicht auf Bildung in der Defensive. So beschreibt es beispielsweise Bernd Lederer in seinem umfassenden Werk

„Kompetenz oder Bildung" (Lederer 2014). Vielmehr werde „Bildung"
im heute vorherrschenden gesellschaftspolitischen Diskurs überwiegend
gemäß ökonomistisch instrumenteller Imperative im Sinne des Leitziels
individueller Employability, verstanden als marktkompatibles Disposi-
tionenbündel zum Zwecke der Selbstverwertung als „Arbeitskraftunter-
nehmer" verstanden. Hier sei eben auch viel eher der Kompetenzbegriff
für dergleichen zweckfunktionale Verständnishorizonte geeignet. Grundlage ist ein sehr klassisches Bildungsbegriffsverständnis welches sich,
gründend   auf   aufklärerischen,   humanistischen,   kritisch-eman-
zipatorischen und nicht zuletzt humanökologischen Grundsätzen, dem
Primärziel emanzipierter, selbstzweckhafter Persönlichkeitsbildung verpflichtet weiß. Ein solches Konzept von „Bildung" erweise sich als robust
gegenüber allerlei Veränderungen und Zwängen. Die deutliche Tendenz
einer zunehmenden Ausrichtung von Inhalten, Zielen und Praktiken von
Bildung entlang verwertungsbezogener Kriterien wie Effizienz und Wettbewerbsfähigkeit sowohl auf der Ebene der Institutionen des Bildungssystems als aber auch mit allen Folgen für ein solcherart ökonomisiertes
und kommodifiziertes, entsprechend verkürztes Verständnis von „Bildung", bilde hierbei den umfassend kritisierten gesellschaftspolitischen
und soziokulturellen Kontext. Dabei kann die zentrale Differenzlinie
zwischen „Kompetenz" und „Bildung" vor allem im Unterschied zwischen den Prinzipien „Selbstorganisation", als Leitziel von Kompetenz,
und „Selbstbestimmung", als Leitziel von Bildung identifiziert werden.
Auch das trifft sich mit den oben ausgeführten Überlegungen, dass Bildung in erster Linie Selbstbestimmung und Selbstbewusstsein bedeutet.
Genau darauf kommt es auch an in einer digitalisierten und von Tools,
Algorithmen und optimierenden Systemen bestimmten Welt an. Und
ebenso in einer Welt, in der Europa seinen eigenen Standpunkt, seine
eigene Selbstbestimmung finden und verteidigen muss.

Das beschriebene Bildungsideal der bürgerlichen Gesellschaft steht
heute in weiten Teilen im Widerspruch zur Bildungspraxis. Halbbildung
gibt vielmehr den Ton an. Bedingt durch die Schwachstellen im Bildungswesen und verstärkt durch die Funktionsweise und Logiken digitaler
Kommunikation. Der „Halbgebildete" hat schnell eine Meinung, weiß
immer schon alles, verfügt dabei aber kaum oder überhaupt nicht über

relevante Erfahrung und auch nicht über Reflexionsvermögen. So geht kritisches Potenzial verloren. Der Halbgebildete kritisiert Autoritäten oder gesellschaftliche Herrschaftsverhältnisse nicht mit dem Ziel eines besseren gemeinschaftlichen Lebens, sondern als Beweis eigener intellektueller Überlegenheit. „Kritik" dient hier in erster Linie der Durchsetzung in der Konkurrenz, nicht ihrer Überwindung. Wenn wir uns dies hier Augen halten, dann klingt das doch sehr nach den Diskussions- und Konfrontationsmustern auf digitalen Kommunikationsplattformen in und zwischen den berühmten „Blasen" oder in der analogen und digitalen Gesellschaft zwischen identitären Gruppen jeglicher Couleur.

Bildung als Schlüssel zu allem zu bezeichnen, ist sicher mittlerweile etwas abgedroschen und so absolut auch nicht richtig. Klar ist aber, dass Bildung, Halbbildung, falsche Praktiken oder überhaupt keine Bildung nicht ohne Folgen in vielen Bereichen bleiben können. Im Negativen wie im Positiven.

So formieren sich auch mehr und mehr Gegenbewegungen an Universitäten und Hochschulen gegen die Trends Internationalisierung, Wettbewerb und Verschulung. Es herrscht eine neue und immer offener artikulierte Sehnsucht nach und großes Lob für das klassische deutsche und europäische universalistische Bildungsideal mit mehr Vertiefung in akademischen Fragen, freie Forschung und weniger Vermarktung. Wir können nicht mehr in das letzte oder vorletzte Jahrhundert zurück. Es wäre auch weltfremd und gefährlich, sich in eine romantische akademische Welt zu träumen, die es nicht gibt. Doch kann es uns nur nach vorne bringen, wenn wir uns auf durchaus alte und gleichsam bewährte Prinzipien auch einmal wieder zurückbesinnen. Wir brauchen keine Büchervorleser in Talaren zurück. Bücher können gerne von anderen Tools und Möglichkeiten digitaler Bildung ergänzt oder sogar in Teilen abgelöst werden. Und einen Talar trägt heute auch keiner mehr; vielleicht noch als Kostüm für das Abschlussfoto. Doch vielleicht ist es nicht alles Muff von tausend Jahren gewesen, was sich mit den Talaren verband. Der Bildungsgeist von Humboldt und die Bildungsidee von Helmholtz verbunden mit den exponentiellen Möglichkeiten digitaler Technologien, das sind die (nur scheinbaren) Gegensätze die sich anziehen, die unterschiedlichen Pole, die Energie und Bewegung erzeugen, die Ingredienzen für einen eigenen europäischen Weg zu Wissen und Fortschritt. Wenn die Grundlagen stabil, resilient und nachhaltig sind, dann lässt sich vieles Neues darauf errichten.

Digitales Lernen und technische Kompetenzen

Genau das gilt auch für das Lebenslange Lernen. Vor zwei, drei Jahrzehnten noch eher ein avantgardistisches Schlagwort, heute pure Notwendigkeit. Nur wer die Grundfertigkeiten richtig lernt, kann dann auch immer weiter lernen.

Es gibt hier mehrere Formen des lebenslangen Lernens. Die formale Bildung findet im nationalen Bildungssystem statt, das aus Schule, Berufsbildung und Tertiärbildung besteht. Die erzielbaren Zertifikate sind im jeweiligen nationalen Qualifikationsrahmen verortet, es sind die regulären Bildungsgänge. Die Bildungsgänge sind hierarchisch strukturiert und müssen eine Mindestdauer von sechs Monaten haben. Neben den Schulen, dem dualen System der Berufsausbildung und den Hochschulen zählt auch die abschlussbezogene Fortbildung, zum Beispiel zum Meister oder zur Technikerin zur formalen Bildung. Die non-formale Bildung beinhaltet Lernaktivitäten außerhalb des formalen Bildungssystems. Diese strukturierte Lern-Aktivität führt entweder zu keinem Zertifikat oder zu einem, das nicht im Nationalen Qualitätsrahmen verortet ist. Dazu gehören alle Aktivitäten im Rahmen einer Lehr-Lern-Beziehung, also Kurse, Seminare, Konferenzen, Fernstudien, Privatunterricht. Auch vorausgeplantes Training und Schulungen am Arbeitsplatz gehören dazu. Das informelle Lernen umfasst sämtliche Aktivitäten, die explizit einem Lernziel dienen, aber weniger strukturiert sind. Zum informellen Lernen gehören zum einen Lernaktivitäten außerhalb von Lehr- und Lernsettings, zum anderen auch nicht vorab geplante Lernaktivitäten mit einem Coach, mit Expertinnen und Experten. Das kann zum Beispiel eine spontane Anleitung durch Kolleginnen und Kollegen bei akuten Problemen am Arbeitsplatz sein. Informelles Lernen kann fast überall stattfinden, in der Familie, mit Freunden oder am Arbeitsplatz. Neben der formalen und non-formalen Bildung spielt auch das informelle Lernen im Erwachsenenalter eine wichtige Rolle im lebenslangen Lernen. Für ein Gesamtbild des lebenslangen Lernens in allen

Kontexten ist es nicht ausreichend, nur die Beteiligung an non-formaler Bildung zu berücksichtigen. Bei Einbeziehung aller Lernformen wird der Anteil der Erwachsenen, die am lebenslangen Lernen beteiligt sind, deutlich größer.

Im europäischen Ranking von Eurostat liegt Deutschland beim lebenslangen Lernen auf Platz 15, ganz vorne sind Dänemark, Schweden, Finnland, Frankreich und die Niederlande (Eurostat (o.J.)). Weiterbildung und lebenslanges Lernen wird in Deutschland vergleichsweise eher übersichtlich genutzt. Im Schnitt sind es in den letzten Jahren nach Studien der Bertelsmann Stiftung nur rund 12 Prozent der arbeitenden Bevölkerung, die an irgendeiner Art der Weiterbildung teilnehmen. Laut Eurostat sind es sogar nur rund acht Prozent. Vor allem schlecht ausgebildete Menschen nehmen besonders wenig Weiterbildungsmöglichkeiten in Anspruch. In Skandinavien dagegen liegt der Anteil von aktiv und kontinuierlich Lernenden zwischen 23 und 28 Prozent, im EU Durchschnitt 11 Prozent.

Lebenslanges Lernen und das Erwerben von Wissen, Kompetenzen und Qualifikationen hat Einfluss auf den Verdienst. Einkommensdaten deuten auf ein sich vergrößerndes Gefälle zwischen Personen hin, die über einen bestimmten Bildungsstand verfügen, und solchen, bei denen das nicht der Fall ist. In den OECD-Ländern verdienen Erwachsene mit Tertiärabschluss im Durchschnitt rund 70 Prozent mehr als diejenigen ohne Abschluss des Sekundarbereichs II. Kompetenzunterschiede beeinflussen ebenfalls das Verdienstniveau, selbst bei Personen mit gleichem Bildungsstand. Im Durchschnitt verdient ein Erwachsener mit Tertiärabschluss, der die höchste Kompetenzstufe im Bereich Lesekompetenz erreicht, rund 45 Prozent mehr als ein Erwachsener mit ähnlichem Bildungsstand, dessen Leistungen im Bereich Lesekompetenz der untersten Kompetenzstufe entsprechen. Lebenslanges Lernen kann also diese Spaltungen in der Gesellschaft noch mehr verstärken. Die ohnehin schon gut Ausgebildeten können ihren Vorsprung noch weiter ausbauen. Das sind genau diejenigen, die in Deutschland aber meistens gerade schon aus einem „akademischen" Elternhaus kommen.

Eine besondere Rolle für Lebenslanges Lernen spielen Universitäten, Hochschulen und nicht staatliche Bildungsanbieter. Um international anschlussfähig zu werden, ist es nicht hinreichend, lebenslanges Lernen lediglich im Profil einzelner Hochschulen zu verankern, wie in einigen bildungspolitischen Empfehlungen zu lesen ist. Vor dem Hintergrund einer alternden Gesellschaft sind sämtliche Hochschulen in der Verantwortung, die gesellschaftlichen Potenziale in einem auf Durchlässigkeit angelegten Bildungssystem zu erschließen. Lebenslanges Lernen geht insofern alle Hochschulen an und muss das gesamte Hochschulsystem durchdringen. Werden diese Herausforderungen von öffentlichen Hochschulen nicht angenommen, dann werden die privaten Hochschulen hier den Markt für sich akquirieren können. Eine Differenzierung des Hochschulsystems in öffentliche Hochschulen, die die akademische Erstausbildung und private Hochschulen, die das lebenslange Lernen verantworten, kann dann jedoch Folgen für das gesamte Hochschulsystem haben, die heute noch nicht absehbar sind.

Was dagegen schon lange absehbar und klar zu erkennen war, ist die Tatsache, dass Jahre und Jahrzehnte verschenkt worden sind mit Strukturdiskussionen und Spezialfragen. Das deutsche Bildungssystem ist bisher nicht wirklich und konsequent auf die eigentlichen Herausforderungen und Trends einer digitalen Wirtschaft und Gesellschaft eingegangen und hat die Herausforderungen für sich und für Schülerinnen und Schüler, für Studentinnen und Studenten nicht angenommen. So wie in der gesamten öffentlichen Verwaltung auch.

Deutschland landet bei der Digitalisierung der Bildung und beim Lebenslangen Lernen auf dem letzten Platz in der gesamten Europäischen Union. Das ergab eine Sonderauswertung der Pisa-Studie 2018 mit dem Titel Index of Readiness for Digital Lifelong Learning von Ende 2019 (OECD: PISA). Speziell, was das Digitale angeht, ist Deutschland innerhalb der OECD praktisch ein Entwicklungsland. Was die Verfügbarkeit von effektiven Onlinelernplattformen angeht, erreichte Deutschland von allen 78 teilnehmenden Ländern der OECD nur Platz 66. Während in Ländern wie Singapur, den chinesischen Provinzen Peking, Shanghai, Jiangsu und Zhejiang oder auch in Dänemark mehr als 90 Prozent der Schulen über moderne Onlinelernplattformen verfügen, ist es in Deutschland nur ein Drittel. Das ist deutlich unter dem OECD-Mittel von 54 Prozent. Im Europäischen Vergleich liegt Deutschland ganz hinten, zusammen mit Italien, Griechenland und Rumänien. Vorne liegen dagegen Estland, die Niederlande, Finnland und Luxemburg.

Das schlechte Abschneiden hat nicht nur mit der miserablen Ausstattung bei Hard- und Software zu tun, sondern auch und gerade mit der Ausbildung der Lehrerinnen und Lehrer. Hier landete Deutschland im OECD Vergleich auf Platz 76 von 78. Im europäischen Vergleich dagegen „nur" Vorletzter vor Ungarn. Weniger als die Hälfte der Schulleiter in Deutschland halten ihre Lehrkräfte für technisch und pädagogisch kompetent, um neue Technologien sinnvoll in das Unterrichtsgeschehen zu integrieren.

Dabei gibt es gerade hier eine Vielzahl an Möglichkeiten und Chancen digitaler Bildung, beispielsweise mit individualisierten Bildungsplänen und Lernhistorien auf Basis von Data Science und KI. Intelligente digitale Lernsysteme könnten Schülern nicht nur Wissen vermitteln, sondern auch gleichzeitig beobachten, wie Schüler unterschiedlich lernen, welche Aufgaben sie interessieren und welche Probleme sie langweilig oder schwierig finden – und die Lernerfahrung dann mit großer Präzision an persönliche Lernstile anpassen. Dafür müssen aber Infrastruktur, Geräteausstattung und passende Formate auch allen Schulen und Schülern prinzipiell zur Verfügung stehen. Nicht nur aus reinen Lern- und Wissensüberlegungen. Ergebnisse verschiedener Studien deuten darauf hin, dass die digitale Technologie soziale Benachteiligung eher verschärft als abschwächt. Heißt also, dass diejenigen die sich digitale Bildung leisten können, einen Wissens- und Kompetenzvorsprung vor den anderen haben. Schulen können hier für gleiche Chancen sorgen, das zeigen die Länder in Europa, die digitale Bildung besser verstanden und umgesetzt haben als Deutschland.

Neben der Ausstattung zählen dabei aber natürlich die richtigen Inhalte genauso. In einer von KI geprägten Welt werden Kenntnisse über Künstliche Intelligenz immer mehr zu einer notwendigen Schlüsselkompetenz für die Teilhabe in allen gesellschaftlichen Bereichen. Der Umgang mit und die Gestaltung von KI werden für ein selbstständiges Leben in der Welt von morgen an Bedeutung gewinnen. Das deutsche Bildungssystem wird in Bezug auf die Anforderungen einer von KI beeinflussten Lebens- und Arbeitswelt vor die Herausforderung gestellt, die Menschen so gut wie möglich darauf vorzubereiten, mit transformierten Arbeits-, Organisations- und Kommunikationsprozessen umzugehen. Das Bildungssystem muss so gestaltet werden, dass es möglichst flexibel und dynamisch auf durch KI getriebene Entwicklungen reagieren kann und ein fundiertes Basiswissen vermittelt, das dazu befähigt, selbstständig weiter zu lernen und sich neue Dinge anzueignen. Es geht also um genau das, was wir weiter oben bereits ausgeführt und hergeleitet hatten. Die Aus- und Weiterbildung betrifft alle Bildungsbereiche: Vorschule, Schule, Berufs(fach)schulen, (Ausbildungs-) Berufe, Hochschulen, aber auch die inner- und außerbetriebliche Weiterbildung sowie die Erwachsenenbildung. Weiterhin sollten Menschen unabhängig von den jeweiligen Berufen in die Lage versetzt werden, grundlegende Informationen und Kenntnisse über KI zu erlangen. Dies kann beispielsweise durch eine Lernplattform geschehen, in der Grundkenntnisse zu KI, deren Funktionsweise, Informationen über Anwendungsfälle usw. vermittelt werden, aber auch über die Risiken von KI und Möglichkeiten zu deren Vermeidung aufgeklärt wird. Es geht hier um Lernen über KI, das sich auf die Aus- und Weiterbildung zu technischen Fähigkeiten, aber auch zu Anwendungen und Soft Skills im Zusammenhang mit KI bezieht. Und es geht genauso um Lernen mit KI, das sich auf die Unterstützung und die Analyse von Lernen durch KI-Lösungen bezieht. Damit Menschen sich eine fundierte und differenzierte Meinung über die Chancen und Risiken von KI bilden können, ist ein grundlegendes Verständnis der Funktionsweise von KI-Systemen und der Methoden, mit denen sie entwickelt werden, wichtig. Die Behandlung von KI als fächerübergreifendes Thema in Schule, Studium und beruflicher Aus- und Weiterbildung ist notwendig, um ein generelles Verständnis für Maschinelles Lernen und weitere methodische Grundlagen, wie Planungsalgorithmen, Voraussagen und Empfehlungen oder Sprach- und Bildverarbeitung, zu vermitteln. Dabei ist wichtig, dass auch Einblicke in mögliche Herausforderungen des Maschinellen Lernens und der dazu notwendigen Datengrundlage gegeben werden. Lernen ist und bleibt ein sozialer Prozess. Das bedeutet, maßgeblich für den Lernerfolg sind die Kommunikation und der Austausch zwischen Lehrenden und Lernenden. Hier muss erst noch erforscht werden, inwieweit und durch welchen Einsatz KI-Systeme positiven Einfluss auf den Lernerfolg nehmen können. Was wir bereits wissen, ist dass Mechanismen und Maßnahmen von KI außerdem in der gesamten Bildungskette dabei unterstützen können, komplexe Sachverhalte besser zu durchdringen. KI kann beispielsweise gezielt zur individuellen Förderung und zur Unterstützung lebenslangen Lernens eingesetzt werden und ist deshalb in diesem Kontext durchaus sehr sinnvoll.

Gerade jetzt, in dieser Zeit der technologischen, wirtschaftlichen und auch sozialen Umbrüche ist es wichtig, jungen Menschen 1. Technologische Kompetenzen und Verständnis beizubringen und 2. Ihre Persönlichkeit und Selbstvertrauen bilden zu lassen. Das geht aber nur mit klaren und auch harten Anforderungen, die gleichzeitig die Eigenverantwortung fördern und fordern. Nur so können Leistungen entstehen und sich Erfolgserlebnisse überhaupt erst einstellen. Denn auch im gesellschaftlichen Rahmen gilt, dass Bildung und Kompetenz ihrer Einwohner die Grundlage bilden für die wirtschaftliche und technische Entwicklung jeder Nation oder Region und ihres Wohlstands. Kompetenzforscher wie der deutsche Ökonom und Soziologe Gunnar Heinsohn vergleichen in verschiedenen Studien und Erhebungen die gesamte Menschheit und finden dabei drei Räume mit teils bestürzenden Leistungsunterschieden. Die besten Schüler finden sich – erster Raum – unter den 1,75 Milliarden Einwohnern Ostasiens (China, Japan, Korea, Vietnam). Das Mittelmaß stellt – zweiter Raum – die europäische Welt mit 1,15 Milliarden Menschen in Nordamerika, Europa, Russland, Israel und Ozeanien dar. Unter den übrigen 4,7 Milliarden – der dritte und größte Raum - gibt es zwar mehr Kinder, aber die schlechtesten Schüler. Jenseits ihres demografischen Drucks kommen diese Abgeschlagenen auch deshalb in Bewegung, weil sie nicht nur einfach hinten liegen, sondern weiter abrutschen. Mit anderen Worten: Zwei Drittel der Menschheit werden unten bleiben, weil in ihren Ländern die Expertise für den Aufbau von High-Tech-Branchen fehlt, ohne die es – jenseits von Rohstoffen - keinen Zugang zu den Weltmärkten gibt. Die Förderung von Qualifikationen und Kompetenzen wie auch eine kluge Einwanderungspolitik gehören deshalb zu den dringlichsten Aufgaben der Politik, wenn sie das Wohlstandsniveau ihrer Nationen nicht gefährden wollen. Nur wenn die Kinder des zweiten und auch des dritten Raums zu den Musterschülern Ostasiens aufschließen, haben sie eine Chance zum Verbleib im Spitzensegment oder eine Chance, diesem zumindest näher zu kommen. Ein Kopieren oder Nachmachen der asiatischen Methoden ist dabei weder kulturell einfach so möglich, noch ist es mit Blick auf europäische oder westliche Werte wie Kindesentfaltung und freiheitliche Erziehung wünschenswert. Auch hier stoßen wir wieder auf die Möglichkeit und die Notwendigkeit eines europäischen Ansatzes aus der eigenen Geschichte, den eigenen Erfahrungen und den eigenen Stärken heraus.

Der Transfer entscheidet über Erfolg

Die Erfahrungen der letzten Jahrzehnte und sogar Jahrhunderte zeigen, dass besonders der Transfer von der Wissenschaft in die wirtschaftliche Praxis ein entscheidender Faktor für Fortschritt, Wohlstand und nachhaltige Stabilität in Wirtschaft und Gesellschaft ist (vgl. Friesike und Scheliga 2014). An vielen Stellen in Deutschland und in Europa funktioniert das durchaus gut und sogar sehr gut. Im Allgemeinen allerdings noch nicht gut genug. Möglichkeiten und Potenziale, die bereits da sind, werden nicht genutzt. Gründe dafür sind knappe Ressourcen, keine ausreichende Koordination der Forschung, genauso auch mangelnde Offenheit der Unternehmen zu Kooperationen und zunehmend auch Beschränkungen aus ideologischen Gründen. Unternehmen geben als Gründe für mangelnden Transfer und mangelnde Kooperationen meistens an, Forschung sei zu wenig an den für die Unternehmen wichtigen Fragen interessiert. Der Wunsch nach einer größeren Praxisorientierung ist da – allerdings können die Unternehmen nur selten Bedarfe an Forschung definieren, die über den aktuellen Bedarf für das laufende Geschäft hinausgehen. Solche Überlegungen gehören ja auch nicht zu den Kernaufgaben von Unternehmen. Wenn die Unternehmen noch dazu keine Großkonzerne sind, sondern Mittelständler oder kleinere Unternehmen, fehlen ihnen auch schlicht die Kapazitäten dafür. Input und Inspiration kann und muss dann also aus der Wissenschaft selbst kommen. Dazu muss die Aufbereitung der Ergebnisse mit dem Ziel eines gelingenden Transfers möglichst praxisorientiert dargestellt werden, durch beispielsweise übersichtliche und verständliche Darstellungen oder die Herstellung direkter Bezüge zu Praxisbeispielen. Wenn Unternehmen Forschungen in einer Form und Sprache kennenlernen können, die sich an sie richtet, dann finden sie auch eher Anknüpfungspunkte für das eigene Geschäft. Rund zwei Drittel der Unternehmen in Deutschland und Europa nehmen Beratung durch Wissenschaftlerinnen und Wissenschaftler in Anspruch, die jedoch nur in sehr wenigen Fällen direkt genutzt und umgesetzt wird. Korrespondierend damit empfinden Unternehmen die Möglichkeit von direkten Ansprechpartnerinnen und Ansprechpartnern der Wissenschaft für Rückfragen oder Beratungsbedarfe als hilfreich, aber eher als Beitrag zum Meinungsbildungsprozess, weniger für das aktive Management. Hier ergibt sich aber ein Anknüpfungspunkt für einen zukünftigen Ausbau von Beratungsangeboten seitens der Wissenschaft für die Praxis, den der Bedarf wird bei immer schnelleren technischen Entwicklungen und kürzeren Markt- und Produktzyklen eher höher als geringer ausfallen. Da aufseiten der Wissenschaftlerinnen und Wissenschaftler die für Wissenstransfer und Beratung der Praxis erforderliche Zeit häufig in Konkurrenz zu den wissenschaftlich orientierten Arbeiten steht, taucht hier die Herausforderung auf, Lösungen für die Bereitstellung von Ressourcen für nachhaltige Beratungsstrukturen zu entwickeln.

Eine weitere entscheidende Stellschraube ist die verbesserte Förderung der Infrastruktur und Kooperation von Wirtschaft und Wissenschaft in Deutschland insbesondere im Digitalen Bereich, was momentan klar zu wünschen übrig lässt. Obwohl Deutschland in den Bereichen Technologie und Technik weltweit immer noch recht führend ist, hinkt es anderen fortgeschrittenen Volkswirtschaften bei der digitalen Transformation hinterher. Und das zu einer Zeit, in der sich der Bedarf an einer qualitativ hochwertigen und zuverlässigen digitalen Konnektivität ständig erhöht. Die durchschnittliche mobile Datennutzung und die Verbindungsgeschwindigkeiten sind niedrig, und die ungleiche Verfügbarkeit von Hochgeschwindigkeitsinternet hat in Deutschland eine digitale Kluft zwischen Stadt und Land geschaffen. Viele kleine und mittlere Unternehmen hinken bei der Nutzung digitaler Technologien, wie zum Beispiel Cloud Computing, hinterher, die für Innovation und Produktivität entscheidend sind. Nur ein kleiner Prozentsatz der jungen Menschen hat Programmierkenntnisse, wie wir gesehen haben, wobei der Anteil bei Mädchen und Frauen noch geringer ist. Eine Verbesserung des Wettbewerbs unter den Internetanbietern und eine Vereinfachung der administrativen Prozesse für den Netzausbau würden helfen, die digitale Konnektivität zu verbessern. Kleine und Mittlere Unternehmen können einen besseren Zugang zu finanzieller Unterstützung erhalten, einschließlich steuerlicher Anreize für Forschung und Entwicklung, um ihnen die Einführung fortschrittlicher Technologien und die Umsetzung von Forschungsergebnissen im eigenen Geschäft zu erleichtern. Dieser Transfer ist besonders wichtig in Zukunftsbranchen wie der gesamten Digitalwirtschaft, bei autonomen Systemen, in allen Bereichen der Künstlichen Intelligenz und ebenso in den Bereichen Green Tech, Erneuerbare Energien und Nachhaltigkeit. Auch und gerade in diesen Bereichen passiert in der KI Forschung viel und so ergeben sich hier logischerweise auch viele neue praktische Anwendungsszenarien.

Die KI-Forschung ist ein sehr ausgedehntes und vielfältiges Feld, in dem viele verschiedene Disziplinen aufeinandertreffen. Es erstreckt sich von Softwareentwicklung, beispielsweise für eine KI, die Logistikabläufe optimiert, bis hin zur Robotik, die zum Beispiel vielfach bei der industriellen Produktion zum Einsatz kommt. In der Grundlagenforschung kann an neuen Fragen geforscht oder an speziellen Problemen für die Anwendung gearbeitet werden. Beides steht immer in einem engen Austausch und die Grenzen zwischen Grundlagen- und Anwendungsforschung sind oft fließend. Deswegen ist hier der Austausch mit Unternehmen so wichtig und die Darstellung von Ergebnissen und Erkenntnissen der Grundlagenforschung in einer praxisorientierten Sprache und Design. Differenziert man nach Embodied KI und Disembodied KI, ist die Forschungslandschaft in Deutschland in beiden Bereichen gut aufgestellt. In Deutschland hat die Forschung an Embodied KI Tradition und ist seit Jahrzehnten von Weltrang. Einige der Hauptbereiche sind die Robotik, das autonome Fahren und intelligente Maschinen im Allgemeinen. Für die Robotik gelten viele Universitäten und Forschungsinstitute in Deutschland als Spitzenreiter in der internationalen Forschungsgemeinschaft. Umso erstaunlicher ist es, dass der Transfer in die Praxis an vielen Stellen noch stockt. Das Potenzial ist auf alle Fälle enorm. Autonomes Fahren ist in Deutschland ein weiteres Forschungsgebiet von internationalem Rang, wobei die meisten Forschungsarbeiten in industriellen Einrichtungen durchgeführt werden. Auch Universitäten und Forschungsinstitute haben einen großen Anteil an diesem Gebiet. Im Bereich Disembodied KI ist die Forschung in Deutschland sehr vielfältig. Themen wie Sprachanalyse, Empfehlungssysteme, Maschinelles Lernen und Computer-Vision werden an fast jeder größeren Universität erforscht. Auch außeruniversitäre Forschungsinstitute investieren stark in die theoretische und angewandte Forschung in diesen Bereichen. Differenziert man zwischen Grundlagen- und angewandter Forschung, so verschwimmt insbesondere in Bezug auf KI-Technologien die Grenze zwischen den Forschungsbereichen, die sich zumal wechselseitig stark bedingen, auch weil die technische Entwicklung sehr schnell voranschreitet. Beispielsweise fließen in der Robotik Erkenntnisse aus jahrzehntelanger Grundlagenforschung mit Möglichkeiten des Maschinellen Lernens zusammen und treffen auf ganz eigene Herausforderungen von Robotik und autonomen Maschinen in der physischen Welt. Intelligente Robotik ist daher weder reine Grundlagenforschung noch reine Anwendung, sondern erst in der Verbindung dieser Ansprüche entsteht die sinnvolle Forschungsaufgabe. Entsprechend verhält es sich in anderen Bereichen, wie beispielsweise Bilderkennung und -interpretation, Sprach- und Textverstehen und Mensch-Maschine-Interaktion. Die anwendungsbezogene Forschung findet insbesondere in Forschungsinstituten, die eng mit der Industrie zusammenarbeiten, statt. Zunehmend funktioniert die anwendungsbezogene Forschung und Entwicklung auch über Start-ups, die mit Universitäten arbeiten, aber auch in großen Technologiefirmen. Zum Teil gibt es auch Forschungskooperationen mit „Hidden Champions" im Bereich der kleinen und mittelständischen Unternehmen. Gerade hier git es noch große Möglichkeiten, die bisher noch nicht realisiert werden, um neue Technologien, Produkte und ganze Geschäftsmodelle zu bauen.

Diese neuen Entwicklungen und Innovationen müssen funktionieren, sie brauchen aber auch Abnehmer und Anwender und sie müssen sich lohnen. Das es meistens bei der Grundlagen- und auch bei der Anwendungsforschung über lange Zeit nicht klar ist und erst einmal herausgefunden werden muss, kann und sollte die Gemeinschaft, also der Staat mit seinen finanziellen Mitteln aus Steuern und Einnahmen, hier unterstützen und absichern. Das ist gerechtfertigt, da erwiesen ist, dass die Gewinne aus Innovationen zu einem Vielfachen an die Gesellschaft wieder zurückfließen, wenn sie sich als erfolgreich erweisen. Aufgabe der Politik ist es dann, hier darauf zu achten, dass diese Gewinne auch wirklich zu einem großen Teil der Gesellschaft in verschiedenen Formen wieder zu Gute kommen und nicht bei neuen marktbeherrschenden Konzernen kumuliert werden. Das ist heute jedoch gerade in der digitalen Wirtschaft der Fall, wie wir im kommenden Kapitel noch sehen werden.

Die italienisch-amerikanische Wirtschaftswissenschaftlerin Mariana Mazzucato schreibt dem Staat bei Innovationen eine besonders wichtige Rolle zu (Mazzucato 2018). Mazzucato kritisiert den Ansatz des „Marktversagens", der besagt, dass Innovation im privaten Sektor stattfindet, während der Staat nur die Grundlagenforschung unterstützt, Steuern auf umweltschädliche Firmen erhebt und Infrastrukturprojekte finanziert. Die sogenannte neue Wachstumstheorie bietet eine alternative Sichtweise des technologischen Wandels als endogenes Ergebnis von Forschung und Entwicklung und Investitionen in Humankapital. Mazzucato kritisiert jedoch die dieser Theorie zugrunde liegende lineare Logik und folgt dem österreichischen Ökonomen Joseph Schumpeter, der bereits im letzten Jahrhundert die Bedeutung von Wirtschaftssystemen für die Stimulierung von Innovationen betont. Mazzucato kombiniert die Lehren von Schumpeter und John Maynard Keynes, der eine starke antizyklische Wirtschafts- und Finanzpolitik des Staates propagierte und argumentiert für staatliche Intervention und Investitionen in Innovationssysteme. Besonders die Staaten des Westens mit den entwickelten und technologisierten Volkswirtschaften sollten diese Zentralität anerkennen, weil nur aus erfolgreichen Innovationen das Wachstum und der Wohlstand der Zukunft entstehen kann. Genauso wie Entwicklungsländer erfolgreich planen könnten, um zu westlichen Nationen aufzuschließen, könne auch jeder Staat die Entwicklung von technologischen Lösungen und die Förderung von praktischem Wissen in einem bestimmten Sektor vorantreiben, indem er einfach eine vernetzte Wirtschaft dazu anregt, sich an vielfältigen Innovationen zu beteiligen. Anders als in einer sich entwickelnden Wirtschaft, in der die Technologie bereits anderswo in der Welt verfügbar ist, kennt ein unternehmerischer Staat noch nicht die Details der Innovation, aber er kennt einen allgemeinen Bereich, der reif für die Entwicklung ist, oder in dem eine Überschreitung der Grenzen des Wissens wünschenswert ist. Der Staat habe hier also eine unternehmerische Aufgabe zu erfüllen.

Mazzucato vertritt ihre eigene Sicht auf den unternehmerischen Staat. Sie spricht von einem Mythos des risikofreudigen Risikokapitals und zählt Beispiele auf, in denen die Regierung der Vereinigten Staaten die risikoreichste Grundlagen- und Anwendungsforschung finanziert habe, die oft die bahnbrechenden Innovationen hervorgebracht habe. Risikokapital hingegen würde hauptsächlich investieren in Bereiche mit hohem Wachstumspotenzial, geringer technologischer Komplexität und niedriger Kapitalintensität. Regierungsprogramme wie das Small Business Innovation Research und das Advanced Technology Program im US-Handelsministerium zum Beispiel, hätten 20 bis 25 Prozent der Gesamtfinanzierung für Technologiefirmen im Frühstadium bereitgestellt. Während des Kalten Krieges sei es die US Defense Advanced Research Projects Agency (DARPA) gewesen, die eine entscheidende Rolle bei der Entwicklung der Computerindustrie spielte. Das Gleiche gelte für die Pharma- und Biotech-Industrie. Die Unterstützung der Regierung sei für die radikalsten Innovationen unerlässlich gewesen, während sich private Unternehmen hauptsächlich auf die Entwicklung und Vermarktung konzentrieren. Die US-Regierung sei auch der größte Investor in die National Nanotechnology Initiative, die das Potenzial habe, die wirtschaftliche und militärische Macht der USA erheblich zu stärken.

In Bezug auf Europa argumentiert Mazzucato, dass Forschung und Entwicklung nicht ausreichten, damit Unternehmen erfolgreich sind, und stellt die Wachstumspolitik der Europäischen Union mit der Strategie 2020 in Frage. Das Problem der EU liege vor allem in ihrem schwächeren System der wissenschaftlichen Forschung im Vergleich zu den USA. Die europäischen Staaten sollten daher direkt Forschung in Auftrag geben und ihre Mittel dafür erhöhen. Anstatt die staatlichen Eingriffe zu reduzieren und zu erwarten, dass der private Sektor spontan Innovation und Wettbewerbsfähigkeit aufbauen würde, sollten die Europäische Union und die nationalen Regierungen ihr Engagement erhöhen.

Die entscheidende Frage sei dann, wer die Rendite aus der Risikobereitschaft bei Innovationen erhält. Es werde gemeinhin angenommen, dass der Staat indirekte Erträge aus Innovationen über höhere Steuereinnahmen, die aus dem Wirtschaftswachstum resultieren, realisieren könne. Dieser Mechanismus funktioniere zwar in klassischen industriell geprägten Nationalökonomien des 19. und 20. Jahrhunderts, in Zeiten der digitalen Ökonomie sei aber auf das klassische Steuersystem kein Verlass mehr, da die Globalisierung der Produktion und der Steuervermeidung und -hinterziehung, den Zugriff des Staates auf die Gewinne aus Technologien und digitalen Geschäftsmodellen erschwere oder sogar unmöglich macht. Mazzucato macht Vorschläge, wie der Staat nicht nur einen indirekten, sondern auch einen direkten Ertrag aus seinen riskanten Investitionen erzielen kann. Ihrer Ansicht nach ist das Steuersystem bei dem der Staat indirekt von Innovationen profitiert, indem er Steuereinnahmen durch Wachstum generiert, schlecht gerüstet, um langfristige Innovationen zu unterstützen und die Probleme der Steuervermeidung und Steuerhinterziehung bei globaler Kapitalmobilität in den Griff zu bekommen. Mazzucato schlägt daher vor, die Gleichgewichte von Risiken und Gewinnen zu ändern. Erstens sollte der Staat Lizenzgebühren aus der Anwendung von staatlich finanzierten technologischen Durchbrüchen erhalten und die Erträge aus diesen Lizenzgebühren sollten in einen „nationalen Innovationsfonds" einzahlen. Zweitens sollte der Staat Kredite und Zuschüsse an Bedingungen knüpfen, wie zum Beispiel die Rückzahlung eines Teils der Gewinne, die einen bestimmten Schwellenwert überschreiten und der Staat sollte sich an den Unternehmen, die er unterstützt, beteiligen. Auch sollten Entwicklungsbanken wie die China Development Bank und die brasilianische Entwicklungsbank gegründet und mit finanziellen Mitteln im großen Stil ausgestattet werden. Mazzucato rechnet damit, dass diese Vorschläge als „kommunistisch" kritisiert werden könnten, aber, wie sie betont, handelt es sich keineswegs um Kommunismus, sondern um „reinen und schlichten Kapitalismus."

Während man den Aussagen zustimmen kann, dass der Staat Grundlagen- und auch Anwendungsforschung finanzieren sollte und ebenso, dass die Gewinne aus Forschung und Entwicklung in Form von Steuereinnahmen dem Staat und damit der Gemeinschaft wieder zufließen sollten, kann man die anderen Thesen durchaus in Frage stellen. Befürworter eines „starken Staates" werden das nicht tun, sondern sich nur auf die neue „unternehmerische Rolle" des Staates fixieren. Dabei ist doch fraglich, ob es wirklich „der Staat" ist, der für Innovationen sorgt. Es sind letztlich doch immer die Menschen, die frei forschen und neue Lösungen finden. Innovation entstehen nicht durch Verwaltungsakte oder Gremienbeschlüsse. Umso wichtiger ist die Befähigung jeder einzelnen Person, wie wir sie weiter vorne in diesem Kapitel beschrieben haben. Auch müssen wir kritisch hinterfragen, ob ein Staat wirklich wissend und unternehmerisch handeln und investieren kann? Die großen Defizite und deutlichen Misserfolge bei den großen Themen der Zeit wie der Energiewende, in der Klimapolitik, genauso wie in der Bildung und auch im Umgang mit digitalen Monopolisten, lassen da doch sehr große Zweifel aufkommen. Auch und gerade der Umgang mit der Corona-Pandemie und ihren Folgen zeigt in Deutschland und Europa, dass es der Staat ganz offensichtlich nicht besser kann, als Unternehmen und vor allem die Bürgerinnen und Bürger selbst.

Außerdem sind Technologien noch lange keine Produkte. Es muss erst ein Bedürfnis oder relevantes Problem gefunden werden, das mit Hilfe der Technologie mit einem Produkt gelöst werden kann. Das können Unternehmen und Start Ups besser als staatliche Institutionen und die staatliche Bürokratie. Doch auch bei den Unternehmen scheitern 7 oder 8 von 10 Ideen und Gründungen. Genau das ist der Schritt, der den Transfer von Wissenschaft zu Wirtschaft ausmacht. Unternehmer gehen an dieser Stelle ein Risiko ein, bis hin zum Totalverlust. Der Staat riskiert auch Verluste durch zunächst ökonomisch unproduktive Forschung. Staaten setzen aber nicht ihre Existenz aufs Spiel, wie es Unternehmen und Unternehmer bei Innovationen – oder dem Verpassen von Innovationen – durchaus dauernd tun. Schauen wir uns an, welche Unternehmen in den vergangenen Jahrzehnten jeweils zu den sogenannten „Blue Chips" gehörten, wer aufstieg und wer abstieg, dann sehen wir hier eine enorme Dynamik. Schumpeter nannte das „kreative Zerstörung". Bei Unternehmen und auf Märkten wirkt sie nachweislich und offensichtlich, hauptsächlich getrieben durch neue Technologien. Auch bei Staaten gibt es im globalen Maßstab Aufs und Abs, was Macht, Einfluss und Wohlstand anbelangt. Wir werden das besonders im Kapitel über Europa und die digitalisierte Welt noch genauer betrachten. Jedoch ist noch kein Staat wegen technischer oder wissenschaftlicher Innovationsrisiken bankrott gegangen oder von der Bildfläche verschwunden, wie Unternehmen. Staaten gehen durchaus in den Bankrott. Aber nicht wegen Investitions- und Innovationsrisiken, sondern aus Gründen wie Korruption, Kriegen und inneren Polarisierungen, Ungleichheiten und Machtkämpfen zwischen Interessengruppen.

Staatliche Nachfrage für technische Innovationen vor allem in der Infrastruktur und beim Militär kann jedoch für den notwendigen

Schwung für neue Lösungen am Anfang der Marktdurchdringung sorgen. Schließlich gehört es zu den Kernaufgaben des Staates, eine funktionierende Infrastruktur auf dem aktuellen Stand der Technik zu gewährleisten, Grundlagenforschung zu fördern und die Freiheit der Wissenschaft zu garantieren. Dafür sind jedoch langfristige Strategien in der Administration und Verwaltung von Staaten oder auch der Europäischen Union notwendig. Wir müssen schon wissen, wo wir hinwollen, bevor Geld locker gemacht wird. Dann ist „Geduldiges Kapital" wichtig, also Investitionen, die aus mit einem entsprechend mittel- und langfristigem Horizont getätigt werden. Das ist etwas anderes als die Lieblings- und Hauptbeschäftigung des Umverteilens von Steuerzahlergeld zwischen Interessengruppen. Außerdem muss eine Regierung eine Vision haben, eine klare Mission für ihre Innovationspolitik formulieren. Auch das ist etwas anderes als das kurzfristige Reagieren auf Stimmungen in der Gesellschaft und der öffentlichen Debatte. Es geht um das konsequente Setzen von Prioritäten. Damit kann man nicht alle Interessengruppen bedienen und auf jedwede Befindlichkeit Rücksicht nehmen. Damit kann aber das wichtigste nachhaltig gesichert werden, worauf es bei Bildung, Forschung und Entwicklung ankommt: Die Freiheit der Wissenschaft.

Ohne Freiheit wird kein Wissen geschaffen

Die Freiheit der Wissenschaft ist insgesamt stabil. Aber mit leicht rückläufigem Trend seit 2010. Besonders abgenommen hat in den letzten zehn Jahren nach den Erkenntnissen des Global Public Policy Institute in Berlin insbesondere der „Freedom of Academic and cultural Expression" (Global Public Policy Institute (o.J.)). Das Institut untersucht regelmäßig die akademische Freiheit weltweit. Es scheint also zunehmend Beschränkungen zu geben, was Wissenschaft angeblich untersuchen und publizieren darf. Und es gibt eine Tendenz, dass kulturell oder auch identitär begründete Besonderheiten und Privilegien die Freiheit der Wissenschaft einschränken. Auch die deutsche Hochschulrektorenkonferenz befasst sich besonders seit Mitte der 2010er-Jahre vermehrt mit dem Problem der Einschränkungen von Freiheit und Wissenschaft global und in Europa und Deutschland. Gäbe es hier kein begründetes Problembewusstsein, wäre das Thema sicherlich nicht auf die Agenda der Rektorinnen und Rektoren von Universitäten und Hochschulen gekommen.

Doch die Freiheit der Forschung und der Wissenschaft ist nicht nur von außen bedroht, durch Populisten und Wissenschaftsskeptiker. Gefährdet ist sie auch durch Entwicklungen innerhalb des Wissenschaftsbetriebs selbst. Eine dieser Entwicklungen ist, dass kommerzielle Interessen zunehmend bestimmen, welche wissenschaftlichen Ansätze verfolgt und wie Forschungsergebnisse präsentiert werden. Hier tut sich ein Spannungsfeld auf: Der Transfer und die Kooperation zwischen Wissenschaft und Wirtschaft ist im Interesse aller direkt Beteiligten und auf der Gesellschaft selbst. Gleichzeitig kann die Wissenschaftsfreiheit hier eingeschränkt werden. Eine allgemeine Lösung gibt es nicht. Vielmehr kommt es darauf an, stets und aufmerksam die Unabhängigkeit zu prüfen und zu sichern. Wie frei und unabhängig ist eine Forschung die zu einem großen Teil von der gewerblichen Wirtschaft finanziert wird? Die regelmäßige Grundförderung, die die Hochschulen von den Bundesländern erhalten, reicht seit langem nicht mehr aus, um Forschung und Lehre aufrecht zu erhalten. Deshalb spielen die sogenannten Drittmittel eine immer wichtigere Rolle. Im vergangenen Jahrzehnt wuchsen die Einnahmen von Stiftungsgeldern etwa um ein Drittel. Die Summe aus der Wirtschaft verdoppelte sich. Mittlerweile kooperieren Konzerne wie Lidl, Facebook oder Boehringer Ingelheim mit einzelnen Universitäten. Sie erhoffen sich davon einen Imagegewinn und privilegierten Zugang zu Wissenschaftlern und ihren Forschungsergebnissen. Dabei erscheint im Grundgesetz Artikel fünf die Forschungsfreiheit als ein Bestandteil der allgemeinen Meinungs- und Informationsfreiheit. Jede und jeder hat das Recht, seine Meinung ungehindert zu äußern und sich zu informieren. Diesen Anspruch auf Transparenz gilt es zu erfüllen.

Doch Wissenschaftsfreiheit alleine garantiert noch nicht ungehinderte Forschung. In Umfragen und Studien stimmen viele Wissenschaftler der Aussage zu, dass zur Forschung auch schöpferische Muße gehöre, die oft fehle (vgl. Deutscher Hochschulverband 2020). Ebenfalls mehrheitlich wird die These befürwortet, dass unter dem Zwang zum schnellen Publizieren die Forschung und die Lehre leide. Auch der Fachkräftemangel macht sich an den Universitäten bemerkbar: Für viele Hochschulen und Institute ist es heute schwerer als früher, gute Mitarbeiterinnen und Mitarbeiter an der Hochschule zu halten, weil die Wirtschaft bessere Chancen biete.

Ein besonderes Problem an den Universitäten sehen Wissenschaftlerinnen und Wissenschaftler in der wachsenden Bürokratie. Gerade noch etwas mehr als die Hälfte ihrer Arbeitszeit verbringen sie im Schnitt noch mit Forschung und Lehre. Die übrige Zeit wird vor allem für die akademische Selbstverwaltung, Gutachten sowie Anträge aufgewendet. Vor rund vier Jahrzehnten entfielen, wie eine Allensbacher Umfrage aus dem Jahr 1977 zeigt, noch 72 Prozent der Arbeitszeit der Professorinnen und Professoren auf Forschung, Lehre und Prüfungen. Vor allem die Einwerbung von Forschungsmitteln belastet den Alltag erheblich. Viele Hochschullehrerinnen und Hochschullehrer beklagen, die Antragsverfahren seien zu kompliziert und aufwendig. Es koste zu viel Zeit, sich für Forschungsmittel zu bewerben.

Die in der jüngeren Zeit in der öffentlichen Diskussion beklagten Einschränkungen der Diskussionsfreiheit durch das Meinungsklima an Universitäten sind dagegen aus Sicht der Befragten ein nicht so stark ins Gewicht fallendes Forschungshindernis. Aber immerhin rund jeder Zehnte beklagt, dass „Political Correctness" es verhindere, bestimmten Forschungsfragen nachgehen zu können. Fast alle vertreten die Ansicht, es müsse erlaubt sein, prominente Parteipolitikerinnen und Parteipolitiker an die Universität einzuladen. Im Detail legen allerdings nicht wenige Hochschullehrerinnen und Hochschullehrer durchaus strenge Maßstäbe bei der Frage an, was an einer Universität erlaubt sein sollte. So ist jeder zweite Professor oder Professorin der Ansicht, es sollte an einer Universität nicht erlaubt sein, den Klimawandel zu bestreiten. Jeder dritte von ihnen findet, es sollte an Universitäten nicht erlaubt sein, Rüstungsforschung zu betreiben, und immerhin noch jeder vierte meint, es sollte an Universitäten nicht erlaubt sein, sich der gendergerechten Sprache zu verweigern, indem beispielsweise von „Studenten" statt „Studierenden" gesprochen wird. Wir sehen: Auf der allgemeinen Ebene wird die unbedingte Wissenschaftsfreiheit befürwortet und gestützt, je mehr es um konkrete Fragestellungen geht, umso mehr scheinen Einschränkungen der Freiheit zumindest tolerabel.

Politisierung der Wissenschaft und Aktivismus finden kontinuierlich statt, mal direkt sichtbar, mal unterschwellig und hinter den Kulissen.

Das ist hier sicherlich mehr der Fall, als in anderen Branchen oder Berufs-zweige, weil sich Wissenschaft und Forschung immer in einer ge-sellschaftlichen Sphäre bewegen und weil an Universitäten und Hoch-schulen immer über politische, gesellschaftliche und ethische Fragen debattiert und gestritten wurde. Aktivismus allerdings beschränkt die Möglichkeiten für Diskussionen, Forschung und Entwicklung und ist deshalb weder ethisch noch moralisch vertretbar. Vorfestlegungen und Begrenzungen in der Wissenschaft und Forschung sind das Gegenteil von sozialer Nachhaltigkeit, die ja gerade Chancen und Möglichkeiten für künftige Generationen eröffnen und erweitern soll. Gleichzeitig wer-den Innovationen und Erfindungen behindert und sollen bewusst aus-geschlossen werden, von denen niemand wissen kann, wie sie genau aus-sehen werden und welche Nutzen sie bringen können. Das ist weder ökonomisch, noch ökologisch noch sozial nachhaltig und vertretbar. Freie Forschung, Wissenschaft und Innovation sind die einzigen Grund-lagen, den Wohlstand und die Stabilität der Gesellschaft langfristig und sicher zu erhalten und damit Europa in seiner Unabhängigkeit und Frei-heit zu stärken.

Wenn Wissenschaft immer mehr mit Aktivismus vermischt wird oder sich selbst zunehmend als Aktivismus und Politik versteht, dann trägt das dazu bei, dass Wissenschaft zunehmend nicht mehr als unabhängig und vertrauenswürdig angesehen wird. Wenn eine wissenschaftlich be-mäntelte Agenda verfolgt wird, ist es klar, dass es immer Menschen geben muss, die sich dieser Agenda nicht anschließen. Sind das dann auto-matisch Feinde der Wissenschaft, nur weil sie die Tendenz der Aussagen nicht akzeptieren, die wissenschaftlichen Methoden oder Ansätze aber durchaus? Wenn sich in solchen Fällen dann auch noch Prognosen und Erklärungen aktivistischer Wissenschaftler als falsch erweisen oder nicht wie angekündigt eintreten, dann geht das Vertrauen in Wissenschaft erst recht verloren. Die inflationär aufgestellte Forderung „Listen to the scien-tists" bezieht sich immer nur auf ganz bestimmte Wissenschaftler oder Ergebnisse, auf die gehört werden soll. Abweichende Erkenntnisse, die genauso wissenschaftlich fundiert sind, werden dagegen diskreditiert. Diese Kommunikationsstrategie kann auf Dauer nicht gut gehen. Das mittlerweile ebenso inflationäre Gerede von Fake News und Fake History oder Fake Science ist letztlich das Ergebnis dieser aktivistischen Einstellung. Die politische Gegenseite wendet die gleichen Methoden an. Nur anders herum.

In den USA und Großbritannien sind die Universitäten bereits als ein Hort von Infantilisierung und politischer Korrektheit in größerem Gerede als hierzulande. Dort werden Klassiker gereinigt, Bücher mittels „trigger warnings" abgemildert und Professoren müssen Warnungen an die Studentenschaft aussprechen, bevor sie in Vorlesungen etwas sagen, das die Ehre oder Würde von Studentinnen und Studenten verletzen und traumatische Schocks auslösen könnte. Als Gegenreaktion auf diese Entwicklungen formuliert beispielsweise der Linguist John McWhorther (2021) bereits die These, dass Antirassismus eine neue Religion an westlichen Universitäten sei, der Journalist und Publizist David French erkennt hier ein säkulares fundamentalistisches Revival in der Linken und der konservative Philosoph und Publizist Andrew Sullivan fragt provokativ, ob auch „Intersektionalität schon Religion" sei (Sullivan 2021).

Die Publizistin Helen Pluckrose und der Mathematiker James Lindsay beschreiben in ihrem Buch „Cynical Theories", wie sich die postmoderne Theorie zur treibenden Kraft des Kulturkriegs der späten 2010er-Jahre entwickelt hat (Pluckrose und Lindsay 2020). Wenn es ein Mantra für die Postmoderne gäbe, dann wäre es die Leugnung der objektiven Realität. Während der ursprüngliche Postmodernismus schwer zu definieren ist (möglicherweise absichtlich), identifizieren Lindsay und Pluckrose die zwei Kernprinzipien der Philosophie. 1. Das postmoderne Wissensprinzip: Radikaler Skeptizismus gegenüber der Frage, ob objektives Wissen oder Wahrheit überhaupt existiert und ein Bekenntnis zum kulturellen Konstruktivismus. Und 2. Das postmoderne politische Prinzip: Die Überzeugung, dass die Gesellschaft aus Machtsystemen und Hierarchien besteht, die entscheiden, was und wie gedacht und erkannt werden kann. Die Vertreter dieser Denkschule nennen sich in den USA und Europa selbst „Woke", also Erwachte oder Bewusste. Das ist schon eine ziemlich hochmütige Selbstbezeichnung. Denn dann muss es ja auch noch die anderen geben, die noch schlafen, also die Dummen und die Idioten, die es nicht verstanden haben.

Aus diesen beiden Prinzipien ergeben sich vier Hauptthemen der Postmoderne. Die Verwischung der Grenzen. Ein Misstrauen gegenüber allen Grenzen und Kategorien, die frühere Denker weithin als wahr akzeptierten. Die Macht der Sprache. Ideen sind als bloße Konstruktionen der Sprache und nicht real zu sehen. Kultureller Relativismus. Kein Satz kultureller Normen kann als besser angesehen werden als irgendein anderer. Der Verlust des Individuums und des Universellen. Sowohl das autonome Individuum als auch das Universelle sind Produkte mächtiger Diskurse und kulturell konstruierten Wissens. Wissenschaftler und Aktivisten der sozialen Gerechtigkeit lösen den Widerspruch zwischen radikalem Relativismus und dogmatischem Absolutismus auf, indem sie Interpretationen der Erfahrungen „marginalisierter Menschen" bevorzugen, die mit der Theorie übereinstimmen, während sie alle anderen als Verinnerlichung dominanter Ideologien oder zynischen Eigeninteresses dekonstruieren. „Social Justice" wird propagiert, damit wird Wissenschaft politisch, korrekt und hat eine Agenda. „Social Justice scholarship and ethics" verdrängen verlässliche und rigorose Wissenschaft zu Fragen der sozialen Gerechtigkeit vollständig, indem sie alle anderen Ansätze mit systemischer Bigotterie in Verbindung bringen und damit als undenkbar und unsagbar verurteilen. Der Aktivismus der sozialen Gerechtigkeit behandelt die Theorie als Realität und damit als die einzige Möglichkeit, die Realität zu betrachten und zu interpretieren. Was also übrig bleibt, ist „the Truth According to Social Justice". Lehren soll nun ein politischer Akt sein, und nur eine Art von Politik ist akzeptabel – Identitätspolitik, wie sie von der Social Justice Theory definiert wird. Die Postmoderne zieht in alle Bereiche der Wissenschaft ein und wendet ihre dekonstruktiven Methoden überall bei der Aufgabe an, sozialen Wandel zu schaffen. „The Truth According to Social Justice" wirft das alte liberale Bekenntnis zu Vernunft, Wissenschaft und Debatte als ein Versagen bei der „Entkolonialisierung" unseres Geistes vom Einfluss der Institutionen der Aufklärung über Bord, weil dieses Denken und die Institutionen lediglich zum Nutzen von heterosexuellen, weißen Männern errichtet wurden.

Es ist eine akademische Kriegserklärung an den gesellschaftlichen, politischen und auch wissenschaftlichen Liberalismus. Der Liberalismus ermutigt Meinungsverschiedenheiten und Debatten als Mittel zur Wahrheitsfindung. Die postmoderne Theorie der sozialen Gerechtigkeit lehnt solche Debatten als Mittel zur Verstärkung dominanter Diskurse ab, weil sie bestimmte Perspektiven unterdrücken. Wahrheit ist nach dieser Sichtweise eben nur ein „Sprachspiel". Der Liberalismus akzeptiert Kritik, sogar an sich selbst, und ist daher selbstkorrigierend. Die Theorie der sozialen Gerechtigkeit kann nicht kritisiert werden, denn das wäre der Beweis für Rassismus, Neo-Kolonialismus und eine Vielzahl an Phobien. Das Schlüsselwort heißt hierbei „strukturell". Nach dieser Vorstellung ist der Westen strukturell rassistisch, besonders alle weißen Männer. An den Universitäten geht es jetzt darum, Menschen aus vermeintlichen Täter-gruppen zum Schweigen zu bringen und gegebenenfalls aus ihren Posi-tionen zu vertreiben, aber auch darum, nur noch eine Sicht auf die Welt zuzulassen. Alles andere wird als „beleidigend" für eine bestimmte oder mehrere Identitätsgruppen bewertet. Randale, Blockaden und Gewalt gegen Professorinnen und Professoren und Politiker hat es auch in Deutschland unter anderem an den Universitäten in Hamburg oder Frankfurt schon mehrfach gegeben, weil diese angeblich rassistisch seien. Momentan ist so etwas wegen Corona nicht möglich, es ist aber zu er-warten, dass ähnliche Fälle wieder passieren werden. Gleichzeitig laden die selben Universitäten und Fachschaften Politiker, Aktivisten oder auch Islamisten ohne Probleme ein, um „der anderen Seite auch eine Bühne zu geben und sie besser zu verstehen". Das passt schließlich besser zur post-modernen Unterdrückungs- und Opfererzählung und „beweist" anhand der Einzelschicksale und der Gefühle der Protagonisten ihre Richtigkeit.

Nicht nur Plukrose und Lindsay kritisieren, dass an vielen (Elite-) Schulen und Universitäten Amerikas die Studentinnen und Studenten auf das Thema Antirassismus fixiert würden und lernen, den Kapitalis-mus zu verachten. Widerspruch dagegen sei gefährlich: Schüler und auch ihre Eltern haben Angst vor sozialer Ächtung. Deswegen bilden sich in den USA immer mehr selbstorganisierte Gruppen von Eltern wie auch Studentinnen und Studenten, die außerhalb der Gremien der Hoch-schulen gegen die beschriebenen Entwicklungen protestieren. In Deutschland und Europa ist die öffentliche Wahrnehmung und Dis-kussion noch nicht so umfassend und gegenwärtig, wie in den USA oder Großbritannien. Jedoch ist auch hierzulande das Wort „Cancel Culture" mittlerweile allgemein bekannt und taucht nicht mehr nur in wissen-schaftlichen Zusammenhängen auf, sondern auch in Kunst, Kultur oder Journalismus. So warnt beispielsweise der Literaturwissenschaftler Jürgen Wertheimer, die Europäer schienen in einer Rassismusfalle festzustecken

(Wertheimer 2020). Jedenfalls ließen sich rassistische Argumente offen oder verborgen jederzeit wieder in Stellung bringen. Und die Frage, ob wir möglicherweise tatsächlich genetisch auf Rassismus und Vermischungsangst hin angelegt sein könnten, wage kaum einer auch nur zu stellen. Wer dies dennoch tut, gerate unter den Koordinaten der ‚Political correctness' schnell in ein ideologisches Minenfeld. Dennoch: Gerade deshalb müsse die Diskussion geführt werden, auch wenn sie neue, unerwünschte Probleme sichtbar machen könnte.

Auch an anderen Stellen und in anderen Formen formiert sich der Widerstand gegen die postmoderne Erzählung des strukturellen Rassismus und dem damit verbundenen Anspruch, alle abweichenden Meinungen diskreditieren zu können. Die britische Regierung plant ein Gesetz gegen diese eben genannte Cancel Culture. Ein „nicht hinnehmbares Mundtotmachen und Zensieren" an Universitäten beklagt der britische Bildungsminister. In den USA hat sich die Internationale Academic Freedom Alliance gegründet. Sie beschreibt sich als eine Non-Profit-Organisation, deren Mitglieder sich für den Schutz der Rechte von Fakultätsmitgliedern an Hochschulen und Universitäten einsetzen, um ohne Angst vor Sanktionen oder Bestrafung zu sprechen, zu lehren und zu veröffentlichen. In Deutschland wurde Ende 2020 das Netzwerk Wissenschaftsfreiheit von der Migrationsforscherin Sandra Kostner und dem Historiker Andreas Roedder ins Leben gerufen, das sich für ein freiheitliches Wissenschaftsklima und für eine plurale von Sachargumenten und gegenseitigem Respekt geprägte Debattenkultur einsetzt, wie für ein institutionelles Umfeld, in dem niemand aus Furcht vor sozialen und beruflichen Kosten Forschungsfragen und Debattenbeiträge meidet.

Wie ernst oder auch nicht jede und jeder die beschriebene Radikalisierung in Bildung und Wissenschaft einschätzen mag: Ganz ohne Grund werden die genannten Initiativen nicht entstanden sein. Erst bei merklichem Druck und echten Problemen mobilisieren Menschen sich und andere. Zudem spiegelt sich hier die Entwicklung wider, die wir bereits im vorigen Kapitel für die gesamte Gesellschaft beschrieben haben. Allerdings fokussierter und deutlicher sichtbar. Streit gehört zur Wissenschaft. Das ist europäische Kultur. Freiheit gehört ebenso zur Wissenschaft. Auch das ist europäische Kultur. Und wir brauchen die Freiheit der Wissenschaft, um die Herausforderungen heute und morgen zu meistern. Und vor allem auch, um die Freiheit Europas zu wahren. Wissenschaft darf sich keine Beschränkungen und Verbote auferlegen oder auferlegen lassen. Wenn es hier passiert, dann betrifft es kurz darauf die ganze Gesellschaft. In der digitalisierten Wirtschaft bilden sich gerade neue und umfassende Beschränkungen der Freiheit. Das werden wir im folgenden Kapitel ausführlich sehen. Nur wenn Bildung, Wissenschaft und Forschung frei sind, können wir diese Entwicklungen stoppen und bessere Lösungen finden. Es bleibt viel zu tun.

Literatur

Bundesministerium für Bildung und Forschung (o.J.): Internationaler Vergleich https://www.datenportal.bmbf.de/portal/de/comparison.html

Daston, L (o.J.) Forschungsfreiheit – eine unendliche Geschichte, in: Max Planck Gesellschaft https://www.mpg.de/13894857/forschungsfreiheit

Deutscher Hochschulverband (2020) Die Forschung in Deutschland ist frei, aber … 12.02.2020 https://www.hochschulverband.de/aktuelles-termine/die-forschung-in-deutschland-ist-frei-aber

DGB-Bundesvorstand (Hrsg.) (2019) Ausbildungsreport 2019, Berlin

Eurostat: (o.J.) Lifelong Learning https://ec.europa.eu/eurostat/de/web/products-eurostat-news/-/DDN-20190517-1

Friesike, S; Scheliga, K (2014) Putting open science into practice: A social dilemma?, First Monday, Volume 19(9)/2014

Global Public Policy Institute: (o.J.) Assessing Academic Freedom Worldwide, Berlin https://www.gppi.net/project/assessing-academic-freedom-worldwide

Heinsohn, G (2019) Wettkampf um die Klugen: Kompetenz, Bildung und die Wohlfahrt der Nationen, Zürich

Henkel, L. (2020): Studieren mit Siegelwachs und Schreibmaschine, in: FAZ 06.08.2021 https://www.faz.net/aktuell/karriere-hochschule/uni-live/tiktok-trend-dark-academia-die-romantisierung-des-studiums-17462987.html

Jegoudez, Fabien (2021): Nietzsches „voller Mensch" als Bildungsziel, in: Nietzscheforschung 27/1

Lederer, B (2014) Kompetenz oder Bildung Eine Analyse jüngerer Konnotationsverschiebungen des Bildungsbegriffs und Plädoyer für eine Rück- und Neubesinnung auf ein transinstrumentelles Bildungsverständnis, Innsbruck

Mazzucato, M (2018) The Entrepreneurial State: Debunking Public vs. Private Sector Myths, New York

McWorther, J (2021) Woke Racism: How a New Religion Has Betrayed Black America, New York

Meidinger, H-P (2020) Die 10 Todsünden der Schulpolitik: Eine Streitschrift, München

Milde, B; Ulrich, J; Flemming, S; Granath, R O (2019) Die Entwicklung des Ausbildungsmarktes im Jahr 2019 Analysen auf Basis der BIBB-Erhebung über neu abgeschlossene Ausbildungsverträge zum 30. September 2019 und der Ausbildungsmarktstatistik der Bundesagentur für Arbeit (BA), Bonn

Münch, R (2011) Akademischer Kapitalismus. Über die politische Ökonomie der Hochschulreform, Frankfurt a.M.

OECD (2020) Bildung auf einen Blick 2020: OECD-Indikatoren, Berlin

OECD (2021) OECD Skills Outlook 2021. Learning for Life, Berlin

Pluckrose, H; Lindsay, J (2020) Cynical Theories: How Universities Made Everything about Race, Gender, and Identity – And Why this Harms Everybody, Durham

Sullivan, A (2021) Out on a Limb: Selected Writing, 1989–2021, New York 2021

Wertheimer, J (2020) Europa. Eine Geschichte seiner Kulturen, München 2020

World Economic Forum (2019) The Global Competiteveness Report 2019, Geneva

World University Rankings (2020) https://www.timeshighereducation.com/world-university-rankings/2020/world-ranking#!/page/0/length/25/sort_by/rank/sort_order/asc/cols/stats

Die Digitale Wirtschaft – Wie Künstliche Intelligenz die Märkte der Zukunft und die Zukunft des Klimas revolutioniert

Jens sitzt in seinem Tesla. Er hat auf Autopilot geschaltet, es ist wieder mal Stop-and-Go in der Stadt. Genug Zeit, um ins Smartphone zu schauen und den Stand zu checken. Die App geht auf. Die KI im Hintergrund geht an. Jens scrollt durch den Feed, der auf sein Profil inhaltlich zugeschnitten ist. Was er über sein Smartphone im Netz tut wird getrackt. Sein Auto wird getrackt. Überwachung durch die digitalen Systeme im Hintergrund. Zur Sicherheit. Um die Produkte und Services besser zu machen. Gleichzeitig werden die gesammelten Daten genutzt, um die Zukunft vorauszuberechnen. Eine selbstlernende Maschine im Hintergrund tut das. Wie muss das Auto gleich fahren? Was soll Jens im Feed angeboten bekommen? Das rechnerisch Optimale wird automatisch abgefahren. Die Usability ist hoch. Jens versinkt immer weiter in seinem Stream, das Auto fährt immer weiter.

Bis er sozusagen aufwacht. Der Verkehr fließt jetzt wieder schneller. Jens hat im Stau Zeit verloren, gleichzeitig seine Zeit und seine Daten den Service-Providern geschenkt. Was die damit machen? Keine Ahnung. Eins ist aber sicher: Die Klimabilanz dieser Episode ist mies. Der Strom für den Tesla kommt nicht aus Erneuerbaren Energien, wie oft versprochen. Das Datenmanagement für das autonome Fahren und die Nutzung von Cloudservices für das Auto wie auch die Onlinedienste im Smartphone frisst eine riesige

© Der/die Autor(en), exklusiv lizenziert durch Springer Fachmedien Wiesbaden GmbH, ein Teil von Springer Nature 2021
A. Moring, *Die Krawall Initiatoren*, https://doi.org/10.1007/978-3-658-35487-9_4

Menge Energie und hinterlässt einen CO_2 Fußabdruck, der einem „dreckigen Verbrenner" in nichts nachsteht. Auch wenn weder das Auto noch das Smartphone qualmen.

Überblick

Die globale Wirtschaft digitalisiert sich. Aus einer anderen Perspektive, kann man genauso gut sagen: Die Wirtschaft wird digitalisiert. Wie immer gibt es Treiber und es gibt es gibt Getriebene. Diejenigen, die den Takt vorgeben, sind dabei auch diejenigen, die bestimmen, wo es langgeht und wie das Spiel funktioniert. Davon werden wir in diese Kapitel sehr viel sehen. Vielleicht mehr, als uns lieb sein kann … Doch diese Umstände sind nicht unabänderlich. Das Gute an der Digitalisierung ist ja, dass Veränderungen hier schneller und einfacher zu bewerkstelligen sind, als in der analogen schwerfälligen, weil schwerindustriellen Welt. Wir schauen auf den Stand der Digitalisierung der Wirtschaft weltweit, in Europa und Deutschland und auf die digitale Infrastruktur – wo in beiden Fällen noch so einiges geht. Eine besondere Rolle spielt hier Künstliche Intelligenz in ihren ganz unterschiedlichen Anwendungs- und Einsatzformen. KI beschleunigt die ohnehin schon schnell ablaufenden Prozesse noch einmal. Und es macht sie vor allem noch präziser, gezielter und effektiver. Das macht sich in digitalen Märkten bemerkbar, ebenso wie in der digitalisierten Gesellschaft der sozialen Spaltungen, ideologisch und ökonomisch. Eine Entwicklung, die damit eng verbunden ist, ist die zunehmende Machtlosigkeit von Staat und Bürgern gegenüber immer mächtigeren Tech-Konzernen globaler Dimension.

Der Grund: KI wird zum Booster für den so genannten „Surveillance Capitalism", dessen Auswirkungen auf die Gesellschaft vor allem durch die technische Entwicklung getrieben sind. Der gesellschaftliche Wandel in Strukturen, Anforderungen und in Logiken der Wertschöpfung ist in vollem Gange. Die menschliche Arbeitskraft und das menschliche Handeln bekommen im KI Zeitalter eine andere Bedeutung. Menschen werden zu doppelten Ressourcen. Die Human Ressource ihrer körperlichen und intellektuellen produktiven Arbeitskraft. Und die Data Ressource, die ständig neue Rohstoffe für digitale Produkte, Geschäftsmodelle und Anbieter am Markt produziert. Das Resultat kann dabei ein neuer digitaler Feudalismus sein, in dem Menschen mit ihrer analogen und digitalen Arbeitskraft und ihren Ressourcen auf den „Ländereien" der digitalen Feudalherren arbeiten und sich ausbeuten lassen.

Das verursacht Vertrauensverlust, enttäuscht Erwartungen und die „Systemfrage" drängt sich geradezu auf. Es entsteht neue Nahrung für die schon seit längerem geübte Kritik am dysfunktionalen Staat, am „Wachstum" als solches und für die Forderung zur Überwindung des „Systems". Das System ist kaputt, es macht uns kaputt – und es zerstört auch noch das Klima!

Schuld – und Schuld muss ja immer jemand haben – ist also klar „die Wirtschaft". An der gesellschaftlichen Spaltung unserer Zeit kann man dem digitalisierten Kapitalismus durchaus eine Schuld zuweisen. Wieso und warum, das werden wir in diesem Kapitel sehen. Genauso werden wir auch sehen: Beim Klima sind es aber eher die Konsumenten, es sind wir selbst als Personen, die durch ihre Ansprüche, Bequemlichkeit und Ignoranz den Klimawandel befeuern. Trotzdem wird Druck gemacht zum Handeln, vor allem gegen „die Wirtschaft", aber nicht gegen die Bürger, die Konsumenten, die Verbraucher und deren Befindlichkeiten. Das wäre ja auch wirklich unangenehm und bedeutete Liebesentzug.

Vor allem auch deshalb versteckt sich die Klimapolitik und der Klimaaktivismus hinter dem Slogan „Listen to the scientists". Wissenschaftler sollen am liebsten die katastrophalen Botschaften verkünden. Manche tun das auch gerne. Und nur auf die soll bitte gehört werden; auf andere nicht. Deshalb ist wichtig zu fragen und zu hinterfragen, auf welchen Modellen und Vorstellungen eigentlich die Erkenntnisse und die Prognosen der Wissenschaftler beruhen. Geben sie wirklich das ganze Bild wieder? Von welchen Prämissen gehen sie aus? Sind sie vielleicht zu eindimensional und führen zu eindimensionalen Kausalitäten, die eigentlich gar keine sind? Ist der Fokus richtig gelegt, wenn wir nur bestimmten „Scientists" unsere Aufmerksamkeit schenken, ihnen mehr oder weniger blind folgen und andere Probleme ausblenden?

Es gibt mehr als genug Gründe, das zu bejahen. Der von Menschen gemachte Klimawandel, ist ein großes Problem unserer Zeit und für die Zukunft. Es ist EIN Problem von VIELEN mit dem sich die Menschheit herumzuschlagen hat. Wir begehen einen moralischen, ethischen, sozialen, wirtschaftlichen und politischen Fehler, wenn wir uns nur auf dieses Problem fokussieren und alle anderen Probleme hinten anstellen oder lediglich als Folge des angeblichen „Ur-Problems" definieren. Menschen haben immer Lösungen für Probleme gefunden, sonst gäbe es uns wohl nicht mehr. Bemerkenswerterweise sind wir im Finden dieser Lösungen nicht nur ziemlich gut, sondern es geht uns durch die Geschichte hindurch mit diesen Lösungen auch immer besser. Ob vor diesem Hintergrund der oft geforderte Rückwärtsgang wirklich der beste Weg ist?

Lösungen gibt es auch jetzt. Und wieder sind es hier Unternehmen und Bürger, die als Lückenbüßer mit ihrer Kreativität, ihrem Mut und ihrer Tatkraft, das übernehmen, was der angeblich so starke Staat nicht schafft. Die Rettung des Klimas geschieht bereits; in Laboren, in Garagen, in Versuchen und auch in Produktionsanlagen, auf dem Land, auf dem Wasser, in der Luft. Die Staaten der Welt sind hier extrem langsam. Die autoritären einen, weil sie Klimaschutz als Hindernis zum Auf – und Ausbau von Wohlstand, Macht und Einfluss sehen, die demokratischen anderen, weil hier die Institutionen langsam arbeiten und allerlei Interessengruppen ihre Pfründe bewahren und lieber irgendwen anderes in die Pflicht nehmen wollen. Unternehmen, Bürger und Initiativen sollen unterstützt werden, die Folgen des Strukturwandels abgefedert werden. Doch auch hier bewegt sich etwas. Ein Beispiel ist der Green Deal der Europäischen Union, der auch und vor allem auf digitale Technologien und Künstliche Intelligenz als Mittel zu mehr Klimaschutz und laufender Wirtschaft setzt. Tech alleine löst nicht alle Probleme, kann aber schon viel bewirken. Jetzt müssen langfristig denkende Menschen in Politik und Gesellschaft die noch immer offenen Lücken füllen. Doch dazu gehört auch das Aussprechen harter Wahrheiten: Wer verliert? Wer gewinnt? Und wie schaffen Deutschland und Europa es, ihren Kurs durchzuziehen, wenn Sie nicht ein internationaler Machtfaktor in Entwicklung, Innovation und Wirtschaft sind?

In diesem Kapitel werden bewusst Wirtschaft und Klima zusammen gebracht, weil hier fast immer ein Gegensatz unterstellt wird, der gar nicht bestehen muss. Denn nur mit einer funktionierenden Wirtschaft kann auch eine große Transformation in Richtung Klimaschutz und Nachhaltigkeit überhaupt gelingen. Es gibt einen klaren Zusammenhang zwischen Wirtschaftswachstum und Wohlstand und Umweltschutz im Positiven und im Negativen. Es geht in beiden Themen letztlich um die Frage der Energieerzeugung und der Nutzung von Energie. Es geht um Fragen der Nutzung von Ressourcen, die notwendig sind und in der Geschichte immer notwendig waren, um überhaupt zu wirtschaften und zu leben. Die Themen gehören zusammen, weil in der digitalen Wirtschaft und der Klimapolitik, so wie sie sich aktuell darstellen und entwickeln, eine Teilung der Gesellschaft in Gewinner und Verlierer das unvermeidliche Resultat sein muss und das auf nationaler wie globaler Ebene. Die Spaltung der Gesellschaft in Gewinner und Verlierer ist schon jetzt ein riesiges Problem, wie wir im Kapitel zur digitalen Gesellschaft gesehen haben. Eine kompromisslose Klimaschutzpolitik der sich alles unterordnen muss, zerstört die wirtschaftlichen Grundlagen des Sozialstaats und ruiniert die staatlichen Finanzen, sie schwächt die demokratischen Institutionen, die ohnehin schon unter massivem Druck stehen und angegriffen werden, sie läuft darauf hinaus, mit einem rücksichtslosen Aktivismus die demokratische Grundordnung zu zerstören. Unsere Grundordnung würde jedoch nicht zusammenbrechen, selbst wenn es in 100 Jahren im Schnitt 2 Grad wärmer ist. Das ist der Unterschied. Das ist die Verantwortung.

Es gibt immer mehr Stimmen, die fordern die Corona-Beschränkungen in Gesellschaft und Wirtschaft auch und gerade für das Erreichen der Klimaziele weiterzuführen und zu adaptieren. Wir haben aber in den letzten rund eineinhalb Jahren gesehen, wie das Unternehmen und Arbeitsplätzen schadet, den Wohlstand zerstört und die Demokratie zerfrisst. Darüber hinaus würde ein „Klima-Lockdown" vor allem den Staaten nützen, die schon heute und vor allem morgen die größten „Klimasünder" sind und gleichzeitig die größten Wettbewerber Deutschlands und Europas in der globalen Wirtschaft und offene Gegner unserer freiheitlichen Lebensweise.

Es geht hier wieder um die Kernpunkte des Buches: 1. Falsch gesetzte Prioritäten, weil wir kurzfristig illusorische Ziele erreichen wollen und uns damit langfristig schaden. 2. Spannungen und Polarisierungen in der Gesellschaft durch steigende Ungleichheit, die mit einer aktivistischen und ideologischen Politik noch verstärkt würden, bis sich die Spannung gewaltsam entlädt. 3. Die wirtschaftlich sinnvolle und ethisch gebotene Nutzung von digitalen und KI-Technologien für die Anpassung an sich ändernde Umstände, in dem Fall an den Klimawandel.

Künstliche Intelligenz bestimmt die Regeln der Wirtschaft

Um die genannten Punkte zu verstehen und beantworten zu können, müssen wir die Rolle und die Bedeutung von Systemen und Anwendungen der Künstlichen Intelligenz in Wirtschaft und Gesellschaft betrachten. Hier bietet die rasch voranschreitende Entwicklung intelligenter Technologien immense Möglichkeiten. Der globale Markt für KI-basierte Dienstleistungen, Software und Hardware soll unterschiedlichen Prognosen zufolge bis 2025 um 25 Prozent auf rund 130 Milliarden Dollar weltweit wachsen. Vor allem große Konzerne wie Google, Apple und Alibaba geben viele Milliarden aus, um bei der Entwicklung und Nutzung von KI voranzukommen. Pro Jahr geben sie zwischen 30 und 40 Milliarden Euro für entsprechende Investitionen und Forschungen aus. Auch die Regierungen der USA und Chinas verfolgen explizite nationale KI-Pläne mit Investitionen in Milliardenhöhe Jahr für Jahr. Deutschland schafft es nur auf etwas mehr als 100 Millionen. Für mehrere Jahre.

Hinzu kommt noch sehr viel Geld von anderen Kapitalgebern. Die USA und China sind auch bei diesen KI-Investitionen führend, wobei China die globale KI-Finanzierung dominiert. Chinesische KI-Unternehmen sammelten allein in der ersten Jahreshälfte 2018 insgesamt 31,7 Milliarden US-Dollar ein, was fast 75 Prozent der globalen Gesamtsumme von 43,5 Milliarden US-Dollar entspricht. Es sieht so aus, als ob China im Bereich KI in mehreren Sektoren, darunter im Gesundheitswesen und beim autonomen Fahren, schon bald führend sein wird. Chinas Fortschritte bei KI sind größtenteils das Ergebnis einer starken und direkten Unterstützung der Technologie durch die Regierung, der Führung durch chinesische Tech-Industriegiganten und einer robusten Risikokapitalgemeinschaft.

Warum fließt so viel Geld in diesen Bereich? Wo liegen Nutzen und Potenziale?

Künstliche Intelligenz ermöglicht die Entwicklung einer neuen Generation von Produkten und Dienstleistungen, und das auch in Sektoren, in denen europäische Unternehmen bereits eine starke Position innehaben: Grüne Wirtschaft und Kreislaufwirtschaft, Maschinenbau, Landwirtschaft, Gesundheitswesen oder auch Mode und Tourismus. KI kann Vertriebswege optimieren, Wartungstechniken verbessern, die Produktionsleistung und -qualität steigern, den Kundenservice verbessern und dazu beitragen, Energie zu sparen. Der von verschiedenen Instituten und Think Tanks in der EU geschätzte Anstieg der Arbeitsproduktivität im Zusammenhang mit KI bis 2035 liegt demnach zwischen 11 und 37 Prozent. KI kann dazu beitragen, Kosten zu senken, neue Möglichkeiten in den Bereichen öffentlicher Verkehr, Bildung, Energie und Abfallwirtschaft eröffnen und ebenso die Nachhaltigkeit von Produkten erhöhen. So könnten digitale Technologien wie KI entscheidend dazu beitragen, die Ziele des Grünen Deals der Europäischen Union umzusetzen. Bis 2030 könnten durch den Einsatz von KI Anwendungen 1,5 bis 4 Prozent der der globalen Treibhausgasemissionen bis 2030 eingespart werden.

Bisher kann KI im Energiesektor nur einzelne Aufgaben bewältigen – also zum Beispiel die Heizung einstellen, über Drohnen den Zustand von Strommasten beurteilen oder die Windrichtung und -stärke auf einer gewissen Höhe prognostizieren. Diese Aufgaben kann KI aber auf eine Weise bewältigen, wie dies Menschen so schnell und so zuverlässig nicht können, nämlich schneller, präziser, ausdauernder und kostengünstiger. In Bezug auf den Energiesektor kann KI so eingesetzt werden, dass die politisch vorangetriebene Energiewende deutlich und volks- wie betriebswirtschaftlich lohnend unterstützt wird. So kann KI zum Beispiel zur Ertragssteigerung von Kohle- und Atomkraftwerken Einsatz finden; was natürlich voraussetzt, dass diese Kraftwerke noch weiter laufen. KI kann so gefördert werden, dass ein schnellerer Ausstieg aus der Kohleverstromung, eine auf Erneuerbaren Energien basierende Sektorenintegration in die Sektoren Verkehr, Wärme, Gas und Industrie hinein sowie Treibhausgasemissionen von netto null bis zur Mitte des Jahrhunderts erreicht werden. Dabei muss jedoch berücksichtigt werden, dass der Einsatz von KI in Bezug auf Datenschutz und IT-Sicherheit Risiken beinhaltet sowie ökologische und soziale Schäden mit sich bringen kann. Deswegen ist KI kein Allheilmittel, aber ein Mittel mit großer Wirkung.

Der Einsatz von KI zur Verhinderung von Desinformation und Cyberangriffen und zur Gewährleistung des Zugangs zu vertrauenswürdigen Informationen durch Verschlüsselung kann die Demokratie stärken, die vom Vertrauen und dem Gefühl der Sicherheit ihrer Bürger abhängig ist. Auch Chancengleichheit und Vielfalt könnten durch KI-Tools gefördert werden, indem beispielsweise analytische Daten herangezogen werden, um das Risiko vorurteilsbasierter Einstellungsentscheidungen zu mindern. Die Ergebnisse künstlicher Intelligenz hängen davon ab, wie sie konzipiert ist und welche Daten verwendet werden. Sowohl Daten als auch Design können absichtlich oder unabsichtlich verzerrt werden, einen so genannten „bias" aufweisen. So werden einige wichtige Faktoren einer Problemstellung möglicherweise nicht in ein neuronales Netz oder andere KI Technologien eingebettet oder Strukturen so programmiert, dass strukturelle Verzerrungen widergespiegelt und nachgebildet werden. Darüber hinaus könnte die Verwendung von Zahlen KI faktenbasiert und präzise erscheinen lassen, auch wenn dies nicht der Fall ist, dann handelt es sich um so genanntes „Mathwashing". Wird KI mit „bias" genutzt, so kann sie beispielsweise bei Jobeinstellungen oder Kreditvergaben zu Entscheidungen führen, die durch ethnische Zugehörigkeit, Geschlecht oder Alter beeinflusst werden. Dann würde KI die identitätsbasierte Polarisierungen der Gesellschaft aufgrund von faktischer Diskriminierung, wenn diese auch ungewollt ist, noch weiter verstärken. Außerdem ergeben sich mögliche entscheidende Auswirkungen auf Privatsphäre und Datenschutz. KI kann beispielsweise für Gesichtserkennung oder Online-Tracking und Profiling von einzelnen Menschen verwendet werden.

KI kann so also durchaus eine Bedrohung für die Demokratie darstellen. Über „Filterblasen" anstelle einer neutralen Umgebung für eine pluralistische, gleichermaßen zugängliche und integrative öffentliche Debatte, haben wir bereits im Kapitel zur digitalen Gesellschaft gelesen. KI kann sogar dazu genutzt werden, realistisch scheinende, aber gefälschte Videos, Audioaufnahmen und Bilder zu erzeugen, die als „Deepfakes" bezeichnet werden. Diese Mechanismen haben schon mehrfach zu Polarisierung und Wahlmanipulation beigetragen. Künstliche Intelligenz kann genau so aber auch in der Verbrechensprävention und bei der Strafverfolgung eingesetzt werden. Datensätze können schneller verarbeitet werden, die Fluchtgefahr von Gefangenen genauer eingeschätzt und Straftaten oder sogar Terroranschläge vorhergesagt und verhindert werden. Wenn Zugriff auf die Daten erlaubt ist. KI wird bereits im Social Media Bereich eingesetzt, um unrechtmäßiges und unangemessenes Verhalten im Netz aufzuspüren, Tweets und Posts zu blocken oder Konten zu löschen. Im militärischen Bereich kann KI für Verteidigungs- und Angriffsstrategien bei Hacking und Phishing Anwendung finden.

Deutsche Unternehmen betrachten Künstliche Intelligenz dagegen bereits klar als wesentlichen Faktor für nachhaltigen Geschäftserfolg. Vier von fünf Unternehmen sehen diese Technologie bereits heute als sehr bedeutend oder erfolgskritisch an. Diese Einschätzung ändert sich insgesamt nicht, wenn sie die Frage nicht für heute, sondern für „in zwei

Jahren" beantworten. Allerdings steigt hier der Anteil derer, die KI als erfolgskritisch einstufen, von heute im Schnitt rund 20 auf rund 35 Prozent. Deutsche Unternehmen schätzen damit Künstliche Intelligenz als eine Technologie von höchster Relevanz ein. Allerdings gibt es deutliche Unterschiede in verschiedenen Anwendungsfeldern zwischen deutschen Unternehmen und dem Rest der Welt. So finden KI-Projekte mit Finanzschwerpunkt hierzulande deutlich häufiger statt, sind aber in IT- und Cybersecurity-Projekten seltener anzutreffen als global gesehen.

Statt Künstliche Intelligenz aufwendig selbst zu entwickeln, kaufen deutsche Unternehmen vielfach Algorithmen, Applikationen oder komplette AI-Lösungen „von der Stange". Sie nutzen Artificial Intelligence entweder „as a Service" oder als Teil von Software-Lösungen. Deutsche Unternehmen setzen stark auf externe Kompetenzen, 55 Prozent der Unternehmen kaufen KI vollständig oder überwiegend zu – im Vergleich zu anderen Ländern wie Australien, China, Frankreich, Großbritannien, Japan, Kanada, den Niederlanden und den USA ist das ein höherer Anteil, wobei der Trend auch international eindeutig in diese Richtung geht. Viele Unternehmen verfolgen bei der Implementierung von AI-Technologie einen AI-as-a-Service (AIaaS)-Ansatz und setzen hier auf Lösungen der großen Konzerne wie Amazon, Microsoft oder Google. Dieser Ansatz ermöglicht eine erfolgreiche Umsetzung auch bei geringem Know-How im eigenen Unternehmen. So vermeiden Unternehmen kostenintensive Eigenentwicklungen, die sich wirtschaftlich nicht lohnen würden. Cloud-basierte Lösungen Künstlicher Intelligenz eröffnen auch kleineren Unternehmen, denen zudem oft die benötigten Fachkräfte und Mittel für Eigenentwicklungen fehlen, den Zugang zu dieser Schlüsseltechnologie.

Die größten Befürchtungen beim Einsatz von Künstlicher Intelligenz bestehen in Deutschland, auch gegenüber ausländischen Firmen, in Bezug auf einen Mangel an Transparenz bei KI-Entscheidungen und dem potenziellen Verlust von Arbeitsplätzen. Die generellen Sicherheitsbedenken von Unternehmen beim Einsatz KI-basierter Systeme sind mit rund 20 Prozent in Deutschland dagegen deutlich niedriger ausgeprägt als weltweit.

Einig sind sich praktisch alle Prognosen, dass die Nutzung von KI in Unternehmen und Organisationen zur Einsparung von Arbeitsplätzen führen wird. Obwohl künstliche Intelligenz auch mit der Schaffung neuer Jobs in Verbindung gebracht wird, werden wie wir bereits gesehen haben Bildung und Weiterbildung eine entscheidende Rolle dabei spielen, Langzeitarbeitslosigkeit zu verhindern und qualifizierte Arbeitskräfte auszubilden. 14 Prozent der Arbeitsplätze in den OECD-Ländern sind heute schon hochgradig automatisiert und weitere 32 Prozent könnten erhebliche Veränderungen erfahren. Es ist also fast jeder zweite Arbeitsplatz betroffen, Unterschiede gibt es in der Intensität oder Radikalität. Wenn Sie es für sich selbst testen wollen, halten Sie sich an folgende Faustformel: Je genauer und detaillierter Du Deinen Job und Deine Tätigkeiten beschreiben kannst, umso leichter ist er zu automatisieren.

Für die Arbeitswelt sind damit spezifische Gestaltungsansätze für die Anpassung an neue Technologien und die Zusammenarbeit von Mensch und KI-Maschine nötig, schließlich verfügen KI-Systeme auch über spezifische Merkmale. Zu den besonderen Herausforderungen zählen dabei die immanente Komplexität und die für Menschen teils beunruhigende Intransparenz lernender Maschinen und die Möglichkeit, dass durch sie menschliche Arbeit ersetzt und entwertet werden könnte. Gleichzeitig bergen lernende Maschinen auch große Potenziale für die Erleichterung der Arbeit. Sie können sich selbst und ganze Abläufe und Prozesse optimieren und sehr große Datenmengen schnell analysieren. Für den Gesetzgeber ist es meist nicht möglich und nicht sinnvoll, universell und vorausschauend allen mit KI zusammenhängenden Gestaltungsanforderungen gerecht zu werden. Dazu ist die Dynamik und sind die unterschiedlichen Verwendungszwecke von KI zu schnell und zu vielfältig. Der Staat muss sich auf wesentliche Rahmenbedingungen und den Schutz der Grundrechte konzentrieren. KI wird in verschiedenen Unternehmen bereits vielfältig eingesetzt oder es werden Pilotprojekte umgesetzt. Allerdings ist insgesamt die Zahl der Betriebe, die KI-Technologien einsetzen, noch relativ gering. So haben 2020 in Deutschland nur sechs Prozent der Unternehmen KI genutzt oder implementiert. 22 Prozent geben an, KI-Einsätze zu testen oder zumindest solche zu planen.

KI eröffnet Chancen und erweitert Möglichkeiten für Arbeitnehmerinnen und Arbeitnehmer, löst aber gerade bei ihnen auch Ängste und Sorgen aus. Bei der Beurteilung der Auswirkungen des Einsatzes von

KI-Systemen in der Arbeitswelt ist in Wissenschaft und Praxis unbestritten, dass gefährliche, körperlich schwere und immer wiederkehrende Arbeiten reduziert werden und KI-Systeme bei der Lösung komplexer Aufgaben eine unterstützende Funktion erfüllen können. Einordnung in Zusammenhänge und Entscheidungen treffen ist aber immer noch in den allermeisten Fällen die Domäne des Menschen. KI Technologien können das Fähigkeitsspektrum von Menschen also gut ergänzen. Allerdings ist mit Blick auf den Einsatz digitaler KI-basierter Assistenzsysteme auch klar, dass ein schmaler Grat zwischen der Unterstützung menschlicher Tätigkeiten und Formen der Einschränkung von Entscheidungsfreiheiten besteht, was mit Arbeitsverdichtung, einer rigideren Kontrolle der Arbeitsleistung in Form von Performance oder People Analytics und einer Entwertung menschlichen Erfahrungswissens einhergehen kann. Oder anders gesagt: Intuition und Bauchgefühl zählen nicht mehr; für sie gibt es schließlich keine sichtbare und überprüfbare Datenbasis.

Evidenzbasierte Forschungsergebnisse zum Einfluss von Künstlicher Intelligenz auf den Arbeitsmarkt gibt es bisher nur wenige. Doch die wirtschaftshistorische Analyse der bisherigen Automatisierungswellen kann hier schon Licht ins Dunkel bringen. Demnach hat technologischer Wandel in der Vergangenheit nicht zu großen Nettoverlusten bei der Beschäftigung geführt, da die Anzahl der neu entstandenen Arbeitsplätze stets die Anzahl der weggefallenen Jobs mehr als ausgleichen konnte. Es gab aber in solchen Prozessen immer größere und teils drastische Umstrukturierungen zwischen Tätigkeitsbereichen mit veränderten Anforderungen. Solche historischen Analogien sind hilfreich, aber keine Blaupause für die Zukunft. Verschiedene Studien zum Einsatz von KI zeigen, dass im Unterschied zu bisherigen Automatisierungswellen ganz andere Tätigkeiten betroffen sein könnten, sodass Arbeitsplätze neu gestaltet werden müssen. Vor allem wird das auf die sogenannten „white collar"-Jobs zutreffen, also administrative und kognitive Jobs, die einem klaren Schema folgen. KI ersetzt nicht in erster Linie körperliche Arbeitskraft, sondern geistige. Es stellt sich also die Frage, ob der Beschäftigungszuwachs die zu erwartenden wegfallenden Jobs tatsächlich abdecken kann, wenn diese insbesondere Bereiche kognitiver Arbeit betreffen, die sich in der Vergangenheit als relativ automatisierungsresistent erwiesen haben. Wir werden es am Arbeitsmarkt mit einem „Mismatch" zu tun bekommen: Die Koexistenz von disruptiven Arbeitsplatzverlusten auf der einen Seite und Fachkräftemangel auf der anderen Seite. Daneben gibt es Wechselwirkungen zwischen dem Einsatz von KI-Systemen und verschiedenen Aspekten der Organisation der Arbeit. Der Schutz der Persönlichkeitsrechte, die Organisation von Partizipation und Mitbestimmung, die Schaffung von Transparenz und Nachvollziehbarkeit, die Schaffung von Vertrauenskulturen durch aufgeklärte Akzeptanz, der Anspruch einer qualitativen Personalplanung sowie Fragen der Handlungsautonomie und der Belastung werden vom Einsatz lernender Maschinen betroffen sein.

Bei allen positiven Aussichten und Vorzeichen gilt aber: Das alles kann nur so gut laufen, wenn die technische Infrastruktur den Anforderungen gewachsen ist. KI verlangt riesige Datenmengen, die zur Verfügung stehen, gespeichert, jederzeit abgerufen, übertragen und verarbeitet werden müssen. In Sachen Infrastruktur für die nächste Stufe der Digitalisierung ist Deutschland im internationalen und europäische Vergleich jedoch ziemlich weit abgeschlagen. Ein Beispiel: 5G. Die Netzbetreiber müssen im kommenden Jahr wohl mit einem großen Unsicherheitsfaktor rechnen. Es geht um das IT-Sicherheitsgesetz, der Bundesregierung. Es sieht vor, dass Hersteller von Bauteilen kritischer Infrastruktur – also etwa des 5G-Netzes – ausgeschlossen werden können, wenn sie sich als nicht vertrauenswürdig erweisen. Besonders den chinesischen Konzern Huawei könnte das betreffen. Kritiker, darunter die US-Regierung, werfen Huawei Staatsspionage vor. Lange war in Deutschland über einen direkten Ausschluss von Huawei diskutiert worden. Denn auch hierzulande setzen die Netzbetreiber auf Technik von Huawei, zwar nicht mehr im sogenannten Kernnetz, das besonders sicherheitsrelevant ist, aber im Bereich der Masten und Antennen. Inwiefern dieser Einsatz untersagt werden könnte, ist noch unklar. Es würde die Betreiber aber im Netzausbau deutlich zurückwerfen. Ohnehin hängen Deutschland und Europa hier zurück. Flächendeckender Glasfaseranschluss? Fehlanzeige. Funklöcher? Massenhaft und fast überall. Während China bereits ein viele Milliarden Dollar schweres und langfristiges 6G-Programm auf die Beine stellt, gibt es dazu noch nicht mal ein europäisches Pendant in der Versuchs- oder Prototypphase das diesen Namen verdient. Die Ambitionen der Unternehmen und Innovatoren, drohen an der Behäbigkeit von Staat und Verwaltung zu scheitern. Die einen wollen und können loslegen und zur Tat schreiten, doch die anderen warten und verschleppen beim Aufbau der notwendigen Infrastruktur. Das ist bei KI Technologien und ihren Anwendungen der Fall und auch in anderen Zukunftsthemen wie bei Technologien zum Klimaschutz. Währenddessen ziehen andere davon und es profitieren vor allem diejenigen davon, die sich ihre eigene Infrastruktur, ihre Plattformen und ihre digitalen Ökosysteme schon selbst erschaffen haben.

Wer hat Macht? Der überwacht!

Die großen Kämpfe um Macht und Märkte spielten sich im neunzehnten und zwanzigsten Jahrhundert zwischen Industriekapital und Arbeiterschaft ab. So ganz ist dieser Kampf natürlich nicht verschwunden. Es ist jedoch ein weiterer dazu gekommen. Ein asymmetrischer Kampf sozusagen. Im 21. Jahrhundert steht ein neues Kapital, das Überwachungskapital der Gesamtheit unserer Gesellschaft gegenüber. So bezeichnet es Shoshana Zuboff, Wirtschaftswissenschaftlerin der Harvard Business School. Sie hat damit einen Begriff geprägt, der von vielen in der Folge aufgenommen wurde und sich so etabliert hat (Zuboff 2019). Es geht darum, dass Unternehmen durch die Überwachung von Menschen mittels Datensammlung und Datenauswertung eine neue Ressource zur Wertschöpfung geschaffen haben. Diese Ressource gehört ihnen nicht; diejenigen, denen sie gehört, merken mehr oder weniger gar nicht, dass sie ihnen genommen wird. Vielmehr haben sie sogar ein gutes Gefühl dabei. So entstehen Macht und Monopol auf Seiten der Datenkonzerne. Der Wettbewerb um sogenannte Überwachungserträge zielt auf alle Bereiche des Lebens: Biodaten unserer Körper, der Kinder in Familien, aus dem eigenen Zuhause, von ganzen Städten als Datenliefersystem. Es geht um Macht und Profite. Es geht genauso um die menschliche Autonomie und die demokratische Souveränität von Menschen und Gesellschaften.

Im Tausch gegen Daten werde die Befreiung von Anonymität versprochen, also das Wahrgenommen werden. Wir haben bereits im Kapitel zur digitalen Gesellschaft gesehen, dass dies eine der großen Sehn süchte der (post)modernen Gesellschaft und besonders der mittleren und Jüngeren Generationen ist. Hier wird diese Sehnsucht angesprochen. Sie wird uns später noch einmal unter der Bezeichnung der „Singularität" wieder begegnen. Weitere Versprechen sind die Befreiung von Stress, von existierender oder angeblicher Ungleichheit und institutioneller Gleichgültigkeit. Beim letzteren geht es um das Versprechen, als einzelner oder einzelne mittels digitaler Möglichkeiten, die eigene Stimme in der Gesellschaft und auch gegenüber „den Mächtigen" und ihren Institutionen hörbar zu machen. Diese Versprechungen kommen in der Sprache von „Selbst-Ermächtigung", „Personalisierung" und „Bequemlichkeit" auf verschiedenen Kanälen und Plattformen zu uns als Kunden und Nutzern.

Der „Überwachungskapitalismus" gründet sich auf folgende Behauptung: Er erklärt Erfahrungen von Privatmenschen zum kostenlosen Rohstoff für Produktion und Verkauf. Ist diese Erfahrung von Menschen für den Markt beansprucht, wird sie mittels Analytics zur Berechnung in Verhaltensdaten übertragen und ausgewertet. Ein Teil dieser Daten dient der Verbesserung von Produkten oder Dienstleistungen. Der Vorteil digitaler, nicht physischer Produkte ist ja gerade, das sie einfach angepasst, modifiziert und optimiert werden können. Andere Daten werden dagegen zu einem proprietären „Verhaltensüberschuss" erklärt. Die Daten werden also erst einmal behalten – mal sehen, was man damit so alles machen kann … Der Vorteil bei diesem Modell: Wenn Produkte und Services immer und überall verfügbar sind, dann fallen auch immer und überall Daten an, die dann zum entscheidenden Kapital und Rohstoff werden. Künstliche Intelligenz und Machine Learning funktioniert schneller, besser und effizienter, je mehr Daten zum Lernen und zur weiteren Verfeinerung der Entwicklung in autonomen Prozessen zur Verfügung stehen. KI profitiert vom Verhaltensüberschuss und kann erst durch diesen die eigenen Vorteile so richtig ausspielen, gleichzeitig potenziert KI auch die Möglichkeiten, die unglaublichen Datenmengen profitbringend auszubeuten. Nicht selten finden Maschinen in ihren Lernprozessen ganz neue Ansätze und Zusammenhänge zur Nutzbarmachung und Verwertung von Datenbeständen, die Menschen vielleicht nie oder nur mit sehr viel Mühen und Aufwand gefunden hätten. Die Daten aus dem Verhaltensüberschuss von Nutzern – die nicht nur nutzen, sondern gleichzeitig produzieren – werden ausgewertet und ausgenutzt, um immer genauere Vorhersagen kalkulieren zu können. Auch hierin liegt eine Stärke von KI Technologien und KI Anwendungen. Aus den Mustern und Korrelationen der Daten der Vergangenheit und der Gegenwart, lassen sich umso bessere Voraussagen berechnen, je mehr von diesen Daten zur Verfügung stehen. Je besser die Datenbasis, desto genauer und verlässlicher die statistischen Auswertungen. Nicht viel Anderes ist Künstliche Intelligenz, die also gar nicht so intelligent ist. Aber schnell. Und genau. Und unermüdlich. Und deswegen höchst produktiv in ihren definierten Aufgaben. In diesem Zusammenhang wird auch von „Verhaltensterminkontraktmärkten" (behavioral futures markets) gesprochen. So wie an den Finanzmärkten mit Optionen und Termingeschäften gehandelt, oder besser gewettet wird, so werden hier letzlich Wetten darauf abgeschlossen, dass die von Systemen und Maschinen berechneten wahrscheinlichen Szenarien auch wirklich eintreten. So gut wie immer passiert das auch. Das macht den Wert der Voraussagen als Produkt aus. Die Rohstoffe für das „veredelte" Produkt, sind die Daten von uns allen. Wir merken nur nicht, dass an uns geschürft wird ... Viele Unternehmen nutzen dieses Prinzip und haben es über Jahre und Jahrzehnte aufgebaut, sich einen eigenen Bestand an Daten und Strukturen aufgebaut. Und sind damit enorm mächtig und reich geworden. Ob diese Daten wirklich ihr Eigentum sind, ist eine zunehmend diskutierte Frage. Allerdings: Alle Nutzer haben freiwillig die Regeln des Spiels akzeptiert. Ob jede und jeder von uns auch wirklich die berühmten AGB's und das noch berühmtere Kleingedruckte gelesen hat, das ist eine andere Frage.

Der klassische industrielle Kapitalismus scheint mehr und mehr in seiner digital transformierten Erscheinung zu einem Überwachungsprojekt zu werden. Das ökonomische Markt- und Gerechtigkeitsprinzip des Ausgleichs von Angebot und Nachfrage, das über Jahrhunderte für eine Abstimmung mit den tatsächlichen Bedürfnissen der Menschen und Gesellschaften gesorgt hat und dadurch die Entstehung und die Entwicklung von freien Marktwirtschaften und demokratischen Gesellschaften mit ermöglichte, wird ausgehebelt und umgangen. Das Versprechen von Befreiung, Emanzipation und Ermächtigung klingt vor diesem Hintergrund irgendwie gar nicht mehr so glaubwürdig. Man könnte sogar auf den Gedanken kommen, es stimme gar nicht ...

Der datenbasierte und KI getriebene „Überwachungskapitalismus" profitiert von einer in Nutzungsgewohnheiten verhafteten Bevölkerung, wobei viele weder Kunden noch Mitarbeiter sind und die Vorgehensweisen den allermeisten weitgehend unbekannt bleiben. Weil sich die meisten von uns nicht dafür interessieren. Und weil wir nicht bewusst etwas tun müssen. Es reicht völlig aus, wenn wir über irgendein Gerät oder eine Anwendung angeschlossen und vernetzt sind. Dieser Markt gründet sich letztlich also nicht auf einen Austausch mit Nutzern, sondern mit anderen Unternehmen, die es verstehen, mit mehr oder weniger automatisch kalkulierten Wetten auf das zukünftige Verhalten von Nutzern untereinander Geschäfte zu machen und dabei eine Menge Geld zu verdienen. In diesem neuen Kontext werden Nutzer, die zunächst der eigentliche Zweck des Geschäfts und dessen Bezugspunkt waren, zu einem Mittel der Gewinnerzielung auf einem neuartigen Markt, auf dem sie weder Käufer noch Verkäufer, noch Produkte darstellen. Sie sind die Quelle eines kostenlosen Rohstoffs für einen neuartigen Produktionsprozess.

Der datenbasierte Überwachungskapitalismus funktioniert nicht ohne das Digitale. Kann das Digitale aber ohne den Überwachungskapitalismus funktionieren? Das geht. Denn: Der Überwachungskapitalismus ist nicht gleich Technologie. Digitale Technologien können viele Formen annehmen und auf vielerlei Arten wirken, je nach der gesellschaftlichen und ökonomischen Logik, die sie verwendet und nutzt. Sie alle können für Überwachung, Sicherung und Ausbeutung von Verhaltensdaten genutzt werden, ohne dass die Erzeuger der Daten darüber irgendein Bewusstsein oder gar Kontrolle haben. Das muss aber nicht sein. Auch wenn Maschinen zunehmend voraussagen, das passieren wird. Menschen treffen letztlich die Entscheidungen, in welche Richtungen sich Technologien entwickeln, wie sie verwendet werden und wofür sie genutzt werden. Momentan entscheiden darüber Menschen, die vom beschriebenen „Überwachungs-Modell" profitieren oder es mit neuen Anwendungen für sich nutzen. Warum sollten sie etwas ändern? Momentan entscheiden Menschen, die sich aktiv und bewusst mit den Zusammenhängen und Funktionsweisen auseinandersetzen, sie gestalten und so Macht und Kontrolle über Märkte aufbauen. Das ist immer so im Wettbewerb und in dynamischen Umfeldern. Es wäre dumm, Chancen nicht zu nutzen.

Die Digitale Transformation wird von denen gestaltet, die sich mit ihr auskennen. Es ist nichts, was einfach passiert, sondern von Interessen geleitet und bestimmt ist. Das ist die Perspektive auf die Geschichte der Digitalen Transformation: Zunächst ging es um Profite aus Produkten, dann aus Dienstleistungen, schließlich aus Spekulationen und jetzt um Profite aus der Überwachung. Unternehmen tun das, Regierungen tun das auch. Am deutlichsten vielleicht in China, wo ein Staatsmonopolistischer Kapitalismus der digitalen Ära herrscht, Politik sich mit Technologieunternehmen vermischt und verwebt und so Machtstrukturen entstehen, die ein bisher unvorstellbares Maß an Kontrolle erreicht haben.

Dieses Maß an Kontrolle und Steuerungsmacht aus Größenvorteilen und aus Diversifikationsvorteilen, Maschinenlernen, Künstliche Intelligenz, bedarf über das Volumen hinaus auch der Datendiversität. Die Daten kommen aus der analogen Welt ebenso wie aus unserer ganz persönlichen Erfahrungswelt: Unsere Stimmen, Gesichter, Persönlichkeiten und Emotionen werden erfasst, getrackt und zugeordnet. Diese Vorteile können genutzt werden, um nicht allein wahrscheinliches Verhalten vorherzusagen. Viel sinnvoller ist es aus dieser Perspektive gleich in das Verhalten einzugreifen. Aber natürlich unterschwellig, unauffällig und weitgehend unbemerkt. Empfehlungen, Vergleiche und allerlei Hinweise lenken, leiten und führen. Aus dem Wissen über das wahrscheinliche künftige Verhalten wird so die Manipulation des Verhaltens. Das geht deswegen so gut, weil KI die geradezu perfekte Technologie für Erkennen und Zuordnen ist, perfekt dafür ist Muster zu identifizieren, daraus Wahrscheinlichkeiten zu berechnen, daraus Voraussagen zu machen und schließlich Abläufe und letztlich auch komplexe Systeme auf ein bestimmtes Ziel hin zu optimieren. Automatisch, im Hintergrund, unauffällig, irgendwie sogar angenehm. Rechtfertigend kann man behaupten, es passiere doch eh nur, was sowieso sehr wahrscheinlich eingetreten wäre. Wo ist das Problem? Menschen kommen doch auch schließlich in Läden, wenn sie durch Sonderangebote zur passenden Zeit dazu beispielsweise über ganz altmodische Plakate, Radiospots oder Postwurfsendungen animiert werden. Den Unterschied macht hier der Grad von Autonomie und der Grad von Automatisierung. In der analogen Welt mit ihren Logiken und Gesetzen ist der erste hoch und der zweite klein.

In der digitalen Welt der maschinell optimierten Wetten auf unser Verhalten und seine ebenfalls maschinell optimierte Manipulation ist es genau umgekehrt.

Die Konsequenz: Menschen müssen sich Automatismen und statistischen Logiken anpassen, damit diese optimal laufen – weil sie mit ihrem Verhalten der eigentliche „Rohstoff" sind. Am besten und am effizientesten wäre es, wenn Menschen als eigenständige, unvorhersehbare Wesen aus dem System „verschwinden". Dann wäre alles berechenbar, vorhersagbar, gewiss. Optimal.

Paradoxerweise ist aber gerade die Gewissheit der Ungewissheit für uns Menschen und unser Zusammenleben Quelle von Ängsten und gleichzeitig der Ursprung vieler unserer Errungenschaften in unterschiedlichsten Kontexten. Über die Ungewissheit und Unsicherheit als Quelle von sozialen Ängsten und Polarisierungen haben wir bereits im Kapitel über die digitale Gesellschaft gelesen. Diese Ängste werden auch in diesem Kapitel noch einmal auftauchen. Doch die Ungewissheit brachte genauso das universelle Bedürfnis nach sozialem Vertrauen und sozialem Zusammenhalt hervor, sie schuf unsere soziale Organisation, sie begründet den Wert familiärer Bindungen und sie legitimiert Macht, sie ist der Grund für Verträge als formale Anerkennung wechselseitiger Rechte und Pflichten, letztlich ist die Gewissheit der Ungewissheit unabdingbare Voraussetzung des freien Willens. Verschwindet die Ungewissheit, dann gibt es nicht mehr wirklich irgendetwas vorherzusagen, sondern nur noch das Sichere geschehen zu lassen. Es wäre die Unterwerfung unter die berechneten Pläne einer höhere Instanz oder Macht. Es wäre ein zivilisatorischer und geistiger Rückschritt durch eine technologische Revolution, die Rückkehr des Schicksals und der Vorsehung in neuen Gewändern und einer neuen Art von künstlich intelligenter Mythologie.

Ist es das, was wir wollen? Diese Macht, Verhalten zum Profit Dritter zu manipulieren, ist einerseits selbstverliehen, andererseits fremdverliehen. Wir alle haben irgendwie und irgendwann zugestimmt. Weil wir die Mechanismen im Hintergrund nicht erkennen oder nicht erkennen wollen, weil es einfach zu schnell geht oder weil die Versprechen einfach gut klingen. Dennoch: Diese Macht entbehrt jeglicher demokratischer oder moralischer Legitimation. Der Überwachungskapitalismus funktioniert so gut, weil er unbewusst geschieht, bequem ist und fast unentrinnbar. Unternehmen bauen „Ökosysteme" der Vernetzung und mit enormen „Switching Costs". Es ist alles so undurchsichtig, ein bisschen heimtückisch, es macht Mühe darüber nachzudenken, genauso wie es schwer ist, über den Klimawandel nachzudenken, einen Prozess, der die Gesellschaft, wie wir sie derzeit verstehen, unweigerlich zerstören könnte, aber von vielen von uns zunächst als etwas besseres Wetter erscheint. Es ist mehr oder weniger günstig, rein zu kommen; will ich raus, dann ist der Schaden und der Aufwand enorm. Wenn wir uns dessen in bestimmten Momenten bewusst werden, folgt dann meistens Frust, Fatalismus oder Resignation. Die digitalen Ökosysteme tragen, wie wir später sehen werden, immer stärker zum Klimawandel durch CO_2-Ausstoß bei, sie befeuern Massenhysterisierung, Polarisierung und Populismus, sie verstärken identitäre und singuläre Tendenzen und Frusterfahrungen, sie stellen sich in den Dienst von Diktaturen, sie untergraben das Vertrauen in die Macht und Verlässlichkeit staatlicher Institutionen und sie werden entweder von diktatorischen Regierungen kontrolliert oder von Konzernen, die sich der politisch-demokratischen Kontrolle entziehen. Ein Mangel an moralischer und demokratischer Legitimation mit einem hohen Potenzial an Frust und Fatalismus ist keine gute Mischung. Ist es verantwortlich und nachhaltig, alles so weiter laufen zu lassen?

Es stimmt: Bisher sind die Geschäftsmodelle und Ökosysteme des Überwachungskapitalismus sehr erfolgreich, sie haben neue Produkte geschaffen, neue Services hervorgebracht, Jobs kreiert, viele Menschen reich und einige Menschen unermesslich reich gemacht. Die Frage ist, ob das rechtfertigt, auch alle Folgen für die Gesellschaft akzeptieren zu müssen. Wenn diese Logik des unsichtbaren Zwangs auf unser soziales Leben angewandt wird, werden ihre Implikationen beunruhigend. Der Glaube, dass menschliches Verhalten perfekt modelliert, vorhergesagt und kontrolliert werden kann, hat zur Folge, dass gerechte Beziehungen zwischen Individuen und das Vertrauen in Institutionen zusammenbrechen und jeder Anschein einer partizipativen, demokratischen Gesellschaft durch algorithmische Gewissheit ersetzt wird. Es gibt keine Rechtfertigung und keine Notwendigkeit mehr für kollektive, anfechtbare Entscheidungsfindung oder für verantwortungsvolle Geschäftspraktiken unter dieser angeblichen Perfektionierung des menschlichen Verhaltens. Der Überwachungskapitalismus als Code für den Alltag braucht keinen freien Willen und auch keine freien Märkte. Der Kapitalismus hätte sich letztlich sogar selbst abgeschafft. Der Überwachungskapitalismus führt zu einer Neuverteilung von Entscheidungsrechten. Nicht mehr viele Menschen haben einige Rechte, vielmehr konzentrieren sich diese Rechte innerhalb des Überwachungsregimes und eröffnen damit eine neue Dimension sozialer Ungleichheit.

Freiheitliche Demokratie bedeutet Kampf für die Freiheit der einzelnen Person, ihre Möglichkeit, sich zu entfalten und nicht manipuliert zu werden, ihr Recht auf Privatheit und auf Geheimnisse. Wer nichts zu verstecken hat, hat auch kein Leben. Es geht um den existenziellen und politischen Kanon der modernen freiheitlichen Ordnung. Eine Ordnung, die auf Prinzipien der Selbstbestimmung basiert. Prinzipien, die über Generationen entstanden sind und erkämpft werden mussten. Weil sie nicht selbstverständlich sind. Daran hat sich nichts geändert. Es wird sich auch nie ändern. Was sich ändert, ist die Form, in der der Kampf ausgetragen wird. Ausgetragen werden muss.

Künstliche Intelligenz „optimiert" Arbeitsmärkte

Das Gute dabei ist: Die Ära der Digitalisierung und ihre neuen Technologien eröffnen andauernd ganz neue Möglichkeiten der wirtschaftlichen und sozialen Entwicklung und Mobilität. Die Geschwindigkeit und die Ungewissheit, die uns einerseits zu überfordern drohen, bieten immer wieder Chancen und Gelegenheiten, den Kurs neu zu justieren. Auch das wäre nicht mehr möglich, wenn alle Ungewissheit beseitigt, herausgerechnet und wegoptimiert wäre. Aber so ist es eben nicht. Die Karten werden neu gemischt. Neue Ideen, neues Wissen, neue Fertigkeiten und neue Kompetenzen sing gefragt. Alte oder auch gerade einmal etablierte Rituale und Weisheiten gelten nicht mehr, sie können schnell verfallen und verschwinden.

Der Wandel und das Wachstum betrifft alle Bereiche, die mit der Digitalisierung der Wirtschaft zu tun haben. In technischen und heute schon digitalisierten Branchen entstehen neue Möglichkeiten und neue

Jobs. In Bezug auf die Anzahl, als auch in Bezug auf ihren Charakter. Aber nicht nur dort. Es gibt auch wachstumsstarke Bereiche, die nicht unbedingt mit Digitalisierung und Arbeit der Zukunft als erstes in Verbindung gebracht werden das gilt zum Beispiel für das Gesundheits- und Sozialwesen und den öffentlichen Dienst. Das Gesundheits- und Sozialwesen zählt zu den gesellschaftsnahen Dienstleistungen. Darunter fallen Krankenhäuser, Pflege- und Behindertenwohnheime, Arztpraxen und soziale Betreuung. Hier arbeiten nicht nur Ärzte und Pflegekräfte, sondern auch kaufmännisches, technisches und Verwaltungspersonal. Im Jahr 2040 wird dieser Sektor der größte Wirtschaftszweig in Deutschland sein. Allein zwischen 2030 und 2040 wird mit einem Anstieg der Erwerbstätigenzahl um 500.000 in diesem Sektor gerechnet. Insgesamt werden 2040 rund sieben Millionen Menschen im Bereich Gesundheit und Soziales arbeiten. Grund für die steigende Nachfrage in diesem Bereich ist die zunehmende Alterung der Bevölkerung, die wir im Kapitel zur digitalen Gesellschaft gesehen haben. Gleichzeitig wird die Gesundheits- und Pflegewirtschaft extrem technisiert und digitalisiert. Digitale Technologien und insbesondere KI werden beispielsweise Analysen, Diagnosen und teilweise sogar Operationen übernehmen. Der demografische Wandel hat auch anderswo Folgen. Eine Pensionierungswelle rollt bereits jetzt schon durch einige Branchen und lässt den Arbeitskräftebedarf wieder steigen. Das betrifft auch den öffentlichen Dienst. In den kommenden 20 Jahren wird jeder fünfte Beschäftigte im öffentlichen Dienst altersbedingt ausscheiden. Das macht massive Neuanstellungen von bis zu 40.000 Personen im Jahr notwendig. Und auch hier das gleiche Bild: Die Digitalisierung und die Verbreitung von KI Nutzung wird teils radikal zunehmen und zunehmen müssen. Das liegt zum einen daran, dass der deutsche öffentliche Dienst so veraltet ist, dass er selbst grundlegende Aufgaben nicht mehr erfüllen kann, wie wir in der Corona Krise anhand vieler schmerzlicher und in vielen Fällen sogar tödlicher Beispiele lernen mussten. Zum anderen liegt es daran, dass es sich der Staat, wenn er weiter Akzeptanz und vertrauen bei seinen Bürgern haben will, auf ein digitales Niveau kommen muss, wie wir als Bürger es in allen anderen Bereiche unseres Alltagslebens gewohnt sind. Darauf werden wir später noch genauer eingehen.

Es ist sehr wahrscheinlich, das gleichzeitig Jobs in allen Bereichen durch Digitalisierung und Maschinisierung und Automatisierung verloren gehen werden. Das trifft den handwerklichen Industriearbeiter genauso wie den administrativen Mittelbau und selbst kognitive und Managementaufgaben. Wegen der demografischen Entwicklung lautet die aktuelle These, Europa brauche massiv Einwanderung, um das aktuelle Wohlstandniveau zu halten. Dabei wird jedoch übersehen, dass nicht die Zahl der Arbeitsplätze entscheidend ist und dass diese eben auch nicht konstant bleibt. Zudem kommt es, wie wir im zweiten Kapitel des Buches gesehen haben, zunächst einmal auf die Produktivität der Arbeit und Arbeitsplätze an, wenn es darum geht, ob Wohlstand gehalten oder gesteigert werden kann. Digitalisierung und Maschinisierung wird viele der heute aktuellen und repräsentativen Jobs übernehmen. Es werden hier aber gerade keine Menschen als Ersatz gebraucht, egal ob aus dem Inland oder Ausland. Zudem wird die damit einhergehende Effizienz, die Produktivität erhöhen. Auch das bedeutet, dass für einen Erhalt oder eine Steigerung des Wohlstandsniveaus eine gleichbleibende Anzahl an Jobs für Menschen eben nicht notwendig ist. Es geht mit weniger menschlicher Arbeitskraft. Weil das immer klarer wird, wird vermehrt aus einer sozialstaatlichen Perspektive argumentiert. Zuwanderung sei nötig, um die Arbeit zu machen, die nicht von Maschinen übernommen werden könne und vor allem, um die Sozialsysteme aufrecht zu erhalten. Genau das ist der eigentliche Kern der Argumentation. Nicht wegen der Wohlstands- und Produktivitätserhaltung ist es notwendig, die Kopfzahl der Bevölkerung durch Einwanderung mehr oder weniger gleich zu halten. Es geht vielmehr darum, möglichst die gleiche Anzahl an Beitragszahlern für die Sozialsysteme sicherzustellen, denn die werden über Abgaben aus menschlicher Lohnarbeit und nicht aus maschineller oder technischer Wertschöpfung finanziert. Allerdings: Neue Jobs werden vor allem im unteren und prekären Bereich entstehen und in Berufen, die eine hohe fachliche und akademische Bildung voraussetzen. Erstere können von Einwanderern auch mit niedrigem Qualifikationsniveau übernommen werden, sie sind aber wenig produktiv und schlecht bezahlt. Das heißt, die Anzahl der Beitragszahler würde zwar bei großer oder massiver Einwanderung gleich bleiben, aber die Einnahmen würden wegen des geringen Lohnniveaus trotzdem zurück gehen. Die Qualifikation für anspruchsvolle und hoch bezahlte Jobs, bringen aber die meisten Immigranten zumindest aktuell eben genau nicht mit. Einwanderung nach dem Prinzip des rein rechnerischen Auffüllens der demografischen Lücke an Beitragszahlern wird das Problem der Lohnspreizung und Prekarisierung sehr sicher noch verstärken und den Konkurrenzkampf auf den Arbeitsmärkten gerade im unteren Bereich massiv verstärken.

Durch den demografischen Wandel und die neuen Anforderungs- und Wettbewerbsregeln einer digitalisierten und internationalisierten Datenwirtschaft kommen auch soziale Mobilität und Rangeleien in Bewegung, die sich bisher eher unterschwellig manifestierten. Es gibt Aufsteiger und Absteiger. Das ist normal und historisch nie anders gewesen. Durch die Regeln und Logiken des digitalen Wettbewerbs, werden die Ausmaße des Abstiegs, wie die Ausmaße des Aufstiegs jedoch um ein vielfaches größer und damit unterschiedlicher, als in Zeiten der extrem langsamen Agrarwirtschaft oder des Merkantilismus und der aus heutiger Sicht geradezu lahmen Industrialisierung. Leistung alleine garantiert eben automatisch noch keinen Erfolg. Und auch ein einmal erworbener Abschluss als Zeichen der Qualifikation ist keine Garantie für den wirtschaftlichen und sozialen Aufstieg. Vielmehr kommt es darauf an, sich als Einzelperson, als Team oder als Unternehmen in Wettbewerben durchzusetzen, deren Regeln mehr und mehr durch digitale Logiken definiert werden. Leistung ist also nicht immer gleichbedeutend mit Erfolg. Erfolg bedeutet dabei aber immer mehr, exponentiell zu profitieren. Digitale Märkte sind sogenannte „Winner-takes-it-all-Märkte". Das bedeutet: Derjenige, der auch nur einen kleinen Wettbewerbsvorteil für sich sichern kann, ist in der Lage, diesen so auszubauen, dass er schließlich in einem Markt oder einer Nische nicht nur zum Marktführer, sondern zum Monopolisten wird. Das gilt für Produkt- und Servicemärkte und es gilt in digitalen Bereichen auch für Arbeitsmärkte. Ökonomen wie Soziologen stellen sich darum schon länger die Frage, was es bedeute, wenn sich diese Winner-takes-it-all-Märkte sukzessive in alle Bereiche des Lebens ausdehnen. Dann geht es mehr oder weniger überall auch um die soziale Spaltung zwischen den wenigen Markt- und Meinungsführern, die sagen, wo es lang geht und den Vielen, denen mehr oder weniger nur bleibt, das Spiel mitzuspielen und auf das Glück zu hoffen, eine gute Gelegenheit zu bekommen, aufzusteigen. Daraus entsteht ein Gefühl der Kränkung und der Frustration, wie wir es bereits im zweiten Kapitel aus eine anderen Perspektive gesehen haben. Die „Vielen" drängeln sich um die Plätze an der Spitze, die zwar immer mächtiger und reicher, aber eben auch immer weniger werden. Es ist as Phänomen der „Elitenüberproduktion", welches wir ebenfalls bereits kennen. So sind zwangsläufig die meisten Menschen in der Gesellschaft mit dem Gefühl konfrontiert, irgendwie zurückgesetzt, ausgesondert oder diskriminiert zu sein. Da es nicht an irgendeiner erkennbaren Leistung liegt, wer aufsteigt und wer es nicht schafft, wachsen Angst und Wut gleichermaßen und kontinuierlich. Am Ende steht der Hass auf das System, die Demokratie und den Kapitalismus. Der Soziologe Heinz Bude hat dafür den Begriff der „postkompetitiven Verbitterungsstörung" (Bude 2014) gefunden. Die gedemütigten Verlierer sind die allgegenwärtigen Opfer. Und sie fühlen sich auch so. Ein unterschiedlich definierter Opferstatus wird geltend gemacht und propagiert. Hier treffen sich identitätsbasierte Opferidentitäten mit sozio-ökonomisch begründeten Opferidentitäten. Weil beides zusammenkommt ist der Trend so mächtig und so bestimmend für die gesellschaftliche und politische Diskussion.

In unserer postmodernen Gesellschaft wird der alte Klassenkampf mit dieser eben genannten Verbindung durch den Kampf gegen identitätsbasierte Machtasymmetrien aufgeladen und bekommt einen Schub neuer Lebensgeister. Der Feind ist nun nicht mehr alleine das Kapital, sondern zudem noch eine rassistische und sexistische strukturelle Geisteshaltung, das Mindset des alten weißen Mannes, die überwunden werden muss, um sozioökonomischen Gleichheit zu erreichen. Der Kapitalismus von heute oder das kapitalistische System ist also um eine strukturell rassistische Dimension erweitert und es wird unterstellt, dass das eine das andere bedingt und fördert. Weil der Kapitalismus nur durch die Ausbeutung von Opfergruppen funktioniert, muss das Wirtschaftssystem rassistisch sein. Oder auch andersherum: Weil das kapitalistische System von rassistischen und sexistischen Männern bestimmt wurde und wird, ist das so erschaffene Wirtschafts- und Gesellschaftssystem auch notwendigerweise strukturell rassistisch. Einfach nur der klassischen Arbeiterklasse oder dem modernen Prekariat anzugehören reicht vor diesem Hintergrund nicht mehr, um als benachteiligt und hilfsbedürftig zu gelten. Wer einen rassistisch oder sexistisch basierten Opferstatus vorweisen kann, der kann auch mehr Ansprüche an Förderung, Schutz und Privilegien geltend machen. Zu dem Wettbewerb zwischen den gesellschaftlichen Schichten im Ringen um Auf- und Abstieg sowie Statussicherung, gesellt sich hier also noch eine weitere kompetitive Dimension innerhalb der prekären und auch mittleren gesellschaftlichen Gruppen. Es ist die Frage, wer neben der wirtschaftlichen Ausbeutung noch wie viele andere Diskriminierungsgründe vorweisen kann.

Ein eskalierender Wettbewerb sowohl gut ausgebildeter als auch wenig qualifizierter Menschen auf ihren jeweiligen Arbeitsmärkten spielt der Bildung von monopolistischen Strukturen und Großkonzernen auf den beschriebene Winner-takes-it-all-Märkten in die Hände. Eigentlich müssten vor diesem Hintergrund gerade und zuvorderst Linke nicht nur gegen die Macht des Kapitals und der Konzerne sein, sondern auch gegen unbegrenzte und unkontrollierte Einwanderung sein. Denn auf einen kurzen Nenner gebracht, lässt sich konstatieren: Offene Grenzen und massive Zuwanderung sind ein Sieg der Bosse.

Aber: Diese Sicht gilt genau nicht für Linke aus der meist akademischen Mittel- und Oberschicht, die in den ehemaligen Arbeiterparteien und linksliberal-grünen Parteien in Deutschland und vielen westeuropäische Ländern, anders als in Nordeuropa und Osteuropa, den Ton angeben. Sie setzen sich für Einwanderung ein, sehen darin eine Bereicherung und einen Beitrag zur Demokratisierung der eigenen und der Weltgesellschaft. Der Konkurrenzkampf in der Gesellschaft wird gedeutet als ein Beitrag dazu, dass die Privilegierten der Wohlstandsgesellschaft eine materielle Abwertung erfahren müssen, um durch diese Umverteilung für mehr soziale Gerechtigkeit zu sorgen. Das sei auch moralisch geboten, denn schließlich stamme der Wohlstand letztlich aus der systematischen Jahrhunderte langen kolonialistischen und postkolonialistischen Ausbeutung der Heimatländer der Einwanderer und Flüchtlinge oder der Wohlstand gründet auf dem wachstumsfixierten Raubbau an Natur und Klima, der letztlich eigentlicher Grund und Ursache für Flucht und Migration sei. Gerne auch beides. Hierbei mag es sich um ein filigranes und mit viel Mühe formuliertes theoretisches Konstrukt handeln. Es ist jedoch in erster Linie der Ausdruck einer enormen Missachtung gegenüber den sogenannten Unterschichten und unteren Mittelschichten in der eigenen Gesellschaft der westlichen Länder. Der französische Geograf und Autor Christophe Guilluy neben vielen anderen Autoren in Frankreich, Deutschland und anderen europäischen Ländern beschreibt das in seinen Büchern „Le crepuscule de France d'en haut" und „La fin de la classe moyenne occidentale", als eine neue Bourgeoisie, die in ihren eigenen großstädtischen Festungen und Condominions links denkt und wählt, aber rechts lebt (Guilluy 2018). Die Zuwanderung von billigen Arbeitskräften aus dem Ausland macht dieses Leben zudem erst zum großen Teil überhaupt möglich, ebenso wie die zunehmende Prekarisierung von Teilen der Gesellschaft und der Arbeitsmärkte durch den immer größeren Konkurrenzdruck der Menschen untereinander und, wie wir bereits vorhin in diesem Kapitel gesehen haben, den Ersatz von Menschen durch Maschinen und autonome Systeme mit höherer Effizienz und Produktivität. Die Öffnung der Chancen- und Einkommensschere in der Gesellschaft wird besonders oft beklagt, jedoch dabei verdrängt, dass man selbst eben auf der oberen Seite dieser Schere sitzt.

Das Wissen um die Lebenswirklichkeit der einheimischen Unterschichten ist aufgrund der größeren, systemischen Zusammenhänge der globalen Gerechtigkeit ziemlich uninteressant, vernachlässigbar oder einfach unbekannt. Dabei tragen gerade diese Menschen seit vielen Jahrzehnten die Hauptlast der strukturellen Änderungen der Wirtschaft und der Erwerbsarbeit, als auch die Hauptlast der Migration und Integration. Zuwanderer lassen sich hauptsächlich in Städten und Ballungszentren nieder und dort jeweils in den Stadtteilen, in denen die Mieten niedrig und bereits Freunde oder Verwandte ansässig sind. In der Konsequenz konkurrieren sie mit den einheimischen wirtschaftlich Schwachen um Wohnraum, um die Nutzung öffentlicher Infrastruktur und öffentlicher (Transfer-)Leistungen und um die Beherrschung des öffentlichen Raums. Gerade im Niedriglohnsektor, in dem schon seit langer Zeit ein Überangebot an Arbeitskräften besteht, verschärft sich die Konkurrenz und verschärfen sich die Konflikte. Der Einsatz von autonomen und KI gestützten Systemen in schlecht bezahlten Servicejobs wird dieses Überangebot noch verschärfen. Im Leugnen und Ignorieren der Alltagsprobleme drückt sich eine Geringschätzung der einheimischen Unterschichten aus, die von diesen empfindlich gespürt wird, wie es Sybille Tönnies in ihren Untersuchungen zu multikulturellen Gesellschaften bereits Mitte der 1990er-Jahre beschrieb. Vor diesem Hintergrund kann der Verfall der SPD als ehemalige Arbeiterpartei und der Aufstieg der AfD als neue selbst ernannte Partei des Kleinen Mannes eigentlich niemanden wirklich verwundern. Die Grünen leiden hier in der Wählergunst nicht, weil sie genau die genannten links-sozialen und links-liberalen akademischen Mittelschichtmilieus ansprechen, die umfassende Einwanderung befürworten ohne von den sozioökonomischen Folgen negativ betroffen zu sein.

Abgefangen und gemildert werden diese beschriebenen Auswirkungen in Deutschland von einem hoch bürokritisierten und ausgebauten Wohlfahrtsstaat und einer hohen Regelungsdichte. Ohne Gegenleistungen in Form von Arbeit erbringen zu müssen, erhalten Einwanderer Leistungen die in Relation zu den Verhältnissen ihrer Herkunftsländer so gut wie immer sehr hoch sind. In klassischen Einwanderungsländern wie den USA, Kanada oder Australien, die viel Erfahrung mit Migration und den Folgen für die einheimischen Gesellschaften haben, ist es genau so nicht. In den ersten fünf Jahren haben beispielsweise in den USA Einwanderer keinerlei Ansprüche auf Sozialleistungen. Sie müssen sich den eigenen Lebensunterhalt selbst verdienen oder sind auf die Unterstützung ethnischer oder religiöser Gemeinden angewiesen. In Kanada sind die Verhältnisse ähnlich, zudem müssen Einwanderer nach einem Punktesystem klar definierte Kriterien erfüllen, die sich nach dem tatsächlichen Bedarf der einheimischen Wirtschaft an (qualifizierten) Arbeitskräften richten (Statista Research Department 2020). Diese Länder haben diese sehr harten Einwanderungsregeln etabliert, weil sie mittels ihrer Geschichte die Erfahrung gesammelt und verstanden haben, dass ansonsten die wirtschaftlich-soziale Basis des Landes und der Gesellschaft überlastet wird. Auch in anderen Ländern Europas setzt sich diese Erkenntnis durch und manifestiert sich in politischen Entscheidungen und Reformen. Das Vereinigte Königreich ist nicht zuletzt wegen der übertrieben dargestellten aber nichtsdestotrotz umfangreichen Immigration nach Europa und nach Großbritannien aus der EU ausgetreten. Die Entscheidung war knapp und es gab viele Übertreibungen und eindeutige Lügen. Das ändert aber nichts an der Tatsache, dass Einwanderung hier das entscheidende politische Thema mit dem höchsten gesellschaftlichen Mobilisierungspotenzial gewesen ist. Eben weil es in der Lebenswirklichkeit vieler wirtschaftlich eher schlecht oder sehr schlecht situierten Menschen eine enorme, negative Rolle spielt. Auch die lange als besonders einwanderungsfreundlich geltenden skandinavischen Länder stellen ebenso verstärkt auf einen harten Kurs in der Einwanderung um, bis hin zur offiziell verkündeten „Null Asyl Politik" in Dänemark. Von einer sozialdemokratischen Ministerpräsidentin. Dieselbe sozialdemokratische Regierung in Dänemark will verhindern, dass „Parallelgesellschaften" entstehen. Dafür soll der Anteil von Bewohnern „nicht-westlicher" Herkunft in Stadtvierteln auf 30 Prozent begrenzt werden.

Der Soziologe Christoph Deutschmann hat in seiner Forschung betont, dass praktische Verbesserungen der Lage der Arbeitnehmer von linken Parteien und Gewerkschaften vor allem durch Maßnahmen zur Steuerung und Begrenzung des Angebots an Arbeitskräften erzielt worden sind (Deutschmann 2020). Durch Beschränkungen der Arbeitszeiten, des Arbeits- bzw. Rentenalters, Regelungen zu Qualifizierungsvoraussetzungen und auch durch Beschränkungen der Zuwanderung in Arbeitsmärkte. So gab es zum Beispiel bei der Osterweiterung der Europäischen Union Anfang des Jahrtausends lange Übergangszeiten bis Deutschland seine Arbeitsmärkte für die neuen EU-Bürger öffnete und selbst das nur sehr vorsichtig und schrittweise. Forderungen nach einer Absenkung des Rentenalters oder eine Verkürzung der Wochenarbeitszeit a la „32 ist die neue 40" sind ebenfalls allgemein bekannte und mehr oder weniger alltägliche Belege dafür, dass das Arbeitsangebot weiter verknappt werden soll, um soziale Forderungen gegenüber Unternehmen durchsetzen zu können. Die Verknappung des Angebots an Arbeitskräften ist eine der wesentlichen Voraussetzungen für die Durchsetzung höherer Löhne und ebenso für sozialpolitische Verbesserungen für Arbeitnehmer gegenüber Unternehmen. Mit zunehmender Verknappung des Angebots an Arbeitskräften steigt die Verhandlungsmacht der Arbeitnehmer und ihrer Interessenvertreter, mit zunehmendem (Über-)Angebot fällt diese Verhandlungsmacht oder sie dreht sich sogar um. Dann diktieren Unternehmen die Bedingungen nach ihren Vorstellungen. Mit einer großen und sich immer wieder erneuernden Reserve an meist wenig qualifizierten Arbeitskräften, die zunächst vom Wohlfahrtsstaat aufgefangen, alimentiert und unter Umständen auf ein Mindestmaß weiter qualifiziert werden, lässt sich Druck auf gesetzliche und tarifliche Regularien zum Schutz von Arbeitnehmern aufbauen oder diese Regulären werden einfach umgangen, schlicht und einfach weil es aufgrund des hohen Angebots an Arbeitskräften und deren Machtlosigkeit möglich ist. Ein anderer Hebel gegen die Verknappung der menschlichen Arbeitskraft anzugehen, ist der zunehmende Ersatz von Menschen durch mehr oder weniger intelligente Maschinen und KI Systeme. Wenn weniger Menschen gebraucht werden, verliert die Verknappung von menschlicher Arbeitskraft ihr Machtpotenzial.

Der Historiker Rolf Peter Sieferle hat diese Zusammenhänge mit Hinblick auf den Sozialstaat westlicher Prägung untersucht (Sieferle 2017). Grundsätzlich steht dieser Sozialstaat jeder Person im Land offen. Dafür müssen alle über Steuern und Abgaben in die Sozial- und Sicherungssysteme einzahlen und das unabhängig von ihrer ethnischen Herkunft oder staatsbürgerlichen Zugehörigkeit. Dazu muss der Sozialstaat ein gewisses Maß an Exklusivität sicherstellen, um stabil zu bleiben. Diese Notwendigkeit steht dem Prinzip einer dauernden und umfangreichen oder sogar unkontrollierten Einwanderung in Arbeitsmärkte und Sozialsysteme entgegen. Achtung! Eine solche Politik, die von linken Aktivisten in erster Linie vertreten wird, ist in ihrem Kern letztlich ultraliberal, weil sie einen unbeschränkten Freihandel mit und eine unbeschränkte Mobilität von Arbeitskräften fordert. Der ungebremste Import neuer Arbeitskräfte aus dem Ausland übertrifft dabei selbst die weitgehenden Forderungen zur Arbeitnehmerfreizügigkeit des sonst vehement verteufelten „Neoliberalismus". Das gefährdet aber nicht nur die Finanzierbarkeit und die Stabilität von Sozialstaaten, es verletzt auch das Gerechtigkeitsempfinden der Leistungserbringer für den Sozialstaat unabhängig von der Höhe ihres Einkommens und ihrer Abgaben. Die Begrenzung von Zuwanderung und deren Kontrolle ist also durchaus mit sozialdemokratischer und linker Politik zum Vorteil von Arbeitnehmern vereinbar. Es ist die Verteidigung der Interessen der historischen Klientel dieses politischen Lagers und dieser gesellschaftlichen Gruppen. Es ist zudem die Bewahrung des Aufstiegsversprechens durch Leistung, das für eine demokratische Gesellschaft einen Grundpfeiler der Stabilität und Legitimation darstellt. Dieses Versprechen garantiert soziale Mobilität. Es sagt: Du kannst aus Deiner Klasse, aus Deinem Umfeld raus. Es gelingt, wenn Du eine selbstbestimmte und gut ausgebildete Persönlichkeit bist. Du bist nicht Opfer, sondern Täter. Denn Du selbst bestimmst mit dem was Du tust, wohin Du kommst. Du musst verstehen wie das Spiel läuft – und entsprechend entscheiden und handeln. Die Frage ist: Hast Du den Mut, den Schneid und die Kraft, das zu tun? Dann schaffst Du auch den Aufstieg. Bei alledem gilt auch: Du kommst nie ganz alleine voran. Alle Spitzenleistungen sind immer auch Gruppenleistungen.

Dieses Versprechen verliert an Glaubwürdigkeit. Es bröckelt, bekommt Risse. Es wackelt. Durch die eben beschriebenen Entwicklungen auf unseren Arbeitsmärkten. Genauso auch durch die Machtverschiebungen, Monopolisierungen und Feudalisierungen auf Produkt-, Service- und Kapitalmärkten des digitalen Zeitalters.

Ein neuer digitaler Feudalismus 4.0

Seit ungefähr einem Vierteljahrhundert treten diese Veränderungen der Macht deutlich hervor. In Bezug auf die Kapitalmärkte war die große Finanzkrise ab 2008 der Beleg, nachdem bereits zur Jahrtausendwende kleinere Finanzkrisen als Vorwarnungen aufgetaucht waren. Investoren sahen, dass sie von der kolossalen Kurzsichtigkeit und dem Missmanagement der großen Investmentbanken wie auch der Regierungen in den USA und Europa profitieren konnten. Durch den Kauf eines Finanzinstruments, Credit Default Swap genannt, konnten sie gegen Anleihen und verbriefte Kredite wetten. Die Swaps funktionierten wie eine Versicherungspolice. Der Käufer der Versicherungspolice zahlte regelmäßige Prämien an den Verkäufer. Im Falle einer Katastrophe, wie dem Zusammenbruch des Immobilienmarktes, müsste der Verkäufer der Swaps jedoch den vollen Nennwert der referenzierten Anleihe zahlen. Es war offensichtlich, dass der bevorstehende Zusammenbruch des überhitzten Subprime-Immobilienmarktes solche Credit Default Swaps bald extrem teuer machen würde. Andere Investoren würden sich darum reißen, eine Versicherung gegen die Verluste aus ihren abgewerteten Anleihen und Kredite zu kaufen. Es war so, als würde man eine spottbillige Feuerversicherung für ein Haus kaufen, von dem klar war, dass es am nächsten Tag oder spätestens der nächsten Woche in Flammen aufgehen würde. Das ganze Spiel funktionierte, weil praktisch alle Akteure systemische

Risiken aus Gier nach schnellem Gewinn und Kurzsichtigkeit übersahen oder bewusst ausblendeten. Das Ende ist bekannt.

Beigetragen dazu hat auch die Komplexität von Märkten und Finanzprodukten. Die wenigsten verstanden wirklich, wie die Geschäfte funktionierten, die sie da abschlossen. Das gilt im Finanzsektor und auch mittlerweile in vielen anderen Branchen der Wirtschaft. Undurchsichtigkeit der Funktionsweise gepaart mit gieriger Kurzsichtigkeit ist eine gefährliche Mischung. Gerade hier kann aber KI in Zukunft zu mehr Sicherheit beitragen.

KI kann Menschen dabei helfen, Risiken besser einzuschätzen und Systemzusammenbrüche zu verhindern. 1. Beim Verstehen von Zusammenhängen und Mustern, denn die kann KI extrem gut identifizieren. 2. Bei der Vorhersage von Risiken und Gefahren, denn die lassen sich aus den erkannten Mustern per KI schnell und frühzeitigen erkennen und bewerten. 3. Bei der Inzentivierung von Akteuren und Entscheidern, die sich an der systemischen Stabilität und nicht allein am unmittelbaren Profit orientiert. Der historische Blick zeigt, dass es immer wieder Blasen und Übertreibungen wie bei der letzten großen Finanzkrise gegeben hat. Offenbar wollen Menschen nicht lernen, solange sie einen persönlichen Vorteil erwarten. Aber: KI kann hier emotionslos und neutral beobachten, warnen und Orientierung geben. Die letzte Entscheidung muss weiterhin bei uns Menschen liegen. Diese Ungewissheit müssen wir eingehen. Doch das ist ja schließlich, was unser freies Leben ausmacht, wie wir vorhin gesehen haben. Dieses Beispiel zeigt auch sehr schön, dass Technologien nicht unausweichlich Dystopien mit sich bringen müssen, sondern Fehlentwicklungen und Katastrophen genauso gut zu verhindern im Stande sind.

Das ist ein entscheidender Faktor. Denn die Folgen der Finanzkrise sehen wir heute in der Umverteilung von Reichtum und Macht an kleine Eliten, die gleichzeitig die vor allem junge Mittelschicht scheinbar chancenlos im Streben nach Aufstieg zurücklässt. Der Kapitalismus als „System" wird nicht mehr zum eigenen Vorteil und Aufstieg wahrgenommen. Die Finanzkrise und nun dazu die Folgen der Corona Politik geben neuen, negativen Schub für diese bereits zur Jahrtausendwende begonnene Entwicklung. Das System wird als Unterdrücker und Feind wahrgenommen, gegen das gekämpft werden muss und gegen das auch

Diffamierung und letztlich Gewalt zulässig ist. Ein System das erst dekonstruiert und dann überwunden werden muss. Es entwickelt sich ein Kampf um Vorherrschaft, Wohlstand und Privilegien. Er wird gegeneinander innerhalb sozialer Schichten ausgetragen, denn der Weg nach oben scheint versperrt. Also nimmt man sich, was man will vom direkten Nachbarn. In diesem Kampf ziehen sich die etablierten Eliten zunächst zurück, um kein Risiko eingehen zu müssen. Die sogenannte Gentrifizierung, das gegenseitige Abkapseln von Stadtteilen in sozio-ökonomisch weitgehend homogene aber eben getrennte Welten ist ein sichtbares Zeichen dafür. Doch werden auch die etablierten Eliten vom Rückzug irgendwann zum Gegenangriff übergehen. Spätestens dann wenn die Lage wirklich ernst wird, wenn zum Beispiel die eigenen Kinder nicht mehr die gleichen Chancen haben wie ihre Eltern. Durch den immer härter ausgetragenen Konkurrenzkampf oder durch Vor- oder Sonderrechte von „Opfergruppen", die gleichzeitig die Möglichkeiten all derer beschränken, die nicht zu den Opfergruppen gehören. Diese Folgen der letzten großen Finanzkrise, werfen die Frage auf, wie eine neuerliche Verschärfung der Lage oder gar eine Wiederholung für die Zukunft verhindert werden kann. Ein Grund für die negativen Auswirkungen der Finanzkrise lag in der Größe, Macht und Systemrelevanz von Großunternehmen (Sorkin 2010). Too big to Fail. Fällt einer, fallen alle. Risiken und Kosten werden auf die Allgemeinheit abgewälzt, weil es sonst zur Katastrophe kommt. Dafür wird die Katastrophe aufgeteilt, in viele kleine Desaster auf Kosten der weniger oder gar nicht Privilegierten. Too big to fail – das bedeutet Macht und Erpressungspotenzial. Das galt und gilt im Finanzmarkt. Und es gilt genauso für digitalisierte Märkte und die dortigen „Player".

Die Macht und das Erpressungspotenzial der großen, globalen Tech-Konzerne, ist mit dem der Großbanken zu vergleichen. In den Augen des amerikanischen Trendforschers und Geografen Joel Kotkin handelt es sich hierbei um die Rückkehr des Feudalismus im digitalen Zeitalter (Kotkin 2020). Kotkin ist nicht der einzige, der das so sieht. Nach einer bemerkenswerten Epoche der größeren Verteilung von Wohlstand und Möglichkeiten kehren wir unaufhaltsam in eine eher feudale Ära zurück, die durch eine größere Konzentration von Wohlstand und Eigentum, eine geringere Aufwärtsmobilität, demografische Stagnation und zunehmenden Dogmatismus gekennzeichnet ist. Während in den letzten siebzig Jahren die Mittelschicht nicht nur in Amerika, sondern in weiten Teilen der entwickelten Welt massiv anwuchs, ist diese Klasse heute im Niedergang begriffen, und es entsteht eine neue, hierarchischere Gesellschaft. Diese Re-Hierarchisierung befördert Abstiegsängste. Die nächsten Jahre und Jahrzehnte werden gekennzeichnet sein vom Siegeszug einer Tech-Oligarchie, dem Niedergang der Mittelklassen und der Heraufkunft einer neuen Staatsform, die dann wohl nicht mehr Demokratie heißen wird. Tätige Mithilfe für diese Entwicklung leistet nach Kotkin eine Schicht von Intellektuellen, die er den neuen Klerus nennt, weil sie ihre Ziele bisweilen mit religiösem Eifer verfolge. Sie sorge sich um Vielfalt, Minderheitenrechte, Ökologie und nehme es in Kauf, wenn die Realisierung ihrer Ideen negative wirtschaftliche Konsequenzen für untere Klassen hat. Diese aktivistische und meinungsbildende Schicht sei vor alle Dingen in Dienstleistungsberufen beheimatet, die von der Globalisierung profitieren. Das von dieser Gruppe propagierte Identitätsdenken wird durch digitale Filterblasen verstärkt und zersetzt immer mehr die Demokratie. Für die Tech-Riesen ist das egal, da sie genauso gut oder sogar besser in autoritären Systemen arbeiten können. Oder sie schaffen sich gleich eigene Zonen der Herrschaft. Das ist keine Vermutung, sondern als „alternative Formen lokaler Gebietskörperschaften" bereits in Planung. In den USA will beispielsweise Nevadas Gouverneur Tech-Firmen erlauben, neue Städte zu bauen. Die Firmen wären dort Regierung, Schulbehörde, Polizei und Justiz in einem. Ob es wirklich so kommt, ist noch offen. Den Trend macht es aber deutlich.

Ein Lieblingsprojekt von Tech-Konzernen, digitalen Wandelgewinnern und linken Gleichheitsaktivisten gleichermaßen ist das bedingungslose Grundeinkommen. Als Ausweis ihrer sozialen Gesinnung vertreten gerade Tech-Konzerne das Grundeinkommen besonders engagiert. Das kann als vorausschauend gewertet werden. Schließlich wissen die Digitalkonzerne am besten, welche Effekte auf Arbeitsplätze ihre eigenen Technologien haben und noch haben werden. Wenn immer weniger Menschen für mehr oder weniger standardisierte Abläufe gebraucht werden, wenn die menschliche Arbeit entweder bei hoher Qualifikation sehr hoch oder bei niedriger Qualifikation sehr niedrig bezahlt wird, dann ist eine bedingungslose Grundsicherung ein Beitrag zum sozialen Frieden.

Grund: Niemand braucht sich um das eigene Existenzminimum zu sorgen. Ein Leben lang. Es kann aber auch eine Verfestigung der sozialen Unterschiede zum Klassengegensatz zwischen einer produktiven und einer unproduktiven Bevölkerung bedeuten. Die gut qualifizierten sorgen für ihren eigenen Lebensunterhalt und bekommen noch etwas für die Portokasse, die niedrig qualifizierten müssen sich mit ihrem Schicksal arrangieren, werden dafür aber alimentiert. Mobilität und Aufstieg: Nicht vorgesehen.

Auch durch die Folgen der Lockdown Politik in der Corona Kruse bekommt das Bedingungslose Grundeinkommen wieder Konjunktur in der Diskussion. Es sei ein Beitrag zur gesellschaftlichen Resilienz, weil selbst in Krisenzeiten jede und jeder abgesichert sei. Das Bedingungslose Grundeinkommen quasi als Weiterentwicklung des Sozialstaats. In den meisten Beispielrechnungen zur Umsetzbarkeit eines Grundeinkommens zeigt sich denn auch, dass der Aufwand des heutigen Sozialstaats an direkten Zahlungen und der notwendigen Verwaltung und Umverteilung höhere Kosten verursacht, als ein Grundeinkommen zwischen 1000 und 1500 Euro pro Person (vgl. Straubhaar 2017). Ein weiteres Argument lautet, dass ein Grundeinkommen die Kreativität und die Risikobereitschaft von Menschen fördert. Zudem nehme es den Druck von Menschen, sich unbedingt im Kampf um die eher weniger als mehr werdenden gut bezahlten Jobs aufzureiben und zu verbrennen. Ohne ein Grundeinkommen, so die Argumentation, würden die sozialen Spannungen und die Kriminalität geradezu gefördert. Diejenigen, die gut bezahlte Jobs haben, wären in ständiger Gefahr von den Armen und Unterprivilegierten angegriffen und beraubt zu werden, Arbeit wäre im Extremfall nur noch unter Polizeischutz möglich. Ein Grundeinkommen würde auch der Politik Herrschaftsmacht nehmen. Denn Politik besteuert Arbeitseinkommen, schafft dadurch Einnahmen für das Sozialsystem und kann das Geld über die Gestaltung des Systems nach eigenen Machtinteressen verteilen. Durch ein Grundeinkommen entfalle diese Verteilungsmacht. Hier ist jedoch zu fragen, wer dann Macht ausüben kann, wenn es eine demokratisch legitimierte Regierung nicht mehr tut. Sind dann die digitalen Feudalherren am Zug, wie es Joel Kotkin prophezeit?

Eine weitere offene Frage ist die der Finanzierung. Vor allem dann wenn es nicht mehr ausreicht, menschliche Arbeit zu besteuern. Denn das Verhältnis von Maschinenarbeit zu menschlicher Arbeit ändert sich und zwar zu Gunsten der Maschinen. Maschinen und intelligente Systeme werden immer mehr Prozesse, Produktivität und vor allem Wertschöpfung übernehmen. Das stellt die Logik der beitragsfinanzierten Sozialsysteme immer mehr in Frage. Ein Ausweg wären hier weiter steigende Steuern und Abgaben für die Umverteilung und gleichzeitig immer mehr staatliche Regulierung und eigene Aktivität in der Wirtschaft, um die Systeme aufrecht zu erhalten. Maschinen und digitale Systeme punkten zudem mit mehr Produktivität pro Stunde Arbeit, als Menschen. Konsequenz: Der Staat muss bei einem Umstieg auf ein Grundeinkommen die Kapitalerträge ebenso wie Arbeitseinkommen besteuern, Gewinnausschüttungen müssen gleich wie Lohnzahlungen besteuert werden.

Beim Werben für ein Bedingungsloses Grundeinkommen wird in der Kommunikation natürlich nur ganz zufällig ein entscheidendes Detail verschwiegen: Das Bedingungslose Grundeinkommen funktioniert nur als Ersatz für alle bestehenden Sozialleistungen und Transfers. Diese müssten komplett entfallen, ebenso gibt es dann keine Mindestlohnvorschriften mehr. Dafür entfallen auch alle Sozialabgaben, es gibt nur noch Steuern. Es geht also nicht um die vielfach behauptete Weiterentwicklung des Sozialstaats. Das Grundeinkommen ist die Abschaffung des Sozialstaats. Das Grundeinkommen ist ein Paradigmenwechsel, weg von der Bedürftigkeit, hin zur Gleichheit. Jede und jeder bekommt den gleichen Betrag. Sonst nichts. Alles andere liegt in der Eigenverantwortung für die individuelle Risikoabsicherung. Gleichheit auch in weiterer Hinsicht. Denn die Änderungen von Wertschöpfung durch Digitalisierung und Innovationen erhöhen die wirtschaftliche und soziale Ungleichheit und die Ungleichheit bei den Vermögen. Künstliche Intelligenz im Einsatz wird diesen Trend noch weiter verstärken. Das Grundeinkommen kann hier eine Grundsicherung bieten und für mehr Chancengleichheit sorgen, so dass die Bedeutung beispielsweise eines vererbten Vermögens nicht mehr (so) entscheidend ist wie heute. Lohnunterschiede bleiben weiter bestehen. Das Grundeinkommen kann auch als Beitrag zu Gleichberechtigung, Gleichstellung und Teilhabe verstanden werden, da es an alle unabhängig von der Herkunft oder anderen „identitären" Merkmalen ausgezahlt wird. Sonderreglungen oder Privilegien oder „Schutzrechte" wären nicht mehr nötig, die „Opferrolle" in wirtschaftlicher und sozialer Hinsicht wäre extrem unglaubwürdig und nicht mehr vermittelbar.

Diesem Zugewinn an grundsätzlicher Gleichheit steht der Rückzug des Staates und von Interessengruppen aus (Arbeits-)Märkten, Arbeitsmarktpolitik und Sozialpolitik gegenüber. Ebenso entfallen Privilegien und Einflüsse von Gewerkschaften und Tarifpartnern. Unternehmen gewinnen an Freiraum und Macht. Vielleicht ist das Werben für ein Grundeinkommen besonders bei Großkonzernen und Monopolisten also doch nicht allein ihrer sozialen Gesinnung zuzuschreiben …?

Zugleich stellt das Bedingungslose Grundeinkommen bezogen auf das Individuum ein urliberales, ja radikal liberales Modell dar. Motto: Jeder bekommt die gleiche Basis – und dann hängt es von Dir ab, was Du daraus machst. Es spricht den Leistungswillen von Menschen an, ebenso wie ihr Streben ihre Entfaltungschancen wahrzunehmen, etwas zu riskieren, zur Tat zu schreiten, anstatt zu warten. Vielleicht ist das aber auch zu viel Eigenverantwortung. Das Grundeinkommen eher eine Utopie, bei der nur die positiven Seiten immer wieder betont werden, die herausfordernden, rohen Konsequenzen lieber nicht erwähnt werden, weil sie so erschrecken. Sieht erst mal aus, wie ein tolles Geschenk. Aber ein Geschenk, das auch Gegenleistungen verlangt … Wer ist bereit, diese Gegenleistung zu erbringen …? Na – dann vielleicht doch lieber nicht …

Diese oben allgemein zusammengefasste unschlüssige und eher risikoscheue Abwägung ist typisch für die Anspruchshaltung besonders bei den jüngeren Generationen unserer Gesellschaft, die wir bereits im zweiten Kapitel genauer kennengelernt haben. Die saturierte oder sich weitgehend saturiert fühlende Wohlstandsgesellschaft, besonders die jungen Generationen, leben in einer hohen Anspruchshaltung gegenüber dem Staat, der Gesellschaft und den Unternehmen. Und sie verkennen die Lage. Es mag so aussehen, als ob aufgrund des demografischen Wandels junge und jüngere Menschen alle Ansprüche geltend machen können, weil „die Wirtschaft" sie ja braucht. Doch das ist eine rein regionale oder nationale Sicht. Arbeitsmärkte und Wertschöpfungsketten sind nicht mehr regional und analog. Deutschland und Europa stehen im globalen

Wettbewerb, bei extrem hoher globaler Mobilität von Kapital und Produktionsressourcen. Je höher der Grad der Digitalisierung, desto höher der Grad der Mobilität. Wettbewerber in Asien und in Afrika industrialisieren und digitalisieren massiv und verbessern ihre Bildungssysteme. Die beschriebene Erwartungshaltung und scheinbare Sicherheit hierzulande ist vollkommen übertrieben. Digitale Innovatoren vor allem aus den USA und China, aber auch aus anderen Teilen der Welt, bauen fleißig an neuen und intelligenten Produkten und Diensten, die die alte analoge Maschinenindustrie, das Rückgrat der deutschen und europäischen Sozialstaaten, mit jedem Schritt obsoleter machen. Lernbegierige und erfolgshungrige Unternehmer und Erfinder in aller Welt warten gespannt auf ihre Chance und ergreifen sie ohne zu Zögern, sobald sich die Gelegenheit dazu bietet. Kreative Zerstörung, nannte das schon Joseph Schumpeter vor gut 100 Jahren. Für die einen Verheißung für die anderen Apokalypse; für die einen Gewinn, für die anderen Verlust. Je nachdem, wo Kreativität und wo Zerstörung angesiedelt ist.

Teilhaben gerne. Teilnehmen – weniger.

Doch momentan sind andere Themen wichtig. Nicht zukunftsorientierter Wettbewerb zählt, sondern vielmehr das Bedienen von Anspruchsgruppen mit dem, was momentan zu Verteilung herangezogen werden kann. Es geht um „Teilhabe". Teilhabe wird als Recht definiert. Das Verständnis, dass es darum geht, sich Teilhabe durch Leistung erst einmal zu erarbeiten ist von gestern. Es stimmt: Teilhabe bedeutet „Gleiches Recht für alle". Nur muss das dann auch nicht allein beim Einfordern von Rechten gelten, sondern genauso beim Erbringen von Beiträgen verschiedenster Art und beim Einhalten von Rechten und Pflichten. Nur dann kann nämlich eine Gesellschaft und ihre Wirtschaft stark genug sein, nachhaltig zu funktionieren. Es ist richtig, sich über Teilhabe und über mehr Chancen für alle Gedanken zu machen und vor allem auch etwas dafür zu tun. Im Moment und in den kommenden Jahren gibt es zwei Ebenen des Ringens um Teilhabe. Die eine Ebene ist die gerade beschriebene. Im internationalen Maßstab gibt es neue und bereits jetzt mächtige Wettbewerber, die ihre Teilhabe und Mitbestimmung nicht nur einfordern, sondern sie sich auch nehmen. Mal im wirtschaftlichen und kreativen Wettbewerb, mal mit Druck, Erpressung und Gewalt. Und in Zukunft werden es sogar mehr Wettbewerber und Konkurrenten sein. Die andere Ebene ist das Ringen um Teilhabe in unserer Gesellschaft selbst, wo verschiedene Anspruchsgruppen ebenfalls ihre Forderungen artikulieren und gleichsam vermehrt zu Zwangsmitteln greifen, um sie durchzusetzen. Die Gefahr liegt hier nicht in der Teilhabediskussion in unserer Gesellschaft. Diese ist historisch normal und notwendig. Die Gefahr besteht vielmehr darin, dass wir durch die Fixierung auf den einen, internen Teilhabediskurs den anderen, externen Teilhabekampf vergessen und dass wir uns daran gewöhnen, dass Zwangsinstrumente auch im internen Diskurs eine Normalität sein müssen, nur weil sie im externen Teilhabekampf mehr oder weniger an der Tagesordnung sind.

Um Teilhabe zu ermöglichen, besser gesagt zu erzwingen, werden Quoten gerne als Mittel der Wahl angesehen. Quoten habe aber gleich mehrfach Begleiterscheinungen, die einseitig bestimmte Gruppen bevorzugen, dafür aber alle anderen benachteiligen. Eine Personalpolitik mit Quoten für Menschen mit Migrationshintergrund beispielsweise hat ein inhärentes doppeltes Problem. Einerseits ist sie zu umfassend angelegt, da sie Menschen allein wegen eines Gruppenmerkmals Vorteile zukommen lassen soll und das unabhängig vom tatsächlichen Bedarf der jeweiligen einzelnen Person. Gleichzeitig ist sie zu spitz und fokussiert angelegt, da die Personen, die einen realen Bedarf haben, aber nicht das notwendige Gruppenmerkmal aufweisen keine Unterstützung oder Förderung erhalten, obwohl sie diese unter Umständen sogar viel dringender bräuchten. Zudem stellt die Gleichsetzung von statistischer Unterrepräsentation und Diskriminierung einen Fehlschluss dar, wie der amerikanische Sozialwissenschaftler Nathan Glazer es in vielen seiner Untersuchungen von den 1990er-Jahren bis heute beschreibt (vgl. Glazer 1998). Nämlich dann, wenn nachträglich feststellbare Ergebnisse mit den im Vorfeld bestehenden Chancen gleichgesetzt werden. Denn eine wirklich gleiche Verteilung ist nur unter gleichen Voraussetzungen möglich. Diese Voraussetzungen sind aber nicht gleich. Es gibt Unterschiede in der jeweiligen Zielsetzung der Person, ihrer Qualifikation, ihren Kompetenzen und Fähigkeiten, ihren Sprachkenntnissen, ihren Netzwerken. Je höher die Anzahl der Eingewanderten ist, desto höher sind auch diese Unterschiede in den Voraussetzungen und damit auch die Unterschiedlichkeiten im Ergebnis beziehungsweise einem Status Quo zu einem bestimmten Zeitpunkt. Die Unterschiede in den Voraussetzungen lassen sich auch nicht zum allergrößten Teil in kurzer oder mittlerer Frist nivellieren und beseitigen. Es braucht Zeit, um Wissen, Kompetenzen und Qualifikationen aufzubauen. Umso wichtiger ist es, diese eben schon in der Schule zu vermitteln und an alle die gleichen Anforderungen zu stellen und nachzuhalten und keine Rabatte und Erleichterungen aufgrund irgendwelcher Gruppenzugehörigkeit oder angeblicher kultureller Notwendigkeiten und zu respektierenden Sonderrechte zu geben. Darüber haben wir im vorangegangenen Kapitel ausführlich gelesen. Andere Voraussetzungen wie persönliche Zielsetzungen oder Netzwerke lassen sich praktisch gar nicht politisch oder gar gesetzlich vorgeben oder regeln, es sei denn, die persönliche Freiheit von Menschen soll umfassend und komplett einem Teilhabeideal und einer alles bestimmenden Quotenregelung untergeordnet werden.

Wenn eine solche Quotenpolitik in die Tat umgesetzt wird, stellen sich natürlich zwangsläufig für die nicht zur förderungswürdigen Gruppe gehörigen Personen wichtige und entscheidende Fragen. Wieso sollte man in diesem Zusammenhang Migration als etwas Gutes und Bereicherndes betrachten, wenn damit Benachteiligungen für die eigene Person und die eigene Familie auf dem Arbeitsmarkt verbunden sind? Wie soll sich eine wertschätzende und positive Grundhaltung gegenüber bestimmten durch Quoten geförderten Gruppen entwickeln oder diese erhalten werden, wenn die Mehrheit davon ausgehen muss, dass sie zur Herstellung von statistischen Gleichheiten und zur Erreichung von Partizipations- und Teilhabequoten Eingriffe in die eigenen Freiheitsrechte hinnehmen muss? Das ist einfach ein sehr schlechter Deal.

In westlichen Industrieländern gilt das Leistungsprinzip als allgemein akzeptiert und gesellschaftlich verankert und anerkannt. Es ist eine Grundlage des gesellschaftlichen Vertrages. Aufstieg und höherer Verdienst finden höhere Akzeptanz, wenn sie auf Eigenleistung beruhen. Wir haben bereits erfahren, dass dieses Leistungsprinzip durch die Logiken der digitalisierten Wirtschaft und ihrer Arbeitsmärkte immer öfter ausgehebelt wird. Wenn der Zusammenhang zwischen Leistung und Verdienst oder Status nicht mehr nachvollziehbar ist, schwindet die Akzeptanz. Das gilt für überzogene Gehälter und Boni in Unternehmen, genauso wie für Vorzugsbehandlungen für bestimmte Gruppen. Das bedeutet, das Leistungsprinzip hat eine grundsätzlich befriedende Wirkung für den Zusammenhalt einer Gesellschaft, wenn es sich auch manifestiert und nachvollziehbar ist. Was zählt ist nicht die Herkunft, die religiöse oder sexuelle Orientierung oder ein anderes singuläres Merkmal, sondern was jemand für das Unternehmen, den Staat oder das Gemeinwesen leistet. Die Botschaft lautet: Jede und jeder kann es schaffen. Dieses Ideal wird in der Realität sicher nie vollständig erreicht werden können, doch seine befriedende und Akzeptanz stiftende Wirkung bleibt dadurch unbenommen. Eine Berücksichtigung der Identität als ein weiteres Kriterium, kann das Leistungsprinzip ergänzen, solange die anderen akzeptierten Leistungskriterien wie beispielsweise Qualifikation, Motivation, Sozialverhalten und andere nicht im Gegenzug dazu gestrichen oder herab gestuft werden oder das Leistungsprinzip als ganzes entwertet wird. Geschieht das oder gewinnen die Menschen den Eindruck davon, verstärkt dies die gesellschaftliche Polarisierung und Radikalisierung. Der Vorwurf lautet dann: Wir haben uns jahrelang angestrengt, attraktive Ausbildungs- und Arbeitsstellen zu erkämpfen, wir haben unsere Kinder bereits zu Schulzeiten hohem und höchstem Druck ausgesetzt, nun aber kommen dort Menschen zum Zuge, weil sie ein bestimmtes Merkmal in die Waagschale werfen können, das nicht durch irgendeine Art von Leistung begründet werden kann. Im Kern ist das Ausdruck der verbreiten Angst, Chancen des sozialen Aufstiegs zu verpassen, die wir bereits zuvor als postkompetitive Verbitterungsstörung kennengelernt haben.

Die Frage stellt sich, ob mit Quoten für merkmalsbezogene Gruppen das Ziel der Teilhabe und Gleichberechtigung wirklich effektiv und effizient erreicht wird. Oder ob es nicht andere und bessere Ansatzpunkte gäbe. Als Ziel von Quoten wird immer wieder „mehr Demokratie" angeführt. Bei Quoten sind wir aber hier an einem Punkt, wo das Resultat des vordergründig gewollten in der Realität genau das Gegenteil bewirkt. Quoten schränken die Demokratie aufgrund ihres Wesens immer mehr ein und machen sie zuletzt überflüssig, zerstören sie. Bemerkenswerterweise ist es ja auch genau diese Forderung nach „einer Überwindung des bestehenden Wirtschafts- und Gesellschaftssystems", die alle vehementen Befürworter von Quoten als ihr langfristiges Ziel propagieren. So ist es auch nicht verwunderlich, dass Quotenregelungen oder Vorschriften zu Mindestbeteiligungen im Widerspruch zu einer freien Marktwirtschaft stehen. In einer Marktwirtschaft setzt der Staat den Rahmen für einen freien und fairen Wettbewerb. Mindestbeteiligungen Hebeln den Wettbewerb aber zumindest in nennenswerten Dimensionen aus; es geht bei Quoten ja gerade darum, vom Wettbewerb geschützte Bereiche zu schaffen. Insofern greift der Staat mit Quotengesetzen in den Wettbewerb ein und wird so selbst zu einem indirekten Akteur. Das bedeutet gleichzeitig, dass eine weitere Grundfreiheit eingeschränkt beziehungsweise in nennenswerten Teilen ausgeschaltet wird. Die Entscheidungsfreiheit von Unternehmen und Unternehmern gilt nur partiell, bei bestimmten Fragen ist die Entscheidung seitens des Staates vorgegeben. Das wiederum hat Auswirkungen auf die Wettbewerbsfreiheit und Wettbewerbsfähigkeit von Unternehmen. Diese müssen grundsätzlich frei sein, die Entscheidungen zu treffen, die aus Sicht von Wettbewerb und Innovation notwendig und am sinnvollsten sind. Durch Quoten können solche Entscheidungen aber unmöglich gemacht werden. Je höher und strikter die Quotenvorgaben, desto geringer die Entscheidungsfreiheit und damit auch die Wettbewerbsfähigkeit von Unternehmen.

Gibt es vor diesem Hintergrund nicht Alternativen, die grundlegende Freiheiten und Fähigkeiten von Unternehmen und in der Gesellschaft nicht beschneiden oder aushebeln und trotzdem die avisierten Ziele der Gleichberechtigung erreichen? Ja es gibt sie. Sie wirken aber nicht so schnell, wie ein Gesetz oder ein Verbot. Und es würde des Eingeständnisses bedürfen, dass Deutschland schon viel früher hätte anfangen können und müssen, etwas für Gleichberechtigung und gleiche Chancen zu tun. Denn letztlich bestimmen nicht Gesetze über Gleichbehandlung und Diskriminierung, sondern gesellschaftliche Umstände und Anreize. Der eigentliche Schlüssel liegt also in der Sozial- und Bildungspolitik, nicht in der immer weiter gehenden Regulierung und Einschränkung der Wirtschaftspolitik. Hier wäre eine Rahmensetzung des Staates gefragt, genauso wie Mindestvorgaben, was Beteiligung, Ausstattung und Freiheiten anbelangt. Das Wort von struktureller Diskriminierung wird gerne von Quotenfans im Munde geführt. Darum sollten wir diese strukturellen Hemmnisse endlich ändern. Nur wird in diesem Zusammenhang genau darüber nicht oder nur mehr selten gesprochen.

Zum Beispiel, dass es um die Flexibilität im Lernen und Arbeiten geht. Im deutschen System sieht es immer noch so aus, dass die in Ausbildung und Studium erworbene Qualifikation für den Rest des Lebens bestimmend ist. Auf diesem Fundament bauen Männer und Frauen ihre Karrieren auf. Das bedeutet natürlich einen Nachteil für Frauen, wenn sie wegen Schwangerschaft einmal oder mehrmals aus diesem Karrierepfad aussteigen müssen. Männer können und müssen den gleichen Anteil bei der Kinderbetreuung leisten – die Schwangerschaft kann nicht aufgeteilt werden. An manchen biologischen Zwängen kommen wir auch in der digitalen Gesellschaft nicht vorbei. Manchmal werden wir daran erinnert woher wir kommen. Und das ist auch gut so. Denn es hilft uns zu verstehen, wie Strukturen entstanden sind und was die Gründe waren. Das gilt auch hier. Wir können es einzig und allein als ein patriarchalisches Unterdrückungs- und Ausbeutungssystem betrachten, dass die Frauen in der Gesellschaft die Hauptlast der Kinderbetreuung und Kindererziehung tragen. Wir können aber auch auf andere Umstände schauen, die vielleicht ebenso wichtig waren oder sind. Und die sind sehr profan. Während der Zeit der Agrarwirtschaft waren Frauen und Männer gleichberechtigter als in der Zeit der Industrialisierung. Männer wurden in der Industrie besser bezahlt, weil sie körperlich leistungsfähiger bei der schweren Arbeit waren. Soziale Sicherungssysteme gab es nicht, auch keine Kinderbetreuung. Die Hausarbeit war um ein vielfaches aufwändiger und zeitintensiver als in unseren heutigen modernen Zeiten. Allein das Zubereiten der Mahlzeiten kostete mindestens die Hälfte der gesamten Tageszeit. Andere Hausarbeiten wie Waschen oder Lebensmittel besorgen kamen noch dazu. Kinder konnten nicht allein gelassen werden, schon gar nicht, wenn sie klein waren. Wenn wir uns in die Zeit der Industrialisierung versetzen und uns den Alltag vergegenwärtigen, so müssen wir feststellen, dass es für Frauen gar keine Möglichkeit gab, eine Erwerbstätigkeit auszuüben. Das soll nicht rechtfertigen, dass Frauen gegenüber Männern immer noch in vielen Bereichen benachteiligt sind. Es mag aber auch vor dem Hintergrund der Langsamkeit von gesellschaftlichen Veränderungen, die sich über Generationen erstrecken, einerseits zeigen, wie weit wir in unseren freien Gesellschaften dann doch gekommen sind. Und es mag das gern gepflegte Vorurteil von einer böswilligen Macho-Herrschaft vielleicht einmal vorsichtig hinterfragen.

Plastizität schafft Singularität

Haben nun Digitalisierung, Überwachungskapitalismus, Neo-Feudalismus des digitalen Zeitalters und der intra- und intergesellschaftliche Kampf um Macht und Teilhabe etwas miteinander zu tun?

Ja. Sie sind Ausdruck und Folge der Logiken und Funktionsweisen von digitalen Märkten und datenbasierten Wertschöpfungsmodellen, die durch Künstliche Intelligenz nicht nur weiterentwickelt, sondern vielmehr noch weiter revolutioniert werden. Das bedeutet, dass die Folgen und Resultate dieser Entwicklung, dieses Übergangs in eine neue Ära immer deutlicher und manifester werden. In dieser Ära der Spätmoderne tritt in der Gesellschaft wie auf Märkten die sozial-ökonomische Logik des Allgemeinen in den Hintergrund und wird verdrängt vor einer Logik des Singulären, Einzigartigen und Besonderen. Alles ist individualisiert. Digitale Technologien verstärken Individualitäten und Singularitäten durch ihre Funktionsweise und die wirtschaftliche Nutzung. Digitale Technologien machen Produkte und Dienstleistungen „plastisch", sie können sich aufgrund ihres materiellen Charakters anpassen an die Bedürfnisstruktur des einzelnen Nutzers und der einzelnen Nutzerin.

Grundlage für diese Plastizität sind Daten. Sie geben die Koordinaten vor, die Form, an die sich das digitale Produkt anpasst, wessen Abbild es als Gegenpol widerspiegeln soll. In industriellen Märkte wird zunächst standardisiert und rationalisiert. Massenprodukte werden erstellt, die Strukturen der Produktion werden optimiert auf Skalen- und Verbundeffekte hin. In digitalen Märkten wird dieses Prinzip nicht verworfen. Es gilt weiter, solange es um die Infrastruktur zur Bereitstellung von digitalen Angeboten geht. Hier gelten im großen und ganzen die alten Regeln. Hinzu kommt nun aber auf der Ebene des Kontakts oder der Schnittstelle mit dem Kunden oder der Nutzerin die Orientierung und Forcierung am Besonderen, Individuellen, Singulären. Während die Standardisierung im Hintergrund einer der Wertschöpfungstreiber digitaler Geschäftsmodelle ist, ist die Singularisierung im Vordergrund, die Passgenauigkeit in der Interaktion mit dem einzelnen Nutzer der zweite Wertschöpfungstreiber. Diese Passgenauigkeit, diese Individualisierung wird zum einen aktiv von uns Nutzern ermöglicht, durch unsere bewusste und gewollte Profilierung im Netz; und sie wird zum zweiten ermöglicht durch die passive und fast immer unbewusste Erzeugung von Daten und deren Analyse. Den zweiten Aspekt kann man durchaus als Überwachung bezeichnen, der schon früher benutzte Begriff des „Überwachungskapitalismus" findet sich bestätigt. Sinn des Ganzen ist eine immer bessere Optimierung der Passgenauigkeit des Angebots und eine, wie es der Soziologe Andreas Reckwitz bezeichnet, Öffentliche Singularisierung der Subjekte über Performance, Komposition der Versatzstücke des Profils und Betonung des eigenen „Erlebens" als ganz besonders, einzigartig (Reckwitz 2019). Die dagegen nicht öffentliche Singularisierung erfolgt im „Backend" über Analytics, Tracking und die gezielte Suche nach „Anomalien" oder Unterscheidungsmöglichkeiten, um gezielter und personalisierter anzusprechen und das digitale Umfeld „passend" zu gestalten. Subjekte, Objekte und Kollektive werden singularisiert, zu Target Groups, zu Communities und zu als abgeschlossen definierten digitalen Neo-Gemeinschaften, die durch diese zugewiesene Singularität und Unterscheidung von anderen Gruppen auch Identität stiften können. In der Sprache der „Digital Natives" lautet das Wort dafür „tribes", Stämme. Tracking, Analytics und das Zuordnen zu anhand bestimmter Merkmale definierten singulären Gruppen ist eine aufwendige und datengeladene Arbeit. Künstliche Intelligenz kann genau das so gut, wie keine andere Technologie bisher.

Die Orientierung am Singulären ist so zum Massenphänomen geworden und zum prägenden Lebensstil. Wahrnehmung, Achtsamkeit und Beachtung, ist in diesem Lebensstil wichtig, die Versicherung der eigenen Identität bekommt einen hohen Stellenwert in der Selbst- und ebenso in der Fremdwahrnehmung. Denn diese individuelle Wahrnehmung, diese singuläre Identifikation wird zum entscheidenden Marketingargument in Produkten, die so immer weiter „verbessert" werden können. Es entwickelt sich eine Fetischisierung des Einzelnen eine, um wieder mit Andreas Reckwitz zu sprechen, „Gesellschaft der Singularitäten". Und diese Orientierung am Besonderen, diffundiert von den Märkten der Wirtschaft, in die Lebensstile oder die Medien, diffundiert schließlich auch in das politische Feld auf den verschiedensten Ebenen.

Diese Entwicklung trifft sich mit einer Erkenntnis des Philosophen und Publizisten Alexander Grau, nach der es in der Logik individualistischer Gesellschaften liegt, Minderheiten zu feiern. Wo Emanzipation und Individualität zentrale Lebensziele darstellen, wird die Minderheit, die kleine definierte Target-Group, der „tribe", zum Ideal. In Selbstverwirklichungsgesellschaften möchte daher jeder Minderheit sein, niemand Masse. Minderheitenschutz wird somit zur Schlüsselnorm narzisstischer Wohlstandsgesellschaften. Und, so sei hier aus wirtschaftlicher Sicht angemerkt, das Umsorgen und besonders zugewandte Behandeln von Minderheiten als singulären, einzigartigen und speziellen Ziel-Gruppen, ist der Schlüssel für den Erfolg in digitalen Märkten mit extremem Wettbewerbsdruck und extremer Plastizität von Produkten und Dienstleistungen. Dieser Narzissmus, die Selbstbezogenheit und die Betonung der Singularität wird durch digitale Systeme, Plattformen, Netze und Märkte und die sie autonom organisierenden Technologien immer weiter verfeinert und verstärkt. So ist es leicht verständlich und schon fast eine zwangsläufige Folge, dass sich immer neue Minderheiten und in der politischen Argumentation schließlich Opfergruppen konstituieren, die Gleichberechtigung, Teilhabe und Gerechtigkeit einfordern und dafür Förderungen, Privilegien und Sonderrechte verlangen. Diese Forderungen werden an die Gesellschaft als Ganzes, an flexibel definierte Machtgruppen oder an die Politik gestellt. Die Unternehmen und Systeme, welche diese politische Systematik zwar nicht erfunden haben, sie aber dennoch entscheidend vorantreiben und beschleunigen, sehen sich mit solchen Forderungen von Opfergruppen normaler weise nicht direkt konfrontiert. Stattdessen mehren sich aber nun die Forderungen seitens der Politik, dass Tech- und Social-Media-Konzerne hier steuernd und bremsend selbst aktiv werden oder dass sie entsprechend gesetzlich reguliert werden müssen, bis hin zur Zerschlagung und der Offenlegung von Unternehmensgeheimnissen in Bezug auf Algorithmen und Systeme.

Auf Märkten und in Gesellschaften haben sich so „Hypermoral" und „Hyperkultur" gebildet. „Hypermoral" ist nach Grau die emotional getriebene und von digitaler Kommunikation und digitalen Logiken befeuerte Lust an der Empörung (Grau 2020). „Hyperkultur" ist nach Reckwitz, das Ausschöpfen der auf den globalen Märkten zirkulierende Ressourcen (Reckwitz 2019). Im Zuge der Singularisierung von Erfolgsmechanismen im digitalen Markt und der Kunden und Nutzer selbst entsteht ein „Kulturessenzialismus", in dem die eigene Kultur sich gegenüber anderen definiert, abgrenzt und behaupten muss. Nicht nur die einzelnen Individuen verstehen sich als singulär und werden auch von den digitalen Technologien und Produkten so statistisch zusammengefasst und gespiegelt, es entsteht durch das zusammenfassen von singulären Individuen in Gruppen anhand von einzelnen, essenziellen Merkmalen eine Gruppe mit einer eigenen Kultur, einem eigenen Lifestyle, einer Identität. Beide Formen der Kulturalisierung, Hyperkultur und Kulturessenzialismus, stehen in einem latenten Konflikt miteinander. Letztlich repräsentieren sie aber lediglich die weiter vorne beschriebenen Ebenen der Wertschöpfung durch einerseits überwölbende Zusammenfassung und Standardisierung im infrastrukturellen und mehr oder weniger unsichtbaren oder gleich ganz virtuellen Hintergrund (Hyper) und andererseits der plastischen Anpassung, Individualisierung und fortgesetzten, datenbasierten Optimierung und Singularisierung im Vordergrund (Essenz) in digitalen Märkten. Daraus entsteht ein zentrales Dilemma des spätmodernen Individuums: Es sucht gleichzeitig nach radikaler Selbstverwirklichung und sozialem Erfolg. Diese widersprüchlichen Ziele produzieren jedoch oftmals Enttäuschungserfahrungen und stehen in einem engen Zusammenhang mit dem Anstieg von Erschöpfungskrankheiten (Burnout) und Frustration und Wut. Was bei Heinz Bude postkompetitive Verbitterungsstörung heißt, ist bei Reckwitz die „spätmoderne Enttäuschungsproduktion". Weil positive Emotionen sowohl vom Subjekt permanent gesucht als auch gesellschaftlich eingefordert werden, werden – durch Enttäuschungen bei Nichterfüllung dieses Ideals – negative Emotionen systematisch produziert.

Hier treffen sich die Narrative des Postmodernen Identitätsaktivismus und der Digitalen Aufmerksamkeitsökonomie: Es geht um Einzigartigkeit, um ganz individuelles Erleben, Besonderheiten und besondere Aufmerksamkeit, das Betonen von individuellen Bedürfnissen. Dabei sind es jeweils nur einzelne Kriterien, letztlich spezifisch definierte Daten, die die „Besonderheit" ausmachen und die als Ansatzpunkt für Marketing und Kommunikation analysiert und erkannt werden. Die allermeisten Charakteristika und Kriterien sind bei allen Menschen massentypisch und gleich. Im digitalen, datenbasierten Marketing werden diese wenigen, singulären Besonderheiten und Unterscheidungsmerkmale – technische gesprochen „Anomalien" – zum Fixpunkt der Sprache und der Anpassung des Produkts. Das alles bedeutet aber nicht, dass diese einzelnen Singularitäten oder meist kleinen Anomalien auch wirklich wichtig wären. Sie sind einfach nur mathematisch-statistisch klar erkennbar. Umso besser je mehr Daten vorliegen. Gleiches gilt in der Identitätstheorie und -praxis, wo ebenfalls das emotional-individuelle Erleben als entscheidende „Wahrheit" propagiert wird und einzelne, bestimmte Merkmale als identitär definiert werden, obwohl es eine Vielzahl von Merkmalen und demnach mehrere Identitäten gibt, ohne dass klar wäre, welches Kriterium jeweils das bestimmende oder wichtigste wäre. Durch diesen absolut postulierten Anspruch, muss es also zwangsläufig zu Enttäuschungen und Frustration kommen, wenn sich herausstellt, dass das angeblich so hyperwichtige singuläre Merkmal doch nicht so einzig und allein über alles Wohl und Wehe im wahren Leben entscheidet.

Wer wo hingehört und wer wo hin kann, darüber entscheiden nicht nur Singularitäten, sondern gesellschaftliche Zusammenhänge. Zusammenfassend können wir festhalten dass es trotz aller Einzigartigkeiten zumindest mehrere beschreibbare Gruppen oder Schichten in der Gesellschaft immer noch gibt. Eine aufsteigende, hoch qualifizierte Mittelklasse von Akademikern, die im Sinne einer urbanen Klasse vornehmlich in den Metropolregionen, Großstädten und Universitätsstädten lebt. Eine stagnierende traditionelle Mittelklasse die vornehmlich in ländlichen und kleinstädtischen Regionen lebt und arbeitet; das frühere Klientel der Volks- und vor allem Arbeiterparteien. Eine absteigende neue prekäre Unterklasse, die nicht nur materiell unten angesiedelt, sondern auch kulturell entwertet ist. Ihre meist körperliche Arbeit ist deutlich weniger angesehen als Wissens- und Kommunikationsarbeit. Harte Routinetätigkeit wird geringer bewertet als geistig-intellektuelle Innovationen. Diese soziale Entwertung führt in der Unterklasse oft zu Pessimismus und Fatalismus. Gerade diese letzte Klasse und in Teilen auch die mittlere Klasse werden durch „intelligente" Digitalisierung und autonome Systeme in Zukunft noch weiter in ihrer menschlichen Arbeitskraft „entwertet", denn zum großen Teil könnten ihre relativ einfachen und weitgehend monotonen Tätigkeiten bald komplett durch intelligente Maschinen ersetzt werden.

Die individuelle Selbstentfaltung wird in der postindustriellen Spätmoderne zum maßgeblich orientierenden Leitwert. Zumindest von denen, die sich selbst entfalten können. Die untere Klasse kümmert sich nicht um Selbstentfaltung und Identitäten, die die politische Diskussion der Bourgeoisie bestimmen. Dieses Desinteresse ist nicht neu: Früher hieß das mal mangelndes Klassenbewusstsein. Die untere Klasse will in erster Linie überleben und irgendwie vorankommen. Ein ähnliches Bild in der Gesellschaft also wie auf globaler Ebene wo der saturierte intellektuelle Wohlstands-Westen, den ärmeren Gesellschaften erklärt, was moralisch geht und was nicht geht, und vor allem, wie sich jeder seiner „Identität" entsprechend verhalten sollte. Komischerweise trifft diese Botschaft dort nicht auf begeisterte Resonanz, sondern eher auf Befremden. Es hat halt nichts mit den dringenden Problemen im dortigen Alltag zu tun.

Während die hegemoniale neue Mittelklasse ihre Arbeit als einen integrativen Bestandteil ihres Lebens mit dem Streben nach Selbstverwirklichung ansieht, ist die Arbeitswelt der einfachen Dienstleistungen maßgeblich geprägt vom Versuch der Aufrechterhaltung eines Normalzustandes oder schlicht der Aufrechterhaltung der eigenen Existenz. Aus dieser Unvereinbarkeit erwächst eine ökonomische Krise der zunehmenden Dynamisierung von Märkten, bei der die neue Klasse von hoch qualifizierten Aufsteigern einer prekären Klasse von Absteigern gegenübersteht. Es entsteht eine kulturelle Desintegration der Gesellschaft, in der die einzelnen Subjekte immer egoistischer ihre Rechte gegen gesellschaftliche Normen durchsetzen wollen. Politisch mündet das in einer zunehmenden politischen Verdrossenheit der Bürger und einem starken Vertrauensverlust für die politischen Institutionen. Der allgegenwärtige und aus mehreren Richtungen auf digitalen Märkten und digitalen politischen Kommunikationsplattformen forcierte, weil erfolgsrelevante, Anspruch auf Einzigartigkeit bringt also eklatante Polarisierungen mit sich.

Der Staat soll's richten. … kann er aber nicht

In einer solche Situation der Polarisierungen und der Singularisierungen in Gruppen, die sich nicht selten gegenseitig Ansprüche und Pfründe streitig machen, wächst das Verlangen nach Sicherheit, nach Verlässlichkeit, nach Ordnung. Der Staat oder die Politik sollen sich darum kümmern, die Probleme zu lösen, das System, welches irgendwie aus der Bahn geschleudert zu werden scheint, wieder einzufangen und in die Spur zu setzen. Das Verlangen war schon vorher groß, mit der Corona Krise und den Lockdown Einschränkungen ist es nun noch einmal stark gewachsen. Die Regierungen in Deutschland und Europa haben sich auch in dieser Hinsicht nicht lumpen lassen und mit einer Vielzahl an Restriktionen und Eingriffen „gesteuert" und „gerettet". Zumindest war und ist das die Botschaft. Fast mag es so scheinen, als sei das alles bereits ein Vorgeschmack auf einen neuen Staatssozialismus, den sich einige herbeiwünschen. Orientiert nicht zuletzt am chinesischen Modell, dass ja auch irgendwie ohne Freiheit und Demokratie, Sicherheit und Wirtschaftswachstum verspricht und scheinbar auch einhält.

Eine neue Art des Fiskal- oder Kapitalsozialismus findet immer größere Anwendung und Akzeptanz. Der Staat nutzt sein Geld, oder bessere seine Kreditwürdigkeit, um nicht nur den Rahmen für die Wirtschaft zu setzen, sondern um über Beteiligungen, Beihilfen und Subventionen direkt einzugreifen, zum Mitspieler zu werden. Das kommt gut an in einer Zeit der Systemkritik und einer Zeit des – wie wir gesehen haben berechtigten – Gefühls, dass sich Leistung nicht mehr lohnt und Wohlstand, Reichtum und Aufstieg nicht mehr von akzeptierten gesellschaftlichen Regeln abhängen, sondern eher von Glück und Macht. Gegen diesen Verfall der Regeln und gegen diese Haltlosigkeit richtet sich eine allgemeine Empörung und es wächst das Gefühl, das „jemand" eingreifen müsse, um die Dinge wieder zu richten. Der Staat bietet sich an.

Die Überwindung der Folgen des Corona-Krise sind der Lackmustest für den Erfolg freier Marktwirtschaft im Vergleich zu Staatsinterventionismus. Dieser Inteverntionismus ist aber nicht nachhaltig. Weder sozial noch ökonomisch noch ökologisch. Trotzdem wird nun allerorten für praktisch alle in der Gesellschaft eine Grundsicherung gefordert. Als Erkenntnis durch die Corona-Krise. Von der Grundrente (Respektrente) für Alte, über die Grundsicherung für Arbeitslose bis hin zur Grundsicherung für Kinder von „benachteiligten" Familien. Zudem soll die Wirtschaft als ganzes auch „resilienter" werden, indem der Staat mehr Einfluss nimmt und Risiken abfedert oder gleich ganz übernimmt. In einer freien und demokratischen Gesellschaft gehört es aber dazu, dass jeder in erster Linie für sich selbst verantwortlich ist und wir müssen damit leben, dass es Risiken und Unwägbarkeiten im Leben gibt. Das ist schlicht und einfach normal und natürlich.

Die Forderung nach umfassendem Schutz durch den starken Staat bedeutet nicht nur eine Entmündigung des Individuums, sie verstärkt auch die Ungleichheit in der Gesellschaft, obwohl das genaue Gegenteil postuliert wird. Der Historiker Walter Scheidel belegt das anhand vieler Bespiele aus der Geschichte (Scheidel 2017). Stärkere Staaten ebneten demnach immer für kleine elitäre Gruppen den Weg zum Reichtum. Gruppen die an der Schnittstelle von Politik und Markt sitzen beziehungsweise in beiden Bereichen gleichzeitig aktiv sind. All das erhöhte die Vermögensungleichheit. Immer. Und immer nach dem gleichen Muster. Im Umkehrschluss bedeutet das: Ein Staat, der sich auf seine Kernaufgaben konzentriert, seine Kräfte konzentriert, sorgt für mehr Gleichheit in der Gesellschaft. Deutschland und Europa sind momentan auf dem Weg zu einem vermeintlich starken Staat und einer genau deswegen – und eben nicht trotzdem! – wachsenden Ungleichheit. Dieser Weg begann schon vor recht langer Zeit. Nach dem zweiten Weltkrieg hielten die (Nachfolge-)Staaten in Europa an Lenkung, Eingriffen und hohen Steuern aus der Kriegswirtschaft fest, so dass sich der damit erhebliche aufgeblähte Staat in Friedenszeiten in einen Wohlfahrtsstaat verwandelte, der die ursprünglich für die Massenmobilisierung von Menschen und industriellen Ressourcen entwickelten fiskalischen Instrumente nutzte, um Sozialleistungen zu erbringen, so Scheidel. Der Sozialstaat als Transformation einer auf Massenmobilisierung nach innen und Aggression nach außen basierenden Kriegswirtschaft.

In wirtschaftlichen Umbruchzeiten, so wie wir sie gerade in der Digitalen Revolution und beim Eintritt in das KI Zeitalter erleben, wächst zudem die Ungleichheit in Gesellschaften durch überproportionale Akkumulation von Gewinnen. Auch das haben wir bereits gesehen, in Form des Überwachungskapitalismus und eines neuen digitalen Feudalismus. Diese Ungleichheiten werden bisher nicht durch gewaltsame Erschütterungen rückgängig gemacht oder gebremst, sondern bauen sich weiter auf. Gewaltsame Erschütterungen durch Kriege, Revolutionen, Staatszusammenbrüche oder Seuchen mit extremen Opferzahlen sind historisch die einzigen Ereignisse, die Ungleichheiten beseitigten und für mehr Gleichheit sorgten. Gegen einen sehr hohen Blutzoll. Solche Erschütterungen sollen verhindert werden, indem Staaten durch zunehmende Eingriffe und autoritäre Politik vermeintlich stabilisierend eingreifen, steuern und retten. Gerade in wirtschaftlichen und technologischen Übergangsphasen, wie wir sie genau jetzt erleben, förderte das aber die Ungleichheit. Gleichzeitig entstehen keine politischen Mechanismen zur Egalisierung oder Nivellierung, denn es soll ja alles so „stabil" bleiben, wie es ist beziehungsweise war. Der gesamte Lebensstandard der Gesellschaft steigt zwar im statistischen Schnitt. Weil politische und wirtschaftliche Macht nun aber immer stärker zusammenhängen und sich gegenseitig stützen, bieten sich hier den vermögenden Herrschenden laufend neue Möglichkeiten zu räuberischer Bereicherung, was die faktische Ungleichheit abseits des statistisch-mathematischen Durchschnitts verstärkt. Fazit: Die Monopolisierung von Märkten und die Ausweitungen der wirtschaftlichen Kapazitäten in Umbruch- und Fortschrittszeiten und der Ausbau staatlicher Macht und staatlicher Eingriffe in die Wirtschaft und die damit einhergehende Verschränkung und Vermischung beider Bereiche begünstigen historisch belegbar eine Zunahme der Ungleichheit, während sie gar nichts oder wenig zu ihrer Eindämmung beitragen.

Diese vermeintliche Stabilität der Verhältnisse besteht nur solange, wie Menschen Vertrauen gegenüber dem Staat, der Wirtschaft und der restlichen Gesellschaft haben. Geht dieses verloren, können sich Erschütterungen Bahn brechen, von denen oben gerade de Rede war. Wir haben im zweiten Kapitel bereits gesehen, das beispielsweise nach den Forschungen und Erkenntnissen von Peter Turchin die historisch-konjunkturellen Zeichen auf Unruhe, Eskalation und Erschütterung stehen. Wie radikal sie ausfallen, ist offen. Und es hängt schließlich auch davon ab, wie Politik darauf reagiert und welche Entscheidungen getroffen, welche Prioritäten gesetzt werden.

Doch das Vertrauen ist angeschlagen. Der Deal zwischen Staat und Bürger wird zunehmend schiefer wahrgenommen. Die erlebten Ungerechtigkeiten, das sich zurückgesetzt fühlen, der Verfall des Leistungsprinzips und die Listen des Versagens in der Corona Krise tragen dazu bei. Bürger geben einen Vertrauensvorschuss in Form von Steuern an den Staat und erwarten dafür eine adäquate Gegenleistung. Die kommt aber immer weniger zurück. Logisch, dass sich viele die Frage stellen, ob das ganze eigentlich noch Sinn macht oder ob es besser wäre auszusteigen, sich zurückzuziehen und am besten selber für sich vorzusorgen und ansonsten möglichst wenig an den Staat abführen zu müssen. Vor dem Hintergrund der Trends in der Demografie, den Veränderungen durch Industrie 4.0 und Maschinisierung, vor dem Hintergrund der kommenden Belastungen durch eine extrem herausfordernde Klimapolitik, vor dem Hintergrund explodierender Staatsverschuldung werden die Belastungen, die auf alle zukommen aber eher noch größer werden. Die Qualität und Quantität der staatlichen Leistungen im Gegenzug wegen der genannten Gründe wird aber immer geringer ausfallen müssen. Das Vertrauen leidet so weiter. Das Vertrauen in den Staat und in die Gesellschaft geht zudem verloren, weil es keine allgemein akzeptierte Kultur mehr gibt, sondern die Gesellschaft in ihre bereits besprochenen Singularitäten und Identitäre Subkulturen diffundiert. Kulturelle und moralische Regeln und Prinzipien gelten an vielen Stellen auch nicht mehr in Wirtschaft und Wettbewerb, sondern Monopolisten des Überwachungskapitalismus und digitale feudale Strukturen etablieren eigene Regeln. Die Folge: Sowohl die Eliten mit ihren eigenen Regeln, als auch die sich abgehängt Fühlenden verabschieden sich von dem eigenen Pflichtgefühl der Allgemeinheit und dem Staat gegenüber. Misstrauen wird zur neuen prägenden Kraft in Wirtschaft und Gesellschaft.

Nachhaltigkeit heißt Erneuerung (… und nicht Rückschritt)

Mit dem Vertrauensverlust gegenüber dem Staat und dem Gemeinwesen, wächst auch die Kritik an einem grundlegenden Versprechen als Basis der freiheitlichen Gesellschaft und der Marktwirtschaft. Es ist das Versprechen, dass Wachstum allen zu Gute kommt, dass Wachstum letztlich positive Effekte mit sich bringt. Da „das System" als kaputt angesehen wird, das System die Menschen und sogar das Klima kaputt macht, muss auch sein Grundversprechen kaputt und falsch sein. Wachstum ist schlecht; Nachhaltigkeit ist gut.

Allerdings: Wachstum und Nachhaltigkeit sind kein Gegensatz der hier insinuiert und konstruiert wird. Nachhaltigkeit bedeutet, mit den Ressourcen heute so umzugehen, dass den folgenden Generationen die gleichen oder bessere Möglichkeiten zum Leben und zur Entfaltung zur Verfügung stehen. Nachhaltigkeit bedeutet nicht Sparen oder Verzicht. Es bedeutet auch nicht, Dinge wieder zurück zu drehen. Im Gegenteil: Nachhaltigkeit bedeutet Vorankommen und zwar mit einer langfristigen Perspektive. Was können wir heute machen, damit es uns gut geht und denen die nach uns kommen möglichst sogar noch besser? Nachhaltigkeit heißt Erneuerung, Nachhaltigkeit heißt Innovation. Für eine gleiche oder vielmehr sogar bessere Lebenssituation in einer Welt mit steigender Bevölkerung, ist Nachhaltigkcit nur mit Wachstum erreichbar!

Beim Reden über Nachhaltigkeit sind zudem alle Dimensionen der sogenannten Sustainable Development Goals der Vereinten Nationen gleich relevant. Es sind insgesamt 17 Ziele. Und: Es geht bei diesen Nachhaltigkeitszielen nicht allein um den Klimaschutz. Es geht um Ziele wie Armutsbekämpfung, den Kampf gegen Hunger, Gesundheitsschutz und -vorsorge für alle, gute Ausbildung, Gleichberechtigung und ausdrücklich auch um menschenwürdige Arbeit und wirtschaftliches Wachstum, neben dem Schutz von Klima, Wasser und Ökosystemen. Fortschritt und auch Wachstum sind unabdingbar, um eine nachhaltigere Welt zu erreichen. Nachhaltigkeit ruht stets auf drei Säulen: Ökologisch, Ökonomisch und Sozial. Es geht darum, die drei Dimensionen miteinander in einen vertretbaren Ausgleich zu bringen und auf das selbe Ziel der Nachhaltigkeit wie oben definiert auszurichten. Alle drei Dimensionen müssen sozusagen in die selbe Richtung ziehen, jede auf ihre eigene Art. Ein gegeneinander Ausspielen kann nicht funktionieren, ja es steht dem Ziel der Nachhaltigkeit sogar entgegen. Wenn in verschiedene Richtungen gezogen wird, dann geht es nicht voran – am Ende zerreißt alles. Und: Die Nachhaltigkeitsziele gelten für alle Menschen und Regionen, es gibt keine Hierarchie oder irgendeine Art von Nachhaltigkeitsprivilegien. Wenn also beispielsweise verlangt wird, die sozialen, wirtschaftlichen und ökologischen Ziele in Entwicklungsländern zu erreichen, dann ist das politisch und moralisch legitim und richtig. Es stellt sich aber die Frage, zu welchem Preis das erreicht werden soll. Sollten die Ressourcen und Möglichkeiten hier in Europa zu diesem Zweck der „Solidarität" beschnitten werden, dann würde das nicht den Nachhaltigkeitszielen hier entsprechen. Denn die (sozialen und wirtschaftlichen) Möglichkeiten der jetzigen wie der kommenden Generationen würden dadurch eindeutig geschmälert. Umverteilung und Belastung der einen zu Gunsten der anderen ist nicht automatisch auch nachhaltig. Das gilt genauso auch für die Diskussion in Bezug auf Deutschland und Europa. Die Forderung, die eigene Ansprüche zurück zu stellen, grundsätzlich weniger zu konsumieren und den Anspruch abzugeben, dass es den eigenen Kindern einmal besser gehen soll, ist in der Richtung und der Form nicht mit dem Ziel einer sozialen Nachhaltigkeit vereinbar.

Kern des Problems ist, dass die aktuelle Wachstumskritik oder besser, diejenigen die diese Kritik propagieren und damit mobilisieren, den Begriff des Wachstums offensichtlich nicht verstanden haben oder ihn nicht verstehen wollen. Es geht nicht um mengenmäßiges Wachstum, sondern darum, dass der Wert der Produkte und Leistungen steigt. Ein Wachstum ist ohne Probleme mit geringerem Ressourcenverbrauch möglich, wenn am Ende die erzeugten Produkte und Leistungen einen höheren Wert für die Kunden und die Gesellschaft haben. Meistens werden Beispiele von handwerklicher oder industrieller Überproduktion für die Beschreibung des „Wachstumswahnsinns" angeführt. Da muss ein Tischler in einem Jahr zig tausend Stühle herstellen, die er doch gar nicht los werden kann und deshalb Ressourcen unnütz verschwendet. Oder eine Fabrik, die angeblich immer mehr Produkte herstellen muss. Muss sie aber gar nicht. Kann sie auch gar nicht. Ökonomisch sinnvoll ist es nur, so viel herzustellen, wie auch abgesetzt werden kann. Und, wie gesagt: Die Menge ist nicht entscheidend. Wenn der Preis der Produkte stärker fällt als ihre Menge, so wird zwar mehr produziert, aber es gibt kein Wachstum. Anders herum: Wenn gar nicht mehr produziert wird, aber ein höherer Preis erzeugt werden kann, dann steigt das Wachstum, aber nicht der Ressourcenverbrauch. Interessant wird es auch, wenn es um Wachstum bei nachhaltigen und umweltfreundlichen Produkten und Prozessen geht. Ist da das Wachstum als solches auch schlecht?

Die Wachstumskritik verbindet sich auch gerne mit einer ausgeprägten Fortschrittsskepsis (vgl. u. a. Deutschmann 2020). Die Moderne ist schlecht; die alte Zeit in einer angeblichen „Harmonie mit der Natur" ist das verlorene Paradies. Damals hätte es noch viel Erde und wenig Men-

schen gegeben. Mit der Maschinisierung der Welt, der Wachstums-
maschine, habe das Unheil seinen Lauf genommen. Die moderne Idee
von Entwicklung sei durchdrungen von einem mechanistischem und
technischem Verständnis. Die Betonung liege auf dem neuen, dem Modernen, im Gegensatz zum Alten. Die Richtung stehe stets auf Expansion,
also immer mehr, schneller, höher, weiter. Aus diesem Ansatz der Kritik
spricht eine klare Technikskepsis. Das erklärt auch, warum Wachstumskritiker und Klimaaktivisten gleichermaßen technische Ansätze für mehr
Nachhaltigkeit und Klimaschutz ablehnen, meistens noch nicht einmal
darüber diskutieren wollen. Alles technische, alles mechanistische, alles
maschinelle ist der Grund des Übels. Deswegen kann es einfach nicht zur
Lösung eines Problems beitragen. Weil es in dieser Hinsicht das Problem
selbst ist. Technik kann und wird jedoch zwar nicht der einzige, dafür
aber ein extrem wirkungsvoller und sinnvoller Schlüssel zur Lösung unserer Probleme sein. Diese Erkenntnis ist bei Wachstumskritikern noch
nicht wirklich angekommen. Denn sie passt nicht zum Bild der klassischen Schwerindustrie, die bis in die 1980er-Jahre noch tonangebend
und bestimmend war, als die meisten Modelle und Narrative der „Grenzen des Wachstums" entworfen worden waren.

Allerdings darf hier auch ein großes Fragezeichen gesetzt werden, ob
die Behauptung stimmt, die Expansion, das Streben nach Neuem und
Modernem sei eine Ausgeburt der Moderne. Historisch gesehen, war es
immer so, dass wir Menschen in vielen Dimension expansionistisch
leben. Auch vor der industriellen Moderne gab es Entdeckungen, gab es
Erfindungen, gab es Dynamik und Wachstum. Das beweisen die großen
Zivilisationen des Altertums, der Antike und des Mittelalters. Sie alle
suchten das Neue, strebten nach dem Modernen. Sonst wären wir alle
nicht, wo wir heute sind. Sie alle nutzten auch Ressourcen, verbrauchten
sie, begingen zum Teil extremen Raubbau an der eigenen Umwelt. Das
Prinzip hat sich nicht geändert, es ist überhaupt nicht neu oder ein Resultat der technisierten Welt. Neu ist die Geschwindigkeit der Entwicklung im exponentiellen Wachstum. Das kann durchaus schnell zu
negativen Effekten führen. Es kann aber genauso auch schnell zu neuen
Lösungen, Ideen und Alternativen führen.

In der Wachstumskritik dominieren natürlich die dunklen Seiten der
Entwicklung. Das muss ja auch so sein, sonst wäre es ja keine richtige

Kritik. Und mit negativen Szenarien lassen sich besser Emotionen ansprechen und Menschen mobilisieren. Wir haben das in diesem Buch schon an mehreren Beispielen zuvor gesehen. Die Digitalisierung ist nun als modernste Form der Technisierung der „neue Messias des Wachstums", wie es beispielsweise der Soziologe Phillipp Staab formuliert (Staab 2019). Die Digitalisierung strukturiere jedoch nicht nur die Ökonomie, sondern auch große Teile staatlicher Verwaltungsprozesse. Als wesentliche politisch-ökonomische Triebkraft hinter dem digitalen Kapitalismus stehe das Konsumptionsproblem. Das ist der Widerspruch, dass sich einerseits die Produktivkräfte rasch entwickeln, sich andererseits aber die Nachfrage nicht entsprechend steigere. Aufgrund dieses Dilemmas geht mit der Entwicklung der Produktivkräfte nicht automatisch eine Steigerung des ökonomischen Wachstums einher. Der digitale Kapitalismus verspreche nun, dieses Problem durch die Rationalisierung des Konsums zu beheben. Nach Lean Production kommt Lean Consumption. Effizienzgewinne werden dabei vor allem durch eine Art digitale Selbstbedienung realisiert: War vormals noch Personal dafür nötig, meine Bedürfnisse zu erkennen und mir in Läden Waren zu verkaufen, so lässt sich dieses nun weitgehend durch digitale Programme einsparen. Letztlich bleibt das Konsumvolumen aber weitgehend auf dem bestehenden Niveau, verschiebt sich nur von analog zunehmend zu Digital. Das „Wachstumsversprechen" sei also ein falsches Versprechen.

Die Beobachtungen sind in ihrer Darstellung richtig und sie treffen sich auch mit den Beschreibungen zur Wertschöpfung in digitalen Märkten, was den Einsatz von Menschen anbelangt. Es ist richtig, dass intelligente Systeme immer mehr Aufgaben von Menschen übernehmen. Die oben beschriebene Logik verkennt aber wieder einmal, dass „Konsum" nicht gleich „Wachstum" ist!

Eine weitere These lautet, dass in der Produktionssphäre eine grundlegende Veränderung der Rationalisierungslogiken nicht stattgefunden habe. Vielmehr seien Dezentralisierung und Individualisierung der Produktion alte Strategien der 80er- und 90er-Jahre. Digitale Technologien radikalisierten nur klassische Kontrollstrategien der Überwachung, weshalb es sich um einen „digitalen Taylorismus" handele. Aus der soziologischen Sicht, die sich an den analog-schwerindustriellen Paradigmen des 20. Jahrhunderts orientiert, mag das ja eine sehr interessante „Dekonstruktion der aktuellen Wachstumsdiskurse" sein. Aus der wirtschaftlichen Sicht des 21. Jahrhunderts hat dieser Ansatz aber weder Digitale Märkte noch digitale Wertschöpfung verstanden. Der angebliche digitale Taylorismus existiert lediglich im Backend der digitalen Wertschöpfung. Die entscheidende Wertschöpfung und der entscheidende Punkt für den Konsum ist, wie wir bereits weiter vorne in diesem Kapitel gesehen haben, die Individualisierung, die Singularisierung und die Plastizität des Produkts. Das ist eben nicht die Logik der alten Schwerindustrie. Richtig ist, dass digitale Geschäftsmodelle erfolgreich sind, weil sie bei uns Menschen persönlich zugeschnittene und auf uns formulierte Bedürfnisse wecken. Das Konsumptionsproblem wird also nicht gelöst, weil weniger Menschen in der digitalen Wirtschaft arbeiten, wie oben behauptet. Das Problem wird dadurch gelöst, dass unsere Daten analysiert und ausgewertet werden, um uns durch Überwachung im „Surveillance Capatalism" zum Konsum zu leiten. Das macht es auch nicht besser. Aber es ist auf alle Fälle besser, die aktuellen Treiber der digitalen Entwicklung zu kennen, anstatt sich auf veraltete Logiken zu stützen, zu falschen Erkenntnissen zu kommen und dann auch falsche Entscheidungen zu treffen.

Veraltete Logik finden wir in der Wachstumskritik noch an vielen anderen Stellen. Berechnungen des Ressourcenverbrauchs zum Beispiel, die beschreiben, dass wir zwei, drei oder fünf Erden bräuchten, um unseren Lebensstandard auf Dauer zu halten, schließen aus, dass es Innovationen, Veränderungen, Anpassungen, Wechsel von Systemen, Strukturen und Energieträgern gibt. Sie unterstellen, dass einfach immer alles so weiter läuft wie jetzt. Doch stimmt das? Arbeiten und wirtschaften wir heute noch auf dem Stand von vor 50, 150 oder 250 Jahren? Ein Blick in die Landwirtschaft, die industrielle Produktion, den Dienstleistungssektor und ebenso auf die Digitalwirtschaft spricht da eine andere Sprache. Innovationen bei Maschinen, Instrumenten, Methoden, Prozessen und ganzen Geschäfts- und Wertschöpfungsmodellen. Märkte, Jobs und Anwendungen, die heute Standard sind, haben ihren Siegeszug in vielen Fällen vor gerade einmal zehn oder fünfzehn Jahren angetreten. Von vielen Dingen hätte man vor dreißig oder vierzig Jahren noch nicht einmal geträumt. Viele Wachstumskritiker stützen sich unverdrossen weiter in der Hauptsache auf Studien und Prognosen aus den 1970er- und

1980er-Jahren. Dort, zum Beispiel in den Projekten „World3", die Grenzen des Wachstums oder im Club of Rome, wurde der Zusammenbruch der Zivilisation in den kommenden 100 Jahren vorausgesagt. Momentan ist also Halbzeit. So ziemlich alle Voraussagen dieser Experten und Modelle sind nicht eingetreten. Die Welt hat sich anders entwickelt, als in den Modellen anhand von gesäuberten Parametern und Daten mit sehr groben Methoden berechnet worden war.

Besonders das Konzept des „homo oeconomicus" steht gerne im Zentrum der Kritik von Wachstum, Kapitalismus und Marktwirtschaft. Es wird unterstellt, der Mensch werde nur als egoistisches, taktierendes und auf den eigenen Vorteil bedachtes West gesehen, frei von Moral, Ethik, Empathie und Emotionen. Auch das ist eine veraltete Sichtweise. Diese Kritik ist aber trotzdem nicht unberechtigt. Der homo oeconomicus ist ein Modell, dass stark vereinfacht und nur die wichtigsten Parameter für das Erklären von komplexen Zusammenhängen in den Fokus nimmt. Es soll erklären, wie Entscheidungen zu Konsum oder zu Investitionen zustande kommen, möglichst so, dass das ganze auch mathematisch abbildbar ist, damit Prognosen erstellt werden können und Zusammenhänge und gegenseitige Beeinflussungen und Abhängigkeiten in definierten Situationen und Szenarien beschrieben werden können. Dasselbe passiert auch in anderen Modellen in anderen Disziplinen. Das gilt beispielsweise in der Soziologie, in der Physik, in der Biologie oder in der Klimawissenschaft. Besonders in der Klimawissenschaft und auch in der postmodernistischen Soziologie werden die Modelle mit denen gearbeitet, prognostiziert und argumentiert wird als aussagekräftig, verlässlich und angeblich eindeutig wissenschaftlich bestätigt („science is settled") propagiert, obwohl sie auf eben den selben Vereinfachungen und Einschränkungen beruhen, wie das wirtschaftswissenschaftliche Konzept des „homo oeconomicus". Hier wird also mit zweierlei Maß gemessen: Im einen Fall werden die Schwächen und Limitierungen eines Modells besonders hervor gekehrt, um es zu diskreditieren, im anderen Fall werden die selben Schwächen und Limitierungen geflissentlich übergangen, ausgeblendet und als nicht relevant abgetan. Das ist weder wissenschaftlich, noch ethisch-moralisch besonders vorbildlich und schwächt letztlich die Argumentation der Wachstumskritiker selbst, da sie nicht als glaubwürdig und vertrauenswürdig gelten können.

Das Konzept des „homo oeconomicus" ist ein grundsätzliches Konzept. Deswegen lernen es Studentinnen und Studenten auch schon im ersten und zweiten Semester des Studiums. Das heißt, es ist sehr einfach und sehr rudimentär. Es eignet sich nicht, um damit komplexere Zusammenhänge tiefergehend zu verstehen und detailliert zu analysieren. Wer sich also an dem Konzept abarbeitet und es für die alles bestimmende Idee der Ökonomie hält, ist in der Volkswirtschaft und Betriebswirtschaft offensichtlich nicht über das erste und zweite Einführungssemester hinausgekommen. Das ist ungefähr so, als würde man nach dem Lesen von zwei bis drei Jura Überblickswerken Verfassungsrichtern erst mal eine Standpauke darüber halten, was in ihrer Wissenschaft und ihren Urteilen eigentlich grundsätzlich falsch läuft und warum sie Dinge wie Freiheit, Verantwortung und Gerechtigkeit eigentlich gar nicht richtig verstehen (können). Die Verhaltensökonomie und andere Teildisziplinen der Ökonomie sind heute schon viel weiter und arbeiten praktisch nicht mehr mit dem einfachen Konzept des „homo oeconomicus", sondern haben viel feinere und komplexere Konzepte entwickelt. Das ist auch ziemlich natürlich, denn die Vorstellung des „homo oeconomicus" ist bereits sehr alt. In den 1970er-Jahren, vor einem halben Jahrhundert also, war sie sicherlich noch viel bestimmender und präsenter als heute. Das waren eben die Jahre, in denen die bis heute immer wieder angeführten Studien und Prognosen zu den Grenzen des Wachstums entstanden sind. An diesen historischen Zusammenhängen und Prägungen mag es also liegen, dass sich Wachstumskritiker an dem Konzept geradezu festbeißen. Würde man den aktuellen Stand der Forschung akzeptieren und anerkennen, dann würde das unglücklicherweise nicht mehr zu den eigenen Dogmen und Paradigmen aus dem letzten Jahrhundert passen. Weiterhin wird ausgeblendet, dass die kritische Sicht auf den „homo oeconomicus" sehr von unserer fortschrittlichen und wohlständischen westlichen Gesellschaft geprägt ist. Schauen wir uns einmal andere Gesellschaften und Märkte an, beispielsweise in Asien oder auch in Afrika, dann müssen wir konstatieren: Die Menschen dort verhalten sich im Prinzip erstaunlich genau so, wie es das „homo oeconomicus" Bild beschreibt. Inwiefern der „homo oeconomicus" in der Realität anzutreffen ist, hängt offensichtlich davon ab, ob der sich in agrarischen, industriellen oder postindustriellen Märkten und Gesellschaften bewegt und dort mit unterschiedlichem Wettbewerb, Konkurrenzsituationen und Konsummöglichkeiten konfrontiert wird. Nur weil es in der aktuellen westlichen Gesellschaft nicht mehr so deutlich sichtbar ist, muss das Konzept des „homo oeconomicus" deswegen noch lange nicht völlig falsch sein – in anderen Gesellschaften manifestiert es sich umso deutlicher. In digitalisierten Märkten ist die Entwicklung noch im vollen Gange. Hier lässt sich noch nicht wirklich sagen, ob der „homo oeconomicus" weiter verdrängt werden wird oder ob er in modifizierter Form wieder mehr in Erscheinung tritt. Es könnte auch eine dritte Möglichkeit geben, die sogar ziemlich wahrscheinlich ist. In der datengetriebenen Digitalwirtschaft, die zunehmend von Systemen und KI basierten Automatismen bestimmt wird, erstarkt das Prinzip des „homo oeconomicus" wieder, nur diesmal eher als „machina oeconomica". Autonome Systeme und Künstliche Intelligenz entscheiden extrem rational und datenbasiert, sie optimieren bis ins extrem und können im Sinne des Wortes blitzschnell die rechnerisch und rein ökonomisch beste Variante erkennen und prognostizieren. Das ist das „oeconomicus"-Prinzip in Reinform, aber eben ohne den Menschen als Träger dieser Entscheidungen, die Maschine übernimmt das. Auch und vor allem aus diesem Grund, ist es nicht besonders schlau und nicht besonders weitsichtig, den „homo oeconomicus" für grundfalsch, gescheitert und tot zu erklären. Wenn wir die Märkte und Gesellschaften von heute und morgen verstehen wollen, müssen wir ihn gerade ganz besonders berücksichtigen, in seiner neuen, seiner potenzierten Form der „machina oeconomica".

Neben den Fragezeichen zur Aktualität und Vertrauenswürdigkeit der aktuellen Wachstumskritik, die wir gerade besprochen haben, gesellen sich auch noch ethische und rechtliche Fragezeichen. Wer im Zuge der Wachstumskritik ständig mit den „planetaren Grenzen" argumentiert und mit ihnen mehr oder weniger willkürliche Grenzen für den eigenen Lebensstandard und die eigene Lebensführung setzt, versagt Menschen letztlich die Würde in einem sicheren und guten Leben. Würde hat mit Entscheidungsfreiheit zu tun, Sicherheit verlangt eine stabile Lebensgrundlage und eben nicht nur das nötigste. Dieses Postulat der absoluten Begrenzung verstößt gegen das Grundgesetz und gegen europäische Werte. Aufgabe von Wissenschaft und Politik muss es sein, ein würdevolles Leben möglich zu machen und nicht die Möglichkeiten dazu einzuschränken.

Deswegen müssen wir uns hier wieder die Frage stellen, ob wir die richtigen Prioritäten gesetzt haben. Hängen wir, wie die Politik, immer noch in den Bildern und Paradigmen der 1970er-Jahre fest? Einer Zeit in der die Umweltbewegungen entstanden und grüne Parteien, die heute den Zeitgeist bestimmen. Übersehen wir das neue Prekariat, von heute und morgen, weil wir es anhand veralteter Konzepte und damit falsch definieren? Argumentieren wir vielleicht aus einer typisch westlichen und latent technikskeptischen Wohlstandssicht heraus und nehmen die Lebenswirklichkeit großer Teile unserer Gesellschaft und noch größerer Teile der Weltbevölkerung gar nicht war? Könnte es vielleicht Sinn machen, den angeblichen Gegensatz zwischen Wachstum und Nachhaltigkeit über Bord zu werfen und stattdessen Wege zu finden, wie beides zusammen geht? Es kann in der Zukunft nicht ausschließlich darum gehen, „das Wachstum" zu stoppen. Das ist letztlich eine diskriminierende und selektierende Politik. Und es würde gegen die allermeisten Sustainable Development Goals der Vereinten Nationen verstoßen, die vor allem auf Wohlstand, Bildung und Sicherheit setzen. Das ist keine nachhaltige Politik. Und moralisch ethisch vertretbar ist sie auch nicht. Es muss also darum gehen, dem Wachstum eine Richtung und ein Ziel oder mehrere nachhaltige Ziele zu geben, auf diese Ziele hin zu innovieren und zu optimieren. Es geht darum, die effektivsten Mittel und Wege zu finden, das Leben der Menschen allen Orten der Welt besser zu machen, unseren Wohlstand dafür zu nutzen, anstatt ihn zu begrenzen oder zu zerstören, was keinem nützt aber vielen schadet. Das nützt der Erde, dem Klima und den Menschen, weil es neue Möglichkeiten eröffnet, anstatt sie zu verhindern und auszuschließen. Es ist sozial und wirtschaftlich. Und es ist moralisch richtig.

Klimarettung durch Schuld und Sühne?

Wollen wir einen wirksamen Schutz unserer natürlichen Lebensgrundlagen und gleichzeitig eine moralisch vertretbare Politik gegenüber allen betroffenen Menschen erreichen, kann es nicht nur darum gehen, das

Wachstum zu begrenzen oder zurückzudrehen. Es geht vielmehr darum, Wirtschaftswachstum und Klimaschäden und Umweltverschmutzung miteinander in eine Beziehung zu bringen, in dem Sinne dass nicht der Vorteil des einen der Nachteil des anderen ist. Dazu brauchen wir Regeln, Bepreisungen und Technologien. Die können von Menschen und Unternehmen kommen oder von der Politik. Die einen sind schnell, die anderen sind langsam. Unternehmen und Privatleute sind, das muss man so sagen, praktisch die Lückenbüßer der Politik im Klimaschutz. Politik braucht aus verschieden Gründen lange, um Beschlüsse für den Klimaschutz zu fassen, innenpolitisch wie international. Deutschland und Europa erreichen normalerweise die eigenen Klimaziele des Weltklimarates und des Parisabkommens nicht. 2020 war hier eine absolute Ausnahme. Unternehmen und Menschen können aber viel bewegen. Durch den Einsatz von digitalen Technologien für Energieeinsparungen, Müllvermeidung, Kreislaufwirtschaft, saubere Antriebe, Artenschutz und Artenvielfalt, ebenso durch Kompensation in verschiedensten Formen. Auf diese Beispiele werden wir später eingehen.

Diese Lückenfüllerei ist auch kein Anlass, alles negativ zu sehen oder resigniert zu sein. Denn erstens können wir konkret etwas tun und nicht nur auf die Straße gehen und es bei Forderungen an „die Politik" belassen oder gleich eine „Überwindung des Systems" zu fordern. Das kapitalistische System wird nicht überwunden werden, andere Staaten mit großem Einfluss und Wachstum in der Welt bauen es ja gerade aus, verbunden mit Autoritarismus und Diktatur. Menschen und Unternehmen können durch die „Vorleistung" eigenen Handelns vielmehr noch mehr Druck auf politische Entscheidungsträger aufbauen, dass Handeln nötig und vor allem auch möglich ist. Zudem ist das auch der europäische oder westliche Weg der freien Bürgergesellschaften und der verantwortlichen Individuen, sich selbst einzubringen und etwas zu tun. Falls das alles noch nicht reicht, dann noch eine Behauptung: Jede und jeder einzelne von uns hat es in der Hand, die „Klimasünden" seiner Vorfahren in Europa und dem Westen durch eigenes Handeln wieder auszugleichen. Wobei die Geschichte der Klimaschuld an sich völlig unhistorisch und unmoralisch ist. Denn es unterstellt den Vorfahren destruktive Motive, versagt ihnen rückwirkend das Recht auf ein besseres Leben – was im Gegensatz zu den Sustainable Development Goals von heute steht – und es setzt das Wissen von heute voraus, dass damals gar nicht vorhanden sein konnte. Das Gerede der „historischen Schuld" am Klimawandel ist auffällig ähnlich zum identitären und postmodernen Narrativ des rassistischen und kolonialen Westens. Der Westen hätte „Party gemacht" und dabei vorsätzlich oder nebenbei das Klima zerstört, Menschen versklavt und den eigenen Wohlstand auf Kosten anderer genossen. Dieses Bild ist ignorant, selbstgefällig und es ist schlicht und einfach falsch. Denn die letzten 200 Jahre der Industrialisierung in Europa waren die meiste Zeit keine „Party". Ebenso wenig wie die Auswanderung aus Europa seinerzeit auch keine Erholungsreise war. Die angebliche Party war ein mühseliger und qualvoller Weg aus Dreck, aus Krankheit und bitterster Armut. Menschen sind auf diesem Weg elendig gestorben, nachdem sie elendig gelebt und gearbeitet hatten. Der Fortschritt wurde erst langsam erarbeitet, erstritten und erkämpft, unter größten Opfern und Entbehrungen. Und ein Schuldnarrativ bringt uns vor allem kein Stück weiter, denn weder die Atmosphäre, noch Flora und Fauna, noch Meeresströmungen, noch Sonnenaktivitäten richten sich nach solchen politisch-moralisierten Behauptungen.

Gleiches gilt für das Naturbild hinter den Vorstellungen vieler „Klimaschützer", die sich nicht mehr Naturschützer nennen, wie noch vor einer Generation. Das zeigt schon, dass der Fokus ziemlich eindimensional geworden ist. Das Naturbild der vorangegangenen Generationen sah die Natur als einen Feind, den es zu zähmen und zu kontrollieren galt. Wer sich in die Natur begab, hatte gute Chancen zu sterben. Erst in der Romantik entwickelte sich die Vorstellung eines Einklangs mit der Natur. Heute wird gerne gesprochen von der „Zukunft, in der die Natur und die Menschen wieder versöhnt sind". Das unterstellt, dass es einmal eine solchen Einklang wirklich gegeben hätte. Mit Blick auf die historische Realität müssen wir jedoch feststellen, dass es in der Vergangenheit nie so war; auch wenn das romantische Idealbild sehr verlockend ist. Vielleicht finden wir gerade ein neues nachhaltiges Gleichgewicht mit sozial nachhaltigen und gleichzeitig wirtschaftlich sinnvollen Methoden und mit neuen Technologien und Mechanismen für komplexe Fragen und Probleme in einer sich exponentiell entwickelnden Umwelt. Das wäre aber kein Zurück, sondern ein Voran.

Wollten wir wirklich zurück, so hätte das massive Schäden für alle zur Folge. Eine Halbierung der CO_2 Emissionen bis 2035 würde pro Jahr den doppelten wirtschaftlichen Einschnitt wie der Corona Lockdown in der ersten Jahreshälfte 2020 bedeuten beziehungsweise den Einschnitten der beiden Lockdowns des Jahres 2020 entsprechen. Der Preis für das Ziel halbe Emissionen ist also außer Frage sehr, sehr hoch. Deutschland hat auch nur im Jahr 2020 seine Klimaziele aus dem Pariser Abkommen erreicht und weniger CO_2 Ausstoß zu verzeichnen. Das wurde groß gefeiert. Doch dem „Erfolg" gegenüber stehen die größte Wirtschaftskrise in seit fast 100 Jahren, 255 Millionen zerstörte Jobs weltweit, mindestens 600.000 zerstörte Jobs in Deutschland bisher, eine Pleitewelle riesigen Ausmaßes, die erst jetzt langsam mit dem Anrollen beginnt und sinkende Löhne und Einkommen in fast allen Branchen und Bereichen, am meisten jedoch im mittleren und unteren Bereich, so bestätigen und prognostizieren es durchgehend alle Wirtschaftsinstitute, Verbände und Wirtschaftstheoretiker wie Praktiker. Hinzu kommt noch die Auferstehung der Inflation, die vor allem Sparer und Unvermögende trifft.

Die Halbierung der CO_2 Emissionen wird die Energiepreise massiv ansteigen lassen. Das bedeutet, dass alle mehr für Energie bezahlen müssen und weniger für andere Ausgaben zur Verfügung haben. Das verlangsamt das Wirtschafts- und Wohlstandswachstum, kann sogar zu einer Schrumpfung führen. Aus Sicht der Wachstumskritik und des Klimaschutzes mag das erst einmal geradezu perfekt klingen – doch ist es weder sozial noch ökonomisch nachhaltig. Und langfristig schadet es auch den Möglichkeiten für einen besseren Klima- und Umweltschutz durch neue Technologien, Prozesse und Abläufe. Die Kosten des Pariser Abkommens sind die höchsten der Geschichte. Die jährlichen Kosten für das Erreichen der Klimaziele entsprechen den weltweiten Ausgaben aller Staaten für Militär und Rüstung (vgl. Stockholm International Peace Research Institute 2018). Jedes Jahr. Die jährlichen Kosten sind fünf mal so hoch, wie die gesamten Reparationszahlungen Deutschlands nach dem Versailler Vertrag. Wir wissen, was das für den sozialen und politischen Frieden damals bedeutete. Die Kosten betragen das hundertfache von dem, was auf der Welt jährlich für den Schutz und den Erhalt der Biodiversität ausgegeben wird. Die Kosten sind ebenfalls das hundertfache der Ausgaben im Kampf gegen HIV. Trotz dieses riesigen Aufwands und dieser riesigen Kosten, werden wie gesagt die Ziele nicht erreicht. Von Deutschland nicht und von praktisch allen anderen Staaten, die das Parisabkommen unterzeichnet haben, auch nicht. Bisher haben die Staaten mit all ihren Maßnahmen, Verträgen und Selbstverpflichtungen gezeigt, wie die Klimaziele nicht erreicht, wie der menschengemachte Klimawandel nicht gestoppt oder zumindest abgebremst wird. Wir können die offensichtlich nicht wirkenden Ansätze der letzten Jahre und Jahrzehnte einfach so weiterführen und mit Absicht nichts aus der Geschichte lernen. Das ist der Ansatz der Klimabewegung, die die unbedingte Einhaltung der Klimaziele fordert oder diese sogar noch schneller und kompromissloser früher erreicht sehen möchte. Dafür müsste der bisherige Weg noch schneller weitergegangen werden, die bisher beschlossenen Maßnahmen noch radikaler umgesetzt werden. Diese größte Mobilisierung von Ressourcen in der Geschichte hat ihr Ziel aber bisher verfehlt. Und die Wahrscheinlichkeit, dass es auch in Zukunft so bleibt ist mehr als hoch. Denn die Maßnahmen und Mechanismen ändern sich ja nicht, nur der Zeitplan auf dem Papier. Sinnvoller wäre es, auch einmal andere Maßnahmen ernsthaft in Betracht zu ziehen und zu erproben, die effizienter und effektiver wirken. Und die weniger Kollateralschaden verursachen.

Denn die Klimapolitik nach aktueller Gestaltung trifft vor allem die Einkommensschwachen am härtesten, sie vergrößert die Armut. Denn diese Menschen verlieren den Zugang zu günstiger Energie. Besonders alte Menschen wären hier noch einmal besonders betroffen, weil sie meistens mit kleinen Einkommen zurechtkommen müssen. Paradoxerweise gehört das Klagen über die Benachteiligung der Armen der Welt und in den eigenen Ländern zum wichtigsten Vorwurf der Klimaaktivisten neben dem Kernargument der apokalyptischen menschengemachten Erderwärmung (vgl. Schmelzer und Vetter 2019; Liegey und Nelson 2020). In einer Welt ohne Wachstum oder sogar bei Schrumpfung werden die Verteilungskämpfe in Gesellschaften und zwischen Gesellschaften an Härte und Gnadenlosigkeit zunehmen. Verlierer in solchen Kämpfen sind in erster Linie die ohnehin schon Schwachen ohne Mittel und Wege sich zu behaupten. Die Anpassung an den Klimawandel ist für die wohlhabenden Gesellschaften teuer, aber machbar. Besonders die armen Länder sind hier schnell überfordert, wenn sie keine Chance haben, Wohlstand aufzubauen. Wer keine Mittel hat, der kann auch nichts tun, um sich an klimatische Veränderungen anzupassen. Nullwachstum oder Schrumpfung würde hier also extrem negative Konsequenzen haben. Diese Konsequenzen sollten nicht übergangen oder totgeschwiegen werden. Auch das Standardargument, der Reichtum müsse umverteilt werden, dann sei das Problem sofort gelöst verfängt ebenso standardmäßig nicht. Selbst wenn es durchgesetzt werden würde: Umverteilen geht nur einmal und spätestens dann stellt sich die Frage, wie der Wohlstand gehalten oder weiter entwickelt werden soll, auf den alle schließlich einen Anspruch haben, wenn die Bevölkerung wächst. Aber auch ohne dieses Gedankenspiel ist klar, dass die oben beschriebenen enormen Kosten, die jedes Jahr aufzubringen sind, nicht durch Umverteilung zu decken wären, sondern kontinuierlich „erwirtschaftet" werden müssen, was nur ein anderer Ausdruck für Wachstum ist.

Wegen der Kosten und der Folgen für alle brauchen wir eine offene und klare Kommunikation zur sogenannten Energie- und Mobilitätswende für den Klimaschutz in Deutschland und Europa: Wer gewinnt? Und wer verliert? Was sind die Erleichterungen – was sind die Belastungen und Unannehmlichkeiten? Wer hat unter den steigenden Energiekosten am meisten zu leiden? Und wer kann es sich leisten? Wer muss Einschränkungen hinnehmen durch neue Stromtrassen, Lärm, neue Anlagen für regenerative Energien, Windräder, durch Monokulturen für Bio-Kraftstoffe? Und wer profitiert von der Wende und der Klimapolitik auf der anderen Seite? Denn die beschriebenen Kosten sind Ausgaben. Und die müssen logischerweise als Einnahmen bei jemand anderem landen.

Diese Punkte werden jedoch nicht transparent verhandelt und diskutiert. Stattdessen wird unterstellt, es gäbe für alle mehr als genug und deswegen seien Verzicht und Kosten kein Problem. Wirtschaft und Gesellschaft seien aktuell in einem Zustand, dass die ursprünglich bessere Versorgung von Menschen mit Gütern und Dienstleistungen, die sie wirklich brauchten, gar nicht mehr das eigentliche Ziel des Wirtschaftens sei. Also müsse ein „genug" definiert werden. Da Wachstum schädlich und schlecht ist, bedeutet „genug" zwangsläufig, dass die einen abgegeben müssen, damit die anderen bekommen. Und das mache auch noch glücklich! Denn es gibt schließlich das Easterlin-Paradox. Das ist zwar schon ein gutes halbes Jahrhundert alt, wird aber trotzdem heute noch gerne von Wachstumskritikern als der neueste „heiße Scheiß" verkauft. Das Paradox besagt, dass ein immer höherer Besitz und Wohlstand nicht zwangsläufig auch immer glücklicher macht. Begründung: Wenn die basalen und existenziellen Bedürfnisse nach Essen, Trinken, Kleidung und einem Zuhause befriedigt sind, dann gewinnen andere Dinge wie Beziehungen, Gesundheit, Anerkennung oder Selbstverwirklichung an Bedeutung. Also, so die Ableitung, können Menschen auch glücklich sein, wenn ihre materiellen Möglichkeiten begrenzt sind. Sie müssen nur gesund sein, Anerkennung und Sex bekommen und ihren Interessen nachgehen können. So weit so gut. Nur hängen Dinge wie Gesundheit, Bildung, Anerkennung oder Selbstverwirklichung nun mal auch vom materiellen Wohlstand ab. Je höher der ist desto besser sind die Möglichkeiten der Gesundheitsversorgung, desto besser sind die Möglichkeiten der Bildung, desto größer sind die Freiheiten zur Selbstverwirklichung, desto größer ist, ob wir das gut finden oder nicht, auch die Anerkennung durch andere. Ökonomisch gesprochen nimmt der Grenznutzen des Besitzes für das persönliche Glück sicherlich immer weiter ab – aber er ist trotzdem da. Und wenn die Interpretation des Easterlin-Paradox aus der wachstumskritischen Perspektive stimmte: Warum sind dann die glücklichsten Menschen der Welt vor allem in den reichen Gegenden der Welt wie Skandinavien, Kanada oder Australien zu finden?

Die „Genug-reicht-doch-auch" Philosophie blendet das alles geflissentlich aus und setzt den Lebensstandard des eigenen Erlebens, den Lifestyle der eigenen Community aus dem akademisch qualifizierten, gut situierten Milieu der oberen Mittelschicht und der Oberschicht als Bezugs- und Bewertungsmaßstab für alle fest. Da gehören Flachbildschirme in jedem Zimmer, ein Auto pro Kopf, Erdbeeren im Winter, Flugmango in portionierten Häppchen und Flugreisen an jedem zweiten Wochenende ganz selbstverständlich dazu (vgl. Göpel 2020). Nur: Für welche Gesellschafts- und Einkommensgruppen ist das alles wirklich „normal"? „Weniger ist mehr!" – Für alle die viel haben, ist das durchaus o. k., vielleicht wirklich eine Erleichterung (vgl. Hickel 2021). Was bedeutet das aber für andere, die nicht in dieser „Normalität" leben? Spätestens hier sind wir konfrontiert mit dem Phänomen der Polarisierung in der Gesellschaft durch immer unterschiedlichere Lebenswirklichkeiten und damit verbundene Werte- und Zielsysteme, das uns bereits schon mehrfach begegnet ist. Das Reden über eindimensionale und selbstbezogene Szenarien aus der alleinigen Sicht der akademisch-ökologisch bewegten Elite, die den Ton in der medialen und sozial-medialen Öffentlichkeit und Politik und bei Fridays for Future Demos angibt, hilft hier nicht weiter. Das ist zu unkonkret und eindimensional. Wir müssen jetzt, wollen wir wirklich etwas erreichen, in die nächste Stufe eintreten und nicht nur fordern, dass etwas passiert, sondern darüber debattieren, was passieren soll. Und wer worauf verzichten oder sich wo und wie umstellen muss. Auf die Debatte mit allen Perspektiven aus allen Lebenswelten können wir gespannt sein.

Die eben dargestellten Fakten passen also nicht zur immer wiederholten Behauptung „Schrumpft die Wirtschaft, verlangsamt sich der Klimawandel. Wächst die Wirtschaft, beschleunigt er sich." (vgl. d'Alisa et al. 2016) Es wäre nicht die erste Fake-News, die sich durch stetiges Wiederholen festsetzt, weil irgendwann einfach keiner mehr nachfragt, ob das denn auch wirklich stimmt. Kurzfristig mag sich der Zusammenhang ja noch belegen lassen. Vor allem in der langfristigen Perspektive stimmt das eben nicht so, wie es hier unterstellt wird. Die Staaten und Regionen mit hohen Wohlstandsraten und einer entwickelten und gewachsenen wie auch wachsenden Wirtschaft haben deutlich bessere Umweltbedingungen als ärmere Länder (vgl. Schellenberger 2020). Wer das nicht glaubt, kann gerne einmal die Luft- oder Wasserqualität in Deutschland, Kanada oder Dänemark mit der in China, Vietnam oder Indien vergleichen. Besonders bei er Luftverschmutzung ist sogar ein Umkehrpunkt in der Entwicklung festzustellen. Zunächst steigen die Emissionen mit dem Wirtschafts- und Einkommenswachstum, dann sinken die Emissionen wiederum, wenn der Wohlstand der Menschen größer wird. Gleiches gilt für den Schutz der Wälder und der Gewässer. Man kann sagen, dass sich Menschen um ihre Umwelt kümmern und in der Lage sind sie zu schützen, wenn die existenziellen Probleme gelöst sind. Dann verlangen Menschen auch mehr Regulierungen für den Schutz von Umwelt und Klima. Wer auch das nicht glauben will, braucht nur in die letzten dreißig bis vierzig Jahre der eigenen Geschichte in Deutschland und Europa zu schauen und zu vergleichen, welchen Stellenwert Umweltschutz heute hat und wie viele Umweltschutzregeln es heute im Vergleich zu damals gibt.

Umweltschutz und Wohlstand passen also durchaus zusammen und sind keine Todfeinde. Gleiches gilt auch in einer weiteren Hinsicht: Klimaschutz und Versorgungssicherheit. Bei den Auswirkungen der Klimapolitik per „Degrowth-Strategie" haben wir bereits gesehen, dass die Folgen vor allem für die nicht wohlhabenden Teile der Gesellschaft am stärksten sind. Und zwar negativ. Das Thema wird deshalb gerne ausgeklammert. Gleiches gilt beim Thema Versorgungssicherheit, also bei der Frage „Kommt auch wirklich Strom, wenn ich den Schalter umstelle?" (Deutscher Bundestag Drucksache 19/27220 2021). Diese Frage ist alles andre als trivial. Alles, ob im privaten Umfeld oder in der Wirtschaft bei der Herstellung von Produkten und der Bereitstellung von Dienstleistungen ist auf Energie, meistens elektrischen Strom, angewiesen. In Zukunft wird diese Abhängigkeit noch stärker sein, wenn der digitale Sektor weiter wächst und beispielsweise nur noch E-Autos oder Wasserstoffautos auf unseren Straßen fahren sollen, was das explizite politische Ziel ist. Auch Wasserstoff braucht für seine Herstellung über die Elektrolyse massiv Strom.

Die Zweifel an der Versorgungssicherheit wachsen, denn es gibt immer wieder Zwischenfälle in immer größerem Ausmaß, in deren Folge die Netzstabilität massiv schwankt und teilweise Netze zusammenbrechen und ganze Regionen ohne Strom dastehen. So geschehen beispielsweise im Januar 2021. Das Stromnetz, das von Dänemark im Norden, Spanien, Italien und Griechenland im Süden, der Nordsee im Westen und Polen, Rumänien und Bulgarien im Osten reicht, drohte zusammenzubrechen (vgl. Baumer 2021; Kempkens 2021). Ursache war ein plötzlicher Abfall der Netzfrequenz um 250 mHz. Im Normalfall schwankt sie in engen Grenzen um 50 Hz. Sekundenschnelle Reaktionen der Netzbetreiber waren nötig, um das Schlimmste zu verhindern, eben den totalen Blackout. Die Zahl solcher Noteinsätze hat sich von 15 bis 20 pro Jahr noch vor 10 bis 15 Jahren auf mittlerweile 200 bis 250 pro Jahr erhöht. Im Schnitt also an zwei von drei Tagen im Jahr. Grund dafür ist der immer höhere Anteil von Erneuerbaren Energien aus Wind, Sonne oder Wasserkraft. Da diese Energiequellen nicht konstant sind und in ihrer Intensität und Vorhersagbarkeit schwanken, kommt es eben auch zu

Schwankungen bei den Energiemengen, die ins Netz eingespeist werden – oder die auch mal gar nicht mehr kommen und komplett ausfallen, wenn der Wind nicht weht oder die Sonne nicht scheint. Daneben steigt auch die Abhängigkeit von Strom- und Energielieferanten im europäischen und außereuropäischen Ausland, wie beispielsweise Russland. Denn die Lücken in der Versorgung durch Regenerative Energien werden durch eigene Kraftwerke und eben Importe ausgeglichen. Das ist aus zwei Gründen bedenklich: Erstens sind beispielsweise Kohlekraftwerke in Osteuropa aufgrund ihres Alters so gut wie nie klimafreundlicher als deutsche Kraftwerke, die wegen der Energiewende vom Netz genommen werden. Zweitens haben wir schon mehrfach erlebt, dass Energie in Form von Öl oder Gas, als Druckmittel oder gar als Waffe eingesetzt werden kann und eingesetzt wird. Hinzu kommt die Wahrscheinlichkeit, dass die bisher noch Energie und Rohstoffe liefernden Länder in absehbarer Zeit ihre Lieferungen zumindest deutlich senken werden. Grund: Wegen des eigenen Bevölkerungs- und Wirtschaftswachstums brauchen sie ihre Rohstoffe und Energie selbst. Wir werden diese enormen Wachstumsprognosen for Asien und vor allem auch Afrika im nächsten Kapitel noch sehen.

Die Gefahr eines Blackouts, eines Zusammenbruchs der Energieversorgung ist also nicht klein, sondern sie wird kontinuierlich größer. Diese Gefahr lässt sich auch nicht durch Energiespeicherung bändigen. Der Stromverbrauch in Deutschland liegt bei ungefähr 1,6 Terrawattstunden (TWh) pro Tag. Für eine Flaute von zehn Tagen wären also heute 16 TWh nötig, im Jahr 2050 bei einem prognostizierten höheren Strombedarf sogar 25 TWh. Der Speicherbedarf wäre heute schon ungefähr 400 mal größer als alle Speicherkapazitäten, die Deutschland hat. Es ist also ziemlich illusorisch, genug Speicherkapazitäten zu schaffen, die solche Bedarfe jemals decken könnten. Das bedeutet, wir stünden vor der Entscheidung zwischen Licht, Heizung, Strom oder Auto, die alle von elektrischer Energie abhängig sind. Oder wir müssten entscheiden, ob der private Verbrauch oder der Verbrauch der Wirtschaft Vorrang haben muss, ob Krankenhäuser vorgehen oder die Tierzucht, ob die Verteidigungsfähigkeit gegen Angriffe von Innen und Außen Vorrang hat oder die Schulen und Kindergärten oder Altenheime. Wer soll und kann aber solche Entscheidungen treffen und treffen dürfen?

Und was ist, wenn sich solche Abwägungen erübrigen, weil einfach alles aus ist? Die Folgen eines Blackouts sind verheerend. Nicht nur für die Wirtschaft, sondern für die zivilisatorische Ordnung in unserer Gesellschaft. Ein paar Tage ohne Strom und die gesamte Infrastruktur sowie alle Versorgungs- und Lieferketten brechen zusammen. Die öffentliche Sicherheit is nicht mehr aufrecht zu erhalten, jeder kann machen was er will. Wer soll denn bitte wie die Polizei rufen, wenn kein Gerät mehr funktioniert. Das Internet ist weg. Das Licht ist weg. Kein Telefon funktioniert mehr. Der Kühlschrank fällt aus. Im Winter erfrieren Menschen. In den Krankenhäusern sind irgendwann auch die letzten Generatoren leer …

Eine Risikoabschätzung für die Energiewende zum Klimaschutz findet zumindest öffentlich nicht statt. Die Gefahren des Klimawandels werden lang und breit diskutiert. Das ist auch nötig. Die Gefahren und Risiken der Energiepolitik, die daraus abgeleitet wird, müssen jedoch ebenso lang und breit und transparent diskutiert werden. Das bewusste Eingehen von existenziellen Gefahren ohne darüber zu debattieren, ist weder demokratisch akzeptabel noch ist es moralisch und ethisch vertretbar. Klimaaktivisten warnen beispielsweise vor dem Hitzetod als mehr oder weniger allgegenwärtige Gefahr durch den Klimawandel. Dabei ist die Zahl der Kältetoten auf der Welt rund sechsmal so hoch wie die der Hitzetoten (Lomborg 2020). Und zwar konstant. Während hier also ein Risiko als angeblich bedrohlich und flächendeckend existenziell propagiert wird, was es offensichtlich nicht ist, kommen die existenziellen Risiken eines Blackouts in der Diskussion gar nicht vor. Und dieses Risiko ist wirklich hoch, wenn an zwei von drei Tagen die Alarmsirenen bei den Stromnetzen in Europa heulen. Es ist sehr klar, dass wir hier wie in anderen bereits besprochenen und dargestellten Zusammenhängen die Prioritäten falsch setzen. Vor lauter Aktivismus, Drohszenarien und politischem Druck werden kurzfristige „Erfolge" in der Energiepolitik durchgeboxt, die aber nicht effektiv für den Klimaschutz sind (Deutschland und Europa erreichen die eigenen Klimaziele konstant nicht!) und die dazu noch existenzielle Risiken beinhalten, die moralisch und ethisch schon allein deshalb nicht zu vertreten sind, weil bereits die Debatte darüber verweigert wird.

Doch mit der Ausklammerung von Tatsachen wird keine Akzeptanz für Veränderungen oder gar das Eingehen von Risiken zu schaffen sein. Vielmehr sorgt es für Widerstand, wenn Menschen das Gefühl haben, ihnen werden Dinge verheimlicht, die die verheißungsvollen Geschichten der besseren Energie-Welt von morgen zumindest relativieren. Menschen mögen prinzipiell keine Veränderungen, auch wenn wir alle gerne offen, agil und innovativ sein wollen. Veränderungen bedeuten Unsicherheit. Wenn diese Unsicherheiten noch mit offensichtlichen Risiken verbunden sind, dann wird die Akzeptanz sehr kritisch. Wenn diese Risiken dann auch noch versteckt und verschwiegen werden, ist sämtliches Vertrauen zerstört, fast keiner zieht mehr mit. Mal abgesehen davon, dass so etwas wie „Akzeptanz schaffen" nicht funktioniert. Weder für eine Energie- noch für eine Mobilitätswende oder andere Neurungen oder Vorhaben. Politische oder aktivistische Propaganda schafft keine nachhaltige Akzeptanz. Den Diskurs zu beherrschen, kritische Fragen zu diskreditieren und Risiken zu verschweigen bedeutet noch lange nicht, dass eine deutliche Mehrheit voll hinter den vielfältigen „Wenden" steht. Die Kunst besteht darin, die Umstände so zu beeinflussen und zu regeln, dass sich Akzeptanz als Folge davon für etwas verändertes und etwas neues einstellen kann. Das haben wir bereits vorhin in der Diskussion um Quoten und „Gerechtigkeit" gesehen. Vorschriften erzwingen Gehorsam, Umstände schaffen Akzeptanz. Nur genau das geschieht hier nicht. Die vorgegebenen Ziele müssen erreicht werden. Und wenn sie nicht erreicht werden, dann müssen die Fristen verkürzt oder die Ziele verschärft werden. Oder am besten gleich beides. Wer da unangenehme Fragen stellt, wird als „Klimaleugner" bezeichnet. Wichtig und nachhaltig erfolgreich sind aber Anreize für Privatpersonen, Unternehmen und Investoren, in nachhaltige Technologien und Konzepte zu investieren und diese zu nutzen. Es muss sich finanziell und ideell lohnen, nachhaltig zu wirtschaften und zu konsumieren. Ansonsten sind wir Menschen nicht bereit, zu Änderungen unseres Verhaltens. Zuletzt hat das eine Umfrage der Europäischen Investitionsbank vom Januar 2021 ergeben. Die Investitionsbank soll den Green Deal der Europäischen Union finanzieren und umsetzen. Eine Mehrheit der europäischen Bürger will beispielsweise weniger fliegen und ist bereit weniger Fleisch zu essen, um den Klimawandel zu bekämpfen. Doch diese Bereitschaft hängt von vielen Umständen ab, wie beispielsweise der Bezahlbarkeit, der Bequemlichkeiten oder der Transparenz. Außerdem wird die Anpassung an veränderte Klimabedingungen als mindestens genauso wichtig angesehen, wie die Änderung über Vorschriften und Leitlinien. Über Anpassung wird zufälligerweise auch nicht so gerne gesprochen, wenn es um Klimaaktivismus geht. Wie beim Wachstum, muss es beim Klima am besten zurück gehen.

Dabei gibt es mehr als genug Erkenntnisse, welche Umstände gegeben sein müssen und an welchen Punkten angesetzt werden muss, um eine positive Einstellung und Dynamik für Veränderungen zu Gunsten des Klimaschutzes zu schaffen. Es geht hier um sogenannte „Soziale Tipping Points" gegen den Klimawandel die die Wissenschaftler Ilona Otto, Jonathan Donges, Roger Cremades, Avit Bhowmik, Richard Hewitt, Wolfgang Lucht, Johan Rockström, Franziska Allerberger, Mark McCaffrey, Sylvanus Doe, Alex Lenferna, Nerea Morán, Detlef P. van Vuuren, und Hans Joachim Schellnhuber im Januar 2020 zusammengetragen und veröffentlicht haben (Otto et al. 2020). Sie kommen zu dem Ergebnis, dass beispielsweise eine staatliche Subventionierung von erneuerbaren Energien als Steuerungselement, anstatt der Energieerzeugung aus fossilen Brennstoffen, ein zentrales Mittel darstellt, um den Klimawandel einzudämmen. Als zweites Element nennen sie den Bau klimaneutraler Städte und als drittes den Ausstieg aus finanziellen Vermögenswerten, die in Zusammenhang mit fossilen Brennstoffen stehen, sowie Anreize für dezentralisierte Energie. Weiter zählen sie zu den wichtigen sozialen Kipppunkten für eine nachhaltige globale Dekarbonisierung eine verstärkte Aufklärung über den Klimawandel und die moralischen Implikationen der Nutzung fossiler Brennstoffe als auch eine Stärkung der Klimabildung und des Klimaschutzes und die Offenlegung von Informationen zu Treibhausgasemissionen.

Das klingt schon deutlich differenzierter und hat einen anderen Sound als das Verteufeln von Konsum und Wachstum. Wobei wir auch hier sehen, das oftmals propagierter Konsumverzicht dann doch nicht gelebt, sondern eher vorgetäuscht wird. Denn wenn gegen Wachstumswahn und Konsumterror protestiert wird, geschieht das entweder nur durch scheinbar nachhaltigen, ‚grünen‘ Konsum, also einfach durch eine andere Art von Konsum. Oder im Gegenteil durch zwanghaften Konsumverzicht: „Wir mäßigen uns maßlos", wie es der Philosophieprofessor Robert Pfaller formuliert. In beiden Fällen geschieht der Protest jedenfalls nicht im Namen des Genusses. Der findet, wenn überhaupt, vorwiegend noch „interpassiv" als eine neue Art des delegierten Genießens statt: Andere konsumieren und genießen, wir schauen am liebsten nur zu. Der klinische Psychologe Paul Verhaeghe geht sogar noch weiter und nennt das ganze „depressive pleasure". Die Einseitigkeit der Perspektive, die nur eine Art von Gefahr und Risiko in den Blick, und andere gleichzeitig ebenso existierende dagegen voll aus dem Blick nimmt, eine Perspektive die nur ein Zurück zulässt, im Verlust und im Weniger Gewinn und Forstschritt sieht und keine Alternativen als Lösungsmöglichkeiten akzeptiert, läuft also Gefahr in maßlosen Verzichtsforderungen zu eskalieren. Die Depressive Pleasure wird zur Self Fullfilling Prophecy, am Ende geht es einem wirklich so schlecht in einem miesen Leben und man kann sich nur noch an der Freude aufrichten Recht gehabt zu haben (vgl. Praller 2017).

Diese Maßlosigkeit in den Forderungen gilt nicht nur auf der persönlichen Ebene, sondern auch für ganze Gesellschaften und die berühmten „Systeme". Denn das System ist Schuld und das System muss geändert werden. Das gilt für den Kapitalismus und seinen „strukturellen" Rassismus, Kolonialismus, Chauvinismus und vieles mehr. Oder das System ist gut, deswegen muss es stabil gehalten werden. Das gilt für das Klima. Auch wenn wir bereits gesehen haben, dass die großen systemischen Ansätze wie die Pariser Klimaziele eben nicht von den Systemen wie dem Staat erreicht werden, sondern vielmehr es die einzelne Personen und Unternehmen sind, die etwas bewegen und verändern. Auf ihrer Ebene, pragmatisch, direkt und effektiv. In allen „systemischen Betrachtungen" wird aber genau das Individuum und seine Willens- und Tatkraft ausgeklammert. In einer freien und demokratischen Gesellschaft steht das Individuum aber im Zentrum und ist letztlich Bezugspunkt und Referenzpunkt aller Rechte und Pflichten. Der systemische Ansatz setzt das System als Ganzes, das Kollektiv, als Referenzpunkt. Das „Ganze" wird als bedeutender und wichtiger angesehen, als die einzelne Person. Denn nur wenn das System weiter stabil funktioniert, kann es auch eine Zukunft für die jungen und folgenden Generationen geben. Das klingt erst einmal moralisch und ethisch positiv und nachhaltig. Wer wollte ernsthaft etwas dagegen sagen? Diese Argumentation übersieht aber, dass sich Gesellschaften und die Natur beständig gewandelt und verändert haben und es auch weiterhin tun. Ein stabiles System ist in der mittel- und langfristigen Betrachtung weder natürlich, noch nachhaltig. Dynamische Systeme sind historisch normal, der Wandel und die Anpassung sind die Grundpfeiler der Nachhaltigkeit. Konservierte Stabilität ist das Gegenteil von Vitalität. Weder der Kapitalismus ist statisch wie wir gesehen haben, denn seine digitale neue Form funktioniert anders als die industrielle. Noch ist das Klima stabil, wie wir bald sehen werden.

Und auch moralisch und ethisch ist die Sache nicht so eindeutig, wie sie vielleicht auf den ersten Blick erscheinen mag. In systemischen Modellen und Theorien gelten der freie Wille und die individuellen Entscheidungen von einzelnen Menschen als solche und in ihrer Summe als potenziell gefährlich und zerstörerisch, weil sie die Stabilität des Systems durcheinander bringen können. Hierin erklärt sich auch die grundsätzliche Ablehnung des Grund-Prinzips des „homo oeconomicus", der diese angebliche Selbstsucht und Rücksichtslosigkeit darstellt und geradezu belegt. Da ist sicherlich auch viel Wahres dran: Die Summe der individuellen Entscheidungen von uns führt zu Effekten, die schädlich und gefährlich für unsere Mitmenschen, die Umwelt und das Klima sind. Das ändert aber nichts daran, dass wir es hier mit einem fundamentalen Widerspruch zu den Grundwerten und Prinzipien unserer freiheitlichen Verfassungen und Gesellschaften zu tun haben, die über Generationen blutig und qualvoll erkämpft werden mussten. Es ist in einer freiheitlichen und demokratischen Gesellschaft moralisch und ethisch nicht gerechtfertigt, dem Individuum grundsätzlich ein absichtliches oder unabsichtliches schädliches Verhalten für seine Umwelt zu unterstellen und daraus eine Notwendigkeit der Vorsorge und des Schutzes abzuleiten, was bedeutet, dass Freiheiten und Rechte beschränkt oder weggenommen werden müssen. Das bedeutete, in jedem Menschen einen Verbrecher zu sehen und deshalb alle und jeden immer und überall zu überwachen oder am besten möglichst stark einzuhegen oder zu lenken, insbesondere dann, wenn es sich um unabsichtlich schädliches Verhalten handelt. Denn wenn die Menschen angeblich gar nicht wissen (können), dass sie zerstörerisch entscheiden und handeln, muss gerade die Freiheit beschränkt und ein Korridor des Erlaubten vorgegeben werden. Wir haben dieses Prinzip bereits in sehr ähnlicher Form im Überwachungskapitalismus gesehen. Zum einen in der umfassenden Auswertung von Daten und der Steuerung der Kommunikation mit uns Menschen zur Manipulation unserer Taten und der Eingrenzung unserer Entscheidungsalternativen auf einen gewünschten Korridor. Zum anderen in der internen Optimierung von Prozessen und Systemen über KI basierte Systeme, die ohne den Menschen als freien und erratischen Faktor eigentlich am besten und effizientesten, eben stabil, laufen würden. Wir lehnen das alles zu Recht ab. Es ist nicht die Welt in der wir leben wollen. Warum sollten wir genau das akzeptieren oder gar begrüßen, wenn es um ein anderes System unseres Lebens, die Umwelt oder das Klima, geht?

Hier geht es um grundlegende Fragen der Ethik, der Moral und der freiheitlichen Demokratie. Und hier gibt es keine schlechten und keine guten Einschnitte und Beschränkungen, je nachdem auf welches System sie sich beziehen. Es gibt, so beschreibt es der Philosoph Julian Nida-Rümelin, viele Erscheinungsformen der Demokratie, aber doch einige Merkmale, die als „Markenkern" gelten. Dazu gehören Rechtsstaatlichkeit, freie und geheime Wahlen, Gewaltenteilung, Meinungs-, Presse- und Versammlungsfreiheit. Eine Schwierigkeit ist, dass diese Merkmale formal weitgehend erhalten bleiben, aber materiell Schritt für Schritt ausgehöhlt werden können, ohne dass sich genau angeben ließe, wann die Grenze zur autoritären Staatsform überschritten ist (Nida Rümelin und Weidenfeld 2021).

Der Ökonomie-Nobelpreisträger Amartya Sen, hat nachgewiesen, dass es „einen fundamentalen Konflikt zwischen individueller Freiheit und kollektiver Wohlfahrt" gibt. Zwischen diesen Widersprüchen müssen wir in demokratischen und freiheitlichen Gesellschaften immer neue Wege finden. Sonst sind wir keine freien Bürgerinnen und Bürger. Grundprinzip der freiheitlichen Demokratie ist, dass im Konfliktfall die Wohlfahrt hinter den Rechten der Einzelnen zurückstehen müsse. Das führt zu einer Rechtsordnung, die Kollektiventscheidungen zum Schutz von Minderheiten- und Individualrechten einschränkt. Als Ergebnis steht hier nach Nida-Rümelin der „Konsensus höherer Ordnung", der die Legitimität der Demokratie sichert. Das läuft, in einer an das Böckenförde-Paradox angelehnten Formulierung, darauf hinaus, dass die Demokratie auf Grundlagen beruhe, die sie selbst nicht garantieren könne. Hinzu kommt die „Deliberation" als „Kern demokratischer Praxis", das Suchen nach Lösungen, das Debattieren von Alternativen.

Vorgaben ohne Alternativen kennen wir aus anderen Gesellschaften wie beispielsweise in China, Russland, den arabischen Staaten, asiatischen Despotien und mittlerweile auch aus illiberalen oder gelenkten Demokratien, die global wie auch in Europa zunehmend an Macht und Einfluss gewinnen, wie wir im folgenden Kapitel sehen werden. Und wir kennen solche Korridore des Erlaubten auch aus den Beschreibungen zu inoffiziellen aber mächtigen Sprech- und Kritikverboten aus den vorigen Kapiteln in Bezug auf besondere und besonders schützenswerte Identitäten oder die eingeschränkte Freiheit von Wissenschaft und Forschung. Kritikern des Kapitalismus und des Wachstums zu unterstellen, sie wollten eine Diktatur nach chinesischem oder russischem Vorbild errichten, wäre weder fair noch ehrlich. Sicherlich ist das nicht der Fall. Der Fall ist jedoch durchaus, dass nicht wenige wie beispielsweise Extinction Rebellion oder auch Teile von Fridays for Future völlig eindeutig und unmissverständlich die „Überwindung der bestehenden Ordnung" verlangen, den „Kapitalismus zerschlagen" wollen. Nun könnte man jetzt auch genüsslich den restlichen Aktivisten ebenfalls vorhalten, sie steuerten auf diktatorische Verhältnisse zu, quasi unabsichtlich und ohne es bewusst zu merken. So wie sie es den angeblich allzu egoistischen Individuen zuschreiben, die sie in ihrem unbewussten und unbeabsichtigten Handeln stoppen wollen, um schlimmeres zu verhindern. Gleiches gilt auch hier: Die mehr oder weniger unwillkürlichen Folgen müssen nicht mit den originären Intentionen der einzelnen vielen übereinstimmen. Aber sie treten trotzdem ein, wenn nicht rechtzeitig die (Not-)Bremse gezogen wird. Und aus anderen historischen Beispielen ist bekannt und belegt, dass gemäßigte und reformerisch-kritische Bewegungen von radikalen Minderheiten getrieben und okkupiert werden und am Ende dieser Entwicklungen konkrete Veränderungen und Maßnahmen stehen, die drastischer, härter und nicht selten unmenschlicher sind, als das was ursprünglich einmal gefordert worden war.

Ob aus Absicht, genau das zu verschleiern oder auch aus dem guten Glauben heraus, das beste für die Gesamtheit erkämpfen zu wollen, werden diese Folgen für das Individuum und letztlich die Freiheit aller ausgeklammert. Die Diskussion und die Forderungen bleiben auf der „systemischen Ebene", konkrete Folgen für die Einzelne und den Einzelnen werden nicht benannt. Höchstens einmal dann, wenn es darum geht „die

Superreichen" oder „das reichste eine Prozent" heranzuziehen, um Kosten und Belastungen zu schultern. Das ist relativ unverfänglich und gleichzeitig wohlfeil. Denn praktisch alle Menschen gehören eben nicht zu den Superreichen und gehören eben auch nicht zu dem einen Prozent. Betroffen wären dann immer die anderen. Das beruhigt. Alle. Die, die fordern, weil man ja nur ganz wenige angehen will, die das sicher locker wegstecken können; und die die fürchten unter Umständen betroffen zu sein. Dabei ist schon bei etwas näherer Betrachtung klar, dass es damit nicht getan sein kann. Je mehr die Superreichen herangezogen und geschröpft werden, desto schneller sind sie nicht mehr superreich und fallen aus der propagierten Zielgruppe der zu Belastenden heraus. Damit ist auch klar, dass eine Belastung vom reichsten Prozent der Menschheit keine dauerhafte Lösung sein kann, sondern nur einen zeitlich relativ kurzen Zeitraum durchzuhalten ist. Eher über kurz als über lang müssen die Belastungen und Einschränkungen von allen in der Gesellschaft getragen werden. Anders sind die enormen Kosten nicht zu bestreiten, anders können die enormen Reduktionen an Energie- und Rohstoffverbrauch und Müllaufkommen gar nicht erreicht werden. Es betrifft alle und eben nicht nur „die ganz wenigen da oben". Einschränkungen, Verbote und logischerweise dazu gehörende Strafen werden alle treffen. Das ist nun wiederum nicht populär. Würde es klar benannt und beziffert und ausgesprochen, wäre die breite gesellschaftliche Unterstützung dahin. Das zeigen die Erfahrungen der Jahre 2020 und 2021. Im Jahr 2020 war die Meinung, Einschränkungen in Notlagen wie der Corona Pandemie seien sogar populär. Deswegen wurde diese Politik auch gefahren. Doch schon 2021 zeigte sich: Notlagen lassen sich nicht ewig ausrufen und die Popularität von Einschränkungen, Verboten und Kontrolle bricht schneller wieder ein, als gedacht. Diese Lektion muss uns auch für die Klimapolitik zu denken geben. Zumal hier die „Notlage" für die allermeisten Menschen noch weniger sichtbar und fühlbar ist, als beim Corona Virus.

Klimaschutz muss für uns erträglich sein, im besten Fall muss er sich sogar lohnen. Das klingt schon wieder ziemlich nach „homo oeconomicus" … Weniger Depressive Pleasure Moralismus und dafür mehr ethischer Utilitarismus ist angesagt. Denn nur so passiert auch was. Menschen und Unternehmen sind als „Lückenfüller" ja schon längst dabei.

Fördern wir das. Das können Staaten auch gut und schnell, wenn sie wollen. Ungefähr so gut, wie die Pariser Klimaziele nicht erreichen. Nur wäre das mal eine positive Erfolgsmeldung. Zumal der Klimawandel ja nun wirklich nicht wartet. Wie uns so viele Wissenschaftler und Modelle zeigen.

Die Modelle zeigen, dass der Klimawandel voranschreitet. Die Modelle zeigen aber auch, dass die Forderung nach einem sofortigen Ausstieg aus fossilen Brennstoffen, die von Klimaaktivisten stets erhoben wird, nicht nur wirtschaftlich wegen ihrer Konsequenzen irre ist, sie macht auch für das Klima keinen großen Unterschied. Ein sofortiger Ausstieg aus fossilen Energien und ein sofortiger Stopp aller CO_2 Emissionen hätte nämlich keinen Stopp der Klimaänderungen zur Folge. Grund: CO_2 wird nur langsam abgebaut. Die Berechnungen verschiedener Institute und Wissenschaftler rechnen mit einer Abbauzeit von 100 bis 150 Jahren. Der IPCC, welcher die regelmäßigen Klimaberichte herausgibt, geht in seinem sogenannten BERN Modell davon aus, dass ungefähr die Hälfte von emittierten CO_2 nach rund 45 Jahren durch Aufnahme in Wasser und Pflanzen aus der Atmosphäre verschwunden ist. (IPCC) Die andere Hälfte verflüchtig sich über mehrere hundert Jahre hinweg durch Vermischung mit dem Tiefenwasser der Ozeane und Carbonsteinbildung. Letztlich können wir uns den Prozess so ähnlich vorstellen wie das Befüllen einer Wanne mit immer neuem Wasser. Sicherlich fließt immer ein Teil durch den Abfluss ab. Wenn das Nachfüllen aber schneller geht als das Abfließen, dann füllt sich die Wanne trotzdem. Würde das Nachfüllen des Wassers sofort gestoppt, würde es immer noch eine ziemlich lange Zeit dauern, bis alles abgeflossen ist. Das bedeutet natürlich nicht, dass eine Reduktion des Nachfüllens nichts bringen würde. Der totale Stopp ohne Rücksicht auf Verluste würde aber sicher riesige Schäden verursachen und dafür kaum messbare und spürbare Effekte haben.

Hinzu kommt die Tatsache, dass das Klima andauernd schwankt. Das ganze passiert in sehr langen Zeiträumen. Aber so etwas wie eine „Klimakonstanz" oder einen historisch normalen Gleichgewichtszustand als angebliche Sicherheit und Stabilität, das gab es nie und das wird es nie geben. In den vergangenen zehntausend Jahren gab es teils enorme Schwankungen der durchschnittlichen Temperaturen auf der Erde. Teils waren diese sogar wärmer als heute. Wenn die aktuelle Erwärmung die Fortsetzung eines historischen Zyklus wäre, dann würden wir in eine neue Phase eintreten. Allerdings, das gehört zur Wahrheit dazu, verstärkt durch die von uns Menschen verursachten Treibhausgase. Der Zyklus sieht ungefähr so aus: Alle tausend Jahre eine Warmphase, dann nach fünfhundert Jahren jeweils eine Kaltphase. Das ist das Muster, dass sich aus den Klimadaten der jüngeren Vergangenheit ergibt, das heißt über ungefähr den Zeitraum der Geschichte der zivilisierten Menschheit. Diese Schwankungen gehören also zur Erd- und Menschheitsgeschichte dazu. Auch wenn die meistens negative oder zumindest mühsame Folgen für uns Menschen haben. Das Nomadentum der Frühzeit, wie heute auch, ist letztlich in klimatischen Veränderungen begründet. Bezogen auf die Jahreszeiten und genauso über längere Zeiträume. Tiere und Menschen müssten dahin ziehen, wo die Bedingungen ein auskömmliches Dasein ermöglichen. Die Eiszeit beziehungsweise die Eiszeiten der Weltgeschichte sind uns allen bekannt. Auch im Altertum, der Antike und im Mittelalter sind uns „Völkerwanderungen" bekannt, die auf Kriege und klimatische Veränderungen zurückzuführen sind. Auch in der Neuzeit lassen sich Aus- und Einwandererwellen auf Klimaereignisse zurückführen, so um Beispiel die Auswanderung aus Irland und Deutschland nach Nordamerika, weil wegen des „schlechten" Klimas und hoher Bevölkerungszunahme über mehrere Jahre und Jahrzehnte Hungersnot herrschte.

Offenbar werden die Extremszenarien selbst den wissenschaftlichen Protagonisten des Klimaaktivismus zu heikel. So warnte beispielsweise der Klimaforscher Stefan Rahmstorf im Januar 2021 im Spiegel vor der „Gefahr alarmistischer Klimaschlagzeilen", übertriebene Berichte über Forschungsergebnisse könnten Resignation auslösen (Rahmstorf 2021). Dabei war es jahrelang die ganz öffentlich von vielen aktivistischen Wissenschaftlern vertretene und realisierte Strategie mit möglichst drastischen Szenarien und Übertreibungen Öffentlichkeit und Aufmerksamkeit zu erzeugen, um politischen Druck aufzubauen. Jetzt sollen aber die Medien mit reißerischen Zeilen Schuld sein, wenn der Geist nicht mehr in die Flasche zurückzubekommen ist. Das mag auch an den Berichten über Extremwetterereignisse liegen, die große Aufmerksamkeit in den Medien bekommen. Besonders natürlich, wenn alles in Zusammenhang mit dem Klimawandel gestellt werden kann. Ob es auch stimmt, ist eine andere Sache. Denn über die letzten 2000 Jahre ist das Klima weder bei Hitze, Regen oder Sturm in Europa extremer geworden, wie eine Vielzahl an Untersuchungen belegen. Es gibt also nicht mehr Extremwetterereignisse als beispielsweise 1950 oder 1850. Es ist auch immer eine Frage der Anpassung und der Lebensgewohnheiten, was Extremwetter oder extreme Umstände sind. Menschen leben im klirrend kalten Sibirien genauso wie in der Hitze von Saudi-Arabien. Auch hier bei uns schwanken die Temperaturen über den Jahresverlauf ziemlich deutlich. Während es im Winter bis hinunter auf Minus 10 Grad oder tiefer gehen kann, sind im Sommer 30 oder mehr Grad drin. Das sind Unterschiede von 40 Grad Celsius oder mehr. Sicherlich nicht von heute auf morgen, aber manchmal doch in sehr kurzer Zeit von wenigen Wochen. Das soll die Gefahren des Klimawandels nicht verharmlosen. Doch es zeigt, dass wir uns schon manchmal anhand des eigenen Lebens und unserer Erfahrung klar machen können, welche Dimensionen von Schwankungen wir aushalten – und es manchmal gar nicht bewusst merken. Ähnliche verquere Wahrnehmungen gibt es auch bei Extremwettern oder Katastrophen. Solche Ereignisse haben in Europa und weltweit nicht zugenommen, in einigen Gegenden sind sie sogar weniger geworden. Was gewachsen ist, ist der verursachte Schaden an Menschenleben und Besitz. Das liegt an dem sogenannten „Bulls Eye Effect" (vgl. Schellenberger 2020). Die Bevölkerungszahl wächst, Siedlungen wachsen. Das führt dazu, dass immer mehr Menschen in Gegenden leben, die bei Stürmen, Fluten oder anderen Ereignissen besonders gefährdet sind. Meistens sind diese Siedlungsgebiete auch nicht besonders geschützt, weil es zu teuer ist und das Wachstum der Städte und Siedlungen einfach zu schnell ist. Fluten zerstören so mehr Häuser, Straßen und Menschen als noch vor 50 oder 100 Jahren. Stürme richten mehr Schaden an. Brände ebenso. Das liegt fast immer aber nicht daran, dass die Unwetter oder Extremereignisse in ihrer Zahl und Intensität zugenommen hätten, sondern dass in den Gegenden wo sie auftreten und immer aufgetreten sind mehr Menschen leben. Auch deswegen ist es so wichtig, sich besser anzupassen, zu schützen und bessere Prognosen beispielsweise über den Einsatz von Künstlicher Intelligenz erreichen zu können.

Sehr viele Faktoren werden also bei den Klima- und Katastrophen-Prognosen ausgelassen oder negiert, die von Menschen und Technik klar und mit meist großer Wirkung beeinflusst werden können. Sei es der gerade besprochene Bulls Eye Effect, der Einfluss von Grünwachstum oder Anpassungsmaßnahmen. Anpassung geschieht aber eben nicht durch den Abschluss von Abkommen in Kyoto oder Paris, sondern durch Ideen und Taten und politische Weitsicht vor Ort. Meist sind diese Anpassungsmaßnahmen auch noch deutlich billiger und gleichzeitig effektiver als alle Reduktionsziele, Ausstiegsbeschlüsse und Verkehrs- oder Energiewenden mit der Brechstange, die noch dazu demokratisch immer fragwürdiger werden. Nicht zuletzt schützen und retten sie auch ganz konkret Menschenleben. Das wird gerne von Klimaaktivisten und Wachstumskritikern übersehen. Denn es passt irgendwie ziemlich schlecht zur Geschichte der armen, selbstverständlich total passiven Opfer-Menschen, die unter der kolonialistischen Wachstumsgier unserer schuldbeladenen weißen Wohlstandsgesellschaft zu Grunde gehen oder zur Geschichte unserer Kinder und Kindeskinder, die in einer künftigen Hyper-Hölle für unsere Sünden bezahlen müssen, weil wir und sie natürlich nicht in der Lage sind Lösungen, Alternativen und Innovationen zu finden, so wie es ungefähr 10.000 Generationen vor uns in unserer modernen Menschheitsgeschichte ganz offensichtlich aber doch immer und immer wieder konnten.

Die bestimmenden Klimamodelle blenden viele wichtige und bestimmende Faktoren aus. die Prognosen zu den wirtschaftlichen und sozialen Kosten, die auf diesen Klimamodellen beruhen, blenden noch einmal viele wichtige und vor allem beeinflussbare Faktoren aus. Das sind ganz schön viele Unsicherheiten und Weglassungen für eine angebliche „settled science", also eine sichere und allgemein akzeptierte Wissenschaft und ihre Erkenntnisse. Dass es einen menschengemachten Klimawandel gibt, ist unstrittig. Dass es nur und einzig und allein am Menschen liegt, ist dagegen gar nicht so „settled". Noch weniger trifft das zu auf die Extremszenarien mit denen hantiert und mobilisiert wird. Vor allem vor dem Hintergrund von Diffamierung und Diskriminierung von wissenschaftlichen Kritikern als „Klimaleugner" ist das bemerkenswert, aber gleichzeitig typisch für die aktivistische Diskussionskultur in Politik, Gesellschaft und auch in der Wissenschaft. Kritiker und Fragesteller bringen die Wissenschaft weiter. Und damit auch unsere Gesellschaft insgesamt. Die Vertreter und Verfechter der Extremszenarien müssen sich rechtfertigen, warum sie unsere Gesellschaften und unsere Zukunft mit ihren Forderungen und teils bereits bestehenden Maßnahmen einem sehr hohen Risiko aussetzen, obwohl zentrale Annahmen ihrer Modelle ungesichert sind und in weiten Teilen sogar mit der Realität nichts zu tun haben oder ihr gleich komplett widersprechen. Beispielsweise technischen Fortschritt und menschliche Adaption auszuklammern und zu negieren, kann nicht anders als eine „falsche" Annahme bezeichnet werden. Falsche Annahmen führen zu fehlgeleiteter Politik und zu mittel- bis langfristigen Schäden. Nachhaltig ist etwas anderes.

Fridays for Future und Extinction Rebellion mobilisieren mit Horrorszenarien und Übertreibungen, die höchstens theoretische wissenschaftliche Extremszenarien darstellen. Dadurch wird Druck erzeugt und eine Erwartungshaltung geweckt, die niemals zu erfüllen ist. Allein schon deshalb, weil die Prognosen von heute morgen schon nicht mehr gelten können, wie wir an den Beispielen aus den 1970er- und 1980er-Jahren gesehen haben. Der Einsatz von KI wird hier noch einmal so einiges in Frage stellen und angebliche Wahrheiten ordentlich durchschütteln. Das kann dazu führen, dass die Ablehnung und die Geringschätzung des demokratischen und marktwirtschaftlichen Systems wächst, was einige auch ganz offen so anstreben, dadurch die Demokratie noch weiter geschwächt und die Ränder des politischen Spektrums für die Polarisierung gestärkt werden. Wir sehen das bereits an vielen Stellen, wo es nicht mehr nur um „Lügenpresse" geht, sondern auch um „Lügenwissenschaft". Es muss auch dazu führen, dass die Enttäuschung von Aktivisten und Anhängern über sich selbst und den eigenen Einfluss wächst. Alle Massendemos haben nicht sofort zu Änderungen in der Politik und vor allem beim Klima geführt – Aber das war doch das Ziel? Die Erderwärmung wird aber nicht stoppen, selbst wenn alle CO_2 Emissionen gestoppt würden, wie wir oben gesehen haben. Und wenn auch noch die so exakt angekündigten Katastrophen ausbleiben? Was dann? Resignation, Wut oder Fatalismus. Die Motivation und das Vertrauen sind weg. Und wer kümmert sich dann um den Schutz der Umwelt? Die letzten Idealisten. Und Erfinder. Und Unternehmen in neuen Märkten. Vorsicht! Das wäre ja wieder Innovation, Anpassung und Wachstum …

Die Wissenschaft von heute und ein Blick in die Geschichte zeigen uns, dass apokalyptische Prognosen die extremsten und gleichzeitig auch unwahrscheinlichsten Entwicklungen in der Zukunft darstellen und dass sich gerade solche Weltuntergangsfantasien bisher nie bewahrheitet haben. Vielmehr mussten sie verworfen werden, nicht selten haben sie sich in ihr Gegenteil verkehrt. Der Klimawandel ist real. Es ist unbestritten, dass die von Menschen in der Vergangenheit und heute verursachten CO_2 und Treibhausgasemissionen die Erwärmung antreiben und natürliche Schwankungen verstärken. Durch Fortschritte in der Wissenschaft, durch rechtzeitige und effektive Anpassung, durch Innovationen in Wirtschaftsprozessen, in Unternehmen, bei uns selbst als Konsumenten und „Verbrauchern" und bei Produkten, Dienstleistungen und Technologien können wir die Probleme jedoch bewältigen. Das ist den Menschen in der Geschichte bisher immer gelungen. Manchmal recht geschmeidig, manchmal unter großen Umbrüchen und Kosten. Die Extremszenarien beherrschen durch geschickte Kommunikation, Propaganda und Aktivismus auf allen Kanälen die politische und gesellschaftliche Debatte. Das hat auch mit den Kommunikationslogiken der digitalen Welt zu tun, die wir in diesem Kapitel bereits besprochen haben. Emotionale und negativ aufreibende Boshaften und Bilder haben den größten Verbreitungseffekt und den größten Mobilisierungsfaktor. Das führt jedoch dazu, dass wir andere Herausforderungen der Menschheit zunehmend zurückstellen oder unterordnen. Von vielen Klimaaktivisten wird genau das auch ganz offen vertreten. Die Losung lautet: Alle Politik und alle Entscheidungen müssen sich dem Klimaschutz, so wie Aktivisten und Wachstumskritiker ihn definieren, unterordnen. Das ist eine absolutistische Einstellung, denn es gibt nur eine Sache, ein Ziel, eine vorgegebene Definition, die zählt und der sich alles andere unterordnen muss. Nahrungsmittelknappheit, medizinische Versorgung, Bildung, Epidemien, Konflikte und Kriege treten in den Hintergrund oder werden kurzerhand als Folge des Klimawandels umdefiniert oder dekonstruiert. Doch beispielsweise die Nachhaltigkeitsziele der Vereinten Nationen sind nun einmal siebzehn Stück an der Zahl. Weil wir Menschen uns immer mit mehreren „Plagen" herumschlagen müssen. Darum ist es politisch und moralisch geboten, sich auch um eine angemessene Abwägung zwischen den verschiedenen Herausforderungen zu bemühen und, wie es zu einer freiheitlichen Gesellschaft gehört, hier Kompromisse und Einigungen zu finden. Denn die Mittel sind begrenzt und gleichzeitig ist Akzeptanz und Unterstützung nötig, die nicht verordnet werden kann. Zumindest nicht in einer Demokratie freier Bürgerinnen und Bürger.

Anreize können und sollten dagegen recht einfach gesetzt werden. Das kennen wir aus fast allen Bereiche des Lebens, in denen es um irgendeine Art von Aushandlungen und Kompromissfindungen geht. Das geschieht nämlich über Preise. Anreize zum Klimaschutz können gesetzt werden, wenn die Preise von Produkten und Dienstleistungen auch die Kosten anzeigen, die bei ihrer Herstellung, dem Transport und der späteren Entsorgung anfallen. Ökologische Schäden würden die Preise erhöhen. Das würde den Konsum dieser Produkte vermindern, vielleicht würden sie ganz vom Markt verschwinden, auf alle Fälle aber durch umweltfreundlichere Alternativen ersetzt. Auch und gerade Innovationen würden dadurch befördert, die mit neuen Lösungen einen Preisvorteil ausspielen können und Marktanteile erobern können. Auf der anderen Seite sinkt die CO_2 oder Müllbilanz. Gerade digitale Technologien und Künstliche Intelligenz können hier einen enormen Beitrag leisten. Denn KI ist höchst leistungsfähig, wenn es um Effizienzen und Einsparungen und Vermeidung geht. Anstelle Daten und Menschen daraufhin zu überwachen, wie am besten aus ihren Daten noch mehr und bessere Wetten auf die Zukunft gemacht und Umsätze optimiert werden können, würde das selbe Prinzip hier dafür genutzt, die Umwelt zu schützen, Menschen eine bessere und höhere Lebensqualität zu bieten und nachhaltiger zu leben ohne dabei der „depressive pleasure" fröhnen zu müssen. Und Geld verdienen lässt sich damit auch. Was durchaus Wachstum bedeuten würde; jedoch nicht aufgrund von Ressourcenraubbau oder Verschwendung, sondern durch Einsparungen, Optimierungen und Alternativen. Hier treffen wir wieder ein Beispiel dafür, das Wachstum nicht automatisch und immer „Klimafolter" bedeuten muss, wie es nicht wenige gerne und dauernd behaupten.

Preise sind die unpolitische Alternative zu Vorschriften, Verboten, Kontrollen und Strafen. Wer weder Planwirtschaft noch Ökodiktatur will, der muss den „wahren" oder „echten" Preisen die Aushandlung von Nachfrage und Angebot und die Richtungsentscheidungen überlassen.

Solange das in einem gesetzlichen Rahmen, der die Spielregeln für alle gleich definiert und durchsetzt, passiert, ist das politisch und ethisch die beste Alternative im Sinne der individuellen Freiheit des Individuums. Es bedeutet aber auch eine tendenziell höhere Belastung der unteren Einkommensgruppen. Klimagerechte Preise machen zunächst einmal so gut wie alles teurer. Das trifft besonders auf die Produkte des täglichen Bedarfs zu, also Energie, Wärme oder Lebensmittel. Bei geringeren Einkommen machen die Ausgaben hierfür einen größeren Teil des Haushaltsbudgets aus, als bei höheren Einkommen. Umwelt und Klimaschutz über Preise ist zunächst „sozial ungerecht".

Wie gerade angesprochen entscheiden Energiepreise über den sozialen Frieden – und das gute alte Brot ebenfalls. Für den globalen Frieden und ein menschenwürdiges Leben für alle geht es darum den Klimawandel zu begrenzen und sich anpassen zu können und gleichzeitig genug Nahrungsmittel zu produzieren, um eine dynamisch, manchmal sogar exponentiell wachsende Weltbevölkerung zu versorgen (Suzuki 2019). Studien beispielsweise der Umwelt- und Nachhaltigkeitswissenschaftler Hasegawa, Sinichoro und Havlik gehen davon aus, dass durch die Preissteigerungen im Zuge der Klimapolitik in Europa und weltweit bis zu 77 Millionen Menschen mehr als aktuell vom Hungertod bedroht sind (Hasegawa und Takehara 2020). Hohe Preise bedeuten, dass Menschen in ärmeren Ländern der Zugang zu modernen Anbau- und Produktionsmethoden und Hilfsmitteln unmöglich wird, durch die Produktion von Lebensmitteln stagniert und gleichzeitig die Armut weiter zunimmt. Das Thema Überbevölkerung beziehungsweise Bevölkerungswachstum ist in Deutschland und Europa geradezu ein politisches Tabu. Wollen wir die Probleme lösen, müssen wir sie aber konsequent und ehrlich ansprechen. Denn es gibt nur drei Möglichkeiten in den „planetaren Grenzen zu bleiben": 1. Die Industriestaaten müssten radikal in allen Bereichen abbauen. Und auch die „Schwellenländer" müssten ihr Wachstum sofort einstellen, um nicht noch mehr Klimagase zu erzeugen. 2. Alle Staaten und Gesellschaften müssten bei Wachstum und Entwicklung eine „Pause" einlegen, solange bis klimafreundliche Technologien entwickelt sind und ihr Wachstum dann klimaneutral stattfinden kann. 3. Die Bevölkerung dürfte nicht mehr wachsen und damit auch nicht die Nachfrage nach Energie und Produkten; der Anspruch, es besser haben zu wollen als bisher müsste aufgegeben oder zumindest zurückgestellt werden. Das alles wäre eine zutiefst selektionistische und letztlich diskriminierende Politik. Sowohl gegenüber den „anderen" oder „fremden" Menschen, denen Möglichkeiten und Freiheiten versagt werden sollen, als auch gegenüber den „eigenen Leuten", die es nicht wert sind oder nicht verdient haben, ihren Wohlstand zu behalten.

Alle drei oben genannten Optionen sind politisch und wirtschaftlich sehr unwahrscheinlich und unmöglich. Die Bevölkerungszunahme lässt sich nicht einfach bremsen oder stoppen. Die Menschen sind schon längst da. Es bleibt realistisch betrachtet also nur die Option des kontrollierten Wachstums und die Modernisierung der Wirtschaften und Gesellschaften vor Ort. Eine Diskussion über das Thema ist momentan jedoch in Europa politisch inkorrekt, weil sie als „neokolonialistisch" abgestempelt wird und mit dem Vorwurf konfrontiert ist, die dortigen Länder doch nur als „Absatzmärkte" für die eigenen Produkte zu sehen, die gefälligst wachsen sollen. Das ist ein Vorwurf. Aber eben keine Lösung. Wir sollten uns auch bewusst sein, dass die Forderung, neben den westlichen Staaten müssten sich auch alle anderen Länder, den gleichen Umwelt- und Klimastandards unterwerfen, selbst eine Art des Imperialismus darstellt. Es wird nicht darauf gehört, was die Menschen in diesen Ländern selbst wollen. Aufgrund der eigenen Bedenken und Befürchtungen, sollen andere Menschen und Gesellschaften ihnen zur Verfügung stehende Möglichkeiten ausschließen und bewusst unterlassen, die Armut, Krankheit und Tod bekämpfen. Wie ist das ethisch zu rechtfertigen?

Die Probleme und Herausforderungen sind kein Grund zu resignieren. Auch wenn die eine „gute Tat", wie beispielsweise Bio-Kraftstoff, gleichzeitig an anderer Stelle negative Folgen hat, wie bei der Biodiversität, ist deswegen noch lange nicht alles verloren oder sinnlos. Diese Übersicht zwingt uns aber zu der Frage: Ist der Klimawandel wirklich das größte und drängendste Problem, das wir haben? Ist es vertretbar, alles andere diesem Thema unterzuordnen, Rechte abzuschaffen oder gar nicht erst zuzulassen und Mittel vornehmlich hier einzusetzen, die anderswo viel mehr positives leisten können? Der Hauptgrund für das Aussterben von Arten beispielsweise ist das zunehmende Kollidieren von Menschen mit Tieren in deren Habitaten, nicht der Klimawandel (Hof et al. 2018). Also brauchen wir hier andere Ansätze als „Zero CO_2 Jetzt!".

Tech for Good – Digitale Technologien sorgen für Wohlstand und Umweltschutz

Zum Glück gibt es die. Sie entstehen sogar wirklich nicht selten aus glücklichen Zufällen oder unvorhergesehenen Ereignissen. Oder in den klassischen Bahnen von Forschung und Entwicklung. Und meistens braucht das seine Zeit. Solarkraft und Windkraft wurden seit mehr als 20 Jahren Zeit gegeben, sich zu entwickeln. Noch dazu wurden und werden Milliarden an Subventionen gezahlt (Vahrenholt und Lüning 2020). Gerade mit dem Wechsel zum Jahr 2021 sollten Förderungen für Erneuerbare Energien auslaufen; sie wurden jetzt noch einmal verlängert. Wieso wird anderen Technologien nicht die gleiche Zeit gegeben wird, sich zu entwickeln? Wenn es um den Klimawandel geht, muss alles ganz schnell gehen und nur entwickelte Modelle und Formen alternativer Energieerzeugung scheinen zulässig. Wasserstoff als Energiequelle funktioniert bereits, braucht aber noch mehrere Jahre, um eine flächendeckende Alternative sein zu können. Förderungen gehen aber fast ausschließlich in Elektromobilität, die noch dazu möglichst schnell durchgesetzt werden soll. Auch Kernenergie in neuen oder auch gar nicht mehr so neuen Ansätzen bietet großes Potenzial (vgl. Ruprecht und Lüdecke 2018). Doch weil viele Ansätze noch nicht reif genug für den Massenmarkt sind, wird diese Alternative kaum beachtet. Zudem ist es politisch ein extrem schwieriges Thema. Vor allem in Deutschland. Andere Länder in Europa haben das verstanden und steuern um. Wenn wir die Aussagen und Erkenntnisse von beispielsweise Mariana Mazzucato ernst nehmen, dann müssen wir als Gesellschaft neuen Ansätzen Zeit und Unterstützung geben, um die große Vorteile realisieren zu können. Lieber hier investieren, als für einen übereilten und für das Weltklima völlig belanglosen Kohleausstieg im Eilverfahren Milliarden zu verbrennen.

Der sogenannte „Greentech" Bereich entwickelt sich immer dynamischer zu einem neuen Markt. Insofern wären hier gerade hohe öffentliche Investitionen gerechtfertigt, weil eine solide wirtschaftliche und gesellschaftliche Basis für die Zukunft bereits deutlich und verlässlich zu erkennen ist. Doch Greentech bedeutet oft trotz allem netto immer noch kein Einsparen von Energie und Emissionen. Schuld ist der sogenannte Rebound Effekt. Der besagt, dass die Energie, die wir an einer Stelle durch neue Technologien oder Geräte einsparen, an anderer Stelle mit anderen und neuen Geräten und Anwendungen, die auch Energie brauchen, ausgeglichen oder mehr als ausgeglichen wird. Es kann also sein, dass alles energiesparender und umweltfreundlicher wird, in Summe der Verbrauche aber doch höher ist. Des Weiteren werden beim Umstieg auf alternative Energie- oder Antriebsquellen die Emissionen erst einmal nur an andere Orte verlagert. Bei E-Mobilität sehen wir keine qualmenden Autos mehr und riechen kein Abgase. Gut. Und schön. Doch der Strom muss anderswo erzeugt werden und erzeugt dort dann wieder um Emissionen, wenn er auf fossilen Brennstoffen beruht. Das Problem verschwindet aus unserem direkten Sichtfeld, aber nicht aus der Welt. Elektromobilität bedeutet auch einen extremen Anstieg des Bedarfs an seltenen Erden und Mineralien. Das selbe gilt für viele Digitalgeräte wie Smartphones, Rechner und Speicher. Diese seltenen Erden kommen meistens und vor allem aus China. Greentech ist damit auch zu einem riesigen Wirtschafts- und Machtprogramm für China geworden, wie wir im nächsten Kapitel sehen werden. Deutschland und Europa werden hier mehr und mehr von China abhängig, so wie beim Öl von den arabischen Staaten und beim Gas von Russland.

Das Phänomen des „Aus den Augen, aus dem Sinn" beim Energieverbrauch und der Forderung nach „sauberem Konsum" zeigt sich beim Umgang mit digitalen Services und Produkten. Besonders die jüngeren Generationen Y und Z sind hier in den Verzichtsforderungen sehr selektiv. Wenn es um den Verzicht der Eltern und Großeltern geht, also um weniger Autos, Reisen oder den fürs Klima „richtigen" Beruf – alles Dinge, die Schüler nicht haben oder aus eigener Tasche zahlen – sind die Forderungen und Vorstellungen sehr weitgehend bis radikal. Das ist in Ordnung, schließlich schafft es Bewusstsein und Herausforderungen. Gleichzeitig sind die selben Menschen jedoch nicht bereit auf digitale Dienste und Services zu verzichten, würden sich schon nach 2–3 Tagen schlecht fühlen ohne Social Media, Messenger und Streaming. In mehr oder weniger allen Jugendstudien und Umfragen zu dem Thema spiegelt sich das wieder. Analoger Konsum, der sichtbar und anfassbar ist und deren Emissionen man nicht selten sehen und hören kann, darf gerne weg; digitaler Konsum, der scheinbar nur „im Handy" stattfindet, nicht stinkt und keinen Krach macht, ist dagegen in Ordnung und wird nicht hinterfragt. Dabei ist es höchste Zeit auch und gerade über Nachhaltigkeit in der Digitalisierung zu reden und besser Ansätze zu finden.

Denn die Klimabilanz unserer Lieblingsbeschäftigungen in der Digitalen Welt sieht nicht gut aus. Pro E-Mail verbrauchen wir zwischen 4 und 10 Gramm CO_2. Wenn die Mail nur aus Text besteht. Hiermit ist jede E-Mail gemeint, die bei einem Empfänger ankommt. Zehn Empfänger bei einer versandten Mail bedeuten also schon 100 Gramm. Denn was für die Energie- und CO_2-Bilanz zählt, ist die Anzahl der Kopien, die auf den Servern beziehungsweise in den Postfächern der Empfänger gespeichert werden. Eine Mail wird ja nicht verschickt, wie ein physischer Brief und ist dann woanders, sondern sie wird als Kopie im Postfach der Empfänger repliziert. Eine Durchschnitts-E-Mail samt Anhang liegt bei ungefähr 50 g CO_2. Dieser Wert dürfte jedoch noch deutlich höher liegen. Das liegt daran, dass sich E-Mails durch angehängte Verläufe in Ihrer Größe multiplizieren. Zudem verwenden viele Firmen Logo-Bild-Signaturen. 300 Billionen Mails pro Tag weltweit, jeder Deutsche pro Tag 28 Emails versendet hat. 28 E-Mails a 27 g CO_2, das sind 756 g CO_2 pro Tag. Auf ein Jahr gerechnet, sind das 275,94 kg CO_2, die wir durch das Verschicken von E-Mails generieren, Zielwert für die Klimaneutralität ist 1 Tonne pro Jahr. Newsletter beispielsweise sind bildlastig, also groß, sowohl im Versand als auch in der Aufbewahrung (Postfach, Gelöschte Mails). Diese Zahlen hat der Journalist und Blogger Oliver Brux einmal berechnet (Brux 2020).

20 Suchanfragen in einer Suchmaschine verbrauchen so viel Energie wie eine Sparlampe in einer Stunde. Würde man diesen CO_2-Verbrauch mit dem eines Autos vergleichen, fährt Googles Suchmaschine alle zwei Minuten einmal um die Welt. Wären die Streamingdienste wie Netflix und Amazon ein Land, würden sie in einem Jahr so viel CO_2 produzieren wie Chile, wie eine Untersuchung des „Shift Projects" zeigt. (Shiftproject) Eine Stunde Video-Streaming produziert so viel CO_2 wie ein Kilometer Autofahren (Leidinger 2019). Hinzu kommen noch Messenger Nachrichten und vor allem Social Media Postings so gut wie immer mit Bildern oder auch noch größeren Videos. Ein Post mit Bild kann mit einer Mail mit Anhang gleichgesetzt werden, ein Post mit Video ent-

sprechend ein Vielfaches. Müssten vor dem Hintergrund des CO_2 Fußabdrucks nicht alle Demonstranten bei Fridays for Future ihre Smartphones abgegeben? „Handeln jetzt" ist doch angesagt und jeder Beitrag zählt. Irgendwer muss schließlich ja anfangen. Da ist es natürlich einfacher, wieder einmal „das System" verantwortlich zu machen. Auch Klimaaktivisten nutzen unbekümmert und intensiv digitale Plattformen, machen sie zur Basis ihrer Kommunikation, ihrer Mobilisierung und ihrer Öffentlichkeitsarbeit. Dabei schmiegen sie sich in das Überwachungskapitalistische System ein, dass sie eigentlich überwinden wollen, sie machen so ausgerechnet diejenigen immer mächtiger, die in Zukunft für die meisten CO_2 Emissionen verantwortlich sein werden, während sie sich auf alte Industrien, Autofahrer und symbolische Details wie den „Hambi" einschießen. Das ist menschlich und verständlich, denn wir mögen keine Belastungen und stressige Änderung in unserem Leben. Deswegen kann das auch kein Vorwurf sein. Doch kommen wir nicht um die oben genannten Tatsachen herum. Auch hier müssen neue und bessere Lösung her. Und es wird in unserer digitalen Gesellschaft alle betreffen. Auch die ohne Auto.

Das gute ist, dass diese Lösungen und Möglichkeiten für Umweltschutz im ganzheitlichen Sinn und Wachstum und Wohlstandssicherung bereits gibt. Wie Deutschland genau dabei zum technologischen Fortschrittstreiber werden könnte, untersucht zum Beispiel die Studie „Klima 2030. Nachhaltige Innovation", die das Forschungsinstitut Prognos gemeinsam mit dem Zukunftsrat der Vereinigung der Bayerischen Wirtschaft erstellt hat. Um die Chancen zu nutzen, muss es allerdings schnell vorangehen. Geschwindigkeit ist also in erster Linie beim Einstieg in die Innovation gefragt, während es beim Ausstieg aus etablierten Technologien durchaus langsamer von Statten gehen könnte. Momentan läuft es aber noch anders herum. Je schneller jedoch die Entwicklung und Verbesserung emissionsarmer Technologien erfolge, umso mehr würden Deutschland und Europa profitieren. Wie stark sich eine ambitioniertere und zugleich technologiefreundliche Klimapolitik positiv auf das Wirtschaftswachstum auswirkt, hängt nach Prognos-Berechnungen davon ab, ob Deutschland alleine vorangeht oder ob es gelingt, auf EU-Ebene oder bestenfalls sogar international abgestimmt entsprechende Maßnahmen zu beschließen. Übernimmt die EU beim Klimaschutz und bei der

Klimaanpassung eine Vorreiterrolle – wie dies die EU-Kommission mit ihrem Green Deal anstrebt –, wäre dies zwar umweltpolitisch weniger wirkungsvoll, hätte aber dennoch unter dem Strich eine wachstumssteigernde Wirkung für die hiesige Wirtschaft. Und selbst wenn Deutschland alleine voranginge, gäbe es noch einen leicht positiven Gesamteffekt, weil die wachstumssteigernde Wirkung mit gut einem Prozentpunkt etwas größer wäre als die wirtschaftlichen Einbußen infolge des Klimawandels.

Die Liste für Beispiele aus klimafreundlichen Industrie- und Digitallösungen ist lang. In allen möglichen Bereiche werden digitale Technologien, Data Science und immer öfter auch Künstliche Intelligenz für Klima- und Umweltschutz und Nachhaltigkeit eingesetzt. Eine kleine Auswahl? eeEmbedded ist eine Firma für Energieanalysen zur Beurteilung und Planung von Optimierungen an Gebäuden. ProVis.Paula leistet Auswertungen von Produktionsdaten zur Reduktion von Störungen und zur Steigerungen von Taktzeiten. Das steigert die ökonomische Nachhaltigkeit und die ökologische ebenfalls. Open Energi hat sich Stromverbrauchanalyse und -kontrolle spezialisiert, um Energie und Emissionen und Kosten zu sparen. GT-ACO von Siemens übernimmt die Verbrennungsregelung von Gasturbinen für einen minimalen Ausstoß an Emissionen und eine maximale Lebensdauer der Turbinen. Deepfield Robotics nutzt KI für eine nachhaltige und umweltschonende Lösung in der Agrarwirtschaft, um den Energieverbrauch zu reduzieren, ebenso wie den Einsatz von Pflanzendünger oder Insektengiften. Apple hat den KI gestützten Recycling Robot Daisy im Einsatz, der alte Smartphones zerlegt. Statelogger bietet eine vorausschauende Wartung von Maschinen im Einsatz bei Kunden, was Kosten senkt und Verschwendung verringert. PUMon ist ein Überwachungssystem zur Ergänzung bestehender Condition-Monitoring Systeme in der chemischen Industrie. XCelenergy ist eine Art Grid Lösung für die effiziente und passgenaue Versorgung mit Energie aus regenerativen Quellen und nutzt dafür KI basierte Voraussagen zu Wetterbedingungen und Stromnachfrage. SmartEnergyHub kann Energieeinsparungspotenziale durch eine sensorbasierte Smart-Data-Plattform erschließen. Smarter Sorting führt in der Warenlogistik Retouren aller möglichen Produkte einer Kreislaufwirtschaft und nicht der Müllkippe zu. PAWS steht für Protection Assistant for Wildlife Security und nutzt KI zum Tier und Artenschutz. Blue River Technologies optimiert durch KI Einsatz den Chemikalieneinsatz, um die landwirtschaftlichen Erträge zu verbessern und gleichzeitig die Auswirkungen auf das Biosystem zu minimieren. Die deutsche Firma Cloudandheat hat ein System zur Wasserkühlung von IT Infrastruktur und Servern entwickelt. Das alles sind Lösungen für spezielle Felder und Probleme. Es ist nicht der eine große Wurf. Doch es zeigt einen Ausschnitt der Vielfalt der Möglichkeiten, die bereits da sind und genutzt werden. Gerade digitale Produkte und Dienste haben das Potenzial zur exponentiellen Entwicklung. Das alleine ist keine Garantie, dass die Probleme morgen gelöst sind. Es ist aber wahrscheinlicher, dass es so passieren wird, als durch Stillstand oder gar Rückschritt.

Es gibt auch ganz analoge Ansätze, etwas effektives für den Klimaschutz zu leisten. Bäume pflanzen. Die globale Erwärmung sorgt bereits dafür, dass die Erde grüner wird. Mehr als die Hälfte der bewachsenen Fläche der Welt ist in den letzten dreißig Jahren grüner geworden, nur vier Prozent sind dagegen brauner geworden, haben also einen Verlust an Vegetation und Blattfläche zu verzeichnen. Pflanzen ziehen CO_2 aus der Atmosphäre. Nach Untersuchungen der ETH Zürich aus dem Jahr 2016 könnte eine Fläche von 900 Millionen Hektar auf der Welt noch zusätzlich mit Bäumen bepflanzt werden. Das ist eine riesige Aufgabe – aber der Klimawandel ist ja auch ein riesiges Problem. Damit könnten 750 Milliarden Tonnen CO_2 über die Lebenszeit dieser Bäume von durchschnittlich 70 Jahren aufgenommen werden, das wären rund 11 Milliarden Tonnen pro Jahr. Das entspricht wiederum gut einem Viertel der CO_2 Emissionen von uns Menschen. Da ungefähr 50 Prozent des CO_2 wie bereits beschrieben von der aktuellen Pflanzenwelt und den Weltmeeren absorbiert werden, bedeutete das eine weitere Halbierung des verbleibenden CO_2 in der Luft. Das hätte große Auswirkungen auf die geplante und notwendige Dekarbonisierung der Wirtschaft und würde hier neue Spielräume eröffnen. Wäre Geld in solchen Pflanz-Projekten nicht besser aufgehoben, als in Milliarden schweren Entschädigungszahlungen für den Kohleausstieg mit der Brechstange? Zudem könnten auch noch andere Energiequellen und Konzepte ausgebaut werden. In Nordrhein-Westfalen gibt es beispielsweise leistungsfähige Testanlagen zur Erzeugung von Solarstrom auf Baggerseen. Während im

Nachbarland Niederlande schon zahlreiche solcher Kraftwerke auf dem Wasser im Betrieb sind, steht ihre Nutzung in Deutschland noch am Anfang. Schwimmende Sonnenkraftwerke haben nach Ansicht von Experten eine Reihe von Vorteilen. Es gibt kaum Konflikte mit anderen Nutzungen der Flächen. Eine intensive, ganztägige Sonneneinstrahlung sorgt dafür, dass der Stromertrag höher als bei einer gleich großen Anlage an Land ist. Zudem habe das Wasser einen kühlenden Effekt auf die Module. Tagebauseen gelten als besonders geeignet für schwimmende Solaranlagen. Das Fraunhofer Institut für Solare Energiesysteme hat ermittelt, dass auf den knapp 500 Tagebauseen in Deutschland Solaranlagen mit einer Spitzenleistung von 2,74 Gigawatt wirtschaftlich betrieben werden könnten. Die Studie des Fraunhofer Instituts von Anfang des Jahres bezieht sich vor allem auf die Seen in Ostdeutschland. Aber auch im rheinischen Revier gebe es einiges Potenzial, heißt es bei der Energieagentur NRW mit Blick auf die in den Tagebauen Garzweiler und Hambach entstehenden großen Seen. So schnell kann sich das Image von Garzweiler und Hambach ändern …

Forscherinnen und Forscher der ETH Zürich haben die Technologie entwickelt, die aus Sonnenlicht und Luft flüssige Treibstoffe herstellt. Zum ersten Mal weltweit demonstrieren sie mittlerweile die gesamte thermochemische Prozesskette unter realen Bedingungen auf dem Dach des Maschinenlaboratoriums der ETH Zürich. Das thermochemische Verfahren nutzt das gesamte Sonnenspektrum und läuft bei hohen Temperaturen ab. Dies ermöglicht schnelle Reaktionsgeschwindigkeiten und einen hohen Wirkungsgrad. Die Prozesskette der neuen Anlage integriert drei thermochemische Umwandlungsprozesse: Erstens die Abscheidung von CO_2 und Wasser aus der Luft, zweitens die solar- thermochemische Spaltung von CO_2 und Wasser und drittens die anschließende Verflüssigung in Kohlenwasserstoffe. Durch einen Adsorption- Desorption- Prozess werden CO_2 und Wasser direkt aus der Umgebungsluft entnommen. Beides wird dem Solarreaktor im Fokus eines Parabolspiegels zugeführt. Die Solarstrahlung wird durch den Parabolspiegel 3000- mal konzertiert, im Innern des Reaktors eingefangen und in Prozesswärme mit einer Temperatur von 1500 Grad Celsius umgewandelt. Im Herzen des Reaktors befindet sich eine spezielle keramische Struktur aus Ceriumoxid. Dort werden in einer zweistufigen Reaktion – dem sogenannten

Redox- Zyklus – Wasser und CO_2 gespalten und Syngas hergestellt. Die Mischung aus Wasserstoff und Kohlenmonoxid kann mittels konventioneller Methanol- oder Fischer-Tropsch-Synthese in flüssige Treibstoffe weiterverarbeitet werden. Eine Solaranlage von einem Quadratkilometer Fläche könnte pro Tag 20.000 Liter Kerosin produzieren. Theoretisch kann man mit einer Anlage auf der Fläche der Schweiz oder eines Drittels der Mojave-Wüste in Kalifornien den Kerosin-Bedarf der gesamten Luftfahrt decken.

Auch Verfahren wie Carbon Capture Storage, können dazu genutzt werden, CO_2 gar nicht erst in die Atmosphäre zu bringen, sondern direkt abzuscheiden und in tiefen und dichten Gesteinen einlagern. Das ist von Prinzip her nichts anderes, als es bei der Entstehung von Öl, Gas und Kohle geschehen ist. Ziel der unterirdischen Speicherung von Kohlendioxid ist die Verringerung von CO_2-Emissionen in die Atmosphäre. Das zu speichernde CO_2 kann entweder aus fossilen Energieversorgungsanlagen, aus Industrieanlagen oder aus dem Einsatz von Biomasse zur Energieerzeugung stammen. Eine Speicherung ist in ausgebeuteten Gas- oder Erdöllagerstätten, in Salinen oder im Meeresuntergrund möglich. Die Speicherung im Wasser der Meere selbst ist durch internationale Verträge ausgeschlossen. Wissenschaftler gehen davon aus, dass durch die Abscheidung von CO_2 bei der Verbrennung fossiler Brennstoffe und einer anschließenden unterirdischen Speicherung 65 bis 80 Prozent des CO_2 dauerhaft aus der Atmosphäre ferngehalten werden können. Ob die als Carbon Capture and Storage (CCS) bezeichnete Technik dieses Versprechen halten kann, so lässt es das Umweltbundesamt verlauten, ist jedoch noch nicht geklärt und gegenwärtig Thema verschiedener Forschungs- und Pilotprojekte. Grund für diese vorsichtige Formulierung: Gegen diese Praxis gibt es erhebliche Widerstände. Risiken für das Grundwasser und für den Boden entstehen vor allem durch Leckagen von CO_2. Das freigesetzte CO_2 kann Schadstoffe im Untergrund freisetzen sowie salzige Grundwässer aus tiefen Schichten verdrängen. Unter ungünstigen Bedingungen können diese verdrängten salzigen Grundwässer bis in oberflächennahe süße Grundwässer und an die Erdoberfläche gelangen. Dort können sie zu Versalzungen im Grundwasser, in Böden und Oberflächengewässern führen. Ohne diese Risiken klein zu reden, ist es jedoch jedem klar, dass alle Verfahren immer Risiken mit sich bringen. Die Frage ist, wie wahrscheinlich sie sind und ob sie handhabbar sind.

Das gilt auch für die Kernkraft. Sozusagen politisch extrem verstrahltes Gelände. Warum und wieso der Beschluss zum sofortigen Ausstieg 2011 nach dem Unglück von Fukushima zustande kam, wird wohl nie ganz erklärbar sein. Es war der Schock des Augenblicks, aber es war ganz klar auch ein politisches Zeichen der Kanzlerin und der Union zur Annäherung an SPD und Grüne. Allerdings könnte man aus Klimasicht durchaus auch „Kernkraft for Future" fordern. Denn die CO_2 Bilanz der Energieerzeugung ist praktisch Null (vgl. Zickfeld et al. 2021). Bei neuen und neuesten Technologien wird auch das Problem der radioaktiven Abfälle gelöst. Gleiches gilt für die Gefahr einer Kernschmelze und eines atomaren GAU's. Dual Fluid nutzt statt Brennstäben zwei zirkulierende Flüssigkeiten: Eine trägt den Brennstoff, die andere führt die Wärme ab. So kann der Kernbrennstoff bei 1000° Celsius seine ganze Kraft entfalten. Dadurch erreichen wir eine völlig neue Dimension in Leistung und Wirtschaftlichkeit. Heutige Kernkraft nutzt Brennstäbe, eine Hilfskonstruktion aus den Anfängen der Kerntechnik. So wird nur ein sehr kleiner Teil des Urans genutzt, während der weit überwiegende Teil entsorgt werden muss. Vorhandene Flüssigkernkonzepte können zwar den Brennstoff besser verwerten. Da bei ihnen dieselbe Flüssigkeit gleichzeitig den Brennstoff transportieren und die Wärme abführen muss, sind diese Ansätze in ihrer Leistung begrenzt. Eine Dual Fluid Anlage reguliert sich selbst: Wenn sich die Brennstoff-Flüssigkeit erhitzt, dehnt sie sich aus. In der Folge nimmt die atomare Reaktivität automatisch ab und die Temperatur sinkt wieder – ganz von selbst. Der Reaktor kann sich deshalb niemals überhitzen oder explodieren – so wie ein Glas Wasser, das auf dem Tisch steht, nicht spontan anfängt zu kochen. Für zusätzlichen Schutz sorgen integrierte Schmelzstopfen in den Leitungen: Wenn die vorgesehene Temperatur doch überschritten wird, lösen sie sich auf. Dann läuft der Brennstoff nach unten in spezielle Behälter ab und erstarrt.

Eine weitere Variante sind „Small Modular Reactors" (SMR), also Minikraftwerke. Rund um den Globus gibt es derzeit rund 70 Projekte zur Entwicklung solcher Atommeiler im Kleinformat. Sie haben zwar nur einen Bruchteil der Leistung konventioneller Großkraftwerke, sollen dafür aber sicherer und viel weniger teuer sein. Die Internationale Atomenergieorganisation definiert SMR-Anlagen als Atomreaktoren mit einer Leistung von maximal 300 Megawatt. Zum Vergleich: In konventionellen Großkraftwerken kommen einzelne Reaktoren nicht selten auf 1300 Megawatt und mehr. Befürworter setzen darauf, dass SMR-Anlagen in Zukunft in großer Stückzahl und quasi in Serie gebaut werden, was die geringere Leistung der einzelnen Reaktoren ausgleichen würde.

Mit dem anderen Ansatz der Kernfusion lassen sich theoretisch noch größere Energiemengen freisetzen und es bleibt dabei auch kein Atommüll zurück. Seit den 1930er-Jahren wird die Fusion von Atomkernen deshalb bereits intensiv erforscht. Es geht darum, Deuterium-Atome mit Tritium-Atomen zu verschmelzen. Während der Wasserstoff-Kern aus einem Proton besteht, besitzt Deuterium ein Neutron und ein Proton, Tritium besitzt zwei Neutronen und ein Proton. Die Deuterium-Tritium-Fusion ist besonders attraktiv, weil sie vergleichsweise wenig Energieeinsatz für großen Energieertrag verspricht. Um die beiden Atome verschmelzen zu lassen, muss man die richtigen Bedingungen herstellen. Die herrschen bei einer Temperatur von 150 Millionen Grad Celsius. Für die Fusion wird zunächst ein Vakuum im Fusionsreaktor „Tokamak" erzeugt, um jegliche Verunreinigung in der Kammer zu beseitigen. Dann wird Wasserstoff hineingefüllt und aufgeheizt. Das Aufheizen geschieht mittels eines starken Magnetfeldes, dem Beschuss durch beschleunigte Deuterium-Atome und hochfrequenten elektromagnetischen Wellen. Durch die Kombination dieser Methoden heizt sich das Plasma auf 150 Millionen Grad Celsius auf. Dann wird das Tritium hinzugefügt und es beginnt die Kernfusion. Im besten Falle wird dadurch so viel Hitze erzeugt, dass sich das Plasma ohne weitere Erwärmungsmaßnahmen selbst erhält. Während Deuterium in der Natur reichhaltig vorhanden ist – ein Kubikmeter Meereswasser enthält 33 Gramm davon – ist Tritium ein sehr flüchtiges Material und kommt in der Natur kaum vor. Das gute an der Fusionsreaktion ist aber, dass als Nebenprodukt weiteres Tritium erzeugt werden kann. Bei der Fusion werden Deuterium und Tritium zu Helium, übrig bleibt ein Neutron. Trifft dieses auf Lithium, gibt es eine Reaktion, aus der Helium und Tritium hervorgehen. Weil man solcherart Tritium ernten kann, enthalten die Innenwände des Tokamak in einem Fusionsreaktor Lithium. Die Versuche hierzu begannen wie geschrieben bereits vor fast 100 Jahren. Doch in Frankreich ist der Kernfusionsreaktor

ITER bereits in der entscheidenden Bauphase, um bald unter Real-bedingungen in den Betrieb zu gehen. Prognosen gehen davon aus, dass in 10 bis 15 Jahren diese Technologie marktreif sein kann. Das einzige was den neuen, klimafreundlichen Kernenergiemethoden im Weg steht, sind weder mangelndes Geld – es gibt weltweit genug Investoren – noch die Gesetze der Physik, sondern politische Unbeweglichkeit und das sture Festhalten an veralteten Feindbildern und unrealistischen Horror-szenarien (vgl. Wallace-Wells 2019). Aber dass die allseits beliebt sind, emotionalisieren und mobilisieren, wissen wir ja mittlerweile sehr gut. Wenn die Energiepreise jedoch an der Schmerzgrenze angekommen sein werden, verändert sich wahrscheinlich auch die Sicht vieler Menschen auf Alternativen.

Preise und Kosten sind der weitere Ansatzpunkt für mehr Klima- und Umweltschutz. CO_2 Preise, sogenannte Carbon Taxes, können hier eini-ges erreichen. Dazu muss eine solche Steuer nur richtig gesetzt sein. Das heißt zunächst einmal, nicht nach politischen Überlegungen und Zielen, sondern nach Effizienzgesichtspunkten und Berechnungen des größten Nutzens. Das ist an dem Punkt der Fall, wo die kombinierten Kosten von Klimaschäden und der Politik gegen den Klimawandel am geringsten sind. Hier sind die Vorteile für die Natur und die Gesellschaft am größ-ten. Dieser Punkt liegt nach Berechnungen des Nobelpreisträgers Wil-liam Nordhaus bei einer Erderwärmung zwischen 3 und 3,5 Grad Cel-sius. Also deutlich höher als das 2 Grad oder sogar 1,5 Grad Ziel des Pariser Klimaabkommens. Eine Steuer, die sich an dem Optimalziel von ungefähr drei Grad orientiert, würde zu einer Reduktion der CO_2 Emis-sionen bis zum Jahr 2100 um mehr als 80 Prozent führen. Erst sind die Reduktionen gering, dann gehen sie immer schneller. Natürlich sind das Berechnungen, die genauso angreifbar und zu kritisieren sind, wie bei-spielsweise andere Modelle. Dennoch zeigen die Ergebnisse, dass ein CO_2-Preis mittel- und langfristig enorme Wirkungen bei der CO_2 Re-duktion hat und gleichzeitig den Nutzen für alle Gesellschaften erhöht. Das ist deshalb wichtig, weil es unsere Aufgabe ist, im Sinne der Nach-haltigkeit alle 17 Sustainable Development Goals im Auge zu behalten und dafür zu arbeiten, sie zu verwirklichen. Das geht am Besten, wenn die vorhandenen Potenziale durch eine intelligente CO_2 Bepreisung er-höht und nicht durch No Growth oder Degrowth verringert werden.

CO_2 Preise funktionieren. Das zeigt der europäische Emissionshandel. Zunächst waren die CO_2 Zertifikate, die den Preis pro Tonne CO_2 festlegen, billig, zu billig. Mittlerweile erreichen die Preise Dimensionen, in denen es für Unternehmen mehr Sinn macht, Emissionen zu vermeiden, anstatt Zertifikate zu halten oder gar zuzukaufen. Die CO_2 Emissionen in den dem Emissionshandel unterworfenen Bereichen sinken. Nachhaltig. Denn es gibt ein zurück, sondern die Preise werden weiter steigen. Politik kann den Prozess sogar noch beschleunigen, indem weniger Zertifikate zugeteilt oder sogar Zertifikate vom Markt genommen, damit das Angebot verknappt wird, die Preise weiter steigen und mehr CO_2 gespart wird. Was alle großen Abkommen zum Klimaschutz nicht geschafft haben, schafft die Bepreisung von Klimagasen sehr effektiv. Letztlich funktionieren CO_2-Preise oder Carbon Taxes wie eine Deckelung für die Emissionen: Der Preis diktiert die zulässige Menge. Alles darüber hinaus gehende wird automatisch unterlassen. Denn es gefährdet die (wirtschaftliche) Existenz. Die existenzielle Klimafrage wird zur ganz praktischen existenziellen Frage im Alltag. Es wirkt. Allerdings auch, wie wir gesehen haben, auf die Preise für alle Konsumenten, Kunden und Verbraucher. Die werden steigen. Gleichzeitig sollten wir nicht den Fehler vieler der vorhin kritisierten Prognosen und Modelle zu Klimawandel übernehmen. Anpassung, Adaption und Innovation findet statt und wird weiter passieren. Preisdruck erzeugt Innovationsdruck, neue Möglichkeiten, neue Produkte und neue Märkte und damit den ganz realen Zwang, nicht nur besser und klimafreundlicher zu werden, sondern auch billiger.

Damit ein CO_2-Preissystem funktioniert, ist es wichtig, dass es möglichst umfassend ist. Je mehr mitmachen, desto besser. Europa hat ein solches System; auch wenn es durchaus noch ausbaufähig ist. China, der größte CO_2 Emittent, hat ebenfalls eines. Würden das europäische und das chinesische System verbunden, wäre schon ein großer Schritt erreicht. Stiegen die USA, Japan, Indien und andere Länder auch mit ein, dann wäre das ein riesiger Schritt für das Klima und die Menschheit. Das wäre echte internationale Solidarität, die sehr oft und gerne gefordert wird. Hier lohnt es sich, zum Wohle aller zu mobilisieren. Der Klimawandel ist eine Menschheitsaufgabe. Wir haben die Wahl, ob wir uns für radikalen Stop und Rückbau entscheiden, für mehr Armut und weniger Chancen. Oder ob wir auf Gemeinsamkeit setzen, auf faire Lasten- und

Aufgabenteilung über gemeinsame Standards und CO_2 Preise, auf Technologie und Erfindergeist und auf eine Politik der Nachhaltigkeit, die alle Dimensionen im Blick behält.

Bei dieser Entscheidung sind wir nicht allein. Deutschland und Europa müssen sich mit den Interessen anderer Mächte auseinandersetzen, deren Einfluss und deren Möglichkeiten wachsen. Und deren Werte und Interessen nicht unbedingt mit unseren übereinstimmen. Warum und wieso und was das heißt, das steht im folgenden Kapitel.

Literatur

Baumer, A (2021) Störung im Stromnetz: Ist Europas Versorgungssicherheit gefährdet?, in: ZFK Zeitung für Kommunale Wirtschaft, 13.01.2021, https://www.zfk.de/energie/strom/artikel/031a8cefdac958e546cc5aa239c22f01/nach-stoerung-im-stromnetz-ist-europas-versorgungssicherheit-gefaehrdet-2021-01-12/

Brux, O (2020) Der CO_2 Fußabdruck von E-Mails, 14.09.2020 https://oliver-brux.de/blog/der-co2-fussabdruck-von-e-mails

Bude, H (2014) Gesellschaft der Angst, Hamburg

d'Alisa, G; Demario, F; Kallis, G (2016) Degrowth: Handbuch für eine neue Ära, München

Deutscher Bundestag (2021) Drucksache 19/27220 „Versorgungssicherheit und Systemstabilität im deutschen und europäischen Stromnetz", 03.03.2021

Deutschmann, C (2020) Trügerische Verheißungen: Markterzählungen und ihre ungeplanten Folgen, Wiesbaden

Glazer, N (1998) We Are All Multiculturalists Now, Harvard

Grau, A (2020) Hypermoral: Die neue Lust an der Empörung, München

Guilluy, C (2018) No Society – La Fin de la Classe moyenne Occidentale, Paris

Göpel, M (2020) Unsere Welt neu denken. Eine Einladung, Berlin

Hasegawa, N; Takehara, M (2020) Sustainable Management of Japanese Entrepreneurs in Pre-War Period from the Perspective of SDGs and ESG, Basingstoke

Hickel, J (2021) Less is More: How Degrowth Will Save the World, London

Hof, C; Voskamp, A; Biber, M; Böhning-Gaese, K; Engelhardt, E; Niamir, A; Willis, S; Hickler, T (2018) Bioenergy cropland expansion may offset positive effects of climate change mitigation for global vertebrate diversity, PNAS December 26, 2018 115 (52) 13294–13299

Kempkens, W (2021) Strom: Europa schrammt am Blackout knapp vorbei, in: ingenieur.de 13.01.2021 https://www.ingenieur.de/fachmedien/bwk/energieversorgung/strom-europa-schrammt-am-blackout-knapp-vorbei/

Kotkin, J (2020) Coming of Neo-Feudalism: A Warning to the Global Middle Class, New York

Leidinger, S (2019) Netflix, Google, Instagram, Pornos: So klimaschädlich ist das Internet wirklich, in: Watson 26.12.2019 https://www.watson.ch/digital/energiewende/363024401-netflix-google-instagram-pornos-so-klimaschaedlich-ist-das-internet

Liegey, V; Nelson, A (2020) Exploring Degrowth: A Critical Guide, London

Lomborg, B (2020) False Alarm. How Climate Change Panic costs us trillions, hurts the poor and fails to fix the planet, New York

Nida Rümelin, J; Weidenfeld, N (2021) Die Realität des Risikos: Über den vernünftigen Umgang mit Gefahren | Scharfsinniges Sachbuch über eine Gesellschaft zwischen Angst und Sicherheitsdenken, München

Otto, I; Donges, J; Cremades, R; Bhowmik, A; Hewitt, R; Lucht, W; Rockström, J; Allerberger, F; McCaffrey, M; Doe, S; Lenferna, A; Morán, N; van Vuuren, D; Schellnhuber, H-J (2020) Social tipping dynamics for stabilizing Earth's climate by 2050, PNAS February 4, 2020 117 (5) 2354–2365

Praller, R (2017) Erwachsenensprache: Über ihr Verschwinden aus Politik und Kultur, München

Rahmstorf, S (2021) Die Gefahr alarmistischer Klimaschlagzeilen, in: Spiegel Online 11.01.2021 https://www.spiegel.de/wissenschaft/mensch/klimakrise-die-gefahr-alarmistischer-klima-studien-a-1dd0222f-7cf0-459b-8f22-04b68383097b

Reckwitz, A (2019) Die Gesellschaft der Singularitäten: Zum Strukturwandel der Moderne, Berlin

Ruprecht, G; Lüdecke, H-J (2018) Kernenergie: Der Weg in die Zukunft (Schriftenreihe des Europäischen Instituts für Klima und Energie), Jena

Scheidel, W (2017) The great Leveler, Violence and the History of Inequality from the Stone Age to the Twenty-First Century, Princeton 2017

Schellenberger, M (2020) Apocalypse Never. Why environmental alarmism hurts us all, New York

Schmelzer, M; Vetter, A (2019) Degrowth/Postwachstum zur Einführung, Hamburg

Sieferle, R P (2017) Das Migrationsproblem: Über die Unvereinbarkeit von Sozialstaat und Masseneinwanderung, Lüdinghausen

Staab, P (2019) Digitaler Kapitalismus: Markt und Herrschaft in der Ökonomie der Unknappheit, München

Statista Research Department (2020) : Forecast about the migration balance (immigrants minus emigrants) of developed regions 2015 to 2050 https://www.statista.com/statistics/273007/forecast-about-the-migration-balance-of-industrial-countries/

Stockholm International Peace Research Institute (2018) SIPRI Report 2018, Stockholm

Straubhaar, T (2017) Radikal gerecht, Wie das Bedingungslose Grundeinkommen den Sozialstaat revolutioniert, Hamburg

Sorkin, A R (2010) Too Big to Fail: The Inside Story of How Wall Street and Washington Fought to Save the Financial System – And Themselves, New York

Suzuki, E (2019) World's population will continue to grow and will reach nearly 10 billion by 2050, in: Worldbank Blogs 08.07.2019 https://blogs.worldbank.org/opendata/worlds-population-will-continue-grow-and-will-reach-nearly-10-billion-2050

Wallace-Wells, D (2019) Die unbewohnbare Erde: Leben nach der Erderwärmung, München

Vahrenholt, F; Lüning, S (2020) Unerwünschte Wahrheiten. Was Sie über den Klimawandel wissen sollten, München

Zickfeld, K; Azevedo, D; Mathesius, S; Matthews, D (2021) Asymmetry in the climate–carbon cycle response to positive and negative CO_2 emissions. Nature Climate Change

Zuboff, S (2019) The Age of Surveillance Capitalism: The Fight for the Future at the New Frontier of Power, New York 2019

Die Digitale Machtfrage – Wie Künstliche Intelligenz über neue Weltmächte und Europas Rolle in der Welt bestimmt

Im März 2021 entschuldigt sich Angela Merkel. Die Beschlüsse zu einem verstärkten Lockdown mit extra „Ruhetagen" über Ostern seien nicht genug geprüft gewesen. Alles wird wieder zurück genommen, der Lockdown bleibt aber bestehen. Vielleicht müsse er auch noch verschärft werden. Es gehe um die dritte Welle der Pandemie. Die müsse verhindert werden. Dazu setzt die Regierung auf Schließungen und Verbote. Die Gesundheitsämter sind nach einem Jahr immer noch nicht in der Lage mit einem einheitlichen und leistungsfähigen digitalen System das Infektionsgeschehen nachzuverfolgen, geschweige denn zu kontrollieren. Deutschland wartet auf Impfstoffe, die Impfzentren sind weitgehend leer, Hausärzte wollen helfen, können es aber nicht.

Zur gleichen Zeit fährt der Fernsehreporter Steffen Schwarzkopf in einem TV Nachrichtenbeitrag in Washington mit seinem Auto in ein Drive In Impfzentrum. Den Termin gab es über eine App. Er checkt in seiner Fahrspur ein, identifiziert sich mit einem QR Code auf seinem Smartphone. Dann ist er an der Reihe, bleibt im Auto sitzen, macht seinen Oberarm frei, bekommt seine zweite Impfung mit dem Biontech Präparat aus Deutschland. Auschecken, fertig.

In China, wo die Corona Pandemie ihren Anfang nahm, läuft das Leben wieder normal. Menschen können sich fast überall selbst auf Corona testen. Die Daten der Tests werden über ihre personalisierten Apps an die chinesischen Gesundheitsbehörden übermittelt und dort mit anderen Daten abgeglichen. Das übernimmt eine KI Anwendung. Zugang zu Stadtvierteln, Einkaufszentren oder Bars und Restaurants bekommt jeder, der sich mit seiner App identifiziert und dessen Corona-Negativ-Test in der chinesischen Cloud hinterlegt ist. Die Überprüfung läuft per 5G Netz und Big Data Analytics.

Wladimir Putin beglückwünscht die chinesische Führung zu ihren Erfolgen und lobt Sputnik V, den russischen Corona Impfstoff, den er der Europäischen Union anbietet. Die warte schließlich immer noch auf genügend Impfstoff für die eigene Bevölkerung, weil sie im Gegensatz zu den klar geführten Regimen in Moskau oder Peking, offensichtlich nicht in der Lage sei, schnell und effektiv zu handeln.

Überblick

Macht und Einfluss auf der Welt sind eine Frage der technischen Möglichkeiten und der technischen Überlegenheiten. Das ist heute so und das war in der Vergangenheit so. Technologische Führerschaft bedeutet politische, wirtschaftliche und militärische Macht. Heute spielt sich dieser Wettkampf in und über digitale Technologien ab. Sie werden eingesetzt für Spionage und asymmetrische Informationskriege oder für Cyberattacken gegen unterschiedlichste Ziele mit eigenen militärischen Einheiten oder komplett digitalen Bot-Armeen. Auch in der mehr oder weniger klassischen Waffentechnik in der analogen Welt, mit Drohnen, Satelliten, Überschallraketen, vernetzten Systemen, autonomen KI basierten Systemen und der Ausrüstung der Streitkräfte, bestimmt der Stand der digitalen technischen Leistungsfähigkeit, wer gewinnen kann und wer verlieren muss. Dieses Muster und diese Gesetzmäßigkeiten haben wir gerade im letzten Kapitel gesehen. Hier setzen sie sich fort.

Die aktuelle internationale Lage ist dabei geprägt von einer Schwäche oder gar Abwesenheit des Westens auf der internationalen Bühne. Die USA sind mit sich selbst beschäftigt, Europa redet zwar von seiner internationalen Rolle, kann sich aber nicht dazu durchringen, auch mit harten Bandagen bis hin zu militärischen Optionen zu agieren. Bremser ist hier insbesondere Deutschland. Das Land, das bei technischen Innovationen hinterherhinkt und seit mehr als einem Jahrzehnt unfähig zu Reformen ist, verhindert auch auf der europäischen und internationalen Ebene neue Wege und Strategien.

Dabei sind die Herausforderungen genau im letzten Jahrzehnt enorm gewachsen. Russland tritt aggressiver und kriegerischer auf der Weltbühne auf, besonders dann, wenn es um die eigenen Nachbarländer wie die Ukraine geht oder um strategisch wichtige Einflusszonen, wie in Syrien. Auch EU Länder sind Russlands Nachbarn. Die Türkei befolgt ebenfalls rücksichtslos die eigenen Interessen unter dem Banner des „Neo-Ottomanismus" und führt mal mehr mal weniger verdeckt Kriege im Nahen Osten und in Nordafrika vor Europas Haustür und benutzt die Flüchtlinge aus diesen Kriegsgebieten noch dazu als politisches Druckmittel gegenüber der EU. Afrika ist nicht nur der Kontinent der Flüchtlinge und der Armut, sondern mit Blick auf die kommenden Jahrzehnte der am stärksten wachsende Kontinent. In Bezug auf die Bevölkerungszahlen – und in Bezug auf das Wirtschafts- und Wohlstandswachstum. Das ist eine wirtschaftliche Herausforderung für Europa und die Welt. Es ist genauso eine enorme Herausforderung für den globalen Umwelt- und Klimaschutz, den wir im vorigen Kapitel ausführlich besprochen haben. Das Wachstum dort wird die Klimafolgen massiv verstärken. Ist es aber politisch und moralisch vertretbar, hunderten Millionen Menschen ein würdevolleres, gesunderes und sichereres Leben versagen zu wollen? Mal abgesehen davon, dass so etwas nur ginge, wenn ein ganzer Kontinent (wieder) unter die koloniale Kontrolle angeblich wohlmeinender Mächte im Sinne eines höheren Ziels gestellt werden würde. Praktisch ist das unmöglich und es ist auch politisch sicherlich keine Strategie, die mit dem europäischen Verständnis von Freiheit, Demokratie und Menschenrechten vereinbar wäre.

Andere haben da keine derlei gearteten Skrupel. Das Reich der Mitte beschränkt sich schon längst nicht mehr auf seine eigene Konsolidierung, sondern greift auf allen Kontinenten zu. Besonders Afrikanische Länder, aber auch andere in Südamerika und in Europa, hängen mittlerweile am Tropf Pekings. Wirtschaftlich und vor allem auch finanziell. Großzügige Investitionen und Kredite aus Peking bedeuten jetzt Verpflichtung und Gehorsam. Genauso baut China auch seine globale Macht- und Vormachtstellung im Digitalen aus. Große chinesische Datenkonzerne, die eng mit der politischen Führung verzahnt und verbandelt sind, können es locker mit den großen amerikanischen Tech-Konzernen aufnehmen, haben sie in vielen Bereichen bereits überholt. Besonders bei der Zukunftstechnologie der Künstlichen Intelligenz liefern sich China und die USA ein unerbittliches Rennen um die globale Macht. Europa und Deutschland schauen zu und haben Grund zum Staunen – und zur Beunruhigung.

Denn: Alle wichtigen Ziele und Grundwerte Europas entsprechen eben nicht den Zielen und Vorstellungen der aktuellen und vor allem der kommenden Weltmächte. Europa ist momentan politisch, wirtschaftlich und technologisch in einer schlechten Position. Das hat vor allem mit den Prioritäten zu tun, die Europa sich momentan setzt, und mit der Einstellung Europas zur Welt und zu sich selbst. In Sachen Klimapolitik und Technologie kommt mit dem Green Deal Bewegung auf. Bei der konsequenten Digitalisierung und der Forschung und Entwicklung von Künstlicher Intelligenz und autonomen Systemen werden dagegen zwar viele Worte und Ankündigungen gemacht, die entscheidende finanzielle Förderung wird dann aber eher zusammengestrichen als ausgebaut. Frankreich ist hier zusammen mit den skandinavischen und baltischen Staaten eine rühmliche Ausnahme. Gleiches gilt in Bezug auf das Militär. Frankreich will voran, Deutschland zaudert in der Illusion, sich irgendwie vielleicht doch raushalten zu können. Das führt zu einem eklatanten Rückstand auch bei digitalen Möglichkeiten und Fähigkeiten. Cyber War, Angriffe auf die Infrastruktur, Datenklau, asymmetrische Informationskriege – das sind die Schlachtfelder des modernen Machtkampfs. Ob Europa sie beherrscht, ist noch nicht ausgemacht.

Diese politische Langsamkeit Europas ist ein historisches und kulturelles Erbe, das wir mit uns herumtragen. Es ist auch begründet in den Lehren unserer europäischen Erfahrungen. Imperialismus, Kolonialismus, Revisionismus und Revanchismus, Chauvinismus, einseitiger Historismus und Heroismus, Rassismus – das alles wollen wir hinter uns lassen. Und das ist auch gut so. In diesem Streben sollten wir aber nicht in eine Selbstbezogenheit und Selbstgerechtigkeit verfallen, die übersieht oder bewusst ausblendet, dass genau diese Politik von Europas Konkurrenten in der Welt exekutiert wird. Wollen wir nicht zum Spielball fremder Interessen werden, so müssen wir uns als Europäer ein Selbstverständnis geben, das zur Welt um uns herum passt und uns die politische Struktur geben, die diesem Selbstverständnis entspricht. Denn die jetzige Struktur aus dem letzten Jahrhundert ist in der machtpolitisch veränderten und digital transformierten Welt von heute ungefähr so leistungsfähig wie die deutschen Gesundheitsämter mit Faxgerät und Strichliste in einer globalen Pandemie.

Warum gehört eine internationale und europäische Betrachtung nun auch noch zu diesem Buch? In den internationalen Beziehungen geht es letztlich um Geopolitik, es geht um Interessen und die Potenziale für die eigene nationale und regionale Entwicklung. Aber die nationale Politik eines Landes hat heute zunehmend Einfluss auf die Innenpolitik anderer Nationen. Die Überlappungen werden größer und größer. Das gilt natürlich besonders in und für Europa, aber auch darüber hinaus. Nationale

Politik und internationale Politik – das ist bereits verschmolzen. Globalisierung und gegenseitige Beeinflussungen werden durch Digitalisierung noch enger und bedeutender. Unsere Welt ist nicht mehr nur über Geschäfte und Warenströme verbunden. Datenströme und Wissen sind entscheidend für den wirtschaftlichen Erfolg, Wohlstand, Einfluss und militärische Macht. Wer die analogen und die digitalen Wege kontrolliert, der hat die Voraussetzungen für globale Macht. Diese Kräfteverschiebungen im internationalen Maßstab, haben also direkt mit all dem zu tun was wir und den vorigen Kapiteln gesehen und analysiert haben. Das alles lässt Deutschland kleiner werden. Europa auch.

Wo ist der Westen?

Eine sogenannte „Westlessness", also eine Abwesenheit des Westens auf der globalen politischen Bühne, ist nach übereinstimmender Meinung von Wissenschaftlern Think Tanks, Instituten und erfahrenen Diplomaten, momentan bezeichnend und typisch für die Weltpolitik. Westlessness beschreibt ein weit verbreitetes Gefühl des Unbehagens und der Ratlosigkeit angesichts wachsender Unsicherheit über die Zukunft und Bestimmung des Westens.(vgl. Munich Security Conference Report 2020) Eine Vielzahl aktueller Sicherheitsherausforderungen scheinen direkt mit dem vielfach beschriebenen Zerfall und Rückzugs des Westens verknüpft zu sein. Überdies scheint das Verständnis dafür, was es eigentlich heißt, ein Teil des Westens zu sein, in westlichen Gesellschaften verloren gegangen zu sein. Es bleibt unklar, inwieweit der Westen eine Strategie und gemeinsame Antwort auf eine sich abzeichnende Ära der Großmachtrivalität in erster Linie zwischen den USA und China finden wird. Das ist die größte strategische Herausforderung für die transatlantische Partnerschaft der letzten Jahrzehnte. Der „Westen" war dabei nie ein monolithisches Konzept, sondern eher ein Amalgam aus verschiedenen Traditionen, deren Mischung sich im Laufe der Zeit veränderte. Dennoch war in den vergangenen Jahrzehnten die Antwort auf die Frage, was den Westen zusammenhält, eindeutig: Es ist das Bekenntnis zu liberaler Demokratie und den Menschenrechten, wie auch zu einer marktwirtschaftlichen Ordnung und zur internationalen Zusammenarbeit in internationalen Institutionen. Heute ist die Bedeutung des Westens wieder zunehmend umstritten. Wir sind Zeuge des Verfalls des ‚Westens' als einer relativ kohäsiven geopolitischen Konfiguration. Das liegt daran, dass Länder und Regime auf der ganzen Welt gegen diesen Konsens arbeiten und strategisch, teilweise gewaltsam, dagegen vorgehen und diese westlichen Regeln internationaler Politik, die aus der Mitte des letzten Jahrhunderts stammen, nicht mehr akzeptieren und offen gegen sie verstoßen. Das alleine ist schon bedrohlich. Doch wir haben bereits in den letzten Kapiteln erfahren, dass genau diese genannten Grundlagen des Westens, die Freiheit, die individuell garantierten Menschenrechte und eine faire und freie Wirtschaft und Gesellschaft bedroht sind und unter Druck stehen: Durch gesellschaftliche Polarisierung, durch digital bedingte Monopole und ihren per KI potenzierbaren Surveillance Capitalism und die Verschränkung von digitalwirtschaftlichem Neo-Feudalismus mit staatlichen Institutionen zum Ausbau und dem Erhalt von Privilegien. Diese Gefährdungen werden durch die globale Politik der alten und neuen Großmächte direkt und indirekt verstärkt. Zum Beispiel durch Chinas Projekt der neuen Seidenstraße und durch eine staatlich geförderte und staatlich gelenkte Digitalwirtschaft, durch Russlands aggressive Geopolitik und seine digitale Beeinflussung der Kommunikation, Meinungen und Politik in anderen Ländern von den USA über Großbritannien bis Deutschland, durch die Türkei und ihre Islamistische Identitätspolitik in Europa und ihre kriegerische Geopolitik im Nahen Osten und Nordafrika.

In diesem analog wie digital herausfordernden und gefährlichen Umfeld verliert Europa den Status als Zentrum der Welt. Das hat nicht zuletzt damit zu tun, dass Russland keine Supermacht mehr ist. Somit kann niemand in Europa – auch Russland nicht – mit den USA konkurrieren. Die Konkurrenz in der kommenden bipolaren Weltordnung wird sich zwischen China und den USA abspielen. Das Zentrum der Weltpolitik liegt immer dort, wo der Fokus der Konkurrenz der Supermächte liegt. Und dieser Fokus lag zuletzt in Europa, wandert nun aber in die Pazifikregion. Europa ist nicht mehr das Zentrum der Welt, doch dafür sind zumindest die Aussichten auf Frieden in Europa durchaus gut. Das ist das Schöne an der Peripherie: Dort ist es ruhig, gemütlich und friedlich. Also ähnlich wie im kleineren Maßstab zwischen Land und Stadt. In der

Stadt herrscht große Konkurrenz, es geht hektisch zu und manchmal wird mit harten Bandagen um Macht und Einfluss gekämpft. Auf dem Land ist es ganz anders, ruhiger, behaglicher, auch langweiliger. Aber gleichzeitig muss das Dorf in der Provinz die Hoffnungen begraben, als Hauptstadt gelten zu können.

Andere Teile der Welt, auch des Westens, wachsen dagegen deutlich, ja sprengen sogar die Grenzen des in Europa und Deutschland vorstellbaren. Bis zum Jahr 2050 wird die Bevölkerung in den USA voraussichtlich auf knapp 400 Millionen Einwohner wachsen, aktuell leben ungefähr 330 Millionen Menschen in den USA. Das Wachstum der Gesamtbevölkerung deutet auf eine starke Einwanderungsrate hin. Die USA gehören damit zu den Ländern weltweit, die ein starkes Bevölkerungswachstum bis 2050 erleben werden. (Statista: Bevölkerung im Jahr 2050) Zu den weiteren Ländern gehören Indien, Nigeria, Pakistan, die Demokratische Republik Kongo, Äthiopien, Indonesien und Uganda. Die zehn größten Städte zum Ende des Jahrhunderts werden sein: Kabul, Kalkutta, Dhaka, Niamey, Khartoum, Delhi, Mumbai, Daressalam, Kinshasa und Lagos. Dabei ist Kabul dann noch die „kleinste" der genannten Metropolen und Kinshasa und Lagos sind die Spitzenreiter in dieser Top Ten Liste. Das Jahr 2100 ist sicherlich noch eine Weile hin. Diese Aufstellung zeigt aber verschiedene Dinge. Zum einen findet sich unter den Top Ten keine einzige europäische oder nordamerikanische Metropole. Es ist auch keine chinesische Stadt zu finden. Das Wachstum spielt sich zum allergrößten Teil in Indien und vor allem in Afrika ab. (Aggad et al. 2020) Das bedeutet eine signifikante Veränderung der globalen Kräfteverhältnisse im Vergleich zu heute. Europa spielt in Bezug auf die Bevölkerung und die demografische, gesellschaftliche und wirtschaftliche Dynamik nach diesen Zahlen einfach keine Rolle. Auch wenn die USA wie beschrieben weiter wachsen werden, so werden Nordamerika und vor allem Europa Nebenschauplätze der globalen Entwicklungen sein. Umso wichtiger ist es also, sich auf die Ähnlichkeiten zwischen den USA und Europa in Gesellschaft, Wirtschaft und den historischen Gemeinsamkeiten und gegenseitigen Beeinflussungen zu besinnen und dieses Potenzial zu nutzen. Das ist der einzige Weg für globalen Einfluss und nicht zuletzt auch die Sicherung des „European Way of Life" bis zur nächsten

Jahrhundertwende. Es geht hier also um nachhaltige Politik der Freiheits- und Wohlstandssicherung.

Europa kann einen wirksamen Schutz vor extraterritorialer wirtschaftlicher Nötigung aufbauen und gleichzeitig unter der neuen Biden-Administration ein besserer Partner für die USA werden. Die neue US-Regierung erkennt offiziell und deutlich an, dass Europa der engste Partner der USA ist und bleiben wird. Und die US-Administration scheint einen Plan zu haben, sich wieder mit Europa zu verbinden. Europa sollte diese Gelegenheit nutzen, um so enge transatlantische Beziehungen wie möglich aufzubauen und gleichzeitig seine Widerstandsfähigkeit gegen mögliche Zwangsmaßnahmen der USA zu erhöhen, wenn die Politik beider Seiten nicht übereinstimmt.

Eine sinnvolle Politik der Zukunft muss also auf mehr Bilateralismus setzen. Denn der Multilateralismus kommt in der neuen Weltordnung in Schwierigkeiten. In Ostasien wird die westliche Weltordnung herausgefordert, weshalb sich Amerika und China längst auf die Unwägbarkeiten eines Krieges vorbereiten. Deutschlands und Europas strategische Sicherheit ist davon unmittelbar betroffen. Sosehr sich auch die partikularistische Debatte über den eigentlich mickrigen deutschen Wehrhaushalt den großen Veränderungen der Weltordnung noch entziehen mag, es wäre fatal, die Kalküle und Strategien der Großmächte zu ignorieren. Amerikas strategische Neuausrichtung auf Asien hat zwei Optionen. Erstens: Eine Entspannung mit Russland und der Bruch der Nato, um sein strategisches Gewicht ganz auf China zu konzentrieren. Aber wenn Washington die Nähe zu Moskau sucht, dann werden die europäischen Verbündeten nervös. Das wollen die USA nicht riskieren. Zweitens: Den psychologisch extrem wichtigen Erhalt der Nato, mit einer neuen Lastenteilung, die den Europäern die Verantwortung für die Sicherheit Europas überträgt. Vorschläge und Ideen beispielsweise für einen europäischen Nuklearschirm gibt es in diesem Zusammenhang bereits. (Dassú 2020)

Grundsätzlich erleben wir hier also eine Rückkehr zum alten Spiel, der historischen Realität und dem Normalzustand der Welt. Groß- und Mittelmächte ringen miteinander um Einfluss, versuchen sich gegenseitig zu beschränken und zu schaden und zu destabilisieren. Alle Mächte reklamieren für sich, für eigene Werte zu kämpfen, die Integrität und Ehre zu verteidigen, an alte Größe anzuknüpfen und eine glorreiche Zukunft anzustreben. Dieses Muster finden wir in der gesamten Geschichte, durch alle Epochen und es wird von den meisten Akteuren aufgenommen, sei es China, Russland, die Türkei, der Iran, Indien oder andere regionale Mächte wie die großen afrikanischen Staaten oder Brasilien. Auch die USA propagieren und legitimieren ihre Politik in der Region und der Welt nach diesem Muster. Wahrscheinlich gehört es einfach zum Selbstverständnis einer Groß- oder Regionalmacht dazu, so zu denken, zu planen und zu handeln. In einigen europäischen Staaten wie Frankreich, Großbritannien oder auch Polen ist dieses Muster ebenfalls zu erkennen. In anderen Staaten wie Deutschland oder Spanien dagegen nicht. Europa als Ganzes propagiert und legitimiert sich ebenfalls nicht auf diese Weise. Das zeigt, dass Europa gerne von sich behauptet, global wichtig zu sein, jedoch nicht das dazu gehörige Selbstverständnis hat. Europa ist entstanden, gewachsen und geprägt in den Jahrzehnten nach zwei Weltkriegen, den „Urkatastrophen" des Kontinents. Europa ist entstanden und geprägt durch den Kalten Krieg, als die einst globalen Mächte des Kontinents ihre Reiche und ihre Macht verloren, auf sich selbst zurückgeworfen wurden und unter dem „Schutz" der Blockmächte USA und UdSSR standen. Europa konnte sich gut und sicher selbst entwickeln, war aber auf der internationalen Bühne nur Zuschauer und Objekt der Politik. Für Europa selbst war das alles in allem durchaus erfolgreich: Wohlstand, Sicherheit und Privilegien wuchsen in dieser Zeit und unter diesen Umständen. Insofern ist es verständlich, dass die Europäische Politik bis heute darauf fokussiert ist, diesen Status Quo des Kalten Krieges und der 1990er- und 2000er-Jahre zu bewahren. Doch diese Zeit und diese Zustände waren eben eine historische Anomalie, sie passten nicht zum über Jahrhunderte gelernten Muster der Welt. Anomalien kommen vor, sind aber eben nur Einzelerscheinungen, Ausnahmen, die die Regel bestätigen. Europa ist momentan zu klein und zu schwach, um sozusagen das Muster zu ändern, das Netz der Abhängigkeiten, Bedingungen und Beeinflussungen neu auszurichten. Das haben wir bereits bei Fragen der Klimapolitik gesehen und ebenso im Zusammenhang mit der Entwicklung neuer digitaler Technologien. Und es wiederholt sich hier bei der internationalen (Macht-)Politik ein weiteres Mal. Es nützt nichts und es gibt auch keinen Schutz- oder Schonraum für uns, den wir uns in unserer Gesellschaft so oft wünschen und einfordern. Die Welt richtet sich nicht nach unseren Befindlichkeiten, im Gegenteil, sie nutzt genau diese aus. Die Regeln des Spiels sind definiert und gefestigt. Wir müssen diese Herausforderung annehmen. Wenn wir nach den erholsamen Regeln der kurzen Pausenzeit – Kalter Krieg und die folgenden rund zwei Dekaden – weiterspielen wollen, dann ist ziemlich klar, was passieren wird. Europa würde ausgespielt, denn es hätte ausgespielt. Weil es die veränderten Regeln nicht rechtzeitig erkannt hat oder nicht willens gewesen ist, sie anzuerkennen und sich darauf einzustellen. Der Politikwissenschaftler und Autor Hans Kribbe hat dies in seinem Buch „The Strongmen" beschrieben (Kribbe 2020).

Die Europäische Union wird nach dieser Analyse von verschiedenen Machthabern auf der Welt rücksichtslos unter Druck gesetzt und instrumentalisiert, während Europa darum kämpft, ihre selbst ernannte Rolle als „Hüterin internationaler Regeln" abzuschütteln. Doch diese Rolle ist eine Selbsttäuschung. Die Europäische Union will sich gerne so sehen – aber niemand der anderen Spieler akzeptiert die Europäer in dieser Rolle. Sieben Jahrzehnte nach der Befreiung Europas sind die starken Männer der Weltpolitik zurück und beherrschen nicht nur die Schlagzeilen, sondern auch die internationalen Beziehungen, die Weltwirtschaft und die Sicherheit der Welt. Der starke Mann hat einen Führungsstil und eine Führungsstrategie, die der komplette Gegensatz für die liberaldemokratischen Normen und Praktiken in Europa sind. Darum haben diese Herrscher und Regime keinen Bedarf an irgendeinem Hüter von internationalen Regeln, die sie für sich als hinderlich, überkommen und falsch betrachten. Die starken Männer (die Frage ist: Wann kommt die erste Frau, die diese Prinzipien übernimmt? Oder kommt sie nie?) stellen Prinzipien des Konsenses und der Zusammenarbeit in Frage, sie zerreißen ohne viel Federlesen Handelsabkommen, sie erobern Territorien und versuchen zu provozieren und den Status quo zu stören, um eigene Vorteile zu erlangen. Ein solches Verhalten verwirrt und frustriert die anderen Akteure auf der Weltbühne, die immer noch an einen Grundkonsens glauben und versuchen, ihn irgendwie aufrecht zu erhalten.

Da dieses Muster klar ist, kann es antizipiert und sogar verstanden werden. Hierin liegt der Schlüssel zur Neutralisierung von so gearteter aggressiver Politik. Angesichts der größten Volkswirtschaften der Welt, darunter bis vor kurzem eben auch Europas wichtigster Verbündeter die

USA, sowie strategischer Nachbarstaaten, die von starken Männern kontrolliert werden – Xi Jinping, Wladimir Putin und Recep Tayyip Erdogan – muss Europa lernen, sich anzupassen und zu reagieren, wenn Europa diesen Herrschern etwas entgegen setzen und ernst genommen werden will, um sie letztlich mit ihren eigenen Waffen zu schlagen. Die Antwort Europas auf diese Herausforderungen und Gefahren muss ein Neustart ihres 70 Jahre alten Konsenses sein, der auf Frieden, Regeln und Handel basiert. Aber dazu gehört auch die Erkenntnis, dass Europa ein Global Player werden muss. Und dazu muss Europa politisch, wirtschaftlich und technologisch stärker werden, als es das bisher ist.

Es ist somit keine Überraschung, dass Europas Methoden in der internationalen Politik bis zur Irrelevanz verblassen. Denn wenn Regeln ihre Relevanz verlieren, wer braucht dann noch Schiedsrichter? Diese Fehlwahrnehmung der Europäer droht fatal und schmerzlich zu enden. Wir sehen hier die gleichen Muster wie bereits im Kapitel zu den gesellschaftlichen Veränderungen mit Polarisierungen, Spaltungen in abgeschlossene Gruppen mit eigenen Interessen und dem Achtungs- und Vertrauensverlust gegenüber Regeln, die den Bestand von Freiheit und Demokratie ganz konkret gefährden. Das gilt in anderer Erscheinung im Prinzip auch auf internationaler Ebene. Europa hat seine Macht zur Setzung von globalen und regionalen Regeln verloren. In Verbindung mit den USA könnte diese Kraft wieder gewonnen werden. Und wenn Europa intern auch seine eigenen Regeln durchsetzt und legitimiert.

Für diesen Akzeptanz- und Machtverlust bietet die Politik Russlands zahlreiche Beispiele. Die Strategie Moskaus ist eine Mischung aus Exportabhängigkeiten über Öl- und Gaslieferungen verbunden mit klassischer geostrategischer Militärpolitik. Jüngstes Beispiel dafür war der Konflikt zwischen Armenien und Azerbeidjan. Hier nutzten die Türkei und Russland den Krieg zu ihrem Vorteil für geostrategische Sicherungen. Russland ist und war immer darauf bedacht, einen Gürtel von abhängigen Staaten um das eigene Staatsgebiet zu errichten. Das liegt an der schieren Größe des Landes und daran, dass das Kernland durch keine geografischen Barrieren nach außen hin geschützt ist. Das war im Zarenreich so und ebenso in der UdSSR. Mit dem Zusammenbruch der UdSSR ging Russland dieser Sicherheitsgürtel verloren. Das ist der Grund, warum Wladimir Putin den Zusammenbruch der UdSSR und des Ostblocks, als größtes Unglück der Geschichte bezeichnet. Russland Politik ist seither darauf ausgerichtet, diese Schutz- und Pufferzonen wieder zu errichten und zu konsolidieren. Das erklärt das kriegerische Vorgehen gegen die Ukraine und den Bürgerkrieg im Osten des Landes, der bis heute weitgehend vergessen von Europa andauert. Darum steht Putin so fest zur Diktatur in Weißrussland. Darum erfolgen regelmäßig kalkulierte Provokationen gegen die EU Staaten im Baltikum und ebenso gegen Schweden, Polen oder das Nato Land Norwegen. Gegenüber Deutschland kommt eher das erste oben genannte Mittel zum Einsatz, nämlich die Abhängigkeit von Gaslieferungen beispielsweise über Northstream 1 und 2. Darum sind die Projekte den USA auch ein großer Dorn im Auge. Deutschland braucht jedoch die Gaslieferungen. Denn mit dem Ausstieg aus der Atom und Kohlekraft und mit den unsteten Quellen für erneuerbare Energien, muss die Energie schließlich irgendwoher kommen. Um den Ausbau dieser Machtposition aus militärischer Sicht und aus energiepolitischer Sicht geht es Russland vor allem bei den eigenen Aktivitäten in der Arktis.

Auch auf der Südseite seines Territoriums, im Nahen und Fernen Osten, baut Russland seinen Einfluss kontinuierlich aus. Angesichts der anhaltenden Vertrauenskrise in den westlich-russischen Beziehungen hat der Kreml seine Beziehungen zu anderen Weltregionen beschleunigt, darunter zusätzlich zum Nahen Osten auch Lateinamerika und Afrika. Am bedeutendsten ist jedoch Moskaus „Schwenk nach Osten", in Richtung Peking. Russland hat Waffenverkäufe an China wiederbelebt, Peking zur Teilnahme an der Militärübung Wostok 2018 eingeladen und im Juli 2019 gemeinsam mit China Luftpatrouillen über dem Ostchinesischen Meer durchgeführt. Nach Angaben Pekings ist der bilaterale Handel zwischen beiden Ländern im Jahr 2018 um 27 Prozent gestiegen. Der stärkste Trumpf der chinesisch-russischen Annäherung scheint jedoch die enge persönliche Bindung zu Chinas Xi Jinping zu sein, den Putin als seinen „lieben Freund" bezeichnet und bereits rund 30 Mal getroffen hat. Während westliche Regierungen ängstlich auf die neue Konstellation blicken, ist es schwer, die beträchtliche Machtasymmetrie zwischen den beiden Ländern zu leugnen, die sich in den Bereichen Wirtschaft und Handel entfaltet hat, aber auch im militärischen Bereich sowie im Weltraum,

Cyberspace und bei der künstlichen Intelligenz immer deutlicher zutage tritt. Nimmt man Chinas wachsenden Fußabdruck im russischen Fernen Osten und in Zentralasien hinzu, stehen die chinesisch-russischen Beziehungen vor einigen harten Prüfungen.

In der näheren Zukunft spielt allerdings zunächst und unangefochten China die Hauptrolle bei Entwicklung und Wachstum. China wird im Jahr 2030 mit einem BIP von rund 26,5 Billionen US-Dollar die größte Volkswirtschaft der Welt sein. Im Jahr 2050 wird das chinesische Bruttoinlandsprodukt dann zwischen 50 oder 52 Milliarden Dollar betragen. Denn die Gesellschaft in China, vor allem die hunderte Millionen junge Menschen, sind hungrig, strebsam, diszipliniert, leistungswillig. Sie wollen nach vorne, sie wollen sich beweisen, sie wollen es der Welt beweisen. Vor allem in den Zukunftsbranchen Digitales und High-Tech. Zudem ist es für sie komplett normal, ihr ganzes Leben digital zu bestreiten, mit allen möglichen Apps, Gadgets und Tools. Europa und Deutschland sind hier technologisch bereits in den Augen der Chinesen veraltet und von vorgestern. Dieser Hunger, dieser Leistungswille und auch die Bereitschaft, Leiden zu ertragen, ist in den deutschen und europäischen jungen Generationen eben genau nicht zu finden, wie wir im zweiten Kapitel eingehend erfahren haben.

Die weltweite Corona Pandemie samt Wirtschaftskrise hat der chinesischen Vormachtstellung in vielen wirtschaftlichen Bereichen noch einmal einen Schub verpasst. Andere Schübe vorher waren die Wirtschafts- und Handelspolitik von Donald Trump und die Euro-Krise, die es China erlaubte, sich in europäische Länder einzukaufen. China hat sich besonders in Südeuropa und auf dem Balkan viele Standbeine geschaffen. Das bekannteste ist sicherlich der Hafen von Piräus. Im Zuge der Euro-Krise und der Hilfspakete der sogenannten Troika musste viel Staatsbesitz in Griechenland und anderswo erkauft werden. Peking griff zu. Und hat jetzt nicht nur viele Möglichkeiten die neue Seidenstraße bis ins Herz Europas auszubauen, sondern kann die Regierungen vieler Länder wegen der finanziellen Abhängigkeiten unter Druck setzen. Nicht selten führt das dazu, dass die Ziele der EU unterlaufen oder sabotiert werden können. Es reicht schon, wenn ein oder zwei Länder auf Geheiß Pekings in der EU nicht mitmachen, schon geht es nicht weiter.

Die letzten Jahrzehnte waren für China eine einzige Aufstiegs-
geschichte, die nicht zufällig passierte, sondern politisch vorbereitet, umgesetzt und gesteuert worden ist. Wie so ziemlich alles in China. Das
erste Ziel war nationale Stärke und Unabhängigkeit. Es ist auf alle Fälle
erreicht. Das zweite Ziel war regionale Hegemonie. In vielen Bereichen
ist auch dieses Ziel erreicht, in anderen wird es gerade in Angriff genommen oder vorbereitet. Wir sehen das in Hongkong. Wir sehen das
im südchinesischen Meer und im gesamten Pazifikraum bis hinunter
nach Australien. Wir werden es wohl auch in Taiwan sehen.

In Berlin werden diese Intentionen bis heute nur selten strategisch gelesen und die militärischen Konsequenzen, die Chinas Machtwille für
Europa hat, nur begrenzt verstanden. Die Kalküle von Großmächten, so
lassen nicht zuletzt Äußerungen der Bundeskanzlerin immer wieder erkennen, werden weiterhin als Relikte einer überkommenen Vergangenheit wahrgenommen.

Doch Chinas Strategie und Ziel sind klar: Als ein neuer Herausforderer
die Weltmacht von einem Hegemon übernehmen. Dieser Hegemon war
einmal Europa, dann sind es bis heute die USA. Die Ausrichtung und
Durchsetzung politischer und wirtschaftlicher Reformen sollen in China
fähiger und effizienter ausgeführt werden, als in den Ländern des Westens
und so deren Macht und Führungsanspruch gebrochen werden. Solch
innerer Machtaufbau soll auf einer eigenen formulierten neuen moralischen Autorität gründen, die chinesischen Werten folgt. Daraus sollen
universelle Regeln werden, die letztlich von der gesamten Menschheit
akzeptiert sind. Europa oder die USA bestimmen nicht mehr die Regeln,
sondern China definiert diese neu. Das soll erreicht werden durch Vor-
bildfunktion, das Fördern von international zum Vorteil gereichenden
Normen und das Bestrafen von abweichendem Verhalten. All das können
wir beobachten. Gerade im Umgang mit der Corona Krise und der Bewältigung der wirtschaftlichen Folgen präsentiert sich China als Vorbild
für die Welt. In Sachen Digitalisierung nimmt das Reich der Mitte ebenfalls in Anspruch führend und vorbildlich zu sein. Mit seiner Investiti-
ons- und Kreditvergabepolitik gegenüber vielen Ländern auf der Welt
und den daraus entstehenden wirtschaftlichen Vorteilen für diese Länder
und Gesellschaften, setzt China seine zum Vorteil gereichenden Normen

durch. Die Menschen in vielen Teilen der Welt, sehen und erleben, dass chinesische Finanzen und chinesische Politik ihren Alltag verbessern. Das überzeugt. Über die Abhängigkeit von Pekings Wohlwollen durch diese Strategie wird nicht gesprochen. Dass China rabiat gegen von den Normen und Zielen abweichendes Verhalten vorgeht und dieses bestraft, lässt sich in vielen Fällen von Ländern des Balkans über südamerikanische und afrikanische Staaten sehen, die sich von Peking unabhängiger machen wollen. Und natürlich im eigenen chinesischen Umkreis mit Drohungen, Gewalt und Sanktionen gegen Australien, Vietnam oder Taiwan und Hongkong.

Aus Sicht der chinesischen politischen Strategen steht in Zukunft eine Dekade rückwärtsgewandter Politik bevor, also eine zunehmende Nationalisierung und ein stärkerer Bilateralismus, über den wir bereits im Zusammenhang mit der EU und den USA gelesen haben. In dieser Zeit soll China gegen Amerika zur vorherrschenden Macht in Ostasien werden und Asien nach Pekings Regeln zu führen. Dazu soll auch beitragen, dass die USA wegen der innenpolitischen Spannungen und Polarisierungen aufgrund identitärer Narrative und Strömungen vornehmlich mit sich selbst beschäftigt sein werden und außenpolitisch nur begrenzt gestalten werden können. Im Anschluss an diese Zeit soll eine Ära aufziehen, die angeführt von Millennia chinesischer Herkunft – die anders ticken als die gleiche Generation in Europa – die globale Führung Pekings bedeuten wird. (Xuetong 2019)

Darauf bereitet sich China ganz konkret vor. Ob es das Marine-Schiffbauprogramm ist, das in erstaunlichem Tempo Schiffe produziert, das Bestreben, bestehende internationale Organisationen zu kontrollieren und neue aufzubauen, die Projektion militärischer Macht in der Arktis, im Indischen Ozean und darüber hinaus, das Streben nach Dominanz in der weltweiten High-Tech-Industrie, die immer systematischeren Bemühungen, autoritäre Regime zu unterstützen und demokratische Institutionen zu schwächen, oder die „Belt and Road"-Initiative, die mehrere Kontinente umfasst: China verhält sich kaum wie ein Land, dem ein großer geopolitischer Plan fehlt (Tobin 2018).

Das bestätigen auch europäische Think Tanks und wissenschaftliche Institute. Eine langfristige Verschiebung der ökonomischen Kräfteverhältnisse, beschreibt beispielsweise eine deutsche Prognos Studie. In den nächsten zwei Jahrzehnten werde keine andere Weltregion gesamtwirtschaftlich stärker wachsen als Ostasien und Pazifik. Die Folge: Im Jahr 2040 werde die Region eine höhere Wirtschaftsleistung erzielen als Nordamerika, West- und Mitteleuropa zusammen. China bleibe der wichtigste Treiber dieses Prozesses. Daher ist die EU auch an einem umfassenden Wirtschaftsabkommen mit China interessiert, das in den USA sehr kritisch gesehen wird. Und auch in Teilen Europas gibt es ebenfalls kritische Stimmen. Ein Kuschelkurs mit Peking sendet falsche Signale in alle Richtungen: Gegenüber den USA entblöße sich Europa als der unsichere Kantonist. China darf sich bestärkt fühlen. Und Potentaten aller Länder werden um die Bigotterie wissen, wenn ihnen die Europäer bei der nächsten Gelegenheit Lehrstunden in Menschenrechten und moralisch richtiger Politik erteilen wollen. Das wird wohl das Haupterbe der deutschen Ratspräsidentschaft in der EU im Jahr 2020 sein.

Seine digitale und technische Leistungsfähigkeit nutzt China schon jetzt auch militärisch. Über die militärische Hardware hinaus sind die Sprünge, die China in anderen technologischen Bereichen macht, auch weltweit zu spüren. Im Jahr 2019 schloss es prestigeträchtige Raumfahrtprojekte ab und zementierte sich als neue Weltraummacht. Die sich abzeichnende chinesische Überlegenheit bei grundlegenden neuen Technologien wie künstlicher Intelligenz, Quantencomputing und Konnektivitätstechnologien hat im Westen Überraschung und Bestürzung ausgelöst. Insbesondere im Fall von 5G Netzen in Europa ist eine intensive Debatte darüber ausgebrochen, wie enge wirtschaftliche Beziehungen mit China gegen wachsende Sicherheitsbedenken abgewogen werden können. Unterdessen exportiert Peking stetig Überwachungstechnologie und ganz eigenes Know-how im Bereich der Internetregulierung in andere Staaten und Regionen, die chinesische Technik und chinesische KI für die Kontrolle und Unterdrückung ihrer Bevölkerung nutzen. Die wachsende und berechtigte Sorge ist deshalb, dass die Zukunft eine technologische Spaltung der Welt in jene Länder mit sich bringt, die mit westlichen Technologien und Normen arbeiten, und jene, die mit chinesischen Technologien und Normen arbeiten.

Europas technologische Probleme und Potenziale

Europa ist also vor diesem internationalen Szenario heute und morgen extrem gefordert. Wenn aber die Herausforderungen identifiziert sind, wird das Ableiten von notwendigen Maßnahmen leichter. Ob die Umsetzung es dann auch ist, das ist eine andere Frage.

Schließlich ist das zentrale politische Ziel der EU, den Klimawandel zu bekämpfen, in hohem Maße davon abhängig, dass alle asiatischen Volkswirtschaften Emissionsreduzierungen vornehmen. China wird seit langem als Partner für die EU angesehen, um das Thema Klimawandel auf multilateraler Ebene anzugehen. Da Chinas Wirtschaft jedoch unter erheblichem Druck steht weiter zu wachsen, konzentriert sich die chinesische Regierung stark auf die Steigerung des Binnenkonsums und die Schaffung von Arbeitsplätzen. Ein Kernmerkmal dieses Ansatzes ist die verstärkte Abhängigkeit von fossiler Energie, insbesondere Kohle, was im Widerspruch zur langfristigen Klimaschutzpolitik des Landes steht. Der widersprüchliche Ansatz wurde in den letzten Monaten deutlich sichtbar: Im Mai 2020 fehlte der Begriff „Klimawandel" komplett in Premier Li Keqiangs Arbeitsbericht auf dem 13. Nationalen Volkskongress. Im September 2020 sorgte Xi Jinping bei der UN-Vollversammlung für Schlagzeilen, als er versprach, Chinas Wirtschaft bis 2060 kohlenstoffneutral zu machen. Die EU und ihre Mitgliedsstaaten werden sich also auf die Realität eines komplexeren chinesischen Ansatzes zur Emissionsreduzierung einstellen müssen, um es einmal so auszudrücken. Sie werden sich auch mit einem viel härteren Wettbewerb mit chinesischen Unternehmen um die Führung bei grünen Technologien auseinandersetzen müssen, da der chinesische Staat massiv in diese Bereiche investiert, indem er Anreize und Vorteile für seine heimische Industrie schafft.

Der mehr oder weniger kompromisslose Ansatz in der Klimapolitik schwächt somit Deutschland und Europa zugunsten Chinas, Russlands und anderer regionaler Mächte, die sich nicht auf die Forderungen und Vorstellungen der EU einlassen wollen und eigene Wege einschlagen. Europa muss dabei im globalen Handel eingebunden bleiben und wirtschaftlichen, politischen und militärischen Einfluss behalten. Ansonsten wäre der Kampf gegen den Klimawandel als gemeinsames Projekt der EU und der USA unter der neuen Führung schon wieder erledigt. Das heißt: Wer etwas für die Rettung des Klimas bewegen will, der muss zwangsläufig für einen starken und ernst zu nehmenden Westen kämpfen. Die wirtschaftliche Dekonstruktion der westlichen Wirtschaften und Gesellschaften durch radikale Klimaschutzmaßnahmen, die auf wackeligen bis fragwürdigen Annahmen und Modellen beruhen und eine Art Klima-Läuterungspolitik, werden am Ende genau den gegenteiligen Effekt haben. China, Russland, Indien, große afrikanische Staaten und andere aufstrebende autoritäre Mächte weltweit werden sich und ihren Weg bestätigt sehen, denn Europa kann sich nicht behaupten, sondern zerstört sich und seine wirtschaftliche Grundlage selbst. Das ist kein Vorbild. Chinas Weg dagegen schon. Also wird der erfolgreiche Weg des Aufbaus weiter beschritten, nicht zuletzt einfach auf aufgrund des faktischen Zwangs durch eine stark wachsende Bevölkerung und stark wachsende Märkte im eigenen Land und auf dem eigenen asiatischen und afrikanischen Kontinent (Brands 2020). Umwelt oder Klimabewegungen wird es in diesen Kraftzentren der neuen Weltordnung nicht geben. Weil die Menschen sich ihren lang ersehnten Wohlstand erst Stück für Stück und unter großen Anstrengungen erarbeiten – ebenso wie in Europa im letzten Jahrhundert – und deswegen schlicht und einfach überhaupt keine Lust auf Warten, geschweige denn auf irgendeinen Verzicht haben. Und weil in autoritären, repressiven, korrupten und diktatorischen Regimen sicherlich keine zivilgesellschaftlichen Bewegungen oder NGO's geduldet werden, egal ob sie sich für Bürgerrechte, freie Meinung oder den Schutz der Umwelt und des Klimas einsetzen. Hier ist also eine Neujustierung der europäischen Klima- und Wirtschaftspolitik für Europa selbst und im internationalen Auftreten dringend notwendig.

Gleiches gilt auch für die europäische Politik in Gesellschaft und Wirtschaft mit Blick auf digitale globale Märkte. Daten und digitale Technologien, hier ganz besonders Künstliche Intelligenz, entscheiden über Macht und Einfluss und darüber, wer die Regeln des Spiels definiert. Europa hat seine Rolle als Hüterin einer internationalen Ordnung verloren, als Schiedsrichter wird es nicht mehr akzeptiert, weil die Spielregeln mittlerweile andere sind.

Europa ist bereits zu einem Exporteur von Rohstoffen geworden. Daten werden exportiert und in den USA und China genutzt, veredelt und zu hochwertigen Export-Gütern gemacht. Damit verschiebt sich Wohlstand und Macht. Wie und wohin, das haben wir gerade gesehen. Es ist so, wie im historischen Kolonialismus des 19. Jahrhunderts. Die damaligen Praktiken, des Ausbeutens von Rohstoffen und Menschen durch die europäischen Weltmächte, werden den Europäern von heute zum Vorwurf gemacht. Intern von linksidentitären Aktivisten. Extern von Regimen und Herrschern in aller Welt, die diese Erzählung gerne aufgreifen, um sie politisch gegen Europa einzusetzen und sich selbst ganz ungeniert mindestens genauso kolonialistisch auf der Weltbühne zu gerieren. Die kolonialen Praktiken waren niemals akzeptabel und sind es auch heute nicht. Diese Fixierung auf diesen Aspekt der europäischen Vergangenheit führt nun dazu, dass wir den aktuellen Kolonialismus und die Ausbeutung von digitalen Rohstoffen und von uns Menschen in Europa mehr oder weniger gar nicht zu Kenntnis nehmen. Erinnern wir uns an den Überwachungskapitalismus: Menschen und ihr Verhalten sind der Rohstoff für Wertschöpfung. Nicht nur die großen US Technologiekonzerne sind Meister in diesem Geschäft. Auch und gerade chinesische Unternehmen nutzen KI in verschiedenen Formen, um hier alle Potenziale zu nutzen und möglichst alles aus uns „herauszuholen". Hier sogar noch mit einer politischen Agenda, der chinesischen Dominanz und Kontrolle Europas.

Die Europäische Union befindet sich sowohl an der Peripherie des sino-amerikanischen Konflikts als auch auf einem zentralen Schlachtfeld desselben. Einerseits liegt der strategische Fokus der beiden Großmächte auf dem indopazifischen Raum – was bedeutet, dass sie den Ereignissen in Europa nicht immer Beachtung schenken und europäischen Interessen in der Region schaden könnten. Auf der anderen Seite ist der europäische Markt paradoxerweise ein wichtiges Schlachtfeld für China und die USA. Die EU hat den einzigen Markt, der ungefähr gleich groß ist wie der US-amerikanische und der chinesische. Sie ist zentral für viele Lieferketten, beheimatet einige der am stärksten global vernetzten Volkswirtschaften und kritische globale Infrastrukturen, wie das SWIFT-Finanznachrichtennetzwerk, und ist ein wichtiger Markt und eine riesige Quelle wertvoller Daten für große Technologieunternehmen. Alles Bereiche, in denen Peking und Washington miteinander konkurrieren. Bisher reagiert Europa darauf nicht besonders selbstbewusst und engagiert. Wie auch? Hängen wir doch technologisch sowohl hinter den USA als auch hinter China hinterher. So zumindest die Annahme oder das Vorurteil.

Europa wird oft schnell als weit abgeschlagen im Rennen um die globale Technologieführerschaft abgetan. Doch das ist eine voreilige Schlussfolgerung. Ein hartnäckiger Mythos ist, dass die EU-Mitgliedsstaaten nicht das Zeug dazu haben, sich in der Tech-Welt des 21. Jahrhunderts durchzusetzen, und dass sie sich deshalb nur entscheiden müssen, welchen Herren sie dienen wollen. Denen im Silicon Valley oder denen in Shenzhen.

Kein EU-Mitgliedsstaat stellt derzeit einen Konkurrenten zu den großen Tech-Unternehmen in den USA wie Amazon, Facebook und Google oder deren chinesischen Pendants wie Alibaba, Tencent und Baidu. Das bedeutet aber nicht, dass die EU-Mitgliedsstaaten nicht das Zeug dazu haben, eine ernst zu nehmende Kraft im Tech-Bereich zu sein. Europa ist die Heimat von 6,1 Millionen Softwareentwicklern, im Vergleich zu 4,3 Millionen in den USA und einer Vielzahl von Tech-Hubs, von den klassischen Top-Drei in London, Berlin und Paris bis zu den weniger bekannten, aber pulsierenden Zentren in Stockholm, Amsterdam, Barcelona, Dublin, Helsinki und Madrid. Die EU-Länder haben einen enormen Vorteil durch die Freizügigkeit von Menschen und Kapital, eine gemeinsame Regulierung und ein zunehmend engagiertes Klima für Risikokapitalgeber. Die Europäische Kommission hat sich ehrgeizige Ziele gesetzt, um Europa nicht nur zu einem großartigen Markt zu machen, sondern auch zu einem führenden Innovator bei neuen Technologien. (Europäische Kommission 2020)

Aber die EU und ihre Mitgliedsstaaten werden eng mit ihren Partnern und gleichzeitig Konkurrenten in Asien zusammenarbeiten müssen, um weiterhin eine Rolle in der Tech-Welt zu spielen. Ein wichtiger erster Schritt dazu war das Abkommen über freie Datenflüsse, das die EU 2019 mit Japan geschlossen hat. Im Rahmen dieses Abkommens schufen Japan und die EU den weltweit größten Bereich für sichere Datenströme. Cyber-Partnerschaften und Cyber-Diplomatie mit asiatischen Demokratien sind der Schlüssel zum Aufbau eines Rahmens mit hohem Vertrauen, hohen Standards und größerer Offenheit unter gleichgesinnten Partnern. Indien ist nicht nur wegen seiner Größe sondern auch im Technologiebereich besonders relevant, da die EU und ihre Mitgliedsstaaten daran interessiert sind, den Zugang zu Informationen über Themen wie Internet-Governance, Digital-Forschung und -Innovation sowie Netzwerk- und Informationssicherheit zu erleichtern. Die EU sollte besonderes Augenmerk auf die Stärkung der Zusammenarbeit bei der Digital-Normung legen. Es gibt ein erhebliches Potenzial für eine koordinierte Industriepolitik und Technologieregulierung zwischen der EU und den asiatischen Technologiestaaten, insbesondere Japan, Südkorea und Taiwan. Die EU und diese Länder könnten neue institutionalisierte Formen des Austauschs zwischen den vom chinesischen Staatskapitalismus unter Druck gesetzten Ländern finden. In den demokratischen Ländern Asiens teilen wichtige Verbündete Europas Präferenz für einen offenen und integrativen Technologieraum. Europas Interessen werden nicht immer mit denen seiner asiatischen Partner wie Japan übereinstimmen, aber sie werden oft komplementär sein. (Bromley und Duchâtel 2017) Da sie kein Interesse daran haben können, dass der Zugang zu Zukunftstechnologien als Waffe benutzt werden könnte, sollten die EU und ihre Mitgliedsstaaten offensiver Partnerschaften mit asiatischen Ländern suchen, die dieses Ziel teilen. Die Kosten-Nutzen-Analysen in der Region werden unterschiedlich ausfallen; die Entscheidungen werden sich unterscheiden. Ein Beispiel dafür ist Japans Umarmung der US-Cloud-Technologie, während die EU-Mitgliedsstaaten auf nationaler Ebene über einheimische Optionen diskutieren. Letztendlich könnte eine Koordinierung jedoch einige der Machtspiele verhindern, die sich gerade abzeichnen. Die europäischen Länder sollten sich mit Taiwan als einem der wichtigsten Technologieakteure in der Region stärker vernetzen, und zwar durch einen diplomatischen Austausch auf hoher Ebene über digitale Governance und Lektionen, die man in Taiwan zum Beispiel bei effektiven Maßnahmen gegen Desinformation durch soziale Medien gelernt hat.

Vor diesem Hintergrund sieht Europa mit seiner historisch starken industriellen Basis seine wirtschaftliche Position zunehmend von anderen Weltmächten herausgefordert. Dies zeigt sich im Aufstieg chinesischer Tech-Giganten wie Huawei, Alibaba, Baidu, Tencent und Xiaomi. Die starke Aufholjagd Chinas wird auch durch Zahlen belegt: Das Land hat seinen Anteil an den F&E-Ausgaben für Technologie und Hardware-Ausrüstung zwischen 2012 und 2019 fast verdreifacht. (Stockholm International Peace Research Institute 2020) Die größte Herausforderung für Europa liegt in den strukturellen Nachteilen gegenüber China und den USA. Die fragmentierten Märkte, einschließlich der Kapitalmärkte, und die Governance zum Beispiel in Bezug auf die Besteuerung stehen einer schnellen Skalierung im Wege und erschweren das Entstehen von globalen Spitzenreitern.

Europa braucht einen eigenen Ansatz für Innovationen in großem Maßstab, der sowohl auf seinen einzigartigen Stärken aufbaut als auch seine besonderen Herausforderungen meistert. Eine mögliche Lösung könnte eine europäische missionsgeleitete Innovation sein, bei der sich die verschiedenen Interessengruppen in Europa um ein gemeinsames, konkretes und ehrgeiziges Ziel scharen, um in großem Maßstab zusammenzuarbeiten. Solche großen, ehrgeizigen Missionen können dann öffentlich-private Kooperationen anregen, um Innovationen zu fördern. Die Bedeutung des Transfers von Wissenschaft und Wirtschaft und die Produktivität solcher Kooperationen haben wir im dritten Kapitel beschrieben. Der Sicherheits-, Verteidigungs- und Raumfahrtsektor in Europa bietet heute reale und konkrete Möglichkeiten, solche Missionen zu schaffen. So könnte beispielsweise der Aufbau eines „digitalen Galileo" – Galileo ist das globale Navigationssatellitensystem der EU – zur Sicherstellung der europäischen digitalen End-to-End-Souveränität und Unabhängigkeit eine ähnlich vereinende Kraft entfalten. Wenn Europa diese Chance ergreifen würde, würde es auch zeigen, dass die europäische Zusammenarbeit in einer Landschaft des schnellen technologischen Wandels greifbare Erfolge hervorbringen kann.

Auch wenn nicht gerne öffentlich darüber gesprochen wird, so ist die militärische Nutzung von modernen Technologien extrem wichtig, für die Verteidigung der eigenen europäischen Interessen und der europäischen Freiheit. Europa kann hier militärisch im Moment einfach nicht mithalten. Vor diesem Hintergrund wirken die deutschen Diskussionen um die Ausrüstung der eigenen Soldaten, die Entwicklung neuer Waffensysteme oder um Drohnen zum Schutz der Bundeswehr im Einsatz geradezu weltfremd.

Die militärische Überlegenheit des Westens in internationalen Konflikten ist keine Selbstverständlichkeit mehr. Rose Gottemoeller, bis vor kurzem stellvertretende Generalsekretärin der NATO, hat gewarnt, dass die nahezu konkurrenzlose globale Überlegenheit in der Militärtechnologie, die die NATO jahrzehntelang genossen hat, gefährdet sei, da andere Länder große Anstrengungen unternehmen, um den Westen bei wichtigen Technologien wie Weltraumkapazitäten, künstlicher Intelligenz oder Hyperschallraketen einzuholen oder sogar zu übertreffen. (Gottemoeller 2021) Insbesondere die Verbreitung von Anti-Access/Area Denial (A2AD)-Fähigkeiten sorgt für ein zunehmend umkämpftes operatives Umfeld in vielen Konfliktgebieten. In Syrien zum Beispiel haben sich westliche Streitkräfte mit hoch entwickelten russischen Luftabwehrfähigkeiten auseinandersetzen müssen. (Gressel 2020) Im Indopazifik hat Chinas „gewaltiges Aufgebot an Präzisionsraketen und anderen Systemen zur Gegenintervention, die Amerikas militärische Vormachtstellung untergraben", ein neues Umfeld geschaffen, in dem selbst die langjährige Fähigkeit der Vereinigten Staaten, ein günstiges regionales Kräftegleichgewicht allein aufrechtzuerhalten, vor wachsenden und unüberwindbaren Herausforderungen stehe. Mit zunehmenden militärischen Fußabdrücken Chinas und Russlands in verschiedenen Teilen der Welt werden Interventionen in Zukunft wohl noch riskanter werden. Bei allen genannten Waffensystemen spielt zunehmend die Verwendung von Künstlicher Intelligenz die entscheidende Rolle, was die Durchschlagskraft der Waffen im Einsatz anbetrifft und auch die Fähigkeit zum autonomen Handeln (Franke 2021).

Hybride und asymmetrische Kriegsführung findet heute vor allem im digitalen Raum als Kampfgebiet statt. Wir sehen bereits an vielen Beispielen, welche Arten von Angriffe es hier gibt und wie durch digitale Kriegsführung Gesellschaften ohne Bomberflotten, Panzertruppen und Divisionen erschüttert, geschwächt und kontrolliert werden können.

Ein technologisch überlegener Gegner kann und wird den europäischem Capability Gap gezielt ausnutzen, in Form von direkten und indirekten Angriffen und indirekten. Zum Beispiel könnte das Stören von staatlicher digitaler Infrastruktur das Vertrauen der Menschen in die Fähigkeiten des Staates und seiner Institutionen erschüttern. Deepfakes, Bot-Armeen und koordinierte digitale Angriffe zersetzen ebenfalls Ver-

trauen in der Gesellschaft und heizen bestehenden Streit und Polarisierung weiter an. Angriffe auf eine durch die Energiewende sehr fragile
Energieversorgung n Deutschland und Europa, kann „das Licht aus-
knipsen". Was so ein Blackout an Düsternis in mehrfacher Hinsicht bedeuten würde, das haben wir im vorigen Kapitel bereits dargestellt. Die
größte Gefahr für die innere und äußere Sicherheit ist ein längerer Strom-
ausfall. Solch ein Angriff ist viel gefährlicher als ein Raketenangriff oder
andere Formen der Invasion, denn die äußere Verteidigungsfähigkeit ist
dahin, die Wirtschaft kollabiert, die Gesellschaft erodiert. Militärisch
und taktisch ist so etwas sehr verlockend: Überschaubarer Einsatz an
Kapazitäten, geringes Risiko, praktisch keine eigenen Verluste durch
Feindkontakt, dafür maximaler und langfristiger Schaden beim Gegner.
Das Schweigen zu diesen Themen in der öffentlichen Diskussion wirft
viele Fragen auf. Zum Beispiel die, ob es ethisch moralisch überhaupt
verantwortlich ist, solch ein Risiko einzugehen und in Kauf zu nehmen,
dass es immer größer wird. Wenn nicht darüber geredet wird, passiert
auch nichts.

Die digitale Welt verlangt ein transformiertes Europa

Dabei gehört der Diskurs, der Streit und das öffentliche und offene Ringen um Lösungen und Fortschritt zu Europas Geschichte und Kultur. So
hat sich Europa bewegt. So ist Europa zu dem geworden, was es heute ist.
So wird sich auch entscheiden, ob und wie Europas Errungenschaften für
Freiheit, Demokratie und das Individuum erhalten und nachhaltig für
die Zukunft gesichert werden können.

Denn Europa steht vor der Entscheidung, sich jetzt in einen Wettbewerb mit den großen Systemen China, USA und Russland zu begeben.
Momentan sind wir dafür nicht unbedingt gut aufgestellt. Europa ist aus
dieser Perspektive nur ein Appendix, ein kleines Anhängsel von Asien.
Zumindest wenn man auf die Weltkarte schaut geografisch. Demo-
grafisch sind die Größenverhältnisse jedoch auch nicht anders. Wirtschaftlich und was Wachstum und Wirtschaftskraft anbelangt ist das Ungleich-

gewicht nicht ganz so krass, aber es wird kontinuierlich größer. Zu Gunsten der anderen. Europa hat mindestens zwei Jahrhunderte lang die Welt getaktet. Jetzt versuchen wir eher hinterher zu kommen. Der Literaturwissenschaftler Jürgen Wertheimer plädiert hier für eine eigene europäische Geschwindigkeit und ein passendes europäisches Selbstverständnis. In dem Maße, wie es uns gelinge, so Wertheimer, uns dieser eigenen Verwundbarkeit und Zerbrechlichkeit bewusst zu werden und sie dann offensiv zu verteidigen und nicht als Defizit zu sehen, würde Europa internationale Rolle, Stärke und Glaubwürdigkeit finden. (Wertheimer 2020) Wichtig ist hier noch hinzuzufügen, dass es allein mit dem Selbstverständnis nicht getan sein kann. Wirtschaftskraft wie auch technologische und militärische Kompetenz und Potenz sind ebenso unabdingbar, um überhaupt eine Rolle spielen zu können. Doch können sich gerade diese Dinge aus dem Selbstverständnis ableiten beziehungsweise kann dieses Selbstverständnis die Mission Europas sein, die seine Politik und Rolle definiert. Diese Mission zu definieren wird nicht einfach. Das liegt an der Aufgabe und an Europas Geschichte. Europa ist nach Wertheimer zu verstehen als ein Artefakt aus Gegensätzen, manchmal trügerischen Ähnlichkeiten, Gemeinsamkeiten und Widersprüchen, Ambivalenzen und Affinitäten, Bindungs- und Auflösungstendenzen. Europa ist stets im Zerfall und Aufbau zugleich begriffen. Es gibt keinen zweiten großen Raum, in dem so viele, teils sehr unterschiedliche Kulturen aufeinandertreffen und miteinander auf engem Raum dann doch wieder zu tun haben. Hier eine Balance zu entwickeln, ist sozusagen stets die Absicht europäischer Politik und Entwicklung gewesen. Der Kampf des Ostens gegen den Westen gehört von Beginn an zu den Konstanten wie zu den Traumata des europäischen Denkens und das seit der Zeit der Phönizier, die Perser oder schließlich der Türken, die Europa zu erobern versuchten. Auch heute finden wir diesen Kampf wieder in der Auseinandersetzung mit Russland und China und bisweilen immer noch mit der Türkei.

Geprägt ist Europa bis heute von durchorganisierten Machtapparaten, deren historisches Vorbild das antike Römische Reich ist. Rom hat fremde Territorien nicht nur besetzt, sondern sie auch dem eigenen Gesetz unterworfen, systematisch und bürokratisch. Diese neue Kultur und Dimension politischen Handelns ist für viele das Modell schlechthin für europäisches Vorgehen bis weit in die Moderne hinein. Das betrifft die europäischen Entdecker und Eroberer und Auswanderer und Siedler in der ganzen Welt, es betrifft die globalen Strategien von Unternehmen und Konzernen, es betrifft aber auch die Entwicklungen und Fortschritte in Wissenschaft, Forschung und Innovation. Andere Staaten und Regionen haben diese erfolgreichen Prinzipien für die eigene Entwicklung mittlerweile übernommen und wenden sie an. Das ist die historische europäische Methode: Inbesitznahme, Sprachregelung, Normsetzung. Der überlegene humanistische Protagonist setzt die Norm, mit sanften oder groben Worten und Methoden, doch immer irgendwie alternativlos. Es ist ein historisches kulturelles Muster, das sich heute in vielen Bereichen der europäischen und der „westlichen" Politik ebenfalls manifestiert. Dieses Muster trägt aber auch in sich, dass sich alles verändert, ablöst und gegenseitig herausfordert.

Das europäische Prinzip oder die europäische Tendenz besteht darin, einen permanenten Prozess der Aufklärung, der Demystifizierung zu betreiben. Europa hat gewaltige Mythen und Erzählungen entwickelt und sich ausgedacht. Die Denktradition Europas und die Institutionen waren dabei immer auch zugleich diejenigen, die permanent die Stimmigkeit ihrer eigenen Mythen überprüft haben. Das betrifft die Prozesse des Auf- und Ausbruchs aus der mittelalterlichen Erstarrung, aus der dogmatischen Verhärtung im Zeichen der Religion, welche Erkenntnis- und Denkräume immer stärker eingeschränkt hatten. Ohne jetzt den historischen Bogen zu weit zu spannen: Auch heute erleben wir, das Erkenntnis- und Denkräume eingeschränkt werden. Sei es in der politischen und gesellschaftlichen Debatte oder in der Wissenschaft, wie wir zuvor in diesem Buch gesehen haben. Erst später, ergab dann damals die Fülle kleinerer Bewegungen und einzelner Meinungen und Menschen zusammenfassend das, was wir heute als „Renaissance" bezeichnen. Die sich bereits damals zeigende Fähigkeit, sich selbst zu reflektieren, auf sich selbst zu reagieren, sich zu korrigieren, ist wohl eine der zentralen Eigenarten der europäischen Kultur. Auch heute geht es in Zeiten des gesellschaftlichen, wirtschaftlichen und technologischen Umbruchs und Aufbruchs, in einer neuen Zeit des Sturm und Drang um Entdecken, Erkennen, Bezweifeln, Erfinden. Schon immer war der europäische Umgang mit Werten und Paradigmen antithetisch, dialektisch, reflektierend und kritisch. Das heißt, man hat seine Werte und Überzeugungen von Beginn an einem argumentativen Stresstest unterzogen. Bis zur Schmerzgrenze. Auch heute nehmen wir diese Schmerzgrenzen wahr, wenn es um Identitäten, Gerechtigkeit, Wissenschaftliche Erkenntnis oder Gerechtigkeit und Selbstbestimmung geht. Auch hier ist es europäische Kultur, das Ganze zu hinterfragen. Europa ist in seiner Geschichte immer dann in Schwierigkeiten geraten, wenn es Eindeutigkeit, Einseitigkeit, Eindimensionalität und Alternativlosigkeit demonstrieren wollte. Beispiele sind neben der Corona Krise in der Europa kein gutes Bild abgibt, die Euro-Krise, die ausufernde Staatsverschuldung, die faktische eine Gemeinschaftshaftung etabliert hat, welche aber nicht so genannte werden darf und die Frage der Einwanderung, bei der es in Europa sehr unterschiedliche Ansichten gibt.

Die Aufgabe besteht also darin, einen Weg zu entwickeln, wie man die Stimmen zueinander führt, ohne die Einzelnen zu unterwerfen oder zu manipulieren. Deutschland ist in seiner Vielgestaltigkeit und Geschichte bis heute zusammen mit Frankreich, Italien und auch Polen ein Abbild und Spiegel dieses Europas. Europa funktionierte immer dann am besten, wenn es gelungen ist, eine Balance zwischen Autonomieansprüchen und Bindungsbedürfnissen zu halten. Das ist vor dem Hintergrund der Widersprüche des Kontinents schwierig und schmerzhaft. Jedoch geht es. Es geht hier um die Prinzipien der Freiheit und der Sicherheit. Das Bindungsbedürfnis verlangt eine Zugehörigkeit, die am besten über die gemeinsame Kultur, gemeinsame Bürgerrechte und gemeinsame Institutionen der Sicherheit und des Vertrauens abgebildet werden kann. Europas ist dazu in der Lage, diesen Weg zu gehen und die Unterschiede zusammenzuführen. Denn eine europäische Identität ist wohl nicht klar fassbar. Im Verlauf der Geschichte des Kontinents haben sich seine Bewohner kaum je als Europäer begriffen; eher schon als Katholiken, Protestanten oder vielmehr regional zugehörig. Die nationale, dynastische, ethnische oder religiöse Identität stand und steht also sehr viel mehr im Vordergrund. Das ist aber kein Widerspruch zu gemeinsamen Werten und Zielen. Diese stellen, wie beschrieben, vielmehr die Klammer, das Symbol des Gemeinsamen, die Mission und das Ziel Europas dar.

Welche Schlüsse ziehen wir daraus im Westen und in Europa? Die Bedingungslose Verteidigung der Rechte des Individuums ist es, was eine europäische Identität ausmacht. Das ist das europäisches Erbe aus den letzten mehr als zweitausend Jahren. Es ist unsere moralische Pflicht, dieses Erbe nachhaltig zu sichern und zu bewahren. Politische Lethargie und kulturrelativistische Höflichkeit bringen uns dafür aber keinen Schritt voran. Es ist so wie bei Biedermann und die Brandstifter von Max Frisch. Wer nicht rechtzeitig Grenzen zieht, dessen Haus steht bald in Flammen. Europa hat in seiner Geschichte mehr als genug gebrannt. Mit Grenzen macht sich Europa nicht beliebt bei anderen, die diese Grenzen verschieben wollen. Und Europa braucht die Mittel, Grenzen durchzusetzen und zu sichern. Das ist eine Entscheidung, die insbesondere Deutschland treffen muss. Denn Deutschlands historische Rolle besteht in der wirtschaftlichen und militärischen Führung Europas zusammen mit Frankreich, Italien und Polen. Großbritannien geht wie immer seine eigenen Wege, muss aber fraglos stets ein Freund und Partner Europas sein und bleiben. Deutschland ist zu groß für Europa und zu klein für die Welt. Deutsche Sonderwege haben sich bisher immer als historische Fehler oder sogar Katastrophen herausgestellt. Gemeinsam mit anderen Europäern, großen wie kleinen Ländern, war Deutschland für sich und für Europa dagegen immer erfolgreich.

Frankreich ist dabei wohl derjenige Mitgliedstaat der EU, der die geopolitische Rolle der EU am meisten schätzt. Diese Unterschiede scheinen eine Kluft zwischen Frankreich und seinen europäischen Partnern in ihrer Vision von der Rolle und dem Zweck der EU zu signalisieren. Der französische Staat und die französischen Bürger fordern aufrichtig, dass die EU ein souveräner Akteur wird. Dementsprechend haben sie Initiativen ins Leben gerufen und Vorschläge für eine stärker integrierte europäische Außen-, Verteidigungs- und Sicherheitspolitik unterbreitet. Gleichzeitig halten sie aber auch an der Unabhängigkeit des französischen Militärs fest. In Deutschland sieht diese Einschätzung etwas anders aus. Auch hier vertritt eine Mehrheit die Auffassung, die EU solle mehr Verantwortung übernehmen und gemeinsame militärische Fähigkeiten aufbauen. Deutschland solle hier aber nicht die Führung übernehmen. Das bedeutet, Frankreich muss im militärisch-politischen Bereich die Führungsrolle annehmen und diese Rolle auch klar von Deutschland zugestanden und überantwortet bekommen. Auch die anderen Staaten der EU müssten diesen Konsens mittragen. Das ist nicht einfach. Aber es ist das einzig realistische. Die Ausführung einer europäischen Sicherheitspolitik erfolgt dann gleichberechtigt je nach Kapazitäten und Fähigkeiten der Länder. Frankreich sollte dafür anerkennen, dass seine geopolitische Vision der EU nicht die einzig gültige ist, und seinen Partnern die Hand reichen, um Koalitionen zu bilden und so die EU dazu zu bringen, ihre internationale Rolle in einer zunehmend multipolaren Welt zu überdenken.

In vielerlei Hinsicht ähnelt die Situation in Europa heute auf erstaunliche Weise der Situation in den Vereinigten Staaten zwischen der Unabhängigkeitserklärung von 1776 und dem Bürgerkrieg von 1861–65, der die Sklaverei in den Südstaaten beendete. Und wie in den USA kann die Lösung des Spannungsverhältnisses zwischen Prinzipien und Geografie durchaus zwei oder drei Generationen dauern. Zumal die EU nicht in einen Krieg im Stile Abraham Lincolns ziehen wird, um die Dinge zu regeln.

Die mangelnde Koordination und die grundlegenden Differenzen über die strategische Ausrichtung Europas zwischen Frankreich und Deutschland, dem Duo, das das Projekt der Selbstbehauptung und europäischer Resilienz anführen sollte, haben sicherlich nicht dazu beigetragen: Nach einem vielversprechenden Neustart der deutsch-französischen Beziehungen sind die Meinungsverschiedenheiten über die EU-Erweiterung auf den westlichen Balkan, die Frankreich kürzlich mit einem Veto blockiert hat, über den richtigen Ansatz gegenüber Russland und über die Beziehungen Europas zur NATO besonders ausgeprägt. Während Macron eine Schwächung der EU befürchtet, wenn die Union nicht vor dem Beitritt neuer Mitglieder vertieft wird, ist Bundeskanzlerin Angela Merkel eher besorgt darüber, dass andere Mächte die Lücke ausnutzen, die die EU in ihrem Osten hinterlässt. Ähnliche Reibereien traten auf, nachdem Macron die NATO als hirntot bezeichnete, was Deutschland und die östlichen EU-Mitgliedsstaaten alarmierte, dass Frankreich die EU auf Kosten der transatlantischen Beziehungen stärken will. Im Moment vereiteln die konkurrierenden Visionen von Europas Platz in der Welt die Bemühungen, ein wettbewerbsfähigeres Europa aufzubauen. Vor allem Deutschland ist hier jedoch der Bremsklotz. Angst vor militärischer Verantwortung und politischer Druck vor allem von postkolonialistischer Seite sorgen hier für Stillstand. Eine Fokussierung auf kurzfristige Stimmungen, auf die deutsche Innenpolitik und Befindlichkeiten verschiedener Gruppen, die aus unterschiedlichen Gründen mehr internationales Engagement ablehnen, verhindern notwendige, harte Entscheidungen für eine langfristige und nachhaltige Strategie der Sicherung von Freiheit und Bürgerrechten in und für Europa. Deutschland und Frankreich müssen sich einigen. Nach dem alten Römischen Motto „Do ut des", Ich gebe, damit Du gibst. Eine europäische Lähmung in den kommenden Jahren gefährdet Europas Interessen und Europas Freiheit, weil es Diktatoren stärker und mutiger macht. Es kann nämlich nicht dauerhaft politisch tragfähig sein, dass rund 500 Millionen wohlhabende Europäer wesentliche Teile ihrer Sicherheit an den atlantischen Partner in den USA delegieren. Europa muss handlungsfähiger werden, mit einer Stimme sprechen und sich zu einer Verteidigungsunion weiterentwickeln. Deutschland muss rund eine Generation nach dem Ende des Kalten Krieges mit der Tatsache umgehen, dass es auf eigenen und europäischen Beinen stehen muss, dass Deutschland Verantwortung für sich und Europa übernehmen muss. Voraussetzung dafür ist aber, dass sich in Deutschland eine strategisch-politische Kultur entwickelt, die sowohl werte- als auch interessengeleitet ist. Doch ohne militärische Machtmittel bleibt Diplomatie saft- und kraftlos, sie wird nicht ernst genommen. Genau das ist gerade der Fall. Welchen Eindruck hinterlässt den Europa in Moskau, Peking oder auch in Ankara? Abschreckung ist friedenserhaltend und bezieht daraus auch ihre moralische Legitimation.

Deutschland und Europa haben es sich über die letzten Jahrzehnte in der Rolle der „soft power" gemütlich gemacht und ruhen sich auf der Vergangenheit aus. Der politische Blick in Diskurs und Kultur geht fast ausschließlich zurück, Zukunftsszenarien oder Ziele werden nicht kreiert. Außenpolitik mit ihren vielen oft unbequemen, moralisch nicht eindeutig zu verortenden und anstrengenden Themen wird bei uns als Diskussionsthema eher gemieden. Das deutsche Selbstverständnis lautet „Nie wieder Krieg" – Die Deutschen selber haben das verinnerlicht. In Europa hat es seit mehr als zwei Generationen keinen großen Krieg mehr gegeben. Das prägt. Leider erliegen wir dem Fehlschluss, dass der Rest der Welt das auch so sieht oder verinnerlicht hat. Dem ist aber nicht so. Überall auf der Welt zahlen Menschen einen hohen Blutzoll dafür. Sind Giftgasangriffe in Syrien auf Zivilisten wirklich so einfach mit dem Argument „Nie wieder Krieg" wegzuwischen? Sind Konzentrationslager in China oder Völkermord in Afrika moralisch so zu rechtfertigen?

Die Zeit drängt, aber sie ist noch da. Deutschland war in seiner Geschichte immer eine „verspätete Nation", hat es dann aber auch immer geschafft unter großen Anstrengungen die Zeichen der Zeit zu erkennen und (endlich) zu handeln. Auch Europa braucht vielleicht etwas länger in seinen eigenen Strukturen und Abläufen, trifft dann aber durchaus die besseren Entscheidungen im Sinne der Freiheit, Demokratie und der individuellen Menschenrechte. Das ist es, was es bedeutet, ein aktiver Spieler zu werden: Von der Kanzel herunterzukommen und zu akzeptieren, dass man nichts Besonderes ist. Weder moralisch, noch wirtschaftlich, noch technologisch. Europa ist nur eine von vielen souveränen Mächten, die in das irdische Gerangel um Territorium, Zugang zu Technologie, Infrastruktur, natürlichen Ressourcen, Reichtum, Herrschaft und Einfluss verwickelt sind. Dabei nützt es nichts mit einem stärkeren Gegner auf den Feldern seiner Stärke, Vorteile und Kompetenzen zu konkurrieren. Vielmehr muss sich Europa auf seine eigenen Stärken konzentrieren, die nach den Spielregeln der anderen vielleicht erst einmal eine Schwäche sind. Es findet sich immer eine Möglichkeit zu gewinnen und vor allem, seine Unabhängigkeit und Freiheit zu wahren. Auch die stärksten Gegner haben ihre Schwächen. Man muss sich nur die Mühe machen, sie zu finden und eine eigene Stärke als passendes Gegenstück. Darauf sollte sich Europa konzentrieren.

Dabei können die USA und Europa nur gemeinsam die Freiheit im geopolitischen Maßstab sichern, denn die Kraft und die technischen Fähigkeiten der anderen Spieler sind enorm gewachsen, größer als die europäischen und den US-Kräften ebenbürtig oder in manchen Bereichen diesen sogar überlegen. Die USA und Europa sind gleichermaßen innenpolitisch gebunden, müssen demokratische Legitimation immer wieder neu erreichen. Wenn es eine internationale Durchsetzungskraft für Freiheit und Demokratie geben soll, dann geht das nur durch gemeinsames Auftreten und ein faires „burden sharing". Wobei vor allem Europa und hier wiederum vor allem Deutschland mehr Verantwortung übernehmen und die eigene Unschlüssigkeit ablegen muss.

Das kann und muss auch der Startschuss für eine Weiterentwicklung der Europäischen Union selbst sein, im Sinne einer stärkeren Demokratisierung und Handlungsstärke. Das beginnt beim Prinzip der Wahlgleichheit, die aktuell in Europa nicht gewahrt ist. Es wird nicht nach den gleichen Bedingungen gewählt, eine Abgeordnete oder ein Abgeordneter vertritt nicht die gleiche Zahl an Bürgern. Das Prinzip „Eine Person eine Stimme" ist nicht gewahrt. Das Europäische Parlament ist im traditionellen Sinne nicht demokratisch. Dabei sind die Bürger in einer Demokratie souverän. Das ist momentan auf europäischer Ebene nicht gewährleistet. Die nationalen Parlamente sind nicht mehr ausreichend zuständig, das Europäische Parlament ist noch nicht ausreichend zuständig. Die Europäische Kommission und die nationalen Regierungen bestimmen letztlich, was in Europa Gesetz wird und gilt. Ein parlamentarisches Korrektiv, wie es in jeder Demokratie selbstverständlich ist, fehlt.

Die Politikwissenschaftlerin Ulrike Guerot schlägt hier ein neues politisches System für eine Europäische Republik vor (Guerot 2016). Dafür ist eine transnationale, repräsentative Demokratie nötig, ein politisches System der Gewaltenteilung mit klaren Funktionszuweisungen für die Legislative, die Judikative und die Exekutive, mit der Kommission als Regierung und dem Europäischen Gerichtshof als Hüterin der Verträge. Es geht um ein klassisches Zweikammersystem wie wir es aus mehr oder weniger allen demokratischen Gesellschaften kennen, bei dem das Abgeordnetenhaus als Repräsentation der Bürger nach dem Prinzip „Eine Person, eine Stimme" beruhen muss und Initiativrecht für Gesetze und volles Budgetrecht hat. Dazu gehört eine zweite Kammer als Senat, der aus Senatoren der europäischen Regionen bestehen soll. Jede Region stellt unabhängig von ihrer Größe oder Wirtschaftskraft zwei Senatoren, was den proportionalen Faktor vom heutigen Europäischem Parlament auf diesen neuen Senat verlegen würde. Weiter sind nötig: Ein synchroner Legislativ- und Budgetzyklus auf europäischer Ebene, ein Saatsinsolvenzrecht für die europäischen Provinzen, transnationale Wahlkreise mit strikt gleicher Bevölkerungszahl und ein direkt gewählter Präsident oder eine Präsidentin. Die europäische Republik würde sich auf die Politikfelder beschränken, die von den Nationalstaaten und Provinzen der Republik nicht allein geleistet werden können. Das sind die Außenpolitik und die Verteidigungspolitik, es gebe ein Finanzministerium für die Verwaltung des gemeinsamen Budgets, ein Umwelt-, Energie- und Klimaministerium, ein Digitalministerium für europäische Netzpolitik, sowie ein Handelsministerium und ein Sozialministerium für gemeinsame europäische Sozialstandards. Über die Notwendigkeit einer gemeinsamen europäischen Außen- und Verteidigungspolitik haben wir in diesem Kapitel bereits ausführlich gesprochen. Auch in Bezug auf digitale Märkte und den Schutz der individuellen Rechte im Zeitalter des Überwachungskapitalismus macht eine gemeinsame europäische Politik Sinn. Gleiches gilt für die gemeinsame Forschung und Entwicklung im Allgemeinen und speziell bei neuen Technologien wie der Künstlichen Intelligenz. Auch in der Wirtschafts- und Handelspolitik ist ein gemeinsames Auftreten der Europäer notwendig. Denn wir haben im Zusammenhang mit dem neuen digitalen Feudalismus gesehen, dass nationale Politik hier nicht in der Lage ist, Regeln und Rahmen zu setzen und die Freiheiten von uns als Individuen zu schützen und zu garantieren. Ein emanzipatorisches transnationales Europäisches Projekt kann hier dafür sorgen, dass es nicht zu einem erneuten Kontrollverlust und Staatsversagen bei der Bewahrung von Freiheit und Demokratie kommt.

Die aktuelle Brüsseler Bürokratie würde deutlich schlanker, wenn es eine europäische Verwaltung gäbe, deren Rechts- und Verwaltungsakte auf dem allgemeinen Gleichheitsgrundsatz für alle europäischen Bürger beruhen würde. Bisher produziert die Brüsseler Bürokratie vor allem Verwaltungsakte, die dazu da sind, nationale Unterschiede auszugleichen, anzupassen, Mindeststandards durchzusetzen oder Rechtsakte der gegenseitigen Anerkennung auszustellen. Das meiste davon wäre schlicht und einfach überflüssig, wenn alle Menschen in Europa gleich und mit den gleichen Europäischen Grundrechten ausgestattet wären.

Wie begeistert oder skeptisch man den obigen Vorschlägen auch immer gegenüberstehen mag: Es ist ein konkreter Vorschlag, um Europa für sich selbst und international stabiler und stärker zu machen. Die Rückkehr zu rein nationaler Politik ist vielleicht ein romantischer Traum, aber keine realistische Alternative. Neben allen politischen Argumenten macht die wirtschaftliche und vor allem die digitale Vernetzung und die Grenzenlosigkeit des digitalen Raums klar, dass so eine Art der Entkoppelung, des „Deconnecting" nicht gut ausgehen kann. Das Dilemma in vielen Staaten der EU besteht darin, dass die Menschen in ihrer Mehrzahl ganz klar nicht in eine Vergangenheit zurückwollen, die lange vorbei ist, gleichzeitig aber auch noch nicht in einen demokratischen EU-Staat oder eine Europäische Republik vorangehen können. Dabei hat Deutschland noch mit die größten historischen Erfahrungen damit, wie so etwas gehen kann, wenn der politische Wille da ist. Denn die Europäische

Union gleicht in vielen Aspekten dem alten Heiligen Römischen Reich Deutscher Nation, wie der britische Europahistoriker Brendan Simms ausführt, mit einer Art vormoderner politischer Kultur, geprägt von der Neigung zur Verrechtlichung politischer Auseinandersetzungen, zu endlosen Debatten und zu juristischen Verfahren (Simms und Zeeb 2016). Viel Verwaltung also, viel Gerede und viele Ankündigungen, viele Symbole, viel Moral, dafür herzlich wenig demokratische Legitimation, Entscheidungen in elitären Zirkeln und wenig gemeinsames Handeln oder Auftreten mit einer Stimme nach Außen. Ist das jetzt die Beschreibung des Heiligen Römischen Reiches – oder die der Europäischen Union?

Deswegen kommt es auf Deutschland an, wie es in Europa weitergeht. Deutschland ist reich, wirtschaftlich mächtig und es liegt nun mal in der Mitte Europas. Alles was Deutschland tut hat Einfluss auf seine Nachbarn und auf alle Länder die zwischen Deutschland und den Grenzen der EU liegen. Es gibt kein Land, dass nicht in mindestens eine dieser Kategorien fällt. Bisher hat Deutschland eine Politik in der Tradition des deutschen Föderalismus auch in Europa betrieben. Vor allem über Regeln und Verfahren. Anstatt beispielsweise die gemeinsam Euro Währung in einem gemeinsamen Parlament und einem starken Staat zu verankern, er auch zu einer effizienten Besteuerung und Regulierung großer Konzerne fähig ist, versucht Berlin die Union dadurch zu organisieren, dass andere Länder zur Anerkennung der deutschen Regeln und der deutschen politischen Kultur verpflichtet werden sollen. Wie gut das funktioniert, können wir spätestens seit der Eurokrise bis heute beobachten. Ebenso bei der Flüchtlingspolitik oder in der Außenpolitik.

Die einzig glaubwürdige Option, wenn ein Zerfall der Europäischen Union ausgeschlossen werden soll, ist darum die Schaffung einer vollendeten politischen Union mit gemeinsamen Finanzen, einer gemeinsamen Außenpolitik und einer gemeinsamen parlamentarischen Vertretung. Es bedeutet die Übertragung von hoheitlichen Befugnissen von den nationalen Parlamenten auf eine europäische Volksvertretung. Das wird aber nicht mehr oder weniger automatisch und generisch passieren, sondern es muss gemacht werden. Staatenunionen bildeten sich in der Geschichte nicht auf evolutionärem Weg, sondern durch große Sprünge und Taten. Es sind Ereignisse und nicht Prozesse, die sie erschaffen. Ein Prozess, der irgendwann einmal zu einer föderalen Union führt und durch diese als Abschluss gekrönt wird, ist zu Scheitern verurteilt. Die momentane konföderale Struktur des politischen Europas und seine föderale fiskalische und ökonomische Politik in der Realität, bedeutet, dass der Prozess der europäischen Entwicklung von seinem größten und mächtigsten Bestandteil, nämlich Deutschland, bestimmt wird. Eigentlich war die Idee dahinter aber seit Beginn der Europäische Einigung genau anders herum. Es ging immer darum, Deutschland durch den Europäischen Einigungsprozess unter Kontrolle zu halten und Deutschland stimmte diesem „Self-Containment" gerne zu. Schließlich brachte es viele Vorteile und die Möglichkeit, Verantwortung nur da übernehmen zu müssen, wo es nicht besonders weh zu tun drohte. Deutschland selbst ist immer noch dieser Idee des „Self-Containment" verpflichtet und übersieht dabei – oder will übersehen – dass es bereits faktisch die Verantwortung durch den Gang der historischen Ereignisse übertragen bekommen hat. Selbstbeschränkung hilft da nicht weiter. Im Gegenteil: Sie schadet. Allen in Europa.

Selbstbeherrschung, Weitsichtigkeit und Vertrauen in die eigenen Fähigkeiten und die der Partner, helfen hier sehr wohl weiter. Alles übrigens typische Fähigkeiten und Zeichen für das Erwachsen sein. Gerade in Zeiten großer Veränderungen, in Zeiten von Sturm und Drang sind diese Tugenden wichtig für nachhaltige Freiheit. Gerade in Zeiten exponentieller Entwicklungen, getrieben durch digitale und künstliche Intelligenzen, macht das den Unterschied. Ebenso wie die Fähigkeit zur Kooperation, um neue Wege und Lösungen zu finden. Das ist vielleicht die Stärke Europas, die aus anderer Perspektive noch wie eine Schwäche aussehen mag. Ein gemeinsames und starkes Europa kann das bieten und damit Sicherheit, Verlässlichkeit, Vertrauen und Sicherheit gegenüber den Herausforderungen und Gefahren der globalen Machtverschiebungen, die wir in diesem Kapitel gesehen haben. Das wird uns nicht geschenkt. Im Gegenteil versuchen viele, uns genau das wegzunehmen. Wir müssen etwas dafür tun.

Literatur

Aggad, F; Leonard, M; Brown, M; Murphy, T (2020) Europe's pivot to Africa. Where do we stand now in building a „strategic partnership" between the European and African continent?, 20.11.2020 https://ecfr.eu/podcasts/episode/europes-pivot-to-africa/

Brands, H (2020) What Does China Really Want? To Dominate the World, in: Bloomberg News 21.05.2020 https://www.bloomberg.com/opinion/articles/2020-05-20/xi-jinping-makes-clear-that-china-s-goal-is-to-dominate-the-world

Bromley, M; Duchâtel, M (2017) Influence by default : Europe's impact military security in East Asia, Brussels

Dassú, M (2020) How NATO should plan for the next ten years, 14.12.2020 https://ecfr.eu/article/how-nato-should-plan-for-the-next-ten-years/

Europäische Kommission (2020) Proposal for a Regulation on Digital markets act, 15.12.2020

Franke, U (2021) Artificial divide: How Europe and America could clash over AI, Brüssel 20.01.2021

Gottemoeller, R (2021): Negotiating the new START Treaty, Amherst

Gressel, G (2020) Military lessons from Nagorno-Karabakh: Reason for Europe to worry, 24.11.2020 https://ecfr.eu/article/military-lessons-from-nagorno-karabakh-reason-for-europe-to-worry/

Guerot, U (2016) Warum Europa eine Republik werden muss. Eine politische Utopie, Bonn 2016

Kribbe, H (2020) Strongmen, European Encounters with Sovereign Power, Newcastle

Munich Security Conference Report 2020, Bericht 2020 https://security-conference.org/publikationen/munich-security-report-2020/

Simms, B; Zeeb, B (2016) Europa am Abgrund. Plädoyer für die Vereinigten Staaten von Europa, München

Stockholm International Peace Research Institute (2020) Using official development assistance to strengthen small arms and light weapons controls: Opportunities and risks, 18.06.2020 https://www.sipri.org/commentary/blog/2020/using-official-development-assistance-strengthen-small-arms-and-light-weapons-controls-opportunities

Tobin, L (2018) Beijings Strategy to build China into a maritime great power, Naval War College Review, Vol. 71, No. 2 (Spring 2018), pp. 16–48 https://www.jstor.org/stable/26607045?seq=2#metadata_info_tab_contents

Wertheimer, J (2020) Europa. Eine Geschichte seiner Kulturen, München

Xuetong, Y (2019) Leadership and the Rise of Great Powers, Princeton

Resümee – Wie wir unsere Selbstbestimmung und Freiheit im Zeitalter der Künstlichen Intelligenz nachhaltig bewahren

„Nachhaltigkeit bedeutet Erneuerung.
Darum sollten wir so innovativ sein, wie nie zuvor. "

Wir schauen auf die Gesellschaft, wir schauen auf Bildung und Forschung, wir schauen auf die Wirtschaft, wir schauen auf das Klima, wir schauen auf Europa in der Welt: Deutschland und Europa stehen vor schwierigen Zeiten. Und vor Bewährungsproben. In dieser jungen Dekade, den 20'ern dieses Jahrhunderts, verbinden, vermischen und verstärken sich mehrere langfristige Entwicklungen und Trends. Treiber hinter all diesen Geschehnissen sind digitale Technologien. Nicht alleine, doch aber deutlich als Ermöglicher, als Beschleuniger oder gar als Initialzünder. Die Folgen können wir langsam abschätzen. Zu Kriegen vor der eigenen Haustür, zum technologischen Wettrüsten von überlegenen Weltmächten, zur Überalterung der Gesellschaft, zu einer Wirtschaft in der digitalen Revolution durch Künstliche Intelligenz kommt jetzt noch eine globale Seuche. Keine Zeiten für Zartbesaitete. Zeiten, die richtigen Prioritäten zu setzen.

A. Moring, *Die Krawall Initiatoren*, https://doi.org/10.1007/978-3-658-35487-9_6

Das gilt in erster Linie in unserem Gemeinwesen, in unserer Gesellschaft selbst. Die eigentliche sozialisierende Kraft in der Gesellschaft ist heute Misstrauen. Abstiegs- und Verlustängste, gepaart mit einem härter empfundenen Verteilungskampf führen zu Polarisierungen. Die Veränderungen auf den Arbeitsmärkten durch autonome Systeme und Künstliche Intelligenz werden diese Ängste und Verteilungskämpfe noch weiter befeuern. Gleichzeitig greift identitärer Aktivismus immer mehr um sich. Opfergruppen machen ihre Ansprüche geltend. Meistens auf Kosten von anderen Gruppen, denen irgendeine Art von struktureller Schuldigkeit unterstellt wird. Im Netz und auf sozialen Netzwerken finden alle die es wollen ihre Bestätigung tribalisierter Gemütlichkeit.

Wenn jedoch nur noch von „Communities" und Gruppen gesprochen wird, die wegen einzelner Merkmale angeblich grundsätzlich verschieden sind, wenn staatlichen und gesellschaftlichen Institutionen unterstellt wird, „schuldig" zu sein und ihre Unschuld erst einmal bewiesen zu müssen: Wo bleibt da die Gesellschaft? Was passiert dann mit den Grundlagen unseres Miteinanders? Wenn immer weniger Menschen die kulturellen und auch gesetzlichen Regeln und die Institutionen akzeptieren und sich gegenseitig für das eigene Empowerment kompromisslos angreifen, dann braucht sich keiner wundern, wenn die Gesellschaft weiter und weiter zerfällt und das Spiel irgendwann außer Kontrolle gerät. Dieses irgendwann kann schneller da sein, als wir glauben.

In unseren westlichen und europäischen Gesellschaften hat das Opfer den Helden als dominanter Archetyp abgelöst. Eine Demokratie und eine freie Gesellschaft kann und muss den Schwachen, den Opfern, helfen. Wenn sie aber nur noch aus Opfern besteht, wird sie selbst zum Opfer von entscheidungs- und handlungsstarken Tätern an den extremen Rändern.

Denn die Extreme greifen die Stimmungen auf. Eine Gesellschaft der Stimmungen denkt nicht institutionell und will schnelle Ergebnisse. Engagement ist vielleicht noch Teilhabe an Events oder an Online Kampagnen, aber keine Bereitschaft zur verantwortungsvollen und dauernden Mitarbeit. Parteien und Politik sind zunehmend getrieben von Meinung und entscheiden nicht mehr langfristig. Eine Repräsentative Demokratie soll jedoch gerade nicht von Stimmungen abhängig sein und muss auch gegen sie entscheiden können. Aktuell und schon seit längerem ist Politik jedoch stimmungsgetrieben, Probleme werden nicht entschieden und so auch nicht langfristig gelöst, eher werden sie mit Geld ruhig gestellt und ausführlich moralisch bewertet und damit aufgeschoben.

Die so zwangsläufig Enttäuschten und die Desillusionierten werden empfänglich für allerlei Erzählungen der Bedrohung oder auch der angeblichen Unterdrückung oder Diskriminierung. Die Konservativen und Liberalen politischen Kräfte haben einen Teil der Enttäuschten aus ihrem alten Lager verloren. Es ist ihre Aufgabe, das Vertrauen zurückzugewinnen. Die sozialdemokratischen Parteien haben gleichsam diese Menschen und deren Vertrauen verloren. Besonders die Sozialdemokratie ist mehr und mehr von identitären Aktivisten geprägt, die ihre alte und immer noch vorhandene Kern-Klientel der modernen Arbeiterklasse mehr und mehr verstören. Auch hier besteht die Aufgabe darin, das Vertrauen zurückzugewinnen.

Die moderne Persönlichkeitsforschung kommt zu dem Ergebnis, dass rund ein Drittel der Bevölkerung jedes beliebigen Landes eine autoritäre Veranlagung habe, die sich nach Homogenität und Ordnung sehnen. Diese kann auch latent vorhanden sein, ohne sich zu äußern: Menschen, die mit der Komplexität der globalisierten und digitalisierten Welt nur sehr schwer oder gar nicht klarkommen oder klarkommen wollen, Menschen, die auch offen ausgetragene Meinungsverschiedenheiten nicht ertragen. Ihnen gegenüber stehen Menschen mit einer freiheitlichen Veranlagung, die Vielfalt und Unterschiede bevorzugen. Diese Einstellungen und Sehnsüchte sind aber nicht deckungsgleich mit der alten politischen Verortung von „rechts" und „links". Es geht hier um eine Geisteshaltung, eine Stimmung, nicht so sehr um gedanklichen Inhalt oder ausformulierte politische Ziele.

Die Verlockung des Autoritarismus ist hier groß. Wie wir in der Corona-Krise erleben, scheint es fast unwiderstehlich zu sein, den Staat und die Politik mit harten Worten, Verboten, Restriktionen, Kontrollen und Interventionen zu profilieren. In der Hoffnung, so als handlungsstark und vertrauenswürdig wahrgenommen zu werden. Dazu muss erst einmal eine Gefahr glaubhaft vermittelt werden, um sich als Schutzmacht anzubieten, die der Sehnsucht nach Homogenität, Ordnung und Sicherheit entgegen kommt. Das ist ein fragwürdiger, ein gefährlicher Weg. Ein

Pfad, von dem es nur schwer ein Zurück gibt. Ein Pfad der auch von anderen beschritten werden kann.

Was ist eigentlich wenn das Muster der Corona-Politik als Vorbild in Zukunft nicht nur für die Klimapolitik, sondern auch für die Einwanderungspolitik und innere Sicherheit genutzt wird? Oder für andere Bereiche, die unsere freiheitlichen Grundrechte betreffen.

Die Logik des Schutzes und der Sicherheit in Bezug auf Corona wird momentan gerne auf die Klimadiskussion übertragen, auch hier werden harte Maßnahmen gefordert, autoritärem Zwang das Wort geredet, eine Teilausschaltung der Demokratie gefordert und die Ungleichbehandlung beziehungsweise Benachteiligung von bestimmten Gruppen von Menschen oder bestimmten Handlungsweisen als notwendig gerechtfertigt. Wir müssen wachsam sein und eine einmal verwendete und „erfolgreich" eingesetzte Logik nicht als Blaupause und Motiv auf andere Herausforderungen in Gesellschaft und Politik übertragen. Je mehr wir uns daran gewöhnen und es akzeptieren, politische Forderungen und Entscheidungen mit einer ganz bestimmten Art der Begründung durchzusetzen, umso schwieriger wird es in Zukunft werden, aus diesem Schema herauszukommen.

Ein Beispiel? Immigration befördert Gesellschaftliche und soziale Spannungen und belastet das Sozialsystem. Dafür gibt es eine Vielzahl wissenschaftlicher und historischer Belege. Gleichzeitig ist statistisch klar belegt, dass „Ausländer" bei vielen Verbrechen überproportional zu ihrem Anteil an der Bevölkerung beteiligt sind. Das heißt, statistisch und methodisch-wissenschaftlich belegt, dass Ausländer krimineller sind als Deutsche? Das droht, unser System des Rechtsstaates, unsere Justiz und die Polizei zu überlasten, ebenso das Vertrauen der Bevölkerung in die Handlungsfähigkeit und Durchsetzungsfähigkeit des Staates. Um die Stabilität des Systems und der Gesellschaft zu bewahren und einen Kollaps zu verhindern, müssen Zwangsmaßnahmen ergriffen werden. Die Politik und der Staat wollen und können keinen Zusammenbruch des Systems riskieren! Dafür muss in Kauf genommen und eingefordert werden, dass bestimmte Teile der Bevölkerung ganz besondere Opfer bringen müssen; es ist ein Beitrag zur Solidarität, zur Sicherheit, zur Stabilität und zum Wohl des Ganzen.

Ein mittlerweile bekanntes und gelerntes Argumentationsmuster. Nur jetzt in einem anderen Zusammenhang.

In weiteres Beispiel? Es ist eine essenzielle Aufgabe des Staates für die Sicherheit und den Schutz seiner Bürger und seines Territoriums zu sorgen. In einer immer fragmentierteren, unübersichtlichen und multipolaren Welt wachsen die Spannungen und Konflikte. Hinzu kommt die Gefahr des internationalen Terrorismus, nationenunabhängigen Kriegsorganisationen und globaler Organisierter Kriminalität. Es gibt eindeutige historische und wissenschaftlich-statistisch fundierte Belege, dass Nationen mit atomarer Bewaffnung nicht Opfer von Angriffskriegen und Eroberungen werden, dass ihre gesellschaftlichen und politischen Systeme sehr stabil sind, dass sie ihren Bürgern einen hohen Lebensstandard bieten und dass es zwischen Staaten mit atomarer Bewaffnung niemals direkte Kriege oder große Konflikte gegeben hat. Aus all den genannten Gründen ist es also für die Sicherheit der Gesellschaft, die Stabilität des Staates und auch für eine generelle Sicherung des Weltfriedens sinnvoll und notwendig, sich atomar zu bewaffnen und zu diesem Zwecke auch Einschränkungen der Freiheit hinnehmen zu müssen. Zum Beispiel, weil bestimmte „systemrelevante Geheimnisse" aus Gründen der Sicherheit unbedingt gewahrt werden müssen.

Ein einmal eingeführtes Muster der Argumentation ist schwer wieder wegzukriegen. Und man weiß nie, wer es als nächstes für sich nutzt. Die „Logik" wie oben beschrieben ist in der Welt. Es liegt an uns selbstbestimmten Bürgern darauf zu achten, was damit passiert.

Denn „der Staat" wird diese Aufgabe nicht übernehmen. Im Gegenteil: Momentan nutzen Regierungen und Staatsapparate praktisch überall auf der Welt diese Argumentationsmuster selbst. Dabei sind der Staat und seine Repräsentanten in einer freien und demokratischen Gesellschaft in allererster Linie zur Neutralität verpflichtet. Alle sind gleich vor dem Gesetz. Mit erteilten oder auch nur geduldeten Sonderrechten und dem kontinuierlichen Zulassen von Verstößen gegen diesen Grundsatz und die bürgerlichen Grundfreiheiten stellt der Staat das Vertrauen in sich selbst in Frage, schwächt sich und trägt zum Zerfall der Gesellschaft aktiv bei.

Autoritäre und vermeintlich „starke" Staaten und wirtschaftliche und technologische Umbruchzeiten: Das sind die größten Verstärker für gesellschaftliche Ungleichheit. Seit dem Beginn der Zivilisation haben die Ausweitungen der wirtschaftlichen Kapazitäten und die Staatsentstehung eine Zunahme der Ungleichheit begünstigt. Zu Ihrer Eindämmung haben sie historisch gar nichts oder zu wenig beigetragen.

Das Versagen in der Corona Krise verstärkt das noch. Dazu trägt das konsequente Verschlafen der Digitalisierung bei. Der Staat ist für den Menschen da. Nicht umgekehrt. Ein moderner und leistungsfähiger Staat ist ein „Seamless State". Ein Staat, der seine Dienstleistungen und Garantien gegenüber uns Bürgern so einfach, intuitiv und praktisch zur Verfügung stellt, wie wir es aus allen anderen Lebensbereichen unseres digitalisierten Alltags kennen. Dieses Erleben bestimmt unsere Erwartungshaltung gegenüber der öffentlichen Verwaltung. Warum bekommt der Staat Dinge nicht hin, die jedes Start Up in einem kleinen Büro zur Verfügung stellen kann? Wieso ist der Staat nicht in der Lage mit Unternehmen mitzuhalten, die über deutlich weniger Geld und Kapazitäten verfügen und trotzdem weit besser auf unsere Bedürfnisse und die Notwendigkeiten unseres Lebens eingehen? Wieso ist der Staat nicht in der Lage, moderne Technologien zu nutzen, die in der Privatwirtschaft allerorten eingesetzt werden? Zunächst erzeugt das Verwunderung, dann Frust, dann Zynismus. Am Schluss stirbt das Vertrauen. Der Staat wird nicht mehr auf Augenhöhe mit der Realität wahrgenommen. Was haben wir noch zu erwarten? Vielleicht ist es doch so, dass andere Systeme das besser könnten? Kann diese Demokratie dann nicht weg?

Zumal die Demokratie mit ihren langsamen Prozessen die Probleme der Menschheit nicht zu lösen im Stande ist. Wir sind schließlich an der Schwelle zu einem neuen Massensterben durch die Klimakatastrophe. (Kolbert 2015) Nur Schrumpfung, vielleicht noch grünes Wachstum kann uns helfen. (vgl. Lesch und Kamphausen 2018) Das ist der einzige Weg zur Nachhaltigkeit.

Doch diese Vorstellung ist eine postmoderne Utopie. Warum? Jede Utopie ist immer absolut, weil dem Erreichen eines Ziels alles untergeordnet werden soll und dann eine Art Erlösung in einem idealen Endzustand versprochen wird. In der Klimadebatte ist genau das der Fall. Doch dieses Denken steht nicht für Europa und sein Erbe der Aufklärung. Es ist noch nicht einmal nachhaltig. Die Forderung, die eigenen

Ansprüche zurück zu stellen, grundsätzlich weniger zu konsumieren und den Anspruch abzugeben, dass es den eigenen Kindern einmal besser gehen soll, ist in dieser Richtung und der absoluten Form beispielsweise nicht mit dem Ziel einer sozialen Nachhaltigkeit vereinbar. Von ökonomischer Nachhaltigkeit gar nicht zu reden.

Es gibt keinen Wohlstand, den man nur verteilen kann. Wohlstand muss erarbeitet und wechselseitig ermöglicht werden. Das ist echte gesellschaftliche Solidarität, schafft Stabilität und Chancen für die kommenden Generationen. Es kann in der Zukunft nicht ausschließlich darum gehen, „das Wachstum" zu stoppen. Das ist letztlich eine diskriminierende und selektierende Politik. Und es würde gegen die allermeisten Sustainable Development Goals der Vereinten Nationen verstoßen, die vor allem auf Wohlstand, Bildung und Sicherheit setzen. Es ist keine nachhaltige Politik. Und moralisch ethisch vertretbar ist sie auch nicht. Es muss also darum gehen, dem Wachstum eine Richtung und ein Ziel oder mehrere nachhaltige Ziele zu geben, auf diese Ziele hin zu innovieren und zu optimieren. Es geht darum, die effektivsten Mittel und Wege zu finden, das Leben der Menschen an allen Orten der Welt besser zu machen, unseren Wohlstand dafür zu nutzen, anstatt ihn zu begrenzen oder zu zerstören, was keinem nützt aber vielen schadet.

Wir können Herausforderungen des Klimawandels durchaus meistern. Das gleiche gilt für die notwendige Energiewende hin zu erneuerbaren Energien und hin auch zu anderen Formen der Energieerzeugung und vor allem des Energieverbrauchs.

Digitale Technologien und Künstliche Intelligenz sind ein sinnvollerer, effektiverer und sozial gerechter Beitrag zum Klimaschutz, als Schrumpfung, Depressive Pleasure und weniger Zukunftschancen für unsere Kinder und Enkel. Diese positive Lösung ist auch ökonomisch sinnvoll und nachhaltig.

Wir müssen in Verbindung mit Künstlicher Intelligenz jedoch auch die Tatsache akzeptieren und positiv nutzen, dass mehr KI und weniger Menschen in der Industrie mehr Nachhaltigkeit bedeuten. Das liegt daran, dass Künstliche Intelligenz industrielle Abläufe in Hinblick auf Effizienz, Ressourcenschonung und Minimierung des CO_2-Fußabdrucks umso besser optimieren kann, je weniger Menschen in diese Prozesse involviert sind.

Es ist Zeit, unser Verständnis von Nachhaltigkeit ganzheitlicher und optimistischer zu definieren. Innovation ist Nachhaltigkeit ist Innovation. Das sich erneuernde ist nachhaltig. Sparen, Schonen, Versagen ist weder Erneuerung noch ist es nachhaltig. Der Begriff der Nachhaltigkeit kommt aus der Forst- und Waldwirtschaft. Ein Wald ist dann nachhaltig, wenn sich immer wieder neue Bäume bilden und wachsen. Es bedeutet nicht, dass alle Bäume immer stehen bleiben müssen. Vielmehr müssen auch Bäume vergehen, damit andere an ihrer Stelle wieder entstehen können. Andere Bäume. Ein Kreislauf. Ein Muster, dass sich wiederholt. Ein Muster das aber eben nicht still steht. Ein Muster, das immer wieder neue Variationen hervorbringt, ein Muster das heute nicht so aussieht wie Gestern und nicht wie Morgen. Das aber trotzdem wiedererkennbar und dem Wesen nach gleich bleibt. Ein Muster, dass auch immer überraschendes hervorbringt. Etwas das lebt, sich bewegt, sich anpasst.

Wir tragen Verantwortung für die Zukunft. Wir tragen Verantwortung für die Bewegung, für die Erneuerung. Damit wir dieser Verantwortung gerecht werden und sie annehmen können, dafür müssen wir die Freiheit haben, alle Optionen zu nutzen. Das bedeutet: Keine Cancel Culture, keine Denk- und Sprechverbote, keine „korrekten" oder zulässigen und unzulässigen Konzepte, Gedanken und Ideen.

Das entspricht dem Leitgedanken der Selbstbestimmung und der individuellen Freiheitsrechte, wie sie unser kulturelles europäisches Erbe und unsere Verpflichtung sind. Das gilt in Bezug auf meist aufgezwungene gruppenbezogene Identitäten, es gilt für angebliche Schuld und Läuterung, es gilt in der Bildung der Persönlichkeit, es gilt in der Wissenschaft, gilt in der neuen digitalisierten Form unserer Wirtschaft mit Überwachungskapitalismus und der Datenausbeutung in allen Dimensionen unserer Person und unserer Persönlichkeit, es gilt in der Klimapolitik und Umweltschutz durch vielfältige und diverse neue Ansätze und es gilt natürlich in der Verteidigung Europas. Diese Politik ist eine Politik der sozialen Nachhaltigkeit. Denn es geht hier darum, die Rechte und Freiheiten des Einzelnen für kommende Generationen bewahren.

Dazu braucht es keinen autoritären Staat. Es braucht vielmehr klare und verlässliche Regeln. Das schafft Sicherheit und Freiheit. Das schafft Verlässlichkeit und Vertrauen in den Staat und in den Zusammenhalt in der Gesellschaft. Wenn Demokraten sich für klare Regeln und Normen stark machen, dann ist das ein Beitrag zum Schutz der Freiheit und Demokratie, weil nur so Verlässlichkeit und Vertrauen möglich ist. Das Eintreten und Streiten für Recht, Sicherheit und individuelle Freiheit ist Kern unserer Demokratie und kein vermeintliches Abdriften in irgendwelche Extreme. Es ist vielmehr ein Verrat an Demokratie und Freiheit, diese Themen und Ansprüche Extremisten und Radikalen zu überlassen, denn sie wollen die Freiheit auf den Müllhaufen der Geschichte werfen. Wer Extremisten und Faschisten schwächen will, muss den Menschen eine freiheitliche und demokratische Idee von Sicherheit, Ordnung und Verlässlichkeit bieten und als Garant dafür auftreten, dem die Bürger vertrauen können – und wollen.

Das gilt auch in der Wirtschaft: Klare Regeln für alle, bedeutet Freiheit für das eigene selbstbestimmte Handeln. Auf diese Grundsätze müssen wir uns gerade angesichts eines aufkommenden Staatssozialismus über unbegrenzte Verschuldung und die Notenpresse der Zentralbanken, als auch angesichts eines monopolistischen Netzkapitalismus und eines beginnenden digitalen Neo-Feudalismus wieder besinnen.

Das garantiert die Freiheit von uns als Individuen in allen Dimension und es eröffnet die Chance auf Wohlstand für alle. Das schafft ein berechtigtes Gefühl der Sicherheit. Und das erst ermöglicht Solidarität. Solidarität bedeutet gemeinsames Erarbeiten von Wohlstand und eine gemeinsame, Bedürfnis orientierte Partizipation an diesem Wohlstand und des bedeutet ein Bewusstsein dieser Gemeinsamkeit und Gegenseitigkeit. Das ist etwas anderes als Gehorsam, der heute bei vielen Forderungen und Appellen eigentlich gemeint ist, auch wenn er mit Solidarität bemäntelt wird. Es ist im Grunde das Motto von John F. Kennedy: Frage nicht, was Dein Land für Dich tun kann. Frage, was Du für Dein Land tun kannst. Und für unsere Gesellschaft und unsere Demokratie.

Denn diese Demokratie dürfen und können wir nicht allein den professionellen Politikern überlassen. Wir Bürger sind verantwortlich. Nur so werden wir es nicht zulassen, dass uns stückchenweise immer mehr an Freiheiten genommen wird. Denn: Freiheit stirbt immer zentimeterweise. Und Freiheit stirbt nicht durch Politiker. Selbst wenn sie der Attraktivität der Autorität erliegen. Freiheit stirbt, wenn Bürger ihr Immunsystem verlieren. So drückte es einmal der Autor, Bürgerrechtler und liberale Politiker Karl Hermann Flach vor gut einem halben Jahrhundert aus. Alle möglichen Vorwände gegen die Freiheit gehören mittlerweile zu unserem Alltag. Wir sind darum in erster Linie auf die selbstbewussten Staats-Bürger, auf uns, angewiesen.

Das Sterben und der Zusammenbruch von Demokratien wurde stets dann verhindert, wenn Bürger sich engagiert haben, um den großen demokratischen Krisen der Vergangenheit zu begegnen und ihre eigenen tief sitzenden Spaltungen zu überwinden. Der Staat hat den Zusammenbruch des eigenen Systems nie verhindern können. Eine demokratische Kultur ist immer in diesem Sinne eine „Täterkultur".

Diese Kultur der Mobilität, der Neugier, des Risikos und der Solidarität gleichermaßen ist untrennbar verbunden mit der Verlässlichkeit des Aufstiegsversprechens. Dieses Versprechen garantiert soziale Mobilität, es schafft Vertrauen. In sich selbst und in die Gesellschaft. Es sagt: Du kannst Dein Leben bestimmen, Du kannst Dir eine eigene Richtung geben. Du bist nicht Opfer, sondern Täter.

Dieses Verständnis ist für die Grundlage unserer Demokratie und unserer Gesellschaft essenziell. Gerade in Zeiten der technologischen Revolutionen. Ein kultivierter und propagierter Opfermythos in unserer Gesellschaft kann und wird sich mehr oder weniger unwillkürlich auch in ein Opfer- und Unterwerfungsdenken gegenüber Künstlicher Intelligenz und den digitalen Strukturen und Märkten transformieren. Es ist die in diesem Sinne logische Fortsetzung und evolutionäre Konsequenz des Narrativs von Unterdrückung, Diskriminierung und Ausbeutung. Es wäre in der Tat letztlich der Sieg des Überwachungskapitalismus und des digitalen Feudalismus, im schlimmsten Fall gepaart mit autoritären starken Staaten.

Und es wäre falsch. Nicht nur politisch, gesellschaftlich und geistig. Auch ganz objektiv. Denn Menschen sind es letztlich immer, die bestimmen wie und wofür Künstliche Intelligenz und digitale technische Systeme genutzt werden. Auch hier gilt das selbe, wie in den politisch gesellschaftlichen Überlegungen oben. Selbstbestimmte Bürger mit einem wachen Immunsystem durch Bildung sind der einzige Weg, Freiheit und Demokratie zu wahren und nachhaltig zu schützen. Wir müssen wissen, wie moderne Technologien funktionieren und welche Konsequenzen sie mit sich bringen können.

Denn Künstliche Intelligenz kann keinen eigenen Willen entwickeln. KI kann nicht entscheiden. KI kann nicht eigene Ideen umsetzen. KI kann niemals „Täter" sein. Das können nur wir Menschen. Wir können und wir müssen entscheiden, wie Künstliche Intelligenz in all ihren Formen und Möglichkeiten funktionieren und was sie leisten soll.

Dazu soll dieses Buch eine Orientierung geben: Wo KI positiv und wo sie negativ wirken kann. So können wir hier Prioritäten setzen und nachhaltig entscheiden.

Wissen und Bildung sind die Grundlage für die Selbstbestimmung des Menschen. So können wir denn auch Künstlicher Intelligenz im speziellen und der neuen Stufe der Digitalisierung im allgemeinen die Bestimmung geben. Künstliche Intelligenz hat selbst keinen Willen, KI könnte aber unseren Willen leiten, wenn wir nicht zur Selbstbestimmung fähig sind. Diese Selbstbestimmung ist das Ziel und das Fundament des klassischen europäischen Bildungskanons und des Humboldtschen und Helmholtzschen Bildungsideals. Verbinden wir das mit den Möglichkeiten unseres digitalen Zeitalters, schaffen wir einen europäischen Weg in die Zukunft, der nicht im Wettlauf mit China oder anderen kommenden Weltmächten zerrieben werden kann. Dieses historische Ideal zu pflegen ist darum keine Traditionsfixierung, es ist die nachhaltige Sicherung der Selbstbestimmung der jungen Generationen in einer digitalisierten und globalisierten Welt.

Bildung mit Ziel der individuellen Selbstbestimmung schafft Einfallsreichtum, Erfindergeist und Entdeckermut. Das ist es, was wir brauchen, um alle großen Fragen lösen zu können, von denen wir in diesem Buch gelesen haben. Wir selbstbestimmte Bürger müssen weiter den „Lückenfüller" geben. Weil wir es nun mal besser können. Der Staat mag und soll den Rahmen setzen und die Grundlagen für neues fördern. Er sollte sich aber nicht in immer mehr Bereiche des privaten und öffentlichen Lebens einmischen. Denn das geht schief. Wir sehen das in der Corona-Krise, wir sehen es in der bisherigen Klimapolitik und auch beim Kampf um unsere digitale Freiheit in einer demokratischen Gesellschaft.

Es geht um eine Kultur des Vertrauens oder eine Kultur der Sicherheit. Sicherheit bedeutet Überwachung und Kontrolle. Denn es herrscht Misstrauen. Künstliche Intelligenz kann für Überwachung und scheinbare

Sicherheit effektive Dienste leisten. Es wäre auch das effektive Ende unserer Freiheit.

Vertrauen dagegen bedeutet Freiheit. Vertrauen bedeutet Empathie. Empathie bedeutet Zugehörigkeit, bedeutet Solidarität. Empathie ist die Grundlage und das Fundament unserer Demokratie. Künstliche Intelligenz kennt keine Empathie, sie kennt kein Vertrauen. Wir können Künstlicher Intelligenz mit unserer Empathie und aus unserem Selbstvertrauen, unserer Selbstbestimmung heraus Zwecke geben, die diesen Zielen dienen. Es sind die Ziele der Nachhaltigkeit in allen ihren Dimensionen. Es wird nicht allein passieren. Es passiert durch uns.

Literatur

Elizabeth Kolbert (2015): The 6th extinction, An unnatural history, New York
Lesch, Harald; Kamphausen, Klaus (2018): Die Menschheit schafft sich ab. Die Erde im Griff des Anthropozän, München